联邦德国的文化政策与文化多样性研究

Studien zur Kulturpolitik und kulturellen Vielfalt
der Bundesrepublik Deutschland

邢来顺　岳伟◎著

中国社会科学出版社

图书在版编目（CIP）数据

联邦德国的文化政策与文化多样性研究／邢来顺，岳伟著. —北京：中国社会科学出版社，2017.12
ISBN 978 - 7 - 5203 - 1646 - 0

Ⅰ.①联…　Ⅱ.①邢…②岳…　Ⅲ.①文化事业—方针政策—研究—德国②文化—多样性—研究—德国　Ⅳ.①G151.6

中国版本图书馆 CIP 数据核字（2017）第 299600 号

出 版 人	赵剑英	
责任编辑	耿晓明	
责任校对	万文华	
责任印制	李寡寡	

出　　　版	中国社会科学出版社	
社　　　址	北京鼓楼西大街甲 158 号	
邮　　　编	100720	
网　　　址	http://www.csspw.cn	
发 行 部	010 - 84083685	
门 市 部	010 - 84029450	
经　　　销	新华书店及其他书店	

印刷装订	北京明恒达印务有限公司
版　　次	2017 年 12 月第 1 版
印　　次	2017 年 12 月第 1 次印刷

开　　本	710 × 1000　1/16
印　　张	23.75
插　　页	2
字　　数	362 千字
定　　价	98.00 元

凡购买中国社会科学出版社图书，如有质量问题请与本社营销中心联系调换
电话:010 - 84083683

前　　言

　　本书是国家社科基金项目《联邦德国的文化政策与文化多样性研究》的最终研究成果。实事求是地说，该项目的研究对于笔者而言是一项难度系数很大的挑战。究其原因有三：一是研究视阈要求宽广，研究内容涉及历史学、文化学、政治学和社会学等领域，不仅要熟知当代德国的发展状况，还须了解德国①的久远历史及其发展特点；二是国内相关研究基础薄弱，可借鉴成果寥寥；三是虽然包括德国在内的国外学界已经推出了不少相关研究成果，但主要集中于文化学和政治学等领域，且碎片化特征明显，基于历史视角而从历史到现实进行长时段系统研究者并不多见。因此，德国学界一位朋友在得知笔者正从事该项目研究时，曾在信中有些语气凝重地写道："迄今为止，人们对于这一问题几乎还没有进行过系统的分析探究（Diese Problematik ist bislang noch kaum systematisch analysiert worden）。"当然，所有这些因素并不能成为放松对本项目研究水平要求的托辞。应该说，呈献于各位专家学者和亲爱的读者面前的这部书稿虽有诸多不足，却是作者近五年来辛勤耕耘劳作的汗水结晶。

　　下文拟对与德国文化政策相关的重要概念以及以联邦德国学界为代表的相关研究动态做一简单的介绍梳理，并就全书内容做一个交代。

---

　　① 本书研究对象为联邦德国的文化政策和文化多样性。书中提到"德国"除了1945年以前特指历史意义上的德国外，主要指二战后两德分裂时期的联邦德国（即西德，不包括东部的民主德国）和1990年两德统一以后的整个德国。

一

在当代全球化进程凸显和欧洲一体化进程不断深入的大背景之下，面对大量外来移民的不断涌入和多种文化的碰撞交流，德国需要一种什么样的文化政策，以确保传统的德意志主流文化继续得到保持，同时又能给伴随移民的各种异域文化以生存空间，进而形成一种生机勃勃的"和而不同"的健康文化生态，是迫切需要面对的问题。因此，近年来，有关"文化政策"的议题成为德国学界、媒体、社会、政界乃至经济界（文化经营）的一大讨论热点。

在德国，"文化政策"（Kulturpolitik）[①] 一词最早出现于 19 世纪 40 年代卡尔·马格尔（Karl Mager，1810 - 1858）创办的《教育学周刊》（*Pädagogischer Revue*）上。其中打出的一个小标题为"教育学、教学法和文化政策的喉舌"，并且该周刊在最初的 11 卷中都有一个叫"文化政策编年史"的固定栏目。而事实上，在此后相当长的一段时间内，"文化政策"这一概念并没有得到广泛传播，人们只是在科学研究和艺术领域偶尔涉及它。

在德国政治领域中，开始使用"文化政策"这一词汇是在 19 世纪末 20 世纪初。第一次世界大战前夕，"文化政策"才真正成为政治生活领域的常用词汇，当时主要用于对外政策领域。1912 年，莱比锡大学教授、著名历史学家卡尔·兰普雷希特（Karl Lamprecht，1856 - 1915）在国际交流协会（Verband für internationale Verstündigung）年会上发表了《关于对外文化政策》的谈话，指出文化政策在对外政策中的重要性，引起极大反响。[②] 1913 年德国宰相贝特曼·霍尔维格（Theobald von Bethmann Hollweg，1856 - 1921）在给兰普雷希特的一封信中首次提到"对外文化政策"（Auswärtige Kulturpolitik），声称赞

---

① 关于文化和文化政策的具体定义，见第二章"联邦德国的文化多元主义政策"。

② Karl Lamprecht, *Über Auswärtige Kulturpolitik*, Stuttgart：Druck W. Kohlhammer, 1913, S. 3 - 13.

同其有关"对外文化政策的重要性和必要性"的看法①。有关"文化政策"一词的明确定义则出现得更晚。直到 1929 年赫尔德尔出版社（Verlag Herder）出版的《国家百科辞典》（*Staatslexikon*）中才出现相关解释："文化政策就是经由国家对精神和文化手段的投入使用。"②

"文化政策"一词的再次热络是在 20 世纪 60 年代下半期以后。时任联邦德国外交部长的维利·勃兰特明确提出，对外文化政策是继安全政策、对外经济政策之后的第三大支柱，③ 并将对外文化政策的概念扩大为对外文化和教育政策，从而把对外文化政策的重要性提到了一个全新的高度。在七八十年代，对外文化政策方面的投入占到联邦德国外交部所需的 1/3 之多，足见其受重视程度。

从文化政策的取向和措施来看，由于历史传统的影响和现实政治体制的特性，联邦德国采取的是以"存异求同、多位一体"为特征的文化多样性（Kulturelle Vielfalt）或文化多元主义（Kultureller Pluralismus）政策。从内容结构上看，联邦德国的文化政策包括对内和对外两大部分。

所谓"文化多样性"，联合国教科文组织委员会的解释是，它"是指各群体和集团的文化的多样性表达方式。这些表达形式在各群体、集团内部及其相互之间可以得到转递。文化多样性不仅表明人类的文化遗产将通过多种文化表达形式在各种方式之下加以表达、加强和转递，而且也表明了艺术创造、生产、传播、销售和享受等文化表达形式的多种多样性，它们运用的方式和技术上的独立性。"联合国

---

① Manfred Abelein, *Die Kulturpolitik des Deutschen Reiches und der Bundesrepublik Deutschland: Ihre verfassungsgeschichtliche Entwicklung und ihre verfassungsrechtlichen Probleme*, Wiesbaden: Springer Fachmedien, 1968, S. 193, 106.

② Manfred Abelein, *Die Kulturpolitik des Deutschen Reiches und der Bundesrepublik Deutschland: Ihre verfassungsgeschichtliche Entwicklung und ihre verfassungsrechtlichen Probleme*, Wiesbaden: Springer Fachmedien, 1968, S. 193.

③ „Wer errichtet die Säule Kulturpolitik? Eine der drei Säulen der Außenpolitik, sagte Willy Brandt, sei die Kulturpolitik", *Die Zeit*, 28. 3. 1969 Nr. 13.

教科文组织的相关文件也表达了相同的看法。①

至于"文化多元主义",有德国学者认为,就是"不同的文化对于相同或类似的问题发展出不同的解决方法"。每种文化根据自己找到的解决办法来进行当然而标准的表述,这就是文化多元主义。②2002年的联合国教科文组织《关于文化多样性普遍宣言》(Universal Declaration on Cultural Diversity)则对"文化多元主义"做了规范性说明。该宣言第二款"从文化多样性到文化多元主义"中写道:"在我们日益多样化的社会中,必须确保各民族和群体之间以多元、多样和动态的文化认同进行和谐互动、并愿意共同生活。"因此,"文化多元主义就是文化多样性的现实的政策体现"③。

战后联邦德国的文化政策经历了一个发展和调整的过程。具体说来,它经历了战后重建和繁荣年代恢复和维护德意志优秀传统文化的努力阶段,20世纪六七十年代以"文化为人人"(Kultur für alle)为取向的文化民主化时期,以后工业社会的"后现代新自由主义"为取向的"文化多样性"阶段以及90年代以后为因应大量移民流入而造成族群文化差异日益突出的"文化多元主义"时期。每个阶段虽然各有侧重,但文化多样性、多元主义的取向从未发生改变。

二

到目前为止,国内外学界,特别是德国学界对于联邦德国的文化政策和文化多样性等问题的研究已经取得了相当丰富的成果。这些成果对于本书相关研究的继续深入有着重要意义。笔者在此无法一一涉

---

① Deutsche UNESCO – Kommission (Hrsg.), *Kulturelle Vielfalt Gestalten. Handlungsempfehlungen aus der Zivilgesellschaft zur Umsetzung des UNESCO – Übereinkommens zur Vielfalt kultureller Ausdrucksformen* (2005) *in und durch Deutschland*; *Weissbuch*. Bonn: Deutsche UNESCO – Kommission e. V. ,2009 ,S. 30. 2002年联合国教科文组织《关于文化多样性普遍宣言》第一款对"文化多样性"进行了解释。UNESCO, *Universal Declaration on Cultural Diversity*, Paris: UNESCO,2002 ,p. 4.

② Hans Nicklas, „Kulturkonflikt und interkulturelles Lernen", in: Alexander Thomas (Hrsg.), *Kulturstandards in der interkulturellen Begegnung*, Saarbrücken: Breitenbach,1991 ,S. 130.

③ UNESCO, *Universal Declaration on Cultural Diversity*, Paris: UNESCO,2002 ,p. 4.

及，而只能挂一漏万，选择学界部分代表性著述予以介绍。

综观近年来德国学界有关文化政策和文化多样性问题的著述，按主题和内容分类，主要集中在三个方面。

（1）关于联邦德国的文化政策研究，相关成果较丰硕。首先是前文已经引用的雷根斯堡大学教授曼弗莱德·阿贝莱因（Manfed Abelein，1930－2008）所著《德意志帝国和联邦德国的文化政策：其宪法史的发展以及与宪法契合的问题》一书。这是一本较系统地从历史发展视角探讨德国文化政策发展史的著作。全书分为两部分。第一部分从科学、艺术、教育和对外文化政策等方面论述了始于北德意志联邦到联邦德国的历史发展状况，有利于人们对19世纪下半期以来的德国文化政策史的把握。第二部分则论述了文化政策的起源、载体、定位以及文化政策与宪法的契合问题，使人们对联邦德国的文化政策现状及宪法基础有了了解。不足之处是成书较早，缺少对20世纪七八十年代以后特别是进入新世纪以后联邦德国的文化政策发展状况的介绍。[①] 而德国文化学者阿尼姆·克莱恩（Armin Klein，1951－）的《文化政策导论》一书，在对"政策""文化"和"文化政策"等概念进行探讨的基础上，较清晰地解读了联邦德国文化政策的背景、运行机制等问题，突出了它的文化联邦主义色彩。但是，由于该著作定位于对联邦德国文化政策的"入门"介绍，深度明显不够。[②]

海德尔堡大学政治学教授克劳斯·冯·拜梅（Klaus von Beyme，1934－）侧重从政治学的视角研究文化和文化政策。例如，在《文化政策与民族认同：国家操控与社会自治之间的文化政策研究》一书中，他就从政治学的视角提出了文化或文化政策是"用来咬合、发展和固化民族认同"的工具的观点，认为纪念建筑等文化遗产的维护等都对民族认同的建构具有重要作用。两德统一后，联邦在保护文化遗产方

---

① Manfred Abelein, *Die Kulturpolitik des Deutschen Reiches und der Bundesrepublik Deutschland : Ihre verfassungsgeschichtliche Entwicklung und ihre verfassungsrechtlichen Probleme*, Wiesbaden : Springer Fachmedien, 1968.

② Armin Klein, *Kulturpolitik : eine Einführung*, Wiesbaden : VS Verlag für Sozialwissenschaften, 2009.

面已经承担起更多的责任。① 此外，他还在海德尔堡大学政治学教授
曼弗莱德·G. 施密特（Manfred G. Schmidt，1948 – ）等主编的《联邦
德国的治理：1949 年以来的内外政策》一书中撰文，探讨了联邦德国文
化政策的"拐点"，提出"文化"正由国家促进的事业向新的"创造型
经济"转变的看法。②

德国文化理事会主席马克斯·福克斯（Max Fuchs，1948 – ）在
研究文化和文化政策方面多有建树。他在《文化政策》一书中不仅
阐释了文化和文化政策的概念，论及文化政策的关键要因、任务和目
标等，而且对现代文化政策面临的挑战进行了展望。③ 他的《文化造
就意识》一书中则认为，由于"从未像今天一样有如此多的文化"，
文化政策内容广泛，国家无法单独从事文化活动，它只能提出法律框
架，使文化活动在其影响下进行。④ 而其另一部新作《文化政策中的
主题表达和口号》则指出，无论在文化政策领域还是在文化机构的管
理方面，都要有明确的观点来表达自己的愿望。马克斯·福克斯还从
实践和操作层面列举了"公民权利文化""文化为人人"和"文化多
样性"等口号和惯用语，并就这些口号、惯用语与文化政策的基础之
间的关系进行了探讨⑤。

德国文化理事会执行主义奥拉夫·齐默曼（Olaf Zimmerman，
1961 – ）等在文化和文化政策研究方面也推出了多部著述。其特点
是：能紧跟并见证联邦德国进入 21 世纪后文化政策的发展和变化情
况。《各党文化政策：想象、纲领、历史和差异》一书介绍了德国各
主要政党的文化政策的发展和演变，指出它们在联邦德国文化政策领

————————

　　① Klaus von Beyme, *Kultur und Nationale Identität：Studien zur Kulturpolitik zwischen staatli-cher Steuerung und gesellschaftlicher Autonomie*, Wiesbaden：VS Verlag für Sozialwissenschaften, 1998.

　　② Klaus von Beyme, Kulturpolitik：Von der staatlichen Förderungspolitik zur „ Kreativwirtschaft ", in：Manfred G. Schmidt / Reimut Zohlnhöfer（Hrsg.）, *Regieren in der Bundesrepublik Deutschland：Innen-und Außenpolitik seit 1949*, Wiesbaden：VS Verlag für Sozialwissenschaften, 2006, S. 243 – 262.

　　③ Max Fuchs, *Kulturpolitik*, Wiesbaden：VS Verlag für Sozialwissenschaften, 2007.

　　④ Max Fuchs, *Kultur macht Sinn*, Wiesbaden：VS Verlag für Sozialwissenschaften, 2008.

　　⑤ Max Fuchs, *Leitformeln und Slogans in der Kulturpolitik*, Wiesbaden：VS Verlag für Sozialwis-senschaften, 2011.

域所扮演的重要角色①。《德国文化景观：地方印象》则在"发现文化空间"（Kulturräume entdecken）的思想指导下，集中报告了柏林等大城市以外德国的县级乡镇和农村的文化生活状况，是了解德国县级以下农村地区文化状况的极佳资料②。《教会：神秘的文化政策力量》则从教会与社会、教会与文化促进、教会与艺术等多个层面，揭示了各教会在德国文化政策领域所扮演的无法替代的重要作用③。《伊斯兰教·文化·政治》一书则介绍了德国伊斯兰教的发展状况、伊斯兰教组织在德国的活动情况、德国穆斯林的生活状况以及伊斯兰教在德国文化多样性中的角色等，是了解德国伊斯兰教文化动态的上佳资料。④

　　在对外文化政策方面，德国学界也推出了一些重要研究成果。歌德学院秘书长霍斯特·汉尼斯菲格尔（Horst Harnischfeger, 1938 - ）的《德国外交政策手册》一书较详细地介绍了联邦德国的对外文化政策，明确指出联邦德国的"对外文化政策"是外交政策的一部分，目标是利用文化来提高联邦德国的力量和加强对外关系。青年学者尤莉娅·扎特勒（Julia Sattler）所著《民族文化或者欧洲价值？1989—2003 年英、法、德三国对外文化政策》则从民族国家和欧洲一体化两个维度分析了对外文化政策的新问题。该著认为，对外文化政策应该是与民族国家紧密联系在一起的，但是在当今欧洲一体化新形势之下，共同的外交和安全政策已经破坏了对外文化政策的民族国家原则，它表达的是一种国际关系层面的欧洲认同。因此，德、英、法等国的对外文化政策就出现了坚持原有的民族原则还是服务于欧洲认同的问题。其研究结论是：欧盟各成员国在国际关系中为推行欧洲认同

---

① Olaf Zimmermann und Theo Geißler（Hrsg.），*Kulturpolitik der Parteien：Visionen，Programmatik，Geschichte und Differenzen*，Berlin：Deutscher Kulturrat e. V.，2008.

② Olaf Zimmermann und Theo Geißler（Hrsg.），*Kulturlandschaft Deutschland：Die Provinz lebt*，Berlin：Deutscher Kulturrat e. V.，2010.

③ Olaf Zimmermann und Theo Geißler（Hrsg.），*Die Kirchen，die unbekannte kulturpolitische Macht*，Berlin：Deutscher Kulturrat e. V.，2007.

④ Olaf Zimmermann und Theo Geißler（Hrsg.），*Islam-Kultur-Politik*，Berlin：Deutscher Kulturrat e. V.，2013.

所做的努力并不影响它们各自的对外文化政策①。

此外还有一些研究德国各州文化政策的著述。例如，蒂宾根大学政治学教授汉斯－格奥尔格·魏林（Hans－Georg Wehling，1938－）等在《德国各州政策》一书中，明确提出"联邦主义"是联邦德国"政治文化的宪法和机构基础"②。另一本著作《德国东部和西部：比较回顾》则从文化、政治、经济等多个方面对两德统一后的东部和西部地区的差异和相同之处进行了回顾和比较。③

（2）关于联邦德国文化史的研究。这一领域成果最为丰硕者当数德国文化史学家赫尔曼·格拉泽（Hermann Glaser，1928－）。其所著《联邦德国文化史》三卷本（第一卷：1945—1948：从投降到币制改革；第二卷：1949—1967：从基本法到大联盟；第三卷：1968—1989：从抗议运动到调适），论述了从1945年到1989年为止的联邦德国文化史④。另一部著作《德意志文化：1945—2000》则从传统的文学、艺术等发展的角度讲述了自盟国占领时期直到施罗德时代的德国文化发展状况。⑤ 而其新著《德国文化简史：1945年至今》则以生动具体的事例对"零点"（Stunde Null）时刻以来德国文化的发展状况，从哲学到时尚、从政治到商品、从建筑到文学、音乐、艺术等领域，进行了全方位的讲述。⑥ 由德特勒夫·莫斯（Detlev Moos）等编辑出版的《联邦德国的文化生活》一书则以图文并茂的形式分别从文学、艺术、音乐、建筑、设计、影视、习俗等多个方面展示了联邦

---

① Julia Sattler, *Nationalkultur oder europäische Werte? Britische, deutsche und französische Auswärtige Kulturpolitik zwischen 1989 – 2003*, Wiesbaden：Deutscher Universitäts－Verlag,2007.

② Herbert Schneider / Hans－Georg Wehling（Hrsg.）,*Landespolitik in Deutschland：Grundlagen － Strukturen － Arbeitsfelder*,Wiesbaden：VS Verlag für Sozialwissenschaften,2007.

③ Hans－Georg Wehling（Hrsg.）,*Deutschland Ost － Deutschland West：Eine Bilanz*,Opladen：Leske + Budrich,2002.

④ Hermann Glaser, *Die Kulturgeschichte der Bundesrepublik Deutschland*（3 Bände）,Frankfurt am Main：Fischer － Taschenbuch － Verlag,1990.

⑤ Hermann Glaser,*Deutsche Kultur：1945 – 2000*,Berlin：Ullstein Verlag,1999.

⑥ Hermann Glaser,*Kleine deutsche Kulturgeschichte von 1945 bis heute*,Frankfurt am Main：Fischer Taschenbuch Verlag,2007.

德国丰富的文化成就和多彩的文化生活。①

　　（3）关于文化多样性、外来移民冲击下的文化多元主义及其与国家、主流文化的关系。随着大量外来移民的涌入，族群及少数族裔文化问题日益受到学界关注。多特蒙德大学政治学教授托马斯·迈耶尔（Thomas Meyer，1943－）《政治文化与文化多元主义》一文中提出"当代文化的三大平台模式"（信仰、生活方式、共同价值观）观点，认为文化多元主义既强调文化差异又有共性，其中，"主流文化"在当代法制国家民主体制内的"核心地位""不得违背"。相关看法引起德国学界的共鸣。②移民问题专家雅恩·施奈德（Jan Schneider，1981－）在最新出版的《现代治理和共识：德国移民政策中的委员会和咨议管理》一书中，探讨了外来移民与"融入"德国的问题，强调要着力促进国家"共识"，认为这是联邦德国政治领导层的中心任务③。西班牙裔美国宗教社会学家约瑟·卡莎诺娃（Jose Casanova，1951－）在《外来移民与新的宗教多元主义：欧盟和美国比较研究》一文中认为，德国等欧洲国家与美国不同，宗教文化的多元主义是有"节制"的，有限的"宗教多元主义"。尤其在当今"世俗化"下，伊斯兰教在西方世俗现代性面前就成了一种"另类"④。巴登－符腾堡双轨学院（Duale Hochschule Baden－Württemberg）社会学教授卡琳·伊琳诺·绍尔（Karin Elinor Sauer）等主编的《融入单一社会之路：比较研究》一书则认为，从文化视角而言，种族概念是基于矛盾心理之上的，因此，要融合成单一社会困难重重⑤。德国联邦议会主席诺伯特·拉默特（Nobert Lammert，1948－）主编的《宪法、爱国

　　①　Deltlev Moos，Thomas Piltz，Stefan Elsberger，*Kulturelles Leben in der Bundesrepublik Deutsch-land*，Bonn：Inter Nationes，1992.

　　②　Thomas Meyer，„Politsche Kultur und kultureller Pluralismus". http://library.fes.de/pdf－files/akademie/online/50365.pdf.

　　③　Jan Schneider，*Modernes Regieren und Konsens：Kommissionen und Beratungsregime in der deutschen Migrationspolitik*，Wiesbaden：VS Verlag für Sozialwissenschaften，2010.

　　④　Jose Casanova，„Einwanderung und der neue religioese Pluralismus：Ein Vergleich zwischen der EU und den USA"，in：*Leviathan*，June 2006，Volume 34，Issue 2，S. 182－207.

　　⑤　Karin Elinor Sauer，Josef Held（Hrsg.），*Wege der Integration in heterogenen Gesellschaften：Vergleichende Studien*，Wiesbaden：VS Verlag für Sozialwissenschaften，2009.

主义和主流文化：我们的社会团结》一书中则强调基于宪法之上的文化多元主义必须在爱国主义的前提下融入主流文化。① 齐根（Siegen）大学政治学教授齐格里德·巴林霍斯特（Sigrid Baringhorst，1957 - ）等主编的《一体化进程的政治操控》一书在进行国际比较的基础上认为，移民在德国已经是一个现实，国家必须推进移民"融入"德国社会并为此采取切实的措施。书中还从实践层面就联邦各州和社区采取的"融入政策"进行了个案研究。② 迪特尔·奥伯恩德费尔（Dieter Oberndörfer，1929 - ）在其文章《移民融入德国》中则认为，对于一个民族来说，"其公民的认同是至关重要的"。就移民融入德国而言，一个期望价值目标就是，他们至少"应该认同德国为自己的政治家乡"。但是，移民融入德国涉及政治合法性和政治秩序，因此"文化多元主义"对于不断多元化的德国社会的未来将是一大挑战。③ 政治学学者丹尼尔·戴特林（Daniel Dettling）等主编的《优越的多样性：开放性社会的挑战和展望》一书则肯定了捍卫自己文化认同的少数族裔在融入德国主流文化方面所取得的成就。④

在国内学界，有关西方国家文化政策和文化政策理念的研究，人们多关注以美国、澳大利亚和加拿大等移民国家为对象的多元文化⑤。对于联邦德国的文化政策和文化多样性研究尚缺乏系统的研究。相关

---

① Nobert Lammert（Hrsg.），*Verfassung，Patriotismus，Leitkultur：Was unsere Gesellschaft zusammenhaelt*，Hamburg：Hoffmann und Campe Verlag，2006.

② Sigrid Baringhorst，Uwe Hunger，Karen Schönwälder（Hrsg.），*Politsche Steuerung von Integrationsprozessen：Intentionen und Wirkungen*，Wiesbaden：VS Verlag für Sozialwissenschaften，2006.

③ Dieter Oberndörfer，„ Die Integration von Zuwanderern in Deutschland ", S. 6. http://www. fes. de/integration/pdf/vort_oberndrfer. pdf.

④ Daniel Dettling，Julia Gerometta（Hrsg.），*Vorteil Vielfalt：Herausforderungen und Perspektiven einer offenen Gesellschaft*，Wiesbaden：VS Verlag für Sozialwissenschaften，2007.

⑤ 主要相关成果有：高鉴国：《试论美国民族多样性和文化》，《世界历史》1994 年第 4 期；韩家炳：《多元文化、文化多元主义、多元文化主义辨析——以美国为例》，《史林》2006 年第 5 期；王铁志、吴金光：《澳大利亚的多元文化主义》，《民族研究》1996 年第 1 期；王鉴：《澳大利亚的多元文化主义政策》，《世界民族》2004 年第 4 期；吴金光：《澳大利亚多元文化主义的启示》，《广西民族学院学报》2001 年第 6 期；杨洪贵：《澳大利亚多元文化主义研究》，西南交通大学出版社 2007 年版；高鉴国：《加拿大文化与现代化》，辽海出版社 1999 年版等。

研究成果比较零散，涉及外交学、民族学和社会学等领域。①

上述可见，德国学术界有关联邦德国的文化政策和文化多样性（文化多元主义）问题的研究主要是从政治学、文化学和社会学的角度进行的，缺乏一种历史学的审视；联邦德国文化史的著作则侧重于有关传统的文化和艺术史的研究，没有从文化多样性（文化多元主义）的角度进行考察，对于文化政策与文化多样性之间的关系也缺乏具体而深入的当代性思考。而国内学界的相关研究更是处于起步阶段。

有鉴于此，本书尝试着基于历史学的研究视角，吸纳政治学、文化学和社会学等领域的相关研究成果，对联邦德国文化多元主义的历史根源、文化政策的发展演变和文化多样性（文化多元主义）实践进行系统的阐释和研究，以期能对推进国内学界相关研究的深入有所裨益。

需要指出的是，在本书的研究过程中，除了传统的纸质图书和资料外，发达的网络平台和数字化技术为掌握最新的相关研究动态和获取第一手的档案、文献资料提供了极其有益的帮助。正是这些最新的技术使本书研究能够全方位地跟踪和掌握从德国联邦政府、议会到各州、社区乃至相关社会文化组织讨论、制定和贯彻落实相关文化政策的最新动态和看法，获得了大量数字化的档案和文献资料，因此有利于本书研究成果的相对前沿性和新颖性。

在本书研究过程中，柏林自由大学历史与文化学部弗里德里希·迈内克历史研究所的阿恩特·鲍尔坎帕尔（Dr. Arnd Bauerkämper）教授专门就相关问题与笔者进行了较深入的讨论，解答了笔者的一些疑

<hr/>

① 主要相关研究成果有：郭原奇：《德国对外文化政策研究》，山东大学 2012 年博士学位论文；郭原奇：《德国文化外交政策的历史变迁》，《国外理论动态》2012 年第 10 期；郭原奇：《现代文化外交的几个问题——以德国文化外交为例》，《当代世界社会主义问题》2012 年第 4 期；吴秀杰：《多元化博物馆视野中的物质文化与非物质文化保护——德国民族学、民俗学博物馆的历史与现状概述》，《河南社会科学》2008 年第 6 期；宋全成：《论二战后德国的合法移民及社会融合政策》，《厦门大学学报（哲学社会科学版）》2008 年第 3 期；宋全成：《论德国移民的社会一体化进程》，《德国研究》2006 年第 2 期；岳伟、邢来顺：《移民社会的文化整合问题与统一后联邦德国文化多元主义的形成》，《史学集刊》2012 年第 3 期等。

惑，提出了多项中肯而宝贵的意见和建议，在此深表谢意。

全文正文分为五章。第一章从政治联邦主义和文化多样性历史传统两个层面论析了联邦德国文化多样性和文化多元主义政策的历史根源；第二章分别阐释了联邦德国文化多元主义政策的法律基础以及对内和对外文化政策；第三章介绍了联邦德国从国家政府到社会层面的文化政策贯彻平台以及促进文化繁荣和多样性发展的路径；第四章则分阶段论述了联邦德国文化多样性社会的历史发展及其特点；第五章则重点论述了近年来在大量外来移民冲击和"非典型移民社会"背景之下联邦德国文化多元主义的思想与实践以及文化多样性社会的发展状况。

目　　录

Inhaltsverzeichnis

第一章　德国文化多元主义的
历史根源

　　德国是一个有着悠久的文化多元主义历史传统的国家。与世界上大多数国家的文化集权主义传统不同，由于历史上长期分裂的缘故，德国的文化传统呈现特别明显的地区化色彩，即所谓的文化地区化（kulturelle Regionalisierung），出现了诸如慕尼黑、科隆、美因茨、魏玛、德累斯顿等众多地方文化之都，且各具文化特色。这种文化地区化传统的一个深刻的政治根源，是中世纪以来基于皇权衰微和邦国林立形成的多中心政治格局的联邦主义传统。正是多中心政治格局的状况为德国多文化中心的形成提供了沃土，也使包容性的文化多元主义有了生存的空间。而纳粹时期的集权主义文化经历也使人们痛感：要防止国家对文化政策的过度影响，努力排除文化领域内管辖权的垄断化。这些为推行文化多元主义奠定了历史基础。因此，要厘清联邦德国的文化政策和文化多样性，首先必须从历史的角度对其政治、社会和文化根源进行剖析。

第一节　德国文化多元主义传统的政治基础

一　中世纪以来的皇权衰微与联邦主义多中心政治格局的形成

　　德国的文化多元主义有着深厚的历史基础。中世纪的德意志封建国家是在阿雷曼人、巴伐利亚人、法兰克人、萨克森人、图林根人和弗里斯人等多个日耳曼部落的基础上发展形成的。起初，这些日耳曼部落居住在斯堪的纳维亚半岛南部、日德兰半岛、威悉河和奥德河之间的北德平原。公元 3 世纪，日耳曼人中产生了部落联盟，此后它们逐渐南移，逐渐摧毁了罗马帝国在莱茵河、美因河和多瑙河以北地区的统治，并散居于此。公元 4 世纪中叶，匈奴人西迁，引发欧亚大陆的民族迁徙浪潮。日耳曼人随之涌入西罗马帝国，并在公元 476 年结束了这一帝国的统治，在其境内建立了许多王国。

在日耳曼诸王国中，以法兰克王国影响最大。而法兰克王国的历代国王中，又以卡洛林王朝（Dynastie der Karolinger）的查理大帝（Karl I. der Große，747/748 - 814，即查理一世，法国人和英国人称之为 Charlemagne，即查理曼）最为强势。他通过长期征战，建立起一个西起比利牛斯山、东到易北和萨勒河、南起意大利北部、北至北海的大帝国，并于公元 800 年在罗马加冕为"罗马人的皇帝"。但是这一强大的帝国在查理大帝的继任者虔诚者路德维希一世（Ludwig I. der Fromme，778 - 840）统治时期出现了多次分裂。843 年，查理大帝的三个孙子签订《凡尔登条约》（Vertrag vo Verdun），三分帝国。其中德意志人路德维希（Ludwig II. der Deutsche，um 806 - 876，又译日耳曼人路易）分得帝国东部地区，建立起东法兰克王国（Ostfrank-reich）。这一王国包括萨克森、法兰克尼亚、巴伐利亚、施瓦本和图林根等公国，是未来德意志国家的核心地区。

911 年，东法兰克王国的最后一位卡洛林王朝君王孩子路德维希四世（Ludwig IV. das Kind，893 - 911）死后无嗣。各部落公爵推举法兰克公爵康拉德（Konrad I.，881 - 918）为国王。但是这一新王国从一开始就面临着不利于国家稳定的因素。由于国王是由各部落公爵推举产生，部落公爵的权力因此得到提升，他们甚至提出了与国王共同统治王国的要求。此外，当时的德意志王国还受到匈牙利人等外来势力威胁。由于力量弱小，康拉德一世在对外和对内斗争中几乎没有取得胜利，其权力只能行使于自己的部落公国范围内。有鉴于此，他在去世前说服自己的兄弟放弃王位，并推举最强大竞争对手萨克森公爵为国王。919 年，萨克森公爵亨利一世（Heinrich I.，876 - 936）

被推举为国王，德意志国家开始了自己的历史。①

亨利一世登位后，吸取了前任国王的教训。他推行实力政策，依靠一支强大的军队，对内加强王权，对外进行扩张。在其统治期间，先后用武力迫使施瓦本公爵和巴伐利亚公爵俯首称臣，同时通过战争占领了西法兰克王国的洛林公国和易北河以东的勃兰登堡等地，打败了匈牙利人，最终巩固了自己的王国。936 年，亨利次子奥托继位德意志国王，称奥托一世（Otto I. der Große, 912 – 973）。他继承了亨利一世的内外政策。在国内，他利用基督教会势力对抗世俗贵族，巩固自己的统治。他将大片土地以及行政、司法等权力赐予教会，以获取教会支持反对世俗封建主的独立企图，与此同时，通过武力和联姻方式加强王室与各部落公国的关系。在对外政策方面，他占领了意大利北部，粉碎了匈牙利人的入侵，并且于 961 年应罗马教皇约翰十二世（Johannes XII., 937 oder 939 – 964）请求，出兵镇压了罗马贵族的反抗。962 年，他仿效查理大帝，在罗马加冕为"罗马人的皇帝"，成为得到教皇宣誓效忠的西方基督教世界的世俗首领，一时势力如日中天。神圣罗马帝国的历史也由此开始。②

尽管如此，新的德意志国家从一开始就呈现出一种独特的政治发展趋势，那就是，中央王权受到地方势力的强有力制约。主要原因在

---

① 关于德意志国家历史的开端，史学界有不同看法。德国史学界通常将 10 世纪初作为德国历史的开端。也有学者认为，公元 843 年是德国建国的开始。参见 Helmut M. Müller, *Schlaglichter der deutschen Geschichte*, Mannheim：Mezers Lexikonverlag, 1986, S. 38；Dieter Raff, *Deutsche Geschichte vom Althen Reich zur Republik*, München：Max Heuber Verlag, 1985, S. 16；［英］詹姆斯·布赖斯：《神圣罗马帝国》，商务印书馆 1998 年版，第 69 页。此外，还有多种有关德国历史开端的说法。详见 Wilfried Hartmann（Hrsg.）, *Deutsche Geschichte in Quellen und Darstellung*, Band 1, *Frühes und hohes Mittelalter*, 750 – 1250, Stuttgart：Philipp Reclam jun., 1995, S. 5.

② 神圣罗马帝国在德国历史上被称为"第一帝国"。关于帝国的称呼有一个变化的过程。"罗马帝国"（Römisches Reich）是与皇帝的头衔联系在一起的。虽然查理大帝早在 800 年就加冕称帝，但就德意志国家而言，它显然起始于奥托一世。1157 年开始称为"神圣帝国"（Heiliges Reich），以示接受上帝恩典的皇权的神圣属性。1254 年开始使用"神圣罗马帝国"（Heiliges Römisches Reich），15 世纪后期开始在"神圣罗马帝国"之前加上"德意志民族"（Deutscher Nation）的限定，1512 年正式称为"德意志民族神圣罗马帝国"（Heiliges Römisches Reich deutscher Nation）。1806 年，拿破仑迫使弗兰茨二世放弃神圣罗马帝国皇帝头衔，存在近 850 年之久的神圣罗马帝国画上句号。

于：（1）始于法兰克王国时期的封建采邑制度不利于中央集权的发展。由于封建贵族的采邑逐渐演变成了世袭领地，封建领主们为了保护和扩大自己的既得权益，反对强有力的王权。（2）德意志国家形成之初就确立了王权由选举产生的传统，王权实际上操纵在各部落公爵手中，国王或皇帝由选举而不是由继承决定。这就形成了一种"中央权力与分离主义趋向的对抗"①。结果，各诸侯为防止皇权过于强大，往往选举中等势力诸侯为皇帝，以便加以操纵。皇帝因此只是一个由诸侯担任的共和国的终身主席而已。（3）教会虽然对平衡世俗封建主势力有一定的作用，有利于加强王权，但在皇帝与教皇发生冲突的情况下，拥有双重身份的领地主教（教会诸侯）往往偏向教皇。由于他们得到教会支持，对皇权的危害性比世俗诸侯更大。（4）德国的政治发展从一开始就缺乏民族凝聚力。亨利一世的对外扩张和奥托一世加冕为"罗马人的皇帝"，都表明德国统治者在很大程度上继承了古罗马帝国统治世界的思想。他们的注意力放在国外，无暇顾及国内事务，使得教会和世俗封建主乘机加强自己的独立地位。②

11世纪中期，德国处于萨利安王朝（Dynastie der Salier）统治之下，皇权变得强势，整个国家趋于一体，各种分离主义痕迹近乎消失。皇帝甚至强制各部落公国把领地分割给新的世俗和教会贵族，以削弱诸侯势力。典型例子就是1156年奥地利的重要一部分从巴伐利亚的东部地区分离出来。面对这种形势，各种分离主义势力开始起来反抗和抵制强势皇权。当时势力日盛的罗马教会也试图摆脱世俗王权的控制，首先向德国王权提出了挑战。教皇格利高里七世（Gregor VII., zwischen 1025 und 1030-1085）和皇帝亨利四世（Heinrich IV., 1050-1106）之间展开了争夺教会最高领导权的斗争。在这场斗争中，部分世俗诸侯利用教皇革去亨利四世的教籍而起兵对抗皇权。面对来自教会和世俗封建主夹击，亨利四世被迫于1077年1月

---

① Arthur B. Gunlicks, *The Länder and German Federalism*, Manchester and New York: Manchester University Press, 2003, p. 5.
② 吴友法、邢来顺：《德国：从统一到分裂再到统一》，三秦出版社2005年版，第4—5页。

越过阿尔卑斯山，到卡诺莎城堡晋见教皇格利高里七世，表示"屈服"①，此即历史上著名的"卡诺莎晋见"（Gang nach Canossa）。结果，皇帝失去了对主教职位的"授职"控制权。到 12 世纪，皇帝完全放弃了"任命"主教的权力。教会诸侯和世俗诸侯联合对抗皇权，中央皇权日渐衰微。与此同时，当部落公国被分割成更小的公国和领地时，原来的领地上就出现了更多的"诸侯"，"这些更小的领地为实际管治臣民提供了条件"②。

13 世纪以后，皇权继续衰微，诸侯势力进一步增强。1220 年 4月 26 日，斯陶芬王朝的皇帝弗里德里希二世（Friedrich II.，1194 – 1250）为了使他的儿子亨利七世（Heinrich VII.，1211 – 1242）能被选为德意志国王（弗里德里希二世的并立国王），在美因河畔法兰克福与教会诸侯签订条约，即所谓的"与教会诸侯联盟"（Confoederatio cum principibus ecclesiasticis）协议，允诺放弃在教会领地上的税收和铸币权，宣布教士和教会地产不受世俗审判和裁决等③。教会诸侯独立性进一步扩大。1231 年 5 月 1 日，诸侯又强迫国王亨利七世颁布"有利于诸侯大法规"（Statutum in favorem principum），确认王权放弃在诸侯领地上行使司法、铸币、关税、建造城堡和城市的主权，国王还必须确保城市维护诸侯的权利，授予诸侯为自己的城市设防的权利。1232 年 5 月弗里德里希二世批准了该项法规。皇权的这些让步在德国历史发展进程中具有里程碑意义。这些让步实际上表明，诸侯在与皇权的斗争中已经处于优势。虽然这时的诸侯还没有明确在自己领地内的主权，但他们实际上已经取得诸多主权性"特权"。

1356 年，卢森堡王朝的查理四世继承皇位。他在诸侯们的压力下，于 1356 年颁布"黄金诏书"（Goldene Bulle），不仅正式确认了诸侯选举皇帝的权力，即皇帝由特利尔大主教、科隆大主教、美因茨大主教等教会诸侯和波希米亚国王、莱茵行宫伯爵、萨克森公爵、勃

---

① Wilfried Hartmann, *Der Investiturstreit*, München: Oldenbourg Verlag, 2007, S. 21 – 25.

② Arthur B. Gunlicks, *The Länder and German Federalism*, Manchester and New York: Manchester University Press, 2003, p. 10.

③ Wilfried Hartmann（Hrsg.）, *Deutsche Geschichte in Quellen und Darstellung*, Band 1, *Frühes und hohes Mittelalter, 750 – 1250*, Stuttgart: Philipp Reclam jun., 1995, S. 391 – 395.

兰登堡马克伯爵等世俗诸侯组成的七大选侯选出，而且承认了诸侯在自己领地内的绝对君主权力。从此到1806年神圣罗马帝国终结为止，"黄金诏书"成了帝国的最重要的"基本法"①。于是在德国形成了一道独特的政治景观：原先强大无比的神圣罗马帝国成了由众多独立邦国组成的松散结合体。按照某些学者的说法，"王权在黄金诏书之后成了一种无用的东西，德国的统一则成了一种摆设"②。到15世纪末，神圣罗马帝国皇权已经相当微弱，以至于帝国境内各领地诸侯到了相互争斗不休并开始使用武力来扩大领地的地步。

1495年开始，为了解决帝国的这种乱象，以诸侯控制的沃尔姆斯帝国议会为平台进行了所谓的"帝国改革"（Reichsreform）。其主要内容包括宣布"永恒的国内和平"（Ewiger Landfriede）、建立"帝国最高法院"（Reichskammergericht）③和设在纽伦堡的由诸侯组成的帝国执政府（Reichsregiment）。尤其是帝国执政府，作为一个统一的帝国政治领导机构，在事实上替代皇帝成为帝国的最高行政权力机构。它意味着，国王在一切事情上都必须受到帝国执政府的约束。因此皇权进一步遭到削弱。

到1500年左右，德意志民族神圣罗马帝国已经成了一个由多个王朝、教会领地构成的、点缀着一些帝国自由市和独立的帝国骑士领地的拼凑物。其中，负责选举皇帝的七大选侯国④处于高端，另外还有25个世俗公国、90个左右的教会公国、100多个伯爵领地以及众多的贵族领地和自由市。

15、16世纪，西欧各国开始向近代民族国家转变。德意志人的

---

① Jean – Marie Moeglin und Rainer A. Müller（Hrsg. ），*Deutsche Geschichte in Quellen und Darstellung*，*Band 2*，*Spätmittelalter*，*1250-1495*，Stuttgart：Phillipp Reclam jun. ，2000，S. 192 – 221.

② Arthur B. Gunlicks，*The Länder and German Federalism*，Manchester and New York：Manchester University Press，2003，p. 12.

③ Jean – Marie Moeglin und Rainer A. Müller（Hrsg. ），*Deutsche Geschichte in Quellen und Darstellung*，*Band 2*，*Spätmittelalter*，*1250-1495*，Stuttgart：Phillipp Reclam jun. ，2000，S. 464 – 487. 帝国最高法院起初设在美因河畔法兰克福，后来移至沃尔姆斯、奥格斯堡、纽伦堡、雷根斯堡和施佩耶尔等地，1689年后移至韦茨拉尔。

④ 1648年以后，由于巴伐利亚的加入，选侯国增至8个；1692年汉诺威也成为选侯国，选侯国增至9个。

民族意识也初露端倪。1517 年马丁·路德（Martin Luther，1483 -
1546）发起的宗教改革运动（Reformation），初衷是要排除教皇对德
国事务的干涉，建立不受罗马教会控制的德意志民族教会。但是宗教
改革的结果却事与愿违。德国在原先皇权、教会诸侯、世俗诸侯等对
立因素的基础上，又新添了宗教分裂的因素，在宗教信仰方面分裂成
了新基督教和旧天主教两大对立集团。一些世俗诸侯打着新教旗帜，
趁机抢夺天主教会的财产，壮大自己的实力。结果，宗教改革成了
"进一步加强领地诸侯力量的工具"①。

　　1519 年，哈布斯堡家族（Haus Habsburg）的西班牙国王查理一
世（Karl I.）被推举为神圣罗马帝国皇帝，称查理五世（Karl V.，
1500 - 1558）。他自恃力量强大，试图利用宗教改革在德国诸侯中造
成的分裂局面，以打击新教诸侯为借口，消除诸侯分裂势力，加强中
央集权。然而，就在查理五世即将取胜之际，利益受到威胁的德国新
教和天主教诸侯们捐弃前嫌，共同对抗皇权，迫使其放弃加强中央集
权的努力。1556 年查理五世无奈退位。1555 年 9 月帝国议会通过
《奥格斯堡宗教和约》（Der Augsburger Religionsfriede），宣布放弃德国
在宗教信仰方面的统一，确定"教随国定"（Cuius regio，eius religio；
Wessen Land，dessen Religion）的原则②。此后，不仅出现了天主教和
新教在德国共存的局面，更重要的是，在"教随国定"的原则下，
诸侯在自己的领地内实行政教合一的统治，进一步加强了自己的
力量。

　　17 世纪初，皇帝鲁道夫二世（Rudolf II.，1552 - 1612）试图利
用新教诸侯与天主教诸侯之间的矛盾，通过限制新教来博取天主教诸
侯的支持，加强中央集权。结果，德国境内形成了新教诸侯组成的
"新教同盟"和天主教诸侯的"天主教同盟"相对抗的局面。更重要
的是，两大同盟之间的对抗开始表现出深远复杂的国际背景。丹麦、
瑞典等新教国家和法国支持"新教同盟"。丹麦、瑞典担心天主教势

---

　　①　Arthur B. Gunlicks, *The Länder and German Federalism*, Manchester and New York：Man-
chester University Press,2003,p. 13.

　　②　Ulrich Köpf(Hrsg.)，*Deutsche Geschichte in Quellen und Darstellung*, Band 3, *Reformation-
szeit*,*1495-1555*, Stuttgart：Philipp Reclam jun. ,2001,S. 471 - 487.

力深入北欧地区，法国则不愿看到一个统一而强大的德国。"天主教同盟"则得到德皇、教皇以及与德皇同属哈布斯堡家族的西班牙王室的支持。结果，德国两大宗教集团的斗争演变为欧洲历史上著名的三十年战争（Dreißigjähriger Krieg，1618 - 1648）。这场战争对于德国的政治发展走向产生了极其深刻的影响。

1618 年，德皇马蒂亚斯（Matthias，1557 - 1619）任命狂热的天主教徒斐迪南大公（Ferdinand II.，1578 - 1637）[①] 为新教的波希米亚的国王，遭到波希米亚的反对，并引发反对皇帝的起义。三十年战争开始。1619 年，斐迪南继位皇帝。起初，他依靠"天主教同盟"和西班牙军队，曾给"新教同盟"以毁灭性打击。1625 年以后，由于丹麦、瑞典、法国等先后加入"新教同盟"一方作战，局势开始扭转。最后，哈布斯堡家族被迫求和。至此，德皇试图加强中央集权的努力再次受挫。

1648 年，交战双方签订《威斯特伐利亚和约》（*Westfälischer Friede*）。根据该和约：原先属于神圣罗马帝国的大量领土置于瑞典和法国的控制之下，瑞法两国有权参加德国的帝国议会，荷兰、瑞士等正式独立；更重要的是，德国的诸侯获得完全的独立地位，享有内政和外交上的乎完全的主权，即所谓的邦主权（Landeshoheit）。德国诸侯们只要不是直接反对皇帝和帝国，就可以相互之间以及与外国列强缔结各种条约。这实际上是一种高度的自治，一种"国内主权"[②]。至此，德国诸侯取得了对皇权的决定性胜利。

三十年战争和《威斯特伐利亚和约》进一步固化了德国的政治分裂，德国联邦主义特征的多中心政治格局基本确定下来。此后，300多个德意志邦成了事实上的主权国家。它们通过"帝国议会"保持对皇帝的控制。

---

① 斐迪南二世于 1590 年为内奥地利（Innerösterreich）大公，1617 年波希米亚国王，1618 年匈牙利和克罗地亚国王，1619 年成为奥地利大公。

② Bernd Roeck(Hrsg.)，*Deutsche Geschichte in Quellen und Darstellung*，*Band* 4，*Gegenreformation und Dreißigjähriger Krieg*，*1555-1648*，Stuttgart：Philipp Reclam jun. ，1996，S. 410 - 412. Arthur B. Gunlicks，*The Länder and German Federalism*，Manchester and New York：Manchester University Press，2003，p. 14.

1648 年以后直到 18 世纪末，欧洲进入了绝对主义王权时代。德国则形成了邦君专制，各邦君主成为自己领地上的无可争议的当然统治者，从而进一步强化了德意志的多中心政治格局。与此同时，一些重要的德意志邦还与国外有着密切的关系。作为帝国皇室所在的奥地利哈布斯堡家族除了帝国内的领地外，还统治着匈牙利、克罗地亚、捷克、斯洛文尼亚以及意大利北部等域外疆土；萨克森选侯在 1697 年到 1763 年间同时兼任波兰国王；汉诺威选侯同时又是英国国王。此外，勃兰登堡与瑞典关系密切，巴伐利亚对法国情有独钟。所有这一切都使得皇帝难以在帝国内行使权威。

到 18 世纪，德国境内存在四类领地。最具有权势的一类是各世俗诸侯国。它们通常由具有国王、公爵、侯爵、伯爵等头衔的高级贵族进行世袭统治。教会邦国也是极其重要的一类领地，通常由天主教神职人员统治。第三类是一些帝国自由市，其中有 51 座城市由一些贵族寡头统治。它们是帝国的效忠者，期望得到帝国的保护以对抗贪婪的领地诸侯们。第四类是由一些拥有较小领地的帝国贵族和骑士组成的集团。它们数量多达一千六七百个，也都拥有自治权。以奥地利和普鲁士分别为主角的 1740—1748 年奥地利王位继承战争（Österreichischer Erbfolgekrieg）以及 1756—1763 年七年战争（Siebenjähriger Krieg），使拥有帝国皇冠的奥地利受到沉重打击，德意志皇权进一步遭到削弱，以普鲁士为首的诸侯力量进一步增强。

1789 年爆发的法国大革命（Französische Revolution）和随之而来的拿破仑战争（Napoleonische Kriege）再次给德国政治状况带来巨大冲击。一方面，法国大革命特别是拿破仑（Napoleon Bonaparte，1769 – 1821）占领德国期间，通过教会地产世俗化（Säkularisation）和帝国直属领地归并（Mediatisierung），大量教会诸侯和一直是帝国坚定支持者的帝国城市、帝国骑士等下层帝国阶层消失，分裂因素大幅度减少；另一方面，亲法的巴伐利亚、符腾堡、巴登等中等邦国由于占有教会地产和并吞帝国城市而实力大增，我行我素的意识进一步增强。

1802 年 8 月，在法国和俄国的压力下，雷根斯堡帝国议会召开特别帝国代表会议，讨论帝国范围内的领地调整和补偿问题，并于 1803

年2月通过《帝国代表会议总决议》（*Reichsdeputationshauptschluß*）①。据此，帝国内的领土调整和补偿主要通过较小的帝国直属领地归并和教会地产世俗化两种途径来实现。这大大减少了帝国独立领地的数量。其中，教会诸侯只剩下美因茨选侯和德意志骑士团团长。帝国自由市只剩下汉堡、不莱梅、吕贝克，以及法兰克福、奥格斯堡和纽伦堡六个城市，其他皆被诸侯兼并。《帝国代表会议总决议》的实施对帝国的团结造成了毁灭性的打击。大量教会诸侯和一直是帝国坚定支持者的帝国城市、帝国骑士等下层阶层的消失，大大削弱了维持帝国存在的根基。世俗诸侯则由于占有教会地产和并吞帝国城市而实力大增，独立性进一步增强，导致了帝国内部力量结构的改变。在这一次领土调整和补偿中，普鲁士在失去2000平方公里土地和14万人口的同时，却获得了12000平方公里和60万人口的补偿；巴伐利亚在失去10000平方公里土地和60万人口的同时，则获得了14000平方公里土地和85万人口的补偿；巴登则以450平方公里和3万人口损失换得了2000平方公里和24万人口；符腾堡虽然失去了400平方公里土地和3万人口，却获得了1500平方公里和12万人口的补偿。

　　由于上述变化，在德意志形成了消长各异的三支力量：普鲁士大大加强了在德意志西北部的力量，由此形成了在德意志北部的优势地位。拥有帝国皇帝角色的奥地利由于失去了南德地区的大量领地，对德意志事务的影响力进一步受到削弱；处于法国影响力之下的巴登、符腾堡、巴伐利亚等南德中等邦国，力量得到壮大，独立性更强，成为日后对抗代表德意志皇权的奥地利和另一德意志大邦普鲁士的难缠对手和角逐德意志的第三力量。

　　帝国范围内的领土调整也给帝国宪政构成带来了重大变化。由于教会地产世俗化，大量教会诸侯消失，原先天主教势力居于支配地位的帝国诸侯委员会出现了新教诸侯占多数的情况，新教诸侯与天主教诸侯之比为78:53。由于科隆、特里尔两个教会选侯邦被废除，符腾堡、巴登、黑森－卡塞尔和萨尔茨堡等世俗邦上升为选侯邦，选侯委

---

① ErnstRudolf Huber(Hrsg.)，*Dokumente zur deutschen Verfassungsgeschichte*，Band 3，1803 – 1850，Stuttgart：Kohlhammer，1978，S. 1 – 26.

员会中出现了 4 个天主教选侯对 6 个新教选侯①的状况。天主教的哈布斯堡皇室在帝国议会中成了信仰上的少数派。

拿破仑的一个重要目标是，加强南德诸邦乃至所有德意志中等邦国的力量，使之依附于法国，对抗普鲁士和奥地利这两个德意志大邦。1806 年 1 月拿破仑向德意志中等邦国的首脑们施压，建议成立一个在他保护下的新邦联。1806 年 7 月，16 个德意志诸侯的全权代表在巴黎与法国签署《莱茵邦联文件》（*Rheinbundakte*），宣布脱离神圣罗马帝国，在法国保护下组成"莱茵邦联"②。此后中德和北德的一些邦国也加入进来。到 1808 年，莱茵邦联已经拥有 4 个王国、5 个大公国、13 个公国、17 个侯国。面对各诸侯违反帝国宪法、解除对帝国义务的举动，皇帝弗兰茨二世（Franz II.，1768 – 1835）无能为力，只能听之任之。1806 年 8 月 1 日莱茵邦联成员发表正式声明，宣布退出帝国。拿破仑则向雷根斯堡帝国议会发出最后通牒，宣布不再承认德意志帝国。同日，帝国议会宣布自行解散。8 月 6 日，弗兰茨二世放弃神圣罗马帝国皇帝称号，同时宣布解除一切帝国阶层对于帝国所承担的义务。

古老的神圣罗马帝国终于结束了它的历史篇章。尽管如此，旧帝国时期形成的联邦主义已经成为德意志国家无法抹去的一道独特历史风景和价值取向，奠定了德国尊重各邦自决和差异的基本政治传统。

---

①　4 个天主教选侯为：巴伐利亚、波希米亚、萨尔茨堡、从美因茨移至雷根斯堡的帝国大宰相和德意志总主教；6 个新教选侯为：萨克森、勃兰登堡、汉诺威、符腾堡、巴登、黑森 – 卡塞尔。

②　Walter Dernel und Uwe Puschner(Hrsg.)，*Deutsche Geschichte in Quellen und Darstellung*，*Band 6*，*Von der Französischen Revolution bis zum Wiener Kongreβ*，*1789 – 1815*，Stuttgart：Philipp reclam jun.，1995，S. 108 – 112. 16 个莱茵邦联成员分别是：巴伐利亚国王、符腾堡国王、作为帝国大宰相的美因茨选侯、巴登选侯、贝格大公、黑森 – 达姆施塔特侯爵、拿骚 – 乌辛根侯爵、拿骚 – 魏尔堡侯爵、霍亨索伦 – 赫辛根（Hohenzollern – Hechingen）侯爵、霍亨索伦 – 西格马林根（Hochenzollern – Sigmaringen）侯爵、萨尔姆 – 萨尔姆（Salm – Salm）侯爵、萨尔姆 – 基尔堡（Salm – Kyrburg）侯爵、伊森堡 – 比尔施泰因（Isenburg – Birstein）侯爵、阿伦贝格（Ahremberg）公爵、列支敦士登（Liechtenstein）侯爵、莱恩（Leyen）伯爵。在德国历史上，这是第二次形成"莱茵邦联"。第一次莱茵邦联（Erster Rheinbund）也称莱茵联盟（Rheinische Allianz），成立于 1658 年，是为了与德皇对抗而建立的一个超信仰的世俗和教会诸侯的联盟。参见邢来顺、韦红《拿破仑统治时期的莱茵邦联改革运动》，《世界历史》2015 年第 2 期。

二 从德意志邦联到第三帝国：联邦主义因素的传承和弱化

1812 年，拿破仑远征俄国失败，此后又在 1813 年的莱比锡战役和 1815 年的滑铁卢战争中败于反法联盟。1814 年 10 月到 1815 年 6 月，战胜国召开维也纳会议（Wiener Kongreβ），讨论并确定欧洲的战后新秩序。6 月 8 日，即维也纳会议总决议《维也纳会议文件》（*Wiener Kongreßakte*）签署前一天，签订了《德意志邦联文件》（*Deutsche Bundesakte*）①。根据该文件，德国 34 个行使主权的诸侯和 4 个自由市②“为了德国的安全和独立”，“结成持久的邦联”。文件主要内容为：（1）邦联的目的在于“维护德国的内外安全以及德意志各邦的独立和不可伤害性”。换言之，德意志各邦相互保障各自独立性。（2）普鲁士和奥地利两个邦国的领土中只有以前属于帝国的部分加入邦联③。（3）三位非德意志的君主，包括作为汉诺威国王的英国国王，作为荷尔施泰因公爵的丹麦国王和作为卢森堡大公的荷兰国王，也成为德意志邦联成员。（4）邦联的唯一机构是设在美因河畔法兰克福的邦联大会（Bundes-versammlung），后改称邦联议会（Bundestag），大会主席由奥地利担

---

① 有关《德意志邦联文件》具体内容，见 Udo Sautter, *Deutsche Geschichte seit 1815：Daten，Fakten，Dokumente，Bd. 2，Verfassungen*，Tübingen und Basel：A. Francke Verlag，2004，S. 1 – 10.

② 34 个邦分别是：奥地利、普鲁士、萨克森、巴伐利亚、汉诺威、符腾堡、巴登、黑森选侯国（Kurfürstentum Hessen，简称 Kurhessen）、黑森大公国（Großherzogtum Hessen）、荷尔施泰因（Holstein）、卢森堡（Luxemburg）、不伦瑞克、梅克伦堡 – 什未林（Meklenburg – Schwerin）、拿骚、萨克森 – 魏玛、萨克森 – 哥达（Sachsen Gotha）、萨克森 – 科堡（Sachsen Coburg）、萨克森 – 希尔德堡豪森（Sachsen Hildburgshausen）、梅克伦堡 – 施特雷利茨（Meklenburg Strelitz）、荷尔施泰因 – 奥尔登堡（Holstein Oldenburg）、安哈尔特 – 德骚（Anhalt Dessau）、安哈尔特 – 贝恩堡（Anhalt Bernburg）、安哈尔特 – 科滕（Anhalt Köthen）、施瓦茨堡 – 桑德斯豪森（Schwarzburg Sondershausen）、施瓦茨堡 – 鲁道尔施塔特（Schwarzburg Rudolstadt）、霍亨索伦 – 赫辛根（Hohenzollern Hechingen）、列支敦士登、霍亨索伦 – 西格马林根（Hohenzollern Sigmaringen）、瓦尔德克（Waldeck）、大罗伊斯系（Reuß älteren Linie）、小罗伊斯系（Reuß jüngeren Linie）、绍姆堡 – 利帕、利帕（Lippe）等。4 个自由市是：吕贝克、法兰克福、不莱梅、汉堡。此后，黑森 – 霍姆堡作为第 39 个成员加入联盟。Udo Sautter, *Deutsche Geschichte seit 1815：Daten，Fakten，Dokumente，Bd. 2，Verfassungen*，Tübingen und Basel：A. Francke Verlag，2004，S. 3 – 4；Joachim Streisand，*Deutsche Geschichte von den Anfängen bis zur Gegenwart*，Köln：Pahl – Rugenstein Verlag，1983，S. 150.

③ 1818 年以后，奥属加里西亚的西部成为德意志邦联的一部分，而普鲁士的普鲁士省和波森省的西部和北部地区则在 1848 年到 1851 年加入德意志邦联。

任。邦联大会负责处理邦联事务。大会按照各邦大小分配投票权，奥地利、普鲁士、萨克森、巴伐利亚、汉诺威、符腾堡各有 4 票，其他邦分别拥有 3 票到 1 票的投票权，共计 69 票，任何决定须有 2/3 多数才能通过，修改宪法时则必须全体一致同意。（5）邦联成员不得在战争期间与敌人单独谈判，不得缔结危害邦联或各邦安全的同盟（第 11 条）。（6）所有邦联成员都要制定一部邦议会宪法（第 13 条）。

从以上相关内容可知：新建立的德意志邦联没有国家元首，没有中央政府，只有一个象征性的邦联大会；在对外政策方面邦联不能行使外交权力，不能缔结国际条约；国内没有统一的邮政，也没有统一的货币和度量衡。各邦拥有完全的主权和独立。这样一个由主权邦国组成的邦联显然缺少联邦的特征，更不是统一的民族国家，只能算作一个松散的国家联合①。此外，新建立的德意志邦联具有明显的"欧洲特征"。一方面，丹麦、英国和荷兰等外国君主通过在德意志拥有领地成为德意志邦联大会的成员，普鲁士和奥地利等德意志邦国则拥有德意志邦联之外的领土；另一方面，由于《德意志邦联文件》第一部分（第 1 至 11 条）最终成为维也纳会议总决议的一部分，有关德意志邦联的规定也就成了欧洲国际政治框架的组成部分，从而为日后其他欧洲列强干涉德国内政提供了借口，也容易使日后欧洲的"一切国际性紧张局势波及德国"②。法国、英国等国都明确表示，德意志邦联宪法的任何改动，都必须得到相关签约国的同意③。当然，必须承认，新建立的德意志邦联毕竟在一定程度上加强了德意志各邦之间的联系。《德意志邦联文件》有关邦联成员不得在战争期间与敌人单独谈判，不得缔结危害邦联或各邦安全的同盟的规定，有利于德意

---

① 1820 年的《维也纳最后议定书》明确重申"德意志邦联是德意志各主权诸侯和自由市的国际法的联合会"（Der deutsche Bund ist ein völkerrechtlicher Verein der deutschen Souveränen Fürsten und Freien Städten）. Dieter Grimm, *Deutsche Verfassungsgeschichte 1776 – 1866*, Frankfurt am Main：Suhrkamp Verlag, 1988, S. 65.

② Joachim Streisand, *Deutsche Geschichte von den Anfängen bis zur Gegenwart*, S. 151.

③ Michael Kotulla, *Deutsche Verfassungsgeschichte：Vom Alten Reich bis Weimar*（1495 – *1934*）, Berlin：Springer – Verlag, 2008, S. 328.

志内部的团结和一致对外。

此后，因受到法国大革命以后现代民族主义意识觉醒的影响，民族主义在德意志不断发酵，追求民族统一、建立统一的民族国家成为影响德意志政治进程的主要因素，而各邦尤其是中小邦国又始终坚持自主意识。结果，在德国再次出现了联邦主义和中央集权主义的不断博弈。这一点在以下重大事件上可以反映出来。

1848 年德国革命（Deutsche Revolution 1848/1849）是建立近代德意志民族国家进程中的重要事件，对德国宪政史和政治史的发展都有重要影响。革命的主要目标是建立统一自由的德意志民族国家。这次革命虽然最终归于失败，但是"德意志烙印"特别明显，即追求统一的联邦制国家。这就需要制定一部宪法，为民族国家的建立奠定宪政基础。这一任务落到了美因河畔法兰克福全德国民议会（Frankfurter Nationalversammlung）肩上。法兰克福国民议会中的主流意见是，在保存现有的多邦制的基础上，建立起类似美国的联邦制国家。这样既尊重了德国长期形成的历史传统，又满足了民族统一的愿望。这就涉及如何对待奥地利多民族王朝国家中的非德意志因素。为此，国民议会中出现了小德意志方案（Kleindeutsche Lösung）和大德意志方案（Großdeutsche Lösung）之争。前者要求排除奥地利，建立普鲁士领导下的德意志民族国家；后者则要求建立奥地利影响和领导下的德意志民族国家，但这一民族国家只包括德意志邦联德语区域以及波希米亚等与德意志有密切历史渊源的地区，匈牙利等非德意志人地区则将被排除在德意志民族国家之外。

大德意志方案意味着奥地利帝国将被分解，因此遭到奥地利的反对。1848 年 11 月，奥地利首相施瓦岑贝格侯爵在奥地利议会上宣布："奥地利作为统一的国家的继续存在是德意志的需要，也是欧洲的需要。"① 这就从根本上拒绝了大德意志方案。1849 年 3 月，施瓦岑贝格侯爵提出了奥地利版的"大德意志方案"：整个奥地利帝国加

---

① Wolfgang Hardtwig und Helmut Hinze(Hrsg.) ,*Deutsche Geschichte in Quellen und Darstellung* ,*Band 7* ,*Vom Deutschen Bund zum Kaiserreich 1815 – 1871* , Stuttgart : Philipp Reclam jun. , 1997 ,S. 315.

入德意志邦联；中央政府由七人组成的执政府（投票权分配：奥地利和普鲁士各 2 票，巴伐利亚 1 票，其他各邦共 4 票）统治；各邦议会代表组成一院制国家议会，3 年一届；帝国首脑由奥地利和普鲁士轮流担任。显然，这一方案与 1815 年建立的德意志邦联没有什么差异。

奥地利的态度使许多支持大德意志方案的议员感到绝望。有一位一直致力于大德意志方案的议员就寒心地表示："对奥地利的等待就是德意志统一的灭亡。"① 因此大德意志方案支持者纷纷转向小德意志方案。1849 年 3 月 27 日国民议会以 267 票对 263 票的微弱多数通过了帝国宪法，次日又以 290 票赞成、248 票弃权的结果，选举普鲁士国王（以下简称普王）弗里德里希·威廉四世（Friedrich Wilhelm IV.，1795 – 1861）为"德意志人皇帝"（Kaiser der Deutschen）。

1849 年《德意志帝国宪法》（Verfassung des Deutschen Reichs 1849）② 虽然由于 1848 年革命的失败没有得到实施，但其中蕴含的基本思想却对未来的德意志国家宪法产生了重要影响。立法方面：宪法规定帝国议会由国家院（Staatenhaus）和人民院（Volkshaus）两院组成。国家院是德意志各邦的代表，其成员由各邦政府和邦议会各派一半代表组成。人民院根据普遍、平等的原则选举产生。立法权由人民院和国家院共同拥有。行政方面：帝国中央政府是国际法意义上的"唯一"德国代表，具有全面的外交权、军队指挥权以及管理职能权限；帝国元首拥有"德意志人皇帝"头衔，是帝国的象征，具有宣战、媾和、缔约、结盟之权。司法方面：帝国法院掌握帝国司法权，司法独立③。

1849 年《德意志帝国宪法》，兼具联邦主义、中央集权主义色彩，实际上是各派力量妥协的产物。联邦制因素在立法机关中有明显体现。国家院在很大程度上代表了各邦的利益和倾向。宪法中有关中

---

① Heinrich August Winkler, „ Der überforderte Liberalismus: Zum Ort der Revolution von 1848/1849 in der deutschen Geschichte"; Wolfgang Hardtwig(Hrsg.), *Revolution in Deutschland und Europa 1848 – 1849*, Göttingen: Vandenhoeck & Ruprecht Verlag, 1998, S. 190.

② 也称"圣保罗教堂宪法"（Paulskirchenverfassung）或"法兰克福帝国宪法"（Frankfurter Reichsverfassung）。

③ 有关 1849 年《德意志帝国宪法》，见 Udo Sautter, *Deutsche Geschichte seit 1815: Daten, Fakten, Dokumente*, Bd. 2, *Verfassungen*, S. 48 – 77.

央权力超越各邦权力的规定，国家权力对于立法、外交、军事、管理方面的诸多权力的控制，则表明了宪法的中央集权制倾向。

法兰克福国民议会通过帝国宪法并推选弗里德里希·威廉四世为帝国元首后，派出代表团前往柏林，向普王敬献皇冠。但是普王拒绝了这一厚礼。他宣称不能接受革命赠予的皇冠。他曾在给普鲁士驻伦敦公使的信中明确表达了这一看法①。此外，尽管20多个德意志小邦在4月14日批准了法兰克福国民议会通过的宪法，但大邦奥地利以及巴伐利亚、汉诺威、符腾堡和萨克森等四个王国也拒绝该宪法。这意味着接受皇冠将会导致与奥地利及几个中等王国对抗，可能引发战争。而势力如日中天的沙皇也对普王施加压力，反对其接受这顶皇冠②。法兰克福国民议会的努力由于普王拒绝接受皇冠而付诸东流。

此后，普鲁士和奥地利为争夺在德意志的霸权展开了新的斗争。在这场斗争中，普鲁士顺应历史潮流，最终在1866年打败了试图维持德意志分裂局面的奥地利，建立起北德意志联邦，"保守的民族主义"取得了胜利③。1871年，普鲁士又打败法国，建立起新的德意志帝国（Das deutsche Kaiserreich），即德国历史上的第二帝国。不过，这并不意味着德国已经变成了中央集权国家。虽然统一的德国是德国资产阶级的首选政治目标，而且帝国时期确实也出现了向中央集权主义发展的趋势④，但在事实上，新建立的德意志帝国仍保存着大量的"联邦主义"因素。

根据1871年宪法，德意志帝国属于联邦主义的政治结构。而建立这种联邦主义结构的主要原因在于，新的德意志帝国实际上是各种力量妥协的产物。它既要照顾到德意志人民建立统一的民族国家的愿

---

① Dieter Hein, *Die Revolution von 1848/49*, München: Verlag C. H. Beck, 2007, S. 122.

② Wolfgang Hardtwig und Helmut Hinze(Hrsg.), *Deutsche Geschichte in Quellen und Darstellung*, Band 7, *Vom Deutschen Bund zum Kaiserreich 1815 – 1871*, Stuttgart: Philipp Reclam jun., 1997, S. 321；邢来顺：《迈向强权国家：1830年—1914年德国工业化与政治发展研究》，华中师范大学出版社2002年版，第51页。

③ Maiken Umbach(ed.), *German Federalism: Past, Present, Future*, New York: Palgrave, 2002, p. 52.

④ 邢来顺：《德国工业化经济－社会史》，湖北人民出版社2003年版，第536—548页。

望，又要考虑到各邦的利益，特别是最大邦普鲁士的利益。

首先，最初的宪法文本中就含有明显的联邦主义成分。作为德意志帝国助产士的普鲁士首相俾斯麦（Otto von Bismarck，1815－1898）是一位现实主义的政治家。早在讨论 1867 年《北德意志联邦宪法》（*Verfassung des Norddeutschen Bundes*，1867）时，他就已经考虑到联邦的大门要对南德各邦敞开①。1871 年建立帝国时，为了减少南德诸邦分离主义势力的抵抗，他在不动摇根本原则的前提下，也作出了很大让步。这一点可以从德意志帝国议会讨论的宪法草案对有关国家和首脑的称呼中窥见一斑。

根据 1871 年 1 月 1 日开始生效的宪法文本，新统一的德国称"德意志联邦"，其最高首脑为"联邦主席"。直到 1 月 18 日，人们才从发布的皇帝宣言中得知，"联邦主席"的名称改成了"德意志皇帝"。不过，这个"皇帝"的称号也是经过一番周折才分娩出来的。普王威廉一世（Wilhelm I.，1797－1888）曾表示，如果接受皇帝称号的话，希望自己能被称为"德国皇帝"（Kaiser von Deutschland）。然而这一要求遭到巴伐利亚国王和符腾堡国王的反对，理由是，这一称号意味着普鲁士国王居于帝国内其他国王之上，同时也包含着对非普鲁士的领土提出领土主权的要求。对此，"各邦君主是不会同意的"。巴伐利亚国王也明确提出要将"实施联邦的领导权力和德意志皇帝称号结合起来"②。俾斯麦左右为难，最后劝说威廉一世接受"德意志皇帝"（Deutscher Kaiser）这一折中方案。"德意志皇帝"的称号意味着只能与德意志民族联系起来，而不能与领土统治权联系起来。而且俾斯麦也从一开始就确认了"皇帝在原则上不享受高于各国王的优先地位"③。可见，德意志帝国在筹划建立时就已确立了它的联邦主义性质。

---

① ［德］卡尔·艾利希·博恩：《德意志史：从法国革命到第一次世界大战》，上册，张载扬等译，商务印书馆 1991 年版，第 249 页。

② ［德］奥托·冯·俾斯麦：《思考与回忆》，第 2 卷，山西大学外语系《思考与回忆》翻译组译，东方出版社 1985 年版，第 92—93 页。

③ ［德］奥托·冯·俾斯麦：《思考与回忆》，第 2 卷，山西大学外语系《思考与回忆》翻译组译，东方出版社 1985 年版，第 93 页。

　　其次，新建帝国的组织结构具有联邦主义特征。根据1871年德意志帝国宪法，新建立的德意志帝国"缔结为一个永久的联邦"，由25个邦和帝国直属领地阿尔萨斯－洛林组成。帝国的主权实际上掌握在25个邦的代表——22个诸侯和3个自由市的市议会的手中。联邦议会是帝国最高的权力机构，享有立法权。任何未经联邦议会同意的法律一概无效。联邦议会还有权否决帝国议会通过的议案。这样一来，"联合起来的22个君主和3个自由市的市议会才是国家主权的共同享有者"。联邦议会中的议席分配也确保了联邦主义原则的贯彻。在联邦议会的58个议席中，作为国家统一运动领导者的普鲁士仅拥有17席，不足总数的1/3。在这种情况下，虽然普鲁士有能力否决任何不利于它的法案（14票足以否决议案），但其他中小邦也可以联合起来以多数票制服普鲁士，确保自己的权利不受侵犯，甚至只要巴伐利亚（6票）、萨克森（4票）和符腾堡（4票）联合起来就可以否决对它们不利的议案。

　　帝国的联邦主义性质还表现为各邦保留了许多体现国家主权性质的权利。例如，虽然宪法规定了在国际交往中皇帝是国家主权的唯一体现者，但各邦在对外关系方面仍然保留了派遣和接受外交使节的权利。巴伐利亚直到1918年时还在奥匈帝国、法国和梵蒂冈派驻自己的外交代表机构。帝国军队也由各大、中邦国分担的份额军队组合而成。除了普鲁士的陆军部以外，巴伐利亚和符腾堡也有自己的陆军部。在邮政方面，除了帝国邮局外，巴伐利亚和符腾堡也有各自的邮政管理机构。各邦还保留有教育、宗教、部分司法、征收直接税等自治权利[1]。在财政方面，帝国政府甚至在很长时间内没有自己的税收收入，它只能仰仗各邦的财政贡献来维持帝国各机构的运转。[2]

　　因此，在德意志帝国建立初期，它是一个实实在在的联邦制国家，而且由于各邦权力有些过大，这一帝国甚至带有一些邦联的意味。俾斯麦本人也认为1871年宪法是一个同时包含有联邦和邦联因

---

　　① Ernst Rudolf Huber, *Dokumente zur Deutschen Verfassungsgeschichte. Band 2. Deutsche Verfassungsdokumente 1851 – 1900*, Stuttgart: Kohlhammer Verlag, 1964, S. 392, 393, 396, 400.

　　② 参见邢来顺《略论德意志帝国政治架构的发展趋势》，《武汉大学学报（哲学社会科学版）》，1998年第2期。

素的混合物。他在起草这部宪法时就曾公开表示："我们不得不保持
邦联，与此同时，通过使用富有弹性和不显眼的却是明明白白的表达
方式，在实际上给予一种联邦的特征。一个联邦议会而非内阁，因此
将行使中央权力"①。

　　除了上述国家政治结构的顶层设计带有显著的联邦甚至邦联特征
外，地方层面的联邦主义因素也非常明显。

　　在南德和西南德地区，人们浓烈的"家乡"（Heimat）情结成了
捍卫乡土文化传统、抵制普鲁士支配性地位和中央集权民族国家的有
力工具。"乡土习俗和地区传统的培养能够有助于使下层民众和自由
派精英在共同拒绝普鲁士支配下的、中央集权化的民族国家之下联合
起来"②。所谓"家乡"，主要由三大要素组成，即历史、自然和民
俗。许多社区在编撰地方史的浪潮中，纷纷推出自己的"家乡读本"
（Heimatbücher），向人们展示自己家乡从历史、自然地理到风俗习惯
的独特性。19 世纪八九十年代，《乡土课程》（Heimatkunde）开始列
入中小学教学计划。从功能角度看，《乡土课程》主要起一种"自我
确认、自我定位和创立认同"的作用，是一种"记忆场所"③。此外，
一些新建立的社会团体，诸如 1884 年建立的符腾堡黑森林联合会
（Württembergischer Schwarzwaldverein）、1909 年建立的施瓦本家乡联
盟（Schwäbischer Heimatbund）④ 等，也成为"家乡"观念的维护者。
它们对于保持地方传统特色和德意志文化的多样性，具有非常重要的
意义。

　　大量乡土博物馆的建立则是德意志帝国时期联邦主义情结的又一
体现。据统计，在 1871—1918 年间，德国建立的乡土博物馆达 400

---

①　参见 Wolfgang J. Mommsen, *Imperial Germany 1867 – 1918: Politics, Culture, and Society in an Authoritarian State*, London: Bloomsbury Academic Press, 1995, p. 23.

②　Maiken Umbach (ed.), *German Federalism: Past, Present, Future*, New York: Palgrave, 2002, p. 53.

③　Andreas Müller, *Tagungsbericht: Das Heimatbuch. Geschichte, Methodik, Wirkung*. 25. 10. 2007 – 27. 10. 2007, Tübingen. In: H – Soz – u – Kult 09. 01. 2008. http://www. hsozkult. de/conferencereport/id/tagungsberichte – 1807

④　1910 年起改为符腾堡和霍亨索伦保护家乡联盟（Bund für Heimatschutz in Württemberg und Hohenzollern）。

个，从大城市到小村庄皆能发现其存在①。它们主要呈现社区的日常生活主题，讲述地方的传说和历史，突出地方认同。当然，从另一个角度讲，乡土博物馆也是协调地方性和民族性、过去与现在、传统与现代的一种有机的联系纽带。它们的建立实际上也是德意志帝国时期的一种民族主义现象，是德意志民族日益自信的体现和象征。因此，我们可以认为，乡土博物馆是民族主义的"家乡"理念之下一种独特的地方性认同的反映，是民族主义与地方主义的辩证统一体。

汉堡是德意志帝国时期联邦主义特征的典型展示。作为德国历史上具有巨大影响力的"自由市"，帝国的联邦主义在这里实现了最完美的展现。一方面，汉堡和不莱梅等汉萨城市成了德意志帝国向外发展的先锋。汉堡美洲航运股份公司（Hamburg - Amerikanische Paket-fahrt - Aktien - Gesellschaft / HAPAG，1847 年成立）和不莱梅的北德意志劳埃德公司（Norddeutscher Lioyd / NLD，1856 年成立）的大型海运船只成为德国最具民族自豪感的宣传品。德皇威廉二世（Wilhelm II.，1859 - 1941）曾指出："你是用无形纽带将祖国和世界各地联系起来的维系者，我们的产品的推销者，而且，你还将我们的思想意识和价值观输往更广阔的世界，因此，祖国需要特别感谢你。"②与此同时，汉堡在帝国内部有着独特的地位。它在 1888 年成为帝国的关税自由区，并且保持着自由港的特权地位。有鉴于此，有学者认为，汉堡实际上拥有双重身份：作为德意志民族象征的"日耳曼尼亚"（Germania）和作为汉堡守护神的"汉姆尼亚"（Hammonia）③。

1918 年，德国爆发十一月革命（Novemberrevolution），德意志帝国垮台。新建立的魏玛共和国（Weimarer Republik）决定制定一部新的宪法。联邦主义和中央集权主义由此展开了一场新的博弈。

由于制宪议会选举中以社会民主党和中央党（Zentrumspartei）等

---

① Maiken Umbach（ed.），*German Federalism：Past，Present，Future*，New York：Palgrave，2002，p. 79.

② 转引自 Maiken Umbach（ed.），*German Federalism：Past，Present，Future*，New York：Palgrave，2002，p. 56。

③ Maiken Umbach（ed.），*German Federalism：Past，Present，Future*，New York：Palgrave，2002，p. 56.

组成的"中左联盟"占据了优势，极左和极右势力声音无法在新的国家宪法中得到明确反映。而占主导地位的社会民主党显然倾向于建立一个中央集权的德意志国家。1919 年 1 月，宪法学者胡果·普罗伊斯（Hugo Preuss, 1860 – 1925）提出了一个计划，即将包括奥地利在内的德意志地区划分为规模大致相等的 16 个地区，建立一个非中央集权化的统一国家，目的在于肢解普鲁士。然而这一计划遭到具有极强的传统邦国认同意识的德国人的反对，巴伐利亚、符腾堡、巴登和黑森等南德诸邦的抵制最为强烈①。最后，在小城魏玛召开的德国国民议会决定制定一部联邦制宪法。然而，作为"魏玛宪法之父"的普罗伊斯仍坚持认为，"整个魏玛宪法的基础在于：共和国不是联合会，不是德意志各邦的联盟，这个德意志国家现在是，而且将来也是所有生活在这一国家中的团结起来的德意志人民的政治组织。"②普罗伊斯的看法和社会民主党的取向预示着新的德国宪法将淡化联邦主义因素。

1919 年 8 月新的《魏玛共和国宪法》（Weimarer Verfassung 或 Wei-marer Reichsverfassung，正式名称：Verfassung des Deutschen Reichs）③生效。根据该宪法，"德国为共和国，国家权力来自人民"（第 1条）。在行政架构方面，德国仍实行联邦制。宪法第一大部分的第一部分明确规定了"国家与各州"的关系，即"德意志国家疆域由德意志各州组成"，各州同样为共和政体，有一定的自主权，有议会、政府、宪法等。然而，与德意志帝国时期相比，中央权力大大扩张，各州地位明显下降。它们不仅在名称上由"邦"（Staat）改成了"州"（Land），实际权力也大大削弱。宪法明文规定，中央立法高于各州立法（第 11、12、13 条），各州疆界的变动属于帝国层面的事务（第 18 条）；与帝国时期相比，各州（邦）数量由原先的 25 个减少

---

① 参见 Wolf Benz, *Süddeutschland in der Weimarer Republik: Ein Beitrag zur deutschen Innen-politik 1918 – 1923*, Berlin: Duncker & Humblot, 1970.

② Arthur B. Gunlicks, *The Länder and German Federalism*, Manchester and New York: Manchester University Press, 2003, p. 29.

③ Udo Sautter, *Deutsche Geschichte Seit 1815: Daten, Fakten, Dokumente, Band II, Verfassungen*, Tübingen und Basel: A. Francke Verlag, 2004, S. 145 – 183.

为 17 个；同时，由于新宪法取消了普鲁士首相兼任国家总理的规定，并且规定普鲁士在参议院中的席位数不得超过总数的 2/5，它因此失去了在德国的霸权地位；从立法权力机构看，普选产生的国会地位上升，成为最高立法机构，而由各州代表组成的参议院则变成了一个从属的咨询性机构。更有甚者，宪法明确规定，"如果州没有履行国家宪法和法律规定的义务"，国家可以干涉各州和地方事务（第 48 条）。当然，宪法还是规定了各州所拥有一定的自主权，有自己的议会、政府和宪法等，甚至只要与国家立法不冲突，也有自己的立法权（第 12 条）。可见，在魏玛共和国时期，联邦主义特征总体上越来越虚化。

1933 年 1 月，希特勒出任总理，纳粹攫取国家政权。德国的宪政结构进一步朝着弱化联邦主义的方向发展。早在 1920 年 2 月 24 日发布的《民族社会主义德国工人党纲领》（Das Programm der Nationalsozialistischen Deutschen Arbeiter – Partei）即《二十五条纲领》（25 – Punkte – Programm）中，纳粹就把"建立一个强大的中央集权国家"作为自己的努力目标[1]。希特勒本人也对联邦主义特别反感。他不仅在 1919 年的演说中攻击巴伐利亚的分离主义倾向，而且在《我的奋斗》中蔑称"联邦主义是一只面罩"。他明确认为，中央政府必须拥有绝对的、不可分割的主权。基于此，"各邦的重要性在于，日后不再介入国家权力和政策"，而是"只限于部落事务或文化政策"[2]。

因此，希特勒在上台后，立即通过"一体化"（Gleichschaltung）加强对各州的控制，于 1933 年 3 月 31 日颁布了《各州与帝国一体化临时法令》[3]，据此，各邦议会进行改组，纳粹党实际上控制了各级议会，实现了议会一体化。4 月 7 日又通过了《第二个各州与帝国一

① Heinz Hürten(Hrsg.)，*Deutsche Geschichte in Quellen und Darstellung*，Band 9，*Weimarer Republik und Drittes Reich 1918 – 1945*，Stuttgart；Philipp Reclam jun. ，2000，S. 70.

② Adolf Hitler，*Mein Kampf*，New York：Reynal & Hitchcock，1941，pp. 816，843.

③ Heinz Hürten(Hrsg.)，*Deutsche Geschichte in Quellen und Darstellung*，Band 9，*Weimarer Republik und Drittes Reich 1918 – 1945*，Stuttgart；Philipp Reclam jun. ，2000，S. 166 – 168.

体化法令》①，规定除普鲁士之外的各州政府行政长官全部由帝国政府任命，从而取消了各邦政府的独立，实现了政府一体化。1934 年 1 月 30 日纳粹政府又颁布《帝国重建法》②，宣布解散所有邦议会，邦政府隶属于中央政府，各州成为帝国的行政区。至此，联邦主义因素遭到剔除，联邦制被彻底打碎，统一的中央集权国家机构建立起来。

历史发展表明，自中世纪以来，因皇权衰微和诸侯势力较强等原因，德国形成了一种强大的联邦主义传统。这种强大的联邦主义因素的存在和发展，为德国文化多元主义的发展奠定了深厚的政治和历史基础。虽然纳粹统治时期德国的联邦主义一度受到极大削弱，但纳粹短暂的集权统治无法从根本上摧毁积淀千年的德国联邦主义历史传统。

1945 年第二次世界大战结束后，盟国分区占领德国。为了防止纳粹中央集权统治带来的危害重演，进一步突出地方认同，联邦主义在美、英等占领区首先得到恢复。

第二节　近代以来德国文化多样性格局的形成与文化的繁荣

一　德国文化的地区化多样性历史发展

"在德国，从未有过与巴黎之于法国或伦敦之于英国那样的中心文化大都市。各邦在自己的文化生活方面都形成了大大小小的各种不同特色的文化中心。即使小城市和集镇也都形成了自己的文化和科学生活"③。这种"文化的地区化"（kulturelle Regionalisierung），是对德国文化生活的最客观真实的写照。而文化的多中心发展格局和文化多样性，也是德国人展示文化自信和张扬个性魅力的体现。

---

① Heinz Hürten(Hrsg.) , *Deutsche Geschichte in Quellen und Darstellung* , Band 9 , *Weimarer Republik und Drittes Reich 1918 – 1945* , Stuttgart: Philipp Reclam jun. , 2000 , S. 174 – 175.

② Udo Sautter, *Deutsche Geschichte Seit 1815: Daten , Fakten , Dokumente* , Band II , *Verfassungen* , Tübingen und Basel: A. Francke Verlag , 2004 , S. 187 – 188.

③ Presse – und Informationsamt der Bundesregierung, *Tatsachen über Deutschland: 50 Jahre Bundesrepublik Deutschland* , Frankfurt am Main Societäts – Verlag , 1998 , S. 450.

德国多文化中心格局的形成和文化多样性的发展并非一蹴而就，而是历史的产物，与德国长期以来形成的联邦主义传统密切相关。直到北德意志联邦和德意志帝国时期，德国在文化政策方面仍贯彻联邦主义原则。《北德意志联邦宪法》规定艺术、科学、教育等事务由各邦负责。《德意志帝国宪法》也把文化政策的立法和管理视为各邦的事务①。正是这种联邦主义的文化传统使各邦在发展自己的文化生活方面享有自主权，能够根据自身的客观情况发展出独具个性和特色的地域性文化。甚至到魏玛共和国时期，在联邦主义因素遭到削弱的情况下，各州在文化生活方面的独立自主性仍得到保护。《魏玛共和国宪法》中明文规定：各州"应在尽可能考虑到所在区域居民意愿的情况下，使大众在经济和文化方面取得最佳成就。"②

进入近代后，各邦因政治自主倾向的强化，基于联邦主义传统之上的地方性发展特别突出，它们在发展各自的文化和培育地方文化认同方面不遗余力，并由此形成了鲜明的地方文化特色和文化单元。这种文化差异不仅表现为文学、艺术乃至于饮食的不同，甚至人们的性格也有明显的区别，诸如莱茵兰人的无忧无虑，不莱梅人的忧郁，巴伐利亚人的快乐豪放，柏林人的尖酸刻薄，威斯特伐伦人的倔强执着，等等。正是从这一意义上，有学者认为："德国的文化生活财富基于其联邦主义的特征之上"，"各州文化的自我认知和文化政策"也打上了它们"独特的传统"的烙印③。以下列举数州为例。

1. 浪漫的"文化集散地"巴登－符腾堡

位于德国西南部的巴登－符腾堡是一块浪漫的多姿多彩之地。由于历史的缘故，它们在1952年经公民投票合并为联邦德国的一个州。在这里，绵延的山峦覆盖着茂密的森林，其中点缀着无数幽古的城

---

① Manfred Abelein, *Die Kulturpolitik des Deutschen Reichs und der Bundesrepublik Deutschland：Ihre verfassungsgeschichtliche Entwicklung und ihre verfassungsgeschichtlichen Probleme*, Wiesbaden：Springer Fachmedien, 1968, S. 252.

② Udo Sautter, *Deutsche Geschichte seit 1815：Daten, Fakten, Dokumente, Band II, Verfassungen*, Tübingen und Basel：A. Francke Verlag, 2004, S. 149.

③ Armin Klein, *Kulturpolitik: eine Einführungg*, Wiesbaden：VS Verlag für Sozialwissenschaften, 2009, S. 137.

堡、宫殿、教堂和桥梁，小河、溪流散落其间，滋养着美丽清亮的内卡河、莱茵河和多瑙河。人们来到此地，就仿佛进入了历史的时光隧道，感受着自然与人文的交融之美，因此巴登 - 符腾堡又被称为"浪漫的德意志"①。

在中世纪早期，这里是阿雷曼部落公国的属地，到中世纪中后期，南部地区成为施瓦本公国的属地，北部则成为法兰克公国的一部分。这里曾是德国历史上众多高级贵族的故乡。除了各公爵家族外，施瓦本的斯陶芬家族（Staufer）和法兰克的萨利安家族（Salier）都曾君临整个德国，这里也是韦尔夫家族（Welfen）、哈布斯堡家族、霍亨索伦家族（Hohenzollern）等皇族的发源地。② 近代早期，这里与德国其他地区一样，也受到了宗教改革的冲击，以及法国、奥地利等争霸扩张的影响，成为德国农民战争（Deutscher Bauernkrieg）和三十年战争的战场。17 世纪下半期到 18 世纪中叶，这一地区又成为法国与奥地利争斗的主要场所。法国国王路易十四（Louis XIV，1638 - 1715）挑起的奥格斯堡联盟战争（Krieg der Augsburger Allianz）③ 和西班牙王位继承战争（Spanischer Erbfolgekrieg）等，对巴登 - 符腾堡地区产生了巨大影响。由于与法国接壤，法国的强势文化成为这一地区世俗和教会诸侯们模仿的对象。卡尔斯鲁厄、路德维希堡和拉施塔特等地都出现了仿照凡尔赛宫模式的各类巴洛克式宫殿。18 世纪末 19 世纪初，特别是拿破仑战争时期，投入法国怀抱的符腾堡王国和巴登大公国因并入大量土地和人口而得到扩大。甚至直到德意志帝国乃至魏玛共和国时期，它们都还保持着相对的独立性。

从文化角度看，地处法国、瑞士和德国三国交界处的巴登 - 符腾

---

① Dieter K. Buse, *The Regions of Germany: A Reference Guide to History and Culture*, Westport, Connecticut: Greenwood Press, 2005, p. 1.

② 在德国历史上，1027—1125 年是萨利安王朝统治时期；斯陶芬王朝在 1138—1208、1212—1247 年间统治德国。韦尔夫家族和哈布斯堡家族来自上施瓦本地区，霍亨索伦家族源自下施瓦本地区，这几个家族都先后统治德国。

③ 导火线为争夺普法尔茨选侯卡尔二世（Karl II. von der Pfalz, 1651 - 1685）的继承权，是路易十四扩张战争的一部分。又称普法尔茨遗产战争（Pfälzischer Erbfolgekrieg）、大联盟战争（Krieg der Großen Allianz）和九年战争（Neunjähriger Krieg）。

堡可谓"文化集散地"①。这里集中了许多德国历史名城,如斯图加特、曼海姆、海德尔堡、卡尔斯鲁厄、乌尔姆、弗莱堡等。大部分城市都可以从历史的积淀中找到属于它们自己的文化个性。例如,位于多瑙河畔的乌尔姆虽然是只有 11 万人口的城市,却曾经是帝国城市,积累了丰富的中世纪文化印迹,这里的乌尔姆大教堂(Ulmer Münster)有着世界上最高的教堂主塔楼(161.6 米,比科隆大教堂高4.6 米),是欧洲最重要的教堂建筑之一,显示出它历史的辉煌②。

巴登-符腾堡集中着大量罗马式和哥特式的教堂、修道院、城堡和半木质结构的建筑,承载着厚重的历史文化③。这块浪漫之地因此蒙上了一层"浪漫"色彩,吸引了不少感发思古幽情的文人墨客驻足于此。曾经有许多诗人和作家,如路德维希·乌兰德(Ludwig Uhland,1787 - 1862)、弗里德里希·荷尔德林(Friedrich Hölderlin,1770 - 1843)、尤斯蒂乌斯·克尔纳(Justius Kerner,1786 - 1862)、爱德华·莫里克(Eduard Mörike,1804 - 1875)、赫尔曼·海泽(Hermann Hesse,1877 - 1962)等在此抒发意气,更有席勒(Friedrich Schiller,1759 - 1805)、黑格尔(Georg Hegel,1770 - 1831)、海德格尔(Martin Heidegger,1889 - 1976)等闻名世界的文豪和学术巨擘在这里工作。这些都成了巴登-符腾堡人引以为自豪的历史文化根源所在。

2. 固守传统的巴伐利亚

位于德国南部的巴伐利亚则以"最传统的德意志人"④ 闻名。这种对"传统"的坚持实际上也巴伐利亚人文化自信的充分体现。巴伐利亚有一个笑话或能说明这种自信:世界上存在两种人:一种是巴伐利亚人,另一种就是那些想成为巴伐利亚人的人们。正是在这种充分的文化自信之上,巴伐利亚始终把保持和发扬本地区的文化视为一种当

---

① Dieter K. Buse, *The Regions of Germany:A Reference Guide to History and Culture*, Westport, Connecticut:Greenwood Press,2005,p. 13.

② *Germany:A Phaidon Cultural Guide*,Oxford:Phaidon Press,1985,pp. 711 - 714.

③ Hans - Georg Wehling(Hrsg.),*Die Deutschen Länder:Geschichte,Politik,Wirtschaft*,Opladen:Leske + Budrich,2002,S. 19.

④ Dieter K. Buse, *The Regions of Germany:A Reference Guide to History and Culture*, Westport, Connecticut:Greenwood Press,2005,p. 19.

然之举。巴伐利亚政府在有关传统文化保护和维护方面明确指出："在巴伐利亚，对于家乡和习俗的维护一贯被赋予很高的地位。"[1]

巴伐利亚的早期历史可以追溯到古罗马帝国时期。当时已经有古巴伐利亚人（Altbayern）移居多瑙河以南的巴伐利亚地区。古罗马帝国崩溃后，由凯尔特人、罗马人、阿雷曼人、法兰克人、图林根人、东哥特人、伦巴底人以及一些为罗马人守卫边界的日耳曼战士构成了巴伐利亚的居民群体[2]。788 年，查理大帝打败巴伐利亚公爵塔西洛三世（Tassilo III.，um 741 – 796），接管了巴伐利亚，终结了老巴伐利亚部落公国（Älteres Baierisches Stammesherzogtum）的历史。卡洛林王朝结束后，巴伐利亚公国在反击匈牙利人的入侵中再次得到恢复。907 年，驻守巴伐利亚的边境总督卢易特波尔德（Luitpold von Bayern，? – 907）在抵御匈牙利人的普雷斯堡战役中阵亡，其子阿努尔夫一世（Arnulf I.，? – 937）继位巴伐利亚公爵，成为新巴伐利亚部落公国（Jüngeres Baierisches Stammesherzogtum）的开端。但是该公国不久在与皇帝奥托一世的争端中受到重创，领地遭到肢解。1070 年以后，巴伐利亚在韦尔夫家族的统治下一度强大。1180 年，兼任萨克森和巴伐利亚公爵的狮子海因里希（Heinrich der Löwe，1129 – 1195）与来自斯陶芬家族的皇帝弗里德里希一世·巴巴罗莎（Friedrich I. Barbarossa，1122 – 1190）抗争失败，巴伐利亚再次遭到肢解。此后直到 1918 年，巴伐利亚一直以领地公国（1806 年晋升为王国）的形式由维特尔斯巴赫家族（Haus Wittelsbach）统治。在 16 世纪初的宗教改革运动中，巴伐利亚成为天主教反宗教改革运动（Gegenreformation）的中心。三十年战争中，站在天主教阵营的巴伐利亚不仅领地得到扩张，而且于 1623 年获得了选侯头衔。这一南德邦国由此形成了浓烈的天主教文化传统。

---

① Kulturporal Bayern：Bayern lebt Kultur. Tradition. http：//www. kulturportal – bayern. de/index. php？id = 2.

② 这一居民群体被称为 Bajuwaren。关于该称呼的源起，参见 Ludwig Rübekeil，„ Der Name *Baiovarii* und seine Typologische Nachbarschaft". in：Hubert Fehr und Irmtraut Heitmeier（Hrsg.），*Die Anfänge Bayerns：Von Raetien und Noricum zur frühmittelalterlichen Baiovaria*，St. Ottilien：EOS Verlag，2012，S. 152.

巴伐利亚的居民中天主教徒占 2/3 以上。因此，天主教的文化传统特别浓烈。这种文化传统通过无数美丽纯净的乡村葱头式尖顶教堂和各种宗教节日庆典呈现给世人。与此同时，以维特尔斯巴赫家族为代表的巴伐利亚贵族也在这块美丽的土地上留下了众多的宫殿和城堡。据统计，巴伐利亚境内现存的城堡、城堡遗址和城堡宫殿等达600 处以上。它们成为今天巴伐利亚人引以为自豪的传统文化遗产和旅游者的心驰神往之地。

巴伐利亚也拥有众多的历史文化名城，不仅有慕尼黑这样超过百万居民的文化大都市，还有纽伦堡、奥格斯堡、沃尔茨堡、雷根斯堡、埃尔兰根等具有丰富历史文化内涵和特色的次地域文化中心。以位于多瑙河、雷根河和纳布河交汇处的雷根斯堡为例，其人口只有12.5 万，在古罗马时期就是多瑙河上的战略要塞，中世纪时期更是帝国议会所在地和重要的商贸中心，是当时德国最繁华的城市之一。第二次世界大战期间，雷根斯堡老城没有遭到盟国的轰炸，有幸完整保存下来。于是，罗马式的城堡大门、卡洛林王朝的行宫、神秘而浪漫的各种教堂、古老的市政厅、众多华丽宏伟的巴洛克式和洛可可式建筑，以及被称为在德国"独一无二"的石桥[1]等，都成为德国 2000年沧桑变迁的最好历史见证者。巴伐利亚文化的"传统"特色还体现在特别重视保护古建筑，对过去的呈现要比德国的其他地区更多[2]。许多小城市至今仍保持着零工业的状态，似乎还"沉浸"在中世纪那些尘封的古老教堂、宫殿和城堡中，远离现代的"喧嚣"，给人以"寂静"之感。此外，巴伐利亚还通过多达 1100 多个博物馆和陈列馆来表达其对于文化"传统"的留恋[3]。

巴伐利亚文化的"传统"取向还表现在对各种传统习俗、节日和庆典的执着坚持。诚如巴伐利亚政府所言："民歌、民族舞蹈和民族音乐在巴伐利亚许多城市和乡镇生机勃勃。家乡和服装协会、民族舞

---

① *Germany：A Phaidon Cultural Guide*，Oxford：Phaidon Press，1985，pp. 618 – 619.

② Dieter K. Buse，*The Regions of Germany：A Reference Guide to History and Culture*，Westport，Connecticut：Greenwood Press，2005，pp. 29 – 30.

③ 法兰克福莎西埃德出版有限公司：《德国》杂志 2003 年第 4 期，第 32 页。

蹈队和乐队继续保持着这种传统。"① 据统计，目前巴伐利亚的各种
庆典和节日达3900 多个。在乡村，每逢节日庆典，人们都会身着当
地特色的服饰（Trachten），伴以各种仪式和独具特色的民歌演唱。在
各类节日庆典中，最著名的就是慕尼黑啤酒节或称慕尼黑十月节
（Oktoberfest）。这一历史性节日源于1810 年10 月12 日。当时为了庆
祝巴伐利亚王储路德维希亲王，即后来的国王路德维希一世（Ludwig
I.，1786 - 1868）和萨克森 - 希尔登堡豪森的特蕾西亚公主（Therese
von Sachsen - Hildburghausen，1792 - 1854）的婚礼，人们在慕尼黑近
郊的草坪上举行了各种形式的游戏和赛马等活动，并饮酒狂欢。这一
传统沿袭下来，演变为一年一度的大型文化节日。对于音乐爱好者而
言，始于1876 年，每年在拜罗伊特举办的纪念著名音乐家理查德·
瓦格纳（Richard Wagner，1813 - 1883）的音乐会则是极具吸引力的
所在。正是这些具有浓郁地方特色的传统节日庆典，让人们感受到了
巴伐利亚的巨大魅力。而巴伐利亚人之所以对自己的传统文化如此迷
恋和执着，是因为他们认为，巴伐利亚位于"欧洲的中心"，它承担
着"一种历史的'中介角色'"的使命②。

　　巴伐利亚也是传统文学艺术遗产的丰富沉积之地，众多的文人和
艺术家曾在此留下足迹。其中有出生于纽伦堡的著名宫廷诗人汉斯·
萨克斯（Hans Sachs，1494 - 1576），著名浪漫派作家雅恩·保罗
（Jean Paul，1763 - 1825），著名雕刻家法伊特·施托斯（Veit Stoss，
1450 - 1533），著名雕刻家伊拉斯莫斯·格拉塞尔（Erasmus Grasser，
1450 - 1515），著名建筑师多米尼库斯·齐默曼（Dominikus Zimmer-
mann，1685 - 1766）、约翰·费舍尔（Johann Bernhard Fischer von
Erlach，1656 - 1723），著名画家威廉·冯·科贝尔（Wilhelm von Ko-
bell，1766 - 1853）、威廉·莱布尔（Wilhelm Leibl，1844 - 1900）、
瓦西里·康定斯基（Wassily Kankinsky，1866 - 1944），著名音乐家约
翰·帕希尔贝尔（Johann Pachelbel，1653 - 1706）、弗兰茨·李斯特

① Kulturporal Bayern：Bayern lebt Kultur. Tradition. http：//www. kulturportal - bayern. de/in-
dex. php？ id = 2.
② Dieter K. Buse, *The Regions of Germany：A Reference Guide to History and Culture*, Westport,
Connecticut：Greenwood Press,2005, p. 37.

联邦德国的文化政策与文化多样性研究

（Franz Liszt，1811－1886）和里查德·瓦格纳等。

3．开放进取的不莱梅

与巴登－符腾堡的"浪漫"和巴伐利亚的"传统"特征相比，港口城市不莱梅则代表着一种世界主义的开放性文化取向。

不莱梅是联邦德国最小的一个州，但它积淀下来的历史和文化传统却让人为之侧目。不莱梅最早是罗马天主教会在北欧和北东欧传播基督教的中心据点，787年成为主教驻地。888年不莱梅大主教从东法兰克国王那里获得了集市、铸币和关税权，相关权利又在965年得到皇帝的确认。1035年不莱梅获得在春秋两季举办年集的权利，从而奠定了不莱梅今天的自由集市（Freimarkt）的基础和浓郁的商业文化的发端。1186年皇帝弗里德里希一世授予不莱梅市及其市民"格尔恩豪森特权"（Gelnhauser Privileg）①，规定教会不再管理不莱梅事务，相关管理事务由皇帝直接管辖。不莱梅市由此从教会获得自由权和独立，成为帝国直辖城市。1260年以后它数度成为汉萨同盟（Hanse）的成员②。1404年不莱梅人建造了象征捍卫该城市自由和自治的罗兰雕像，不久又修建了著名的哥特式市政厅③，以示不莱梅独立于教会。1646年皇帝费迪南德三世（Ferdinand Ⅲ.，1608－1657）颁布《林茨证书》（*Linzer Diplom*），确认不莱梅成为帝国自由市。18世纪初不莱梅一度并入不伦瑞克－吕内堡选侯国。1741年，不莱梅与不伦瑞克－吕内堡选侯达成协议，再次确认了不莱梅的帝国直辖市的地位。1815年维也纳会议上，不莱梅以主权邦国身份加入德意志邦联。1871年不莱梅以"自由汉萨城市不莱梅"之名加入德意志帝国，并且保持着贸易特权，直到1888年才加入德意志关税同盟，同时成为"自由港"。

由上述历史发展可见，一路走来，自由、独立一直是不莱梅的追求。作为一座以海外贸易为主的著名商业城市，与海有关的文化就是

---

① 也称"巴巴罗沙特权"（Barbarossaprivileg）。

② 出于维护自己的商业利益等原因，不莱梅先后于1260—1285、1358—1427、1438—1563、1576—1669四度成为汉萨同盟成员或退出汉萨同盟。参见 Philippe Dollinger, *Die Hanse*, Stuttgart: Kröner－Verlag, 1998。

③ 二者在2004年被列入联合国教科文组织世界文化遗产名录。

·30·

其特色。因此自由的信念与进取的商业气息在不莱梅形成了一种自然的融合，成了不莱梅文化的特征。不莱梅的市徽就是一把哥特式的银钥匙，寓意着不莱梅商人们将打开世界各地的大门。

不莱梅的这些传统文化特征可以从当今不莱梅的文化生活中窥见一斑。首先，不莱梅是一个自由的商业城市。起始于 1035 年、每年秋天举办的长达半个月的"自由集市"是除科隆狂欢节和慕尼黑啤酒节之外的德国第三大民间节日，也是德国最古老的民间庆典，每年 10 月的下半月都会吸引着来自世界各地的数百万游客前来参加这一盛节庆活动。其次，不莱梅的文化具有开放性。海外博物馆（Überseemuseum）介绍了世界各地的自然条件和风土人情以及不莱梅对外贸易的历史，在很大程度上反映了不莱梅文化的世界主义取向。每年 2 月举办的德国最大的桑巴嘉年华（Sambakarneval）源自南美，如今成了不莱梅文化的一大亮点，也折射出不莱梅的开放性文化形象。再次，长期从事海上商业贸易的不莱梅也积淀了深厚的"海洋"文化情结。始于 1545 年、每年一度（2 月的第 2 个星期五）的"船长餐会"（Schaffermahlzeit）是不莱梅"海洋"文化情结的突出体现。它最初是一种为即将远航的海员和商人举行的送别聚餐，表达了对航海者们的关心和慰藉①。"航海音乐节"（Festival Maritim）是不莱梅海洋文化特色的又一反映。这一国际性音乐节在每年 8 月举行，节日期间多国音乐家演奏各类与海有关的音乐。德国航海博物馆（Deutsches Schiffartsmuseum）则是不莱梅的国家级博物馆，它不仅有在不莱梅发现的 14 世纪的古代商船以及各时期的船舶样品，而且全面介绍了各个时期与海洋有关的历史文化。

自由的不莱梅也是音乐艺术的天堂。这里是著名童话作家格林兄弟（Brüder Grimm）②童话之旅的终点，也是他们创作的著名童话《不莱梅的音乐家》的取材地，它以童话方式向人们展示了不莱梅的

---

① Radio Bremen：Sammeln für Seeleute in Not. *Online – Dossier zur Bremer Schaffermahlzeit*. 5. Februar 2010，abgerufen am 10. April 2014. http://www. radiobremen. de/politik/dossiers/schaffermahlzeit/historisches100. html.

② 即雅可布·格林（Jacob Grimm，1785 – 1863）和威廉·格林（Wilhelm Grimm，1786 – 1859）。

音乐情结。如今，不莱梅的这种情结愈加浓烈。这里不仅有著名的不莱梅爱乐乐团和代表着德国室内乐最高水平的不莱梅德意志室内爱乐乐团，而且有不莱梅音乐剧院、歌德广场剧院等重要演出场所，始于15世纪的格洛克音乐剧院（Die Glocke）更被誉为欧洲最好的音乐演出场所之一。

4. 文化之邦萨克森

在近代以来的德国文化发展进程中，萨克森占有重要的一席之地，并形成了自己的地方性文化认同。这种重要地位的形成源于萨克森在德国历史进程中曾产生的巨大影响力。中世纪时期，萨克森诸王曾一度称雄德意志。919年萨克森的亨利一世当选东法兰克国王。他东征西伐，一度建立起强大的德意志王权。936年其子奥托一世继位后，继续征伐，并于962年在罗马加冕为"罗马人皇帝"，开启了神圣罗马帝国的历史。萨克森也成为德意志诸邦中最强大的力量。到15世纪后半期，萨克森选侯温和者弗里德里希二世（Friedrich II. der Sanftmütige，1412－1464）的两个儿子恩斯特（Ernst，1441－1486）和勇敢者阿尔布莱希特（Albrecht der Beherzte，1443－1500）共同接管了其父的事业。1485年双方签订《莱比锡分裂条约》（Leipziger Teilungsvertrag；Präliminärvertrag zu Leipzig）[①]。据此，恩斯特获得以维滕贝格为中心的萨克森公国以及图林根和迈森马克的一部分，领有选侯头衔；勇敢者阿尔布莱希特则领有萨克森公爵头衔，得到包括莱比锡和德累斯顿在内的迈森马克的大部分地区[②]，并且把都城从迈森迁至德累斯顿。"莱比锡分裂"对萨克森的历史产生了巨大影响，大大削弱了萨克森的力量。

16世纪初，马丁·路德发起的宗教改革运动再次把萨克森推到了德意志历史和文化发展的前台。1517年10月，路德在维滕贝格教堂大门上张贴《九十五条论纲》（95 Thesen），谴责罗马天主教会出售赎罪券，揭开了宗教改革的序幕。路德的举动得到萨克森选侯智者

---

① Katrin Keller, *Landesgeschichte Sachsen*, Stuttgart: Eugen Ulmer, 2002, S. 19.

② 从此，萨克森的韦廷王室（Haus Wettin）分裂为两个支系：埃内斯廷支系（Ernestiner）和阿尔伯廷支系（Albertiner）。

弗里德里希（Friedrich III. der Weise，1463 – 1525）的支持。智者弗里
德里希崇尚文化，他于1502年创立了维滕贝格大学，并于1505年聘请
卢卡斯·老克拉纳赫（Lucas Cranach der Ältere，1472 – 1553）为宫廷
画家。宗教改革运动爆发后，他把路德藏匿于瓦特堡，以防罗马天主教
会的迫害。此后，宗教改革运动迅速扩散开来。萨克森因此成了"宗
教改革的母国"①。1547年，新教诸侯组成的施马尔卡尔登同盟
（Schmalkaldischer Bund）在与皇帝的战争中失利，支持皇帝的萨克森公
爵莫利茨（Moritz von Sachsen，1521 – 1553）获得选侯头衔和原萨克森
选侯国的大部分地区，萨克森选侯国的首都迁至德累斯顿。

　　宗教改革后，萨克森在经济和文化方面都得到迅速发展。特别是
选侯奥古斯特（Kurfürst August，1526 – 1586）在位期间，受文艺复
兴运动的影响，大力发展文化、科学和艺术，奠定了"文化之邦萨克
森"（Kulturland Sachsen）的基础②。18世纪中叶，强壮者奥古斯特
（August der Starke，1670 – 1733）③受启蒙运动的影响，推行开明专
制，大力发展艺术和文化，修建豪华宫殿、亭榭楼台，使首都德累斯
顿成为德国乃至欧洲最富魅力的"艺术之都"④，萨克森在科学文化
等方面开始领先于欧洲。拿破仑战争期间，萨克森于1806年加入莱
茵邦联，由选侯国晋升为王国。

　　辉煌的历史不仅强化了萨克森人的地区认同意识，也使萨克森积累
了丰富的文化资源，仅德累斯顿留下的文化遗产就足以让这里的人们形
成一种强烈的文化自豪感。德累斯顿被誉为"易北河畔的佛罗伦萨"
（Elbflorenz；Florenz an der Elbe）、"北方的佛罗伦萨"（Florenz des Nor-
dens）。数百年的文化繁荣给这座城市留下了众多精美的巴洛克建筑和
文化艺术瑰宝，德累斯顿也因此成为德国的文化中心之一，甚至已经

　　①　Dieter K. Buse，*The Regions of Germany：A Reference Guide to History and Culture*，Westport，Connecticut：Greenwood Press，2005，p. 196.

　　②　Kulturland Sachsen. Gestern und Heute：Kurfürst August：Gründer sächsischer Kulturinstitutionen. http://www. kulturland. sachsen. de/4014. html.

　　③　即弗里德里希·奥古斯特一世（Friedrich August I. von Sachsen），1697年后兼波兰国王，称奥古斯特二世（August II.）。

　　④　邢来顺：《德国贵族文化史》，人民出版社2006年版，第157页。

列入"欧洲文化之都"的候选申报名单①。

5. 文化名人云集的图林根

图林根位于德国的中部，被称为"德国的绿色心脏"，因历史文化名城众多和文化名人云集而享有"文化之州"（Kulturland）的美誉。在历史上，图林根曾数易统治者，甚至被分裂成多个公国，但13世纪中期以后主要由韦廷王室及其埃内斯廷支系统治②。图林根能成为"文化之州"主要受益于三个重要的历史时期的积淀，它们分别是文艺复兴和宗教改革时期、启蒙运动时期和魏玛共和国时期。

在文艺复兴和宗教改革时期，图林根给德意志文化注入了不可磨灭的记忆。就宗教改革而言，1521年马丁·路德在智者弗里德里希的帮助下藏匿于埃森纳赫附近的瓦特堡，在那里他把《圣经》翻译成了德文，对推动宗教改革运动产生了特别深远的影响。此外，在这一时期，以农民为主体，包括商人和手工业者在内的下层民众也提出了社会变革的要求，并在托马斯·闵采尔（Thomas Müntzer，1489 - 1525）的领导下发动了德国历史上最著名的农民起义。农民起义军与贵族的最后决战地法兰肯豪森（Frankenhausen）也成了重要的文化记忆景点。从文艺复兴的角度看，诸如耶拿大学和路德曾经学习过的爱尔福特大学等，皆成为人文主义者的活跃场所。文艺复兴时期许多著名的艺术家都曾留恋于此。不仅著名画家老卢卡斯·克拉纳赫在魏玛留下了他的住屋和带有自己雕像的坟墓，最著名的木雕家和雕塑家蒂尔曼·里门施奈德（Tilman Riemenschneider，1460 - 1531）也在图林根留下了自己的印记。

启蒙运动时期是图林根文化发展的辉煌时期。在这一时期，随着绝对主义王权的确立，一些有远见的邦君采取各种开明措施，推动了本地区文化教育事业的发展。在这些君主中，首先要提到的是萨克森 - 哥达公爵虔敬者恩斯特（Ernst I. der Fromme，1601 - 1675）。他在位

---

① Boulevard，Europäische Kulturhauptstädte：Das sind die nächsten. http://www. dnn - on-line. de/web/dnn/kultur/detail/ - /specific/Europaeische - Kulturhauptstaedte - Das - sind - die - naechsten - 1359708860.

② 有关图林根的历史发展，参见 Steffen Raßloff，*Geschichte Thüringens*，München：C. H. Beck，2010.

期间，曾于 1641 年颁布了第一个独立于教会的学校规章，1642 年开始实施 5—12 岁儿童义务教育，大大推进了基础教育的发展。他还采取一系列措施提高耶拿大学的学术水平、支持教堂音乐的发展等。到 18 世纪，萨克森 – 魏玛公爵恩斯特·奥古斯特一世（Ernst August I.，1688 – 1748）虽然是一位残暴的专制君主，却因为大规模修建各类巴洛克宫殿，而在无意中为后人留下丰富的文化遗产。图林根的文化盛世是安娜·阿玛丽亚公爵夫人（Anna Amalia von Braunschweig Wolfenbüttel，1739 – 1807）在 1759 年成为魏玛摄政之后。她和于 1775 年继位的儿子卡尔·奥古斯特公爵（Karl August，1757 – 1828，1815 年晋升为大公）为了树立开明形象，大力扶持和资助文学艺术事业的发展，将歌德等一批德国文化界的精英招聚于魏玛宫廷，以至于魏玛公国成了德国古典主义文化的中心，魏玛宫廷也成了所谓的"缪斯宫廷"（Musenhof）[1]。魏玛也进入了文化发展的"黄金时代"[2]。魏玛乃至图林根的文化地位由此进一步得到巩固。

第一次世界大战结束后，新建立的魏玛共和国则赋予魏玛新的政治和文化含义。1919 年，德国国民议会在魏玛的德意志剧院开会，制定并通过了新的《魏玛共和国宪法》，德国成为资产阶级共和国，由此开始了 1919 年到 1933 年间"魏玛共和国"的历史。1920 年 5 月，魏玛成为新成立的"图林根州"的首府。与此同时，魏玛作为文化之都的光辉形象仍然不减。1919 年，魏玛艺术学校（Kunstschule in Weimar）与魏玛艺术工艺学校（Kunstgewerbeschule Weimar）合并，成立了对现代世界建筑艺术具有巨大影响力的著名的"魏玛国家包豪斯"艺术学校（Staatliches Bauhaus in Weimar）。受益于上述文化积淀，魏玛成了"文化之州"图林根的"文化之都"，1999 年更被推举为"欧洲文化之都"[3]。

---

① 参见 Wilhelm Bode，*Der Weimarische Musendof 1756 – 1781*，Berlin：Mittler & Sohn，1917. 缪斯（Muse）是古希腊神话中掌管艺术、科学的九名女神之一。在当时的德国，一些在政治上影响较小，但在学术和文化发展方面较有影响力的小宫廷被称为"缪斯宫廷"（Musenhof）。

② 参见 Gitta Günther（Hrsg.），*Weimar. Lexikon zur Stadtgeschichte*，Weimar：Böhlau，1993.

③ Kultur Spiegel：WEIMAR 1999 – KULTURSTADT EUROPAS. http://www. spiegel. de/spiegel/kulturspiegel/d – 15027929. html.

二 多文化中心格局的形成

基于独特的政治和历史文化传统，德国也形成了多个文化中心。除了前文已经提到的不莱梅，下文还拟对其他的一些重要文化中心进行审视。

1. 柏林：开放、现代、多元的欧洲文化之都

柏林是近代以来特别是 1871 年国家统一之后德国最重要的政治经济中心，同时也是德国东部最重要的文化大都市和文化中心。独特的历史发展和政治角色造就了它开放、现代、多元的文化特征，为此它于 1988 年赢得了"欧洲文化之都"的美誉。

柏林有着深厚的历史文化积淀。这座古老的城市由施普雷河两岸的柏林（Berlin）和科尔恩（Kölln）发展而来①。1307 年二者合并，定名为柏林。此时的柏林处于阿斯坎尼亚家族（Askanier）统治之下，是勃兰登堡马克重要的商业中心。1411 年，神圣罗马帝国皇帝西吉斯蒙德（Sigismund von Luxemburg，1368 - 1437）②任命霍亨索伦家族的弗里德里希六世（Friedrich VI. Von Nürnberg，1371 - 1440）为勃兰登堡的代表。弗里德里希六世于 1415 年获得勃兰登堡选侯称号，改称弗里德里希一世（Friedrich I. von Brandenburg），由此开始了霍亨索伦家族在该地区长达 500 年的统治。1448 年柏林成为勃兰登堡选侯的首府，开始了迅速的发展。1640 年继位的大选侯弗里德里希·威廉（Friedrich Wilhelm von Brandenburg，1620 - 1688）为了兴邦强国，实行积极的宗教宽容和移民政策，先后颁布《宽容敕令》（*Toleranzedikt*，1664）、《波茨坦敕令》（*Edikt von Potsdam*，1685），吸引大批包括在法国等国受到排斥的新教徒来到勃兰登堡 - 普鲁士③，特别

---

① 科尔恩作为城市第一次被提及是在 1237 年，柏林则是在 1244 年。

② 西吉斯蒙德于 1411 年任德意志国王，1419 年任波希米亚国王，1433 年任神圣罗马帝国皇帝。

③ 1618 年勃兰登堡选侯约翰·西吉斯蒙德（Johann Sigismund，1572 - 1619）以承认波兰的宗主权为条件，成为普鲁士公爵，取得了对普鲁士公国的所有权，实现了勃兰登堡与普鲁士之间的联合，奠定了日后普鲁士国家的基础。参见 Bernt Engelmann，*Preußen：Land der unbegrenzten Möglichkeiten*，München：C. Bertelsmann Verlag，1980，S. 32。

是柏林。到 1685 年，有 11000 名居民的柏林竟然有 4000 名法国人，成了所谓的"法国殖民地"。此外还有在维也纳等地遭到驱逐的犹太家庭来到这里①。因此，柏林有着开放、多元的文化传统。此后柏林的文化建设迅速发展。1696 年，柏林建立了"绘画、雕塑和建筑艺术学院"，1700 年又成立了"勃兰登堡选侯国科学协会"（Kurfürstlich - Brandenburgische Societät der Wissenschaften），即日后的普鲁士王家科学院（Königlich - Preußische Akademie der Wissenschaften），莱布尼茨（Gottfried Wilhelm Leibniz，1646 - 1716）成为第一任主席。

1701 年普鲁士晋升为王国，柏林成为普鲁士王国的首都，柏林的地位进一步提升。1740 年弗里德里希二世（Friedrich II. der Große，1712 - 1786）继位普鲁士国王。这位"帝王哲学家"（Philosoph auf dem Thron）推行开明专制政策，使柏林成为德国启蒙运动的中心和欧洲启蒙运动最重要的城市之一。在这一时期，柏林集结了以出版商兼作家弗里德里希·尼古莱（Friedrich Nicolai，1733 - 1811）为中心的一批启蒙文学家，形成了所谓的"柏林启蒙运动"（Berliner Aufklärung）。弗里德里希二世本人则对法国文化情有独钟，他不仅邀请法国启蒙思想家伏尔泰到王宫促膝长谈，还炫耀自己的法语比德语好②。

进入 19 世纪以后，德意志民族统一运动迅速发展，普鲁士成为德意志民族统一运动的旗手，柏林作为文化中心的地位进一步得到巩固。1810 年，柏林洪堡大学（Humboldt - Universität zu Berlin）在 19 世纪初的普鲁士改革大潮中诞生，著名哲学家费希特（Johann Gottlieb Fichte，1762 - 1814）担任第一任校长。这是德国第一所真正意义上的现代大学，它提倡的教学与研究相结合的模式为德国乃至整个世界大学教育的现代化指明了方向，成为 19 世纪德国大学科学研究取得突破性进展的重要前提③。新建立的柏林大学因云集了德国最著名的

① Hans - Joachim Schoeps, *Preussen: Geschichte eines Staates*, Berlin: Propyläen Verlag, 1967, S. 37 - 38.

② 丁建弘、李霞:《普鲁士的精神和文化》，浙江人民出版社 1993 年版，第 136 页。

③ Hans - Ulrich Wehler, *Deutsche Gesellschaftsgeschichte, Erster Band, Vom Feudalismus des Alten Reiches bis zur Defensiven Modernisierung der Reformära, 1700 - 1815*, München: Verlag C. H. Beck, 1996, S. 483.

学者而成为柏林的精神体现，使柏林远远超出了作为普鲁士王国首都的影响力。① 包括著名历史学家兰克（Leopold von Ranke，1795 - 1886）、生物学家约翰内斯·彼得·米勒（Johannes Peter Müller，1801 - 1858）等在内的大批著名学者纷纷来到柏林。1810—1811 年间，柏林第一份报纸《柏林晚报》（*Berliner Abendblätter*）出版发行，柏林的精神文化氛围因此愈加浓厚。19 世纪中期，柏林人口迅速增长到40 万，成为继伦敦、巴黎和维也纳之后的欧洲第四大城市。

1871 年普鲁士统一德国，柏林成为新建立的德意志帝国（第二帝国）的首都。在德意志帝国时期，随着工业化的深入，柏林迅速发展为一个拥有80 万人口的工业大都市，现代和多元特征的文化得到张扬。首先是作为政治文化象征的各类政府建筑拔地而起，其中有著名的帝国议会大厦等。其次，柏林也成为多元政治文化的中心。这里活跃着保守党、民族自由党、进步党、天主教中央党、社会民主党等众多政党。他们通过在帝国议会的活动展示出德国的多元政治文化生态。此外，柏林在文化艺术等领域，也呈现一种多元发展趋势。在文学领域，有主张"艺术家们的回归自然"，反对旧的"理想主义的"，反映下层社会的生活条件、精神和道德的衰败等社会现实的自然主义②；也有面对现代工业文明挑战而向内心世界的"灵魂深处"撤退③，通过"为艺术而艺术"来求得精神上的安慰和解脱的象征主义。在艺术领域，不仅有占主导地位的"历史画派"（Historienmalerei），也有主张表现主观世界的表现主义（Expressionismus）画派等④。

魏玛共和国时期是德国文化的繁盛时期，柏林则是这一时期文化艺术繁荣的典范之地，集中了大批的文化和科技界精英，如建筑学家瓦尔特·格罗皮乌斯（Walter Gropius，1883 - 1969）、物理学家阿尔伯

---

① Wolfgang Ribbe，Jürgen Schmädeke：*Kleine Berlin - Geschichte*，Berlin：Stapp Verlag，1994，S. 80 - 128.

② Max Lorenz，*Die Literatur am Jahrhundertwende*，Stuttgart：Cotta'sche Buchhandlung，1900，S. 1 - 2.

③ Wolfgang Hardtwig und Harm - Hinrich Brandt，*Deutschlands Weg in die Moderne：Politik，Gesellschaft und Kultur im 19. Jahrhundert*，München：C. H. Beck，1993，S. 271.

④ 参见 Franz Landsberger，*Impressionismus und Expressionismus：Eine Einführung in das Wesen der neuen Kunst*，Leipzig：Verlag von Klinkhardt & Biermann，1922.

特·爱因斯坦（Albert Einstein，1879 - 1955）、画家格奥尔格·格罗茨
（George Grosz，1893 - 1959）、作家阿诺尔德·茨威格（Arnold Zweig，
1887 - 1968）、戏剧家贝尔托尔德·布莱希特（Bertolt Brecht，1898 -
1956）、表演艺术家玛雷娜·迪特里希（Marlene Dietrich，1901 -
1992）、著名导演弗里德里希·威廉·默尔瑙（Friedrich Wilhelm Mur-
nau，1888 - 1931）和马克斯·莱因哈特（Max Reinhardt，1873 - 1943）
等，形成了文化盛期，并因此一跃成为欧洲的文化中心。

　　柏林作为文化之都的另一重要特征，是其多样、生动的历史文化
景观。悠久的历史给柏林留下了承载着各种文化风格的近现代建筑，
形成了传统与现代的交叠。这些建筑既是柏林历史文化的展示和深厚
文化底蕴的象征，也是这座城市生机盎然的体现。建于 1788—1791
年间的勃兰登堡门是柏林的标志性建筑，原先为纪念普鲁士在七年战
争中的胜利而修建，如今在很大程度上已经成为德国国家的象征。它
以雅典卫城的城门为蓝本，凸显一种新古典主义风格。顶端驾驭着四
马战车的胜利女神折射出普鲁士的尚武精神。勃兰登堡门和它身上的
累累弹痕是柏林乃至整个德意志民族所经历的荣耀和灾难的见证。西
起勃兰登堡门东至博物馆岛和柏林大教堂（Berliner Dom，1905）的
菩提树下大街则是柏林最主要的景观带。两旁排列着许多古典建筑，
美轮美奂。其中有建于 18 世纪的德意志国家歌剧院、国家图书馆、
弗里德里希大帝时期修建的天主教的圣黑德维希主教堂和 19 世纪初
建立的洪堡大学等。修建于 18 世纪初的德国路德教的德国大教堂和
法国胡格诺教的法国大教堂也特别令人注目。它们和天主教的圣黑德
维希主教堂一起在某种程度上体现了柏林包容、多元的文化取向。在
勃兰登堡门和帝国议会大厦不远处还有修建于 1997—2001 年间的后
现代主义风格的联邦总理府和大屠杀纪念碑（Denkmal für die ermor-
deten Juden Europas；Holocaust - Mahnmal）。有人曾感慨地指出，"从
勃兰登堡门到联邦总理官邸的景观讲述了整个民族的历史"[1]。位于
施普雷岛上的博物馆岛（Museumsinsel）也极具特色。它于 1841 年开

---

① Berlin：Die Stadt der unbegrenzten Möglichkeiten. http://www. germany. travel/de/reisein-
formation/bundeslaender/bundeslaender/berlin/berlin. html.

始规划，历经百年建成，集中了柏林老博物馆（Alters Museum）、新博物馆（Neues Museum）、老国家美术馆（Alte Nationalgalerie）、博德博物馆（Bode – Museum）及佩加蒙博物馆（Pergamonmuseum），形成了壮观宏伟的博物馆群。整个博物馆的丰富陈列带着人们经历从两河流域、埃及、希腊、罗马、拜占庭到伊斯兰世界，从中世纪到近代直至现代的人类历史进程和美妙的艺术世界，使人们在短时间内体验一次艺术与文化的精彩"时空穿越"。博物馆岛因此有"人类历史的宝库，欧洲最大的文化工地"之称①。

2. 慕尼黑：德国南部文化大都会

拥有150万人口的慕尼黑②则是德国文化地区化的典型代表，是德国南部的文化之都。它在文化生活方面坚持自己的取向和趣味，丝毫不逊色于柏林，显示出充分的文化自信。

慕尼黑于1158年首次出现在皇帝巴巴罗沙弗里德里希一世颁发的《奥格斯堡仲裁》（Augusburger Schied）中。据此，弗里德里希一世在奥格斯堡帝国议会上授予巴伐利亚公爵狮子海因里希和弗莱津主教奥托（Otto von Freising，1112 – 1158）在一个新的叫慕尼黑的地方修建横跨伊萨河的桥梁征收关税。1180年巴伐利亚落入维特尔斯巴赫家族手中，1240年慕尼黑为维特尔斯巴赫家族占有。1255年巴伐利亚出现分裂，慕尼黑成为上巴伐利亚公爵严厉者路德维希二世（Ludwig II. der Strenge，1229 – 1294）的首府驻地。自此直至1918年，慕尼黑一直是维特尔斯巴赫家族治下的巴伐利亚邦的首府。1314年巴伐利亚人路德维希（Ludwig IV. der Bayer，1282 – 1347）当选为德意志国王，1328年又加冕为神圣罗马帝国皇帝。慕尼黑因此成了帝国的首都，并由此开始了扩建。1340年皇帝授予慕尼黑以"大城市权利"。到1369年时，慕尼黑已经有1万多居民。1442年，虔敬者阿尔布莱希特三世（Albrecht III. der Fromme，1401 – 1460）下令将

---

① 《柏林博物馆岛》，载《德国》杂志2007年第2期，第10—15页。

② 据2013年底的最新统计数据，加上移民因素，慕尼黑人口约为146.5万人，是继柏林和汉堡之后的德国第三大城市。Statistisches Amt der Landeshauptstadt München：Die Bevölkerung in den Stadtbezirken nach dem Migrationshintergrund am 31. 12. 2013（PDF）. http://www. muenchen. de/rathaus/Stadtinfos/Statistik/Bev – lkerung/Bev – lkerungsbestand. html.

犹太人驱逐出慕尼黑和上巴伐利亚，此后直到 19 世纪初犹太人才被允许重新回到慕尼黑。

16 世纪是慕尼黑文化生活的快速发展时期。坚定者威廉四世（Wilhelm IV. der Standhafte，1493 – 1550）在位时，为了纪念 1517 年鼠疫中的死难者，授权箍桶匠们跳舞感恩，由此形成了当今慕尼黑和巴伐利亚独特的"箍桶匠舞"（Schäfflertanz）传统。威廉四世还喜欢收集绘画，并建屋陈列，由此开始了慕尼黑老绘画陈列馆的历史。作为天主教会的"坚定"支持者，他先后于 1522 年、1524 年和 1531 年发布公告，反对路德宗教改革，甚至以死刑对付新教教徒，由此巩固了巴伐利亚作为天主教邦国的地位和天主教文化。

在阿尔布莱希特五世（Albrecht V.，1528 – 1579）统治时期，地理上靠近意大利的慕尼黑成为德国南部文艺复兴运动的中心。作为艺术爱好者和收藏家，阿尔布莱希特五世奠定了慕尼黑作为文化艺术城市的基础。他不仅建立了宫廷图书馆，而且通过购买人文主义者约翰·阿尔布莱希特·魏德曼施泰特（Johann Albrecht Widmannstetter，1506 – 1557）等人的收藏，和约翰·雅可布·富格尔（Johann Jakob Fugger，1516 – 1575）的图书馆等，以大力扩充藏品①。该馆成为当今巴伐利亚州立图书馆的前身。除此之外，他还大力收集各种艺术品和古代文物，为此修建了著名的古文物馆（Antiquarium）。慕尼黑由此开始迈向"艺术之都"。阿尔布莱希特五世也继承了威廉四世的反新教政策，甚至于 1555 年起完全禁止新教。在这一时期，由于天主教势力特别强大，慕尼黑也成了天主教反宗教改革运动的中心。耶稣会等在此修建学校、教堂等，也大大推动了慕尼黑的文化生活的发展。1601 年嘉布遣会（Kapuzinerorden）应召来到慕尼黑，慕尼黑此后修建了大批的教堂和修道院，天主教会文化色彩愈加突出。

17、18 世纪，慕尼黑的文化事业得到进一步发展。17 世纪中期选侯费迪南德·马利亚（Ferdinand Maria von Bayern，1636 – 1679）

---

① Otto Hartig, *Die Gründung der Münchener Hofbibliothek durch Albrecht V. und Johann Jacob Fugger*, München: Verlag der Königlich Bayerischen Akademie der Wissenschaften, 1917, S. 9 – 18, 31 – 45.

在位期间，受其妻萨伏依的亨利埃特·阿德莱德（Henriette Adelheid von Savoyen，1636－1676）的影响，把意大利的巴洛克艺术风格以及与此相关的许多音乐家、艺术家和建筑师引入了巴伐利亚，从而使慕尼黑积累了丰富的巴洛克文化元素。在 18 世纪，马克西米利安三世·约瑟夫（Maximilian III. Joseph，1727－1777）是对慕尼黑文化发展做出重要贡献的又一位代表。他继位后，放弃了其父卡尔·阿尔布莱希特（Karl Albrecht von Bayern，1697－1745）雄心勃勃的大国政策①，致力于经营巴伐利亚，特别是艺术和科学事业的发展，被称为"艺术和科学的最热心的朋友"，使慕尼黑的文化事业有了大幅度的提升：1751—1753 年他修建了著名的洛可可风格的宫廷剧院（Residenztheater；Cuvilliés – Theater）；1759 年建立了著名的巴伐利亚科学院（Bayerische Akademie der Wissenschaften）；1770 年成立了慕尼黑绘画艺术学院（Akademie der Bildenden Künste München）的前身"绘画雕刻学校"。这是德国最重要和最古老的艺术高校之一。他还于 1770—1771 年推行普遍义务教育。所有这一切使之成为启蒙运动时期巴伐利亚的一位"开明专制统治理念"践行者②。继任者卡尔·特奥多尔（Karl Theodor，1724－1799）也是一位开明的邦君，致力于科学和艺术的发展。但是，在宗教方面他秉持巴伐利亚的一贯传统，禁止各种未经允许的结社，特别是不利于天主教会的结社活动。1789 年，他下令在慕尼黑东北的伊萨河西岸修建了著名的英国公园。

进入 19 世纪后，慕尼黑文化氛围愈加浓烈。1806 年，巴伐利亚升格为王国，为慕尼黑的发展注入了新的动力。在国王马克西米利安一世·约瑟夫（Maximilian I. Joseph，1756－1825）统治时期，城市

---

① 卡尔·阿尔布莱希特，1726—1745 年为巴伐利亚选侯和公爵，称卡尔一世（Karl I.），1740 年哈布斯堡家族的神圣罗马帝国皇帝卡尔六世（Karl VI.）去世，在没有男嗣的情况下，包括普鲁士国王弗里德里希二世在内的各邦为争夺奥地利的领地或皇位开始了"奥地利王位继承战争"（Österreichischer Erbfolgekrieg，1740－1748）。卡尔·阿尔布莱希特的前妻玛丽亚·阿玛莉（Maria Amalie von Österreich，1701－1756）是卡尔六世的兄长、皇帝约瑟夫一世（Joseph I.，1678－1711）最小的女儿，因此卡尔·阿尔布莱希特也提出了对奥地利领地的继承要求，并在 1742—1745 年间成为神圣罗马帝国皇帝，称卡尔七世（Karl VII.），是来自维特尔斯巴赫家族的第三位神圣罗马帝国皇帝。

② Alois Schmid：„Maximilian III. Joseph". In：*Neue Deutsche Biographie*（NDB）. Band 16，Berlin：Duncker & Humblot，1990，S. 487.

扩建大规范展开。1810 年 10 月 12 日王储路德维希（路德维希一世）的盛大婚礼成为闻名世界的慕尼黑啤酒节传统的源头。1811 年慕尼黑国家剧院开始修建。

　　路德维希一世统治时期，慕尼黑发展成为艺术之都。1830 年位于国王广场、主要陈列古代希腊和罗马雕刻作品和花瓶的雕塑展览馆开馆；1836 年修建了著名的古代绘画陈列馆，用于展出中世纪到 18 世纪中叶的绘画作品；1853 年近代绘画陈列馆落成，主要展出启蒙运动以来特别是 19 世纪的欧洲绘画和雕刻作品。此外，宗教文化生活也逐渐多元化。1826 年第一座犹太教堂会馆重新现身于慕尼黑；1827 年第一座新教教堂在慕尼黑奠基。尤其重要的是，1472 年由巴伐利亚 - 兰茨胡特公爵富有者路德维希九世（Ludwig IX. der Reiche，1417 - 1479）建于英格尔施塔特（Ingolstadt）、1800 年由马克西米利安一世·约瑟夫迁往兰茨胡特（Landshut）的路德维希 - 马克西米利安大学（Ludwig - Maximilians - Universität），于 1826 年迁到慕尼黑，给这座城市注入了强有力的文化因子。著名的慕尼黑路德维希 - 马克西米利安大学（LMU München）成了慕尼黑最著名的文化名片之一[1]。

　　1848 年革命中，路德维希一世被迫退位。新继位的马克西米利安二世·约瑟夫（Maximilian II. Joseph，1811 - 1864）继续大力促进科学和艺术事业的发展。他从全德各地特别是从北德地区聘请了许多著名学者，即所谓的"北极之光"（Nordlichter），作为路德维希 - 马克西米利安大学教授，大大巩固了慕尼黑作为"大学之城"的美誉。他还于 1855 年开放巴伐利亚国家博物馆，通过收集古代器物和展示民族文化，强化巴伐利亚的"国家统一"。此后他又支持成立了挂靠于巴伐利亚科学院的历史委员会[2]。1864 年继位的路德维希二世

---

　　[1]　19 世纪上半期，路德维希 - 马克西米利安大学已经成为德国最著名的大学之一。参见 Thomas Nipperdey，*Deutsche Geschichte 1800 - 1866：Bürgerwelt und starker Staat*，München：C. H. Beck，1984，S. 471；Hans - Ulrich Wehler，*Deutsche Gesellschaftsgeschichte*，*Zweiter Band*，*Von der Reformära bis zur industriellen und politischen*，*"Deutsche Doppelrevolution" 1815 - 1845/49*，München：C. H. Beck，1987，S. 513.

　　[2]　Heinz Häfner，*Ein König wird beseitigt：Ludwig II. von Bayern*，München：C. H. Beck，2008，S. 102.

（Ludwig II.，1845－1886）也热衷于文化艺术事业。他不仅资助著名音乐家理查德·瓦格纳的音乐创作，还在国家剧院上演其相关作品。结果，"瓦格纳的音乐在慕尼黑大受欢迎"①。1864 年他批准兴建园丁广场国家剧院（Staatstheater am Gärtnerplatz）。慕尼黑的音乐文化因此得到丰富和发展。1868 年路德维希二世又批准成立了慕尼黑综合技术学校，1877 年正式更名为慕尼黑技术高校（今慕尼黑工业大学）。

19 世纪末 20 世纪初，即摄政王卢伊特波尔德（Luitpold von Bayern，1821－1912）时期，慕尼黑的文化发展进一步呈现繁荣局面。1890 年追求个性化发展的慕尼黑艺术脱离派（Münchner Sezession）成立。1896 年慕尼黑出现首本文化类杂志《青年》（Die Jugend），突出艺术的"青年风格"（Jugendstil）。慕尼黑北部的施瓦宾（Schwabing）则形成了繁荣的艺术街区，聚集了许多文人和画家。1911 年著名的艺术家联合"蓝色骑士"（Der Blaue Reiter）成立。慕尼黑由此成为现代表现主义画派的先锋。1896 年可以上演音乐、戏剧、芭蕾等多种艺术形式的德意志剧院（Deutsches Theater München）建成开放。1900—1901 年摄政王剧院（Prinzregententheater）建成开放。1900—1903 年德国第一个带有政治色彩的卡巴莱小品剧团"十一个刽子手"（Die Elf Scharfrichter）开始组成。1903 年著名的德意志博物馆（Deutsches Museum）成立，起初借设于国家博物馆（Nationalmuseum）之中，1906 年该博物馆奠基开工建设，1925 年建成。这一时期的慕尼黑在成人教育方面也有新的突破。1906 年成立的"慕尼黑大众高校联合会"（Volks－Hochschul－Verein München）根据大众需要，通过各种机构开设各类课程，目标在于"把科学研究的成果带给更多的民众"，"普及科学知识"②。慕尼黑的文化氛围因之愈加浓厚。

经过长期的发展和积累，到 20 世纪初，慕尼黑在文化艺术领域已

---

① Ludwig Merkle，*Ludwig II. and His Dream Castles：The Fantasy World of a Storybook King*，München：Stiebner Verlag，2011，41.

② Armin Kohnle，Frank Engehausen，*Zwischen Wissenschaft und Politik：Studien zur deutschen Universitätsgeschichte*，Stuttgart：Franz Steiner Verlag，2001，S. 475. Bernhard Schoßig：Volkshochschulen (20. Jahrhundert)，S. 1. In：Historisches Lexikon Bayerns. http://www. historisches－lexikon－bayerns. de/artikel/artikel_46347？pdf = true.

经取得了令人瞩目的成就，成了"作家、诗人、小说家、文学家、出版商、编辑、卡巴莱小品表演家的荟萃之地"，成了"有文化""有艺术"的城市。著名作家托马斯·曼（Thomas Mann，1875－1955）誉之为"璀璨的慕尼黑"（München leuchtet）①。

　　3. 汉堡：北德地区的文化都会

　　位于易北河畔、距北海仅百公里之遥的汉堡作为德国第二大城市和最大的港口城市，有着非常强烈的地区认同，也形成了独特的文化，成为德国北部地区的文化都会。

　　汉堡是在公元9世纪萨克森建立的要塞和主教驻地的基础上发展而来，并且因其地理位置而逐渐成为北欧地区的商业贸易转运中心，有"北方威尼斯"之称。1189年皇帝弗里德里希一世授权汉堡为帝国自由市，由此开辟了汉堡新的历史篇章。14世纪，汉堡成为汉萨同盟的核心成员。16世纪宗教改革运动之后，汉堡成为新教城市。三十年战争中，汉堡免于战火，持续繁荣。19世纪，汉堡靠着大量的转运农产品和包括英国在内的工业品等不断增长的贸易，进一步发展壮大。1871年德意志帝国建立后，汉堡不仅继续保持着它在贸易方面的特权地位，而且扩大了它的仓储和转运能力，先后新建了它的仓储城市（Speicherstadt）和自由港（Freihafen）。到1900年，汉堡已经是百万人口的大城市。从汉堡出发的海上航线联结着世界各地，汉堡美洲航运股份公司成为世界上最大的海运公司。

　　基于上述历史发展，汉堡形成了独特的海港文化和商业贸易文化，凸显一种强烈的吸纳性和包容性，文化也具有明显的开放和世界性特征，带有全欧风格。甚至汉堡的市徽也是一座城门，象征着通向世界。有时汉堡人甚至被人们认为"像英国人"②。汉堡的教堂建筑艺术和受到尼德兰影响的17世纪的绘画艺术等，都是这种体现。最典型的

---

① Simone Hirmer, Marcel Schellong（Hrsg.），*München Lesen：Beobachtungen einer erzählten Stadt*，Würzburg：Verlag Königshausen & Neumann，2008，S. 7；Hosfeld Rolf，Veruschka Götz，Franz Kotteder，*Kulturverführer München：Theater，Oper，Musik，Museen，Galerien，Clubs. Mit Stadtplan*，Hamburg：Helmutz Metz Verlag，2005，Vorwort.

② Dieter K. Buse，*The Regions of Germany：A Reference Guide to History and Culture*，Westport，Connecticut：Greenwood Press，2005，p. 85.

例子是汉堡在 1724 年开始发行的首份日报《汉堡通信》（*Hamburgischer Correspondent*），其发行范围是整个欧洲而非仅限于德国。正是这种传统奠定了汉堡作为"德国的新闻传媒之都"的地位①。如今的汉堡集中了德国最大的几家杂志社、德意志新闻社（Deutsche Press – Agentur / Die dpa）和为数众多的电视台、电台和制片厂。

除了上述特征之外，汉堡还有几项独特的文化传统。一是积淀了丰厚的与水密切相关的文化。汉堡鱼市（Hamburger Fischmarkt）即是其中一例。汉堡鱼市开始于 1703 年 8 月汉堡市政府颁布的一项法令。据此，渔民可以在周日早上 8 点半以后在易北河码头买自己的产品②。如今，鱼市已经成为汉堡文化的重要体现和旅游景点。此外，汉堡还有一些与"水"有关的博物馆，如"港口博物馆"（Hafenmuseum in Hamburg）等，也都诠释着汉堡的"水"文化。二是有着深厚的戏剧和歌剧传统。1678 年汉堡建立德国第一个公共歌剧院。此后，像巴洛克作曲家格奥尔格·菲利普·特勒曼（Georg Philipp Telemann，1681 – 1767）等长期在此推广音乐事业③。18 世纪六十年代下半期，著名诗人、剧作家高特荷尔德·埃弗莱姆·莱辛（Gotthold Ephraim Lessing，1729 – 1781）成为汉堡国家剧院的剧评家，并在此上演了他的剧作《明娜·冯·巴恩海尔姆》（*Minna von Barnhelm*），推动了汉堡戏剧文化事业的繁荣，奠定了汉堡强大的戏剧文化的基础。1899 年，为了满足戏剧事业发展的需要，汉堡又新建了著名的"德意志剧院"（Deutsches Schauspielhaus）。它有 1200 个席位，是德国最大的剧院。如今，汉堡各类剧院多达 40 余个，是名副其实的"戏剧之都"。

4. 熠熠闪光的图林根文化长廊

除了柏林、慕尼黑、汉堡等文化大都市外，德国文化中心的另一

---

① Holger Böning, „ Hamburgische Correspondent ", Journal der Epoche. Der" Hamburgische Correspondent" war einst Europas größte Zeitung – und macht Hamburg zur deutschen Presshauptstadt. *Zeit online*, 17. June, 2012. http：//www. zeit. de/2012/24/Zeitung – Hamburgische – Correspondent/komplettansicht.

② Geschichte des Fischmarktes. http：//www. original – hamburger – fischmarkt. de/geschichte. html.

③ Robert Eitner, Telemann, „ Georg Philipp ", In：*Allgemeine Deutsche Biographie*，*Band 37*，Leipzig：Dunker & Humblot，1894，S. 552 – 555.

种呈现形式是由数个中小城市组成的文化长廊或文化圈。前者以魏玛、耶拿、爱尔福特、哥达和埃森纳赫最典型，后者以鲁尔区城市群为代表。它们在德国的文化历史发展格局中扮演了十分重要的角色，有着无法替代的文化地位。

　　魏玛、耶拿、爱尔福特、哥达和埃森纳赫组成的文化长廊位于图林根州，可谓之"图林根文化长廊"。该文化长廊起步于宗教改革时期，兴盛于18、19世纪，如一串熠熠闪光的珍珠呈东西走向贯穿于图林根中部，曾为德国的文化发展特别是近代文化的繁荣做出过突出的贡献。

　　图林根文化中心地位的崛起始于16世纪初的宗教改革。爆发于1517年的马丁·路德宗教改革使图林根迅速成为当时德国最引人注目的政治中心。路德曾在爱尔福特大学学习并居于奥古斯丁修道院。1389年建立的爱尔福特大学是16世纪德国人文主义的中心之一，也是爱尔福特的金字文化招牌。据统计，从建校到1520年为止，爱尔福特大学培养的学生占到同期德语国家大学生总数的1/5。马丁·路德因此慕名而来，于1501—1505年间在此学习。他的"谁想学得好，就去爱尔福特"（Wer gut studieren will, gehe nach Erfurt）成了当今爱尔福特大学的广告语。后来这句名言又变成了"在爱尔福特学习的学生学得好"（Wer in Erfurt studiert hat, der hat gut studiert）。[①] 宗教改革开始后，路德受庇于当时的萨克森选侯智者弗里德里希，藏匿于埃森纳赫附近的瓦特堡，潜心于将《圣经》翻译成德文，并以此规范德语，不仅大大推动了宗教改革运动的发展，而且促进了德语写作的统一，对日后德国的文化发展产生了巨大影响。

　　前文提及，1485年"莱比锡分裂"后，韦廷王室的埃内斯廷支系占据了图林根地区。1572年埃内斯廷支系再次出现分裂，即所谓的"爱尔福特分裂"（Erfurter Teilung），形成了萨克森－魏玛（Sachsen－Weimar）和萨克林－科堡－埃森纳赫（Sachsen－Coburg－Eisenach）两个公国。1596—1603年又分裂成了科堡、埃森纳赫、魏玛

---

① Wolfgang Bergsdorf, „Die Universität Erfurt in der Informationsgesellschaft". In: Hedwig Kopetz, Joseph Marko, Klaus Poier (Hrsg.), *Soziokultureller Wandel im Verfassungsstaat: Phänomene politischer Transformation*, Wien, Köln, Graz: Böhlau Verlag, 2004, S. 1248, 1256.

和阿尔滕堡（Altenburg）。此后在整个 17 世纪又经历了多次的分合①。由于各宫廷竞相显示自己的开明和文化品位，从某种程度上讲，这些分裂促进了图林根文化的繁荣和发展，并最终使之成为德国境内文化最繁荣之地。虔敬者恩斯特统治下的萨克森 - 哥达（Sachsen - Gotha）甚至成了人文主义的"示范邦国"。早在 1642 年他就引入了普遍强迫义务教育②，规定 12 岁以下的男女适龄儿童都必须接受义务教育。到 18、19 世纪，图林根文化走廊则发展成为德国文化的主要中心之一，其中魏玛、耶拿等尤其引人注目。

魏玛在 18 世纪进入文化发展的黄金时代。如前所述，萨克森 - 魏玛公爵恩斯特·奥古斯特一世大规模修建各类巴洛克宫殿，在无意中为后人留下丰富的文化遗产。安娜·阿玛丽亚公爵夫人及其儿子卡尔·奥古斯特公爵大力扶持和资助文学艺术事业的发展，使魏玛宫廷成了所谓的"缪斯宫廷"，魏玛成了德国古典主义文化的中心。18 世纪末 19 世纪初，歌德、席勒、韦兰德（Christoph Martin Wieland，1733 - 1813）、赫尔德尔（Johann Gottfried Herder，1744 - 1803）等著名诗人和作家纷纷应召前来，开启了"魏玛古典时代"（Weimaer Klassik）③。这一时期的魏玛还集中了许多艺术家和学者，其中有魏玛古典时代最重要的出版家弗里德里希·尤斯丁·贝尔图赫（Friedrich Justin Bertuch，1747 - 1822）。他创办的《奢侈与时尚杂志》（*Journal des Luxus und Moden*，1786 - 1827）是德国最早的插图杂志之一。

在魏玛迈入古典时代的同时，与之相邻的另一座城市耶拿也进入了它的文化盛期。这两座城市上演了一出文化"双城记"，被歌德形容为"就像一个大城市的两端"④。这一时期的耶拿大学（Universität Jena）成为德国文化和学术生活的中心，成了早期唯心主义哲学的思想

---

① Steffen Raßloff, *Geschichte Thüringens*, München: Verlag C. H. Beck, 2010, S. 41.

② Rudolf Vierhaus, *Deutschland im Zeitalter des Absolutismus*, Göttingen: Vandenhoeck & Ruprecht, 1984, S. 101.

③ "魏玛古典时代"一般指始于歌德 1786 年的意大利之旅到 1805 年席勒去世为止的时期。歌德、席勒、韦兰德和赫尔德尔被称为"魏玛古典时代"的"四大巨星"（Viergestirn）。Steffen Raßloff, *Geschichte Thüringens*, München: Verlag C. H. Beck, 2010, S. 53.

④ Steffen Raßloff, *Geschichte Thüringens*, München: Verlag C. H. Beck, 2010, S. 53.

重镇。在此云集了费希特、谢林（Friedrich Wilhelm Schelling，1775 –
1854）、黑格尔等当时德国一批最著名的哲学家。包括马克思（Karl
Marx，1818 – 1883）在内的许多青年都慕名前来耶拿大学，在此完成
了他们的学业。这一时期的耶拿也是德国早期浪漫主义运动的重镇。
一批年轻的知识分子围绕在奥古斯特·威廉·施莱格尔（August Wil-
helm Schlegel，1767 – 1845）和弗里德里希·施莱格尔（Friedrich
Schlegel，1772 – 1829）兄弟周围，其中包括路德维希·蒂克（Lud-
wig Tieck，1773 – 1853）、克莱门斯·布伦塔诺（Clemens Brentano，
1778 – 1842）、诺瓦利斯（Novalis，1772 – 1801）等浪漫主义运动的
旗手，形成了所谓的"耶拿早期浪漫派"（Jenaer Frühromantik），给
德国浪漫主义打上了深刻的烙印。魏玛和耶拿之间这种精彩的文化衍
射成了德国文化发展史上的所谓"魏玛 – 耶拿现象"（Ereignis Wei-
mar – Jena）[1]。

　　进入 19 世纪后，图林根文化走廊依然是德国最活跃的文化中心
之一。1815 年耶拿大学出现最初的大学生协会运动（Urburschens-
chaft），并于 1817 年发起瓦特堡集会（Wartburgfest），提出了建立自
由和统一的德国的要求，揭开了维也纳会议之后德国自由主义和民族
主义运动的序幕[2]。魏玛的艺术和文化生活则继续着 18 世纪的辉煌。
1816 年，魏玛颁布了德国第一部自由主义宪法。19 世纪下半期，在
大公夫人玛丽亚·帕芙罗芙娜（Maria Pawlowna，1786 – 1859）及其
子卡尔·亚历山大（Karl Alexander，1818 – 1901）统治时期，魏玛文
化发展进入了所谓的"白银时代"（Silbernes Zeitalter）[3]。1842 年，
著名音乐家弗兰茨·李斯特应召成为魏玛宫廷乐队的指挥。此后，他
将歌德和席勒的许多诗作改编成音乐作品，为魏玛音乐艺术的繁荣做
出了重要贡献，使魏玛成为"艺术之都"。魏玛由此获得了"新雅

---

①　Steffen Raßloff, *Geschichte Thüringens*, München: Verlag C. H. Beck, 2010, S. 54.

②　Bernhard Schroeter(Hrsg.), *Für Burschenschaft und Vaterland: Festschrift für den Burschens-chafter und StudentenhistorikerProf. (FH) Dr. Peter Kaupp*, Nordsteck: Book on Demond, 2006, S. 27 – 28.

③　Dieter Borchmeyer, *Weimarer Klassik: Portrait einer Epoche*, Weinheim: Beltz Athenäum, 1998, S. 52.

典"的称号，并且确立起在"文学和艺术领域的集中性影响"。当时人们的评论是，魏玛兼具地方主义和世界主义的特征，"魏玛只是一座小城，然而却又是一座世界性城市"①。1860 年卡尔·亚历山大建立了"魏玛萨克森大公艺术学校"（Großherzoglich - Sächsische Kunst-schule Weimar），一些著名画家如阿诺尔德·伯克林（Arnold Böcklin，1827 - 1901）、弗兰茨·伦巴赫（Franz Lenbach，1836 - 1904），雕刻家莱因霍尔德·贝加斯（Reinhold Begas，1831 - 1911）等都曾在此授课。魏玛由此又成为绘画艺术的中心②。

发达的出版业也是图林根文化走廊文化繁荣的体现之一。1826年，在距埃森纳赫不远的小城哥达，出版家约瑟夫·迈耶尔（Joseph Meyer，1796 - 1856）在哥达成立了著名的辞书出版机构"图书目录社"（Bibliographisches Institut），并于 19 世纪 30 年代推出了著名的《迈耶尔百科全书》（*Meyers Konversations - Lexikon*）。哥达由此成为德国出版业的重镇。1853 年在魏玛成立的赫尔曼·伯劳出版社（Verlag von Hermann Böhlau）也因出版大量教育、历史和法律文献，特别是路德和歌德的文集而声名大起③。

迈入工业化时代后，哥达、埃森纳赫等地又成为德国工人运动的中心和工人文化的重镇。1869 年，奥古斯特·倍倍尔（August Bebel，1840 - 1913）和威廉·李卜克内西（Wilhelm Liebknecht，1826 - 1900）在埃森纳赫成立了社会民主工党（Sozialdemokratische Arbeiterpartei）。1875 年该党与全德工人联合会（Allgemeiner Deutscher Arbeiterverein）在哥达合并组成了德国社会主义工人党（Sozialistische Arbeiterpartei Deutschlands）。这一年在哥达大会上通过的《哥达纲领》（*Gothaer Pro-gramm*）和 1891 年通过的《爱尔福特纲领》（*Erfurter Programm*）确定了在很长一段时间内德国社会民主党（Sozialdemokratische Partei

---

① Dieter Borchmeyer，*Weimarer Klassik：Portrait einer Epoche*，Weinheim：Beltz Athenäum，1998，S. 52 - 53.

② Dieter Borchmeyer，*Weimarer Klassik：Portrait einer Epoche*，Weinheim：Beltz Athenäum，1998，S. 54.

③ Annette Seemann，*Weimar：Eine Kulturgeschichte*，München：Verlag C. H. Beck，2012，S. 239.

Deutschlands，SPD)① 的政治目标。同一时期，工人文化也得到丰富
和发展。1885 年，魏玛成立了"友谊歌咏联盟"（Freundschafts -
Sängerbund）工人合唱团。到 20 世纪初，这一工人合唱团已经达到很
高的水平②。与此同时，魏玛的周边地区也成立了各种工人歌咏联
合会。

　　20 世纪初，威廉·恩斯特公爵（Wilhelm Ernst，1876 - 1923）大
力促进造型艺术的发展，魏玛又发展成为现代主义艺术的中心，吸引
了包括比利时建筑师亨利·凡·德·威尔德（Henry van de Velde
1863 - 1957）等在内的一批著名艺术家。魏玛也因此进入了所谓的
"现代主义时代"（Moderne Zeiten）③。1910 年魏玛萨克森大公艺术学
校升格为大学。

　　1919 年魏玛共和国成立后，受益于其自由主义和多样性的文化
政策，魏玛继续其文化繁荣的传奇。在文学领域，人们为了重新体验
"传统的'魏玛精神'"，成立了"新魏玛文学社团"（Neue Weimarer
Literarische Gesellschaft），聚集了各界名流④。如前所述，这一时期对
于魏玛文化生活最具影响力的事件之一是，在著名建筑师瓦尔特·格
鲁皮乌斯的推动下，魏玛艺术学校和 1907 年由亨利·凡·德·威尔
德建立的魏玛艺术工艺学校于 1919 年合并建立了包豪斯（Bauhaus）。
此后，将工艺和实用结合为一体的包豪斯理念和风格使艺术取向发生
革命性变化，对世界建筑艺术产生了巨大的影响。然而，这一新的现
代艺术流派遭到秉持古典主义传统的保守派的强烈反对。1925 年包
豪斯被迫迁往德骚（Dessau）。魏玛文化发展进入了所谓的"褐色时
代"（Braune Zeit）⑤。第三帝国时期，尽管纳粹将魏玛古典文化视为

---

　　① 1890 年反社会主义"非常法"（Sozialistengesetz）终止，德国社会主义工人党改名为
德国社会民主党。

　　② Hans John，*Musikstadt Weimar*，Leipzig：Deutscher Verlag für Musik，1985，S. 104.

　　③ Annette Seemann，*Weimar：Eine Kulturgeschichte*，München：Verlag C. H. Beck，2012，
S. 241.

　　④ Annette Seemann，*Weimar：Eine Kulturgeschichte*，München：Verlag C. H. Beck，2012，
S. 275，282.

　　⑤ Annette Seemann，*Weimar：Eine Kulturgeschichte*，München：Verlag C. H. Beck，2012，
S. 271.

“所有德意志人的精神”，甚至希特勒也毫不掩饰其对魏玛的喜爱之情：“我就爱魏玛，我需要魏玛”①，但是在纳粹毁灭性的文化政策之下，魏玛文化还是免不了陷入沉寂。

以魏玛为代表的图林根文化走廊深深吸引着人们。其中“古典城市”魏玛作为“诗人和思想家的城市”②已经成了享誉世界的德国文化和精神中心之一。1999 年魏玛因其丰富的文化遗产而成为“欧洲文化之都”。

除了以上介绍的各个传统文化中心之外，在德国西部的北莱茵 - 威斯特伐伦还形成了基于工业文明的现代文化中心。具体说来，从文化角度看，这一地区欧洲化程度高，现代和多元特点鲜明，19 世纪以来形成的以鲁尔区（Rhurgebiet）的煤钢产业为中心的发达工业，使这里不仅成为德国的工业中心，也成为“欧洲的核心地区”。与此同时，它又像德国其他地区一样，执着地坚持着自己的文化传统③。

北莱茵 - 威斯特伐伦由战后英国占领当局管辖下的普鲁士的威斯特伐伦地区和北莱茵地区构成，1949 年成为联邦德国的一个州。就此而言，英国是北莱茵 - 威斯特伐伦州的助产士④。实际上，历史上的北莱茵 - 威斯特伐伦存在多个具有自己鲜明历史的地区。19 世纪以来的工业化最终成为塑造这一地区现代文化认同的强大推手。工业化进程中如雨后春笋般涌现的以鲁尔区为核心的众多现代工业城市成为承载现代工业文化的母体。发达的煤炭、钢铁等工业积淀下来的现代采矿和冶炼文化则成为这一地区最大的特色。20 世纪 60 年代以后，随着科技的进步和煤炭开采的枯竭，鲁尔区开始向新的电子产品

①　Annette Seemann, *Weimar: Eine Kulturgeschichte*, München: Verlag C. H. Beck, 2012, S. 283.

②　Jochen Klauss, *Weimar. Stadt der Dichter, Denker und Mäzene: Von den Anfängen bis zu Goethes Tod*, Düsseldorf: Artemis & Winkler, 1999.

③　Dieter K. Buse, *The Regions of Germany: A Reference Guide to History and Culture*, Westport, Connecticut: Greenwood Press, 2005, p. 147.

④　Kurt Düwell: „*Operation Marriage*". *Die britische Geburtshilfe bei der Gründung Nordrhein - Westfalens.* 14. September 2006, abgerufen am 28. August 2012 (PDF; Rede anlässlich des 60. Jahrestages der Gründung des Landes Nordrhein - Westfalen vor Mitgliedern der Deutsch - Britischen Gesellschaft, Arbeitskreis Düsseldorf am 14. September 2006 im Goethe - Museum, Schloss Jägerhof, Düsseldorf). http://www.debrige.de/userfiles/file/KurtDuewellOperationMarriage.pdf.

制造和信息技术产业转型。在这种情况下，人们"以文化促转变"
（Wandel durch Kultur），大型的旧厂房和旧设备被成功改造成了具有
电影院、博物馆功能的休闲游览场所，高炉、井架等成了大型的雕塑
作品，它们都被作为"文化遗迹"保留下来。"文化取代煤炭"成了
鲁尔区的"新能源"，老工业矿区实现了文化都会的华丽转身。2010
年，拥有50多个城市的鲁尔区打出了"传奇、大都会和欧洲"的口
号，以其独特的"矿区文化"当选为"欧洲文化之都"①。据联合国
教科文组织的一项研究，如今的北莱茵－威斯特伐伦，因其境内拥有
无数的剧院、教堂、博览会、艺术展览会和各类电影节、音乐节等，
已经成为"世界五大最重要的文化区域"②。

第三节　德国近现代各时期文化政策的历史反思

一　19世纪中期以前的文化多中心发展和繁荣

1. 古典主义时代的多中心文化辉煌

1800年左右到19世纪中期，德国文化经历了从古典主义到浪漫
主义（Romantik）的发展。我们在此不论古典主义和浪漫主义发展的
内在动因、内涵和有机联系，以及它在德国文化发展进程中的地位和
作用，而是主要关注这两大文化思潮的发展在德国呈现出的地理路径
及其辉煌局面，展示其呈现的多元格局。史实表明，这一时期德国的
文化发展并非以某一固定的文化中心为依托，而是每一种文化思潮的
兴起和发展，甚至某种文化思潮发展的某一阶段，都有其自己的文化
中心，呈现一种从地方弥漫到全国的多元发展态势。

在德国文化史上，可称为古典时期者有两个：一是公元1200年
前后的德意志中世纪文化顶峰时期，即"施陶芬古典时代"
（Staufische Klassik）；二是1800年左右以歌德和席勒居于魏玛时期合
作创作为标志的"魏玛古典时代"，也包括作为欧洲和德国音乐颠峰

① Europäische Kulturhauptstadt 2010. http://www.bpb.de/politik/hintergrund－aktuell/
69197/europaeische－kulturhauptstadt－2010－04－01－2010.

② Hans－Georg Wehling（Hrsg.），*Die Deutschen Länder:Geschichte,Politik,Wirtschaft*,Oplad-
en:Leske＋Budrich,2002,S.192.

标志的维也纳古典主义乐派（Wiener Klassik）时期①。1800 年左右的古典主义时代可谓德国思想文化史上最辉煌的时期。它奠定了德意志民族现代文化的基础，德国涌现出一批世界级的哲学大师、文学巨匠和音乐奇才，德国哲学、文学和音乐也随着这些巨人的脚步迈入了世界文化的最高殿堂，并因此声名远播，长期为世人所景仰。

德国古典主义作为一种文化现象，波及文学、哲学和音乐等多个领域，其勃兴的中心既有魏玛和耶拿等小城，也有维也纳等大城市，呈现一种不规则的多元取向。

魏玛是德国古典主义文学的中心。19 世纪 30 年代末 40 年代初，德国文学史研究的开创者吉尔维努斯（Georg Gottfried Gervinus，1805 - 1871）第一次提出了"古典主义文学"一词，特指 18 世纪末和 19 世纪初歌德和席勒合作创作的文学。两位文学巨匠所在的魏玛也就自然而然地成了人们所瞩目的德国古典主义文学的中心所在。德国古典主义文学时期因此又称"魏玛古典时代"，它以歌德和席勒这两位文坛巨人的合作及其作品为标志。1794 年，时为耶拿大学历史学教授的席勒请求歌德合作出版文化艺术杂志《时序女神》（Horen）。由于两人在反对革命、赞赏古典风格等方面有着共同的看法，关系日益密切。双方致力于探讨审美原则等问题，共同推进文学和艺术创作，名作叠出，成就了著名的"魏玛古典主义文学时代"。两人的合作对双方的创作都产生了重大影响，歌德在给席勒的信中写道："您成就了我第二次青春，让我重新变成了诗人。"②

在合作时期，歌德在理论和实践创作上成果极为丰硕。其主要作品有叙事诗《列那狐的故事》（Reineke Fuchs，1794）、小说《威廉·迈斯特的学习时代》（Wilhelm Meisters Lehrjahre，1795 - 1796）和诗剧《浮士德》（Faust. Eine Tragödie）第一部等。特别是他的教育小说《威廉·迈斯特的学习时代》告知人们：只有将艺术教育和实际生活教育结合起来，才有可能实现人道主义的、完整的人格，美和务实结合

---

① Simon Richter(ed.)，*The Literature of Weimar Classicism*，New York：Camden House，2005，p. 45；Claus J. Gigl，*Deutsche Literaturgeschichte*，Hallbergmoos：Stark Verlag，1999，S. 49.

② Petra Oberhauser(Red.)，*Goethe - Jahrbuch 2005*，*Band 122*，Göttingen：Wallstein Verlag，2005，S. 22.

在一起才能构成"完整的人"①。席勒在这一时期也成果迭出。他在美学、戏剧、诗歌等领域推出了一系列有影响力的成果。在美学领域有《关于人的审美教育》（*Über die ästhetische Erziehung des Menschen*）、《论朴素的诗和感伤的诗》（*Über naive und sentimentalische Dichtung*，1795）、《论崇高》（*Über das Erhabene*，1801）等，明确提出"要在社会中获得政治自由，必须首先实现自己内心的自由，而这只有通过审美教育才有可能"②。在戏剧领域有历史剧《瓦伦斯坦》（*Wallenstein*，1799）三部曲的创作。该剧奠定了席勒在德国古典主义文学中的重要地位。在诗歌领域的代表作主要有《世界的分裂》（*Teilung der Erde*，1795）、《大钟之歌》（*Das Lied von der Glocke*，1799）等。1805 年 5 月，席勒因紧张创作而积劳成疾，英年早逝。德国古典主义文学时代画上了句号。

小城耶拿则是德国古典哲学的中心。德国古典哲学一反以笛卡尔（René Descartes，1596 – 1650）为代表的理性主义哲学和洛克（John Locke，1632 – 1704）为代表的经验主义哲学的形而上学体系，把人及人的意识活动当成哲学研究的对象，开拓了从主客体关系讨论哲学根本问题的新方向，提出了包括认识论、本体论、伦理学、美学、法哲学、历史哲学等种种重大问题和范畴。德国古典哲学的主要代表人物有康德、费希特、谢林、黑格尔等。他们之中，除了康德外，都曾是耶拿大学的座上客，并且在此或完成了自己在古典哲学领域的辉煌，或初步建立起自己的哲学体系。

费希特 18 岁进入耶拿大学学习，1794 年在耶拿大学谋得教授哲学的教职。虽然他日后受聘于柏林大学并成为柏林大学第一任校长，但其代表作无疑是形成于耶拿时期。他称自己的哲学为"知识学"（Wissenschaftslehre）。主要著作有《知识学基础》（*Grundlage der gesammten Wissenschaftslehre*，1794 – 1795）、《知识学原理下的自然法基础》（*Grundlagen des Naturrechts nach Prinzipien der Wissenschaftslehre*，1796）等。他从思维和存在同一性出发，认为思想是第一性的，客观

---

① Claus J. Gigl，*Deutsche Literaturgeschichte*，Hallbergmoos：Stark Verlag，1999，S. 62.

② Christian Clement：„ 'Offenbares Geheimnis' oder, geheime Offenbarung'? Goethes Märchen und die Apokalypse"，in Daniel Purdy，*Goethe Yearbook 17*，New York：Camden House，2010，S. 249.

世界就是意识的世界，"一切现实只存在于自我之中"①。因此费希特的知识学是一种主观唯心主义的哲学体系。

谢林 1798 年被聘为耶拿大学教授。耶拿时期是他哲学创造活动的高峰期。在此他完成了《自然哲学体系初稿》（*Erste Entwurf zu einem System der Naturphilosophie*）和《先验唯心论体系》（*System des transcendentalen Idealismus*, 1800）等著作。这两部著作构成了他的"同一哲学"（Identitätsphilosophie）的两个部分。同一哲学试图校正费希特的主观唯心主义的片面性，认为费希特忽视了客观自然的重要性。要真正解决"自我"和"非我"的关系，就必须寻找一种超越二者的绝对的同一性。在这种同一性里，"自我"和"非我"融合为一，没有任何差别。谢林的哲学思想对于黑格尔哲学思想的发展具有"先驱"的意义②。

黑格尔 1800 年到耶拿，次年成为耶拿大学编外讲师，第一次发表论文《费希特与谢林哲学体系的差异》（*Unterschied der Philosophischen Systeme Fichtes und Schellings*）。1805 年被聘为耶拿大学的编外教授。1807 年他发表第一部重要著作《精神现象学》（*Phänomenologie des Geistes*），阐述了他的哲学体系的基本轮廓。它将人类意识的发展划分为意识、自我意识、理性（主观精神）、精神（客观精神）、绝对精神等五个阶段。耶拿时期因此成了黑格尔辉煌的哲学事业的起点。

奥地利首都维也纳则是德意志古典主义音乐文化的圣地③。18 世纪下半期到 19 世纪初，约瑟夫·海顿（Franz Joseph Haydn, 1732 - 1809）、沃尔夫冈·阿玛迪乌斯·莫扎特（Wolfgang Amadeus Mozart, 1756 - 1791）和路德维希·凡·贝多芬（Ludwig van Beethoven, 1770 - 1827）等音乐家发展形成了一种新的简洁的古典主义音乐风格。由于

① Robert Pippen, "Fichte's Alleged Subjective, Psychological, One - Sided Idealism", in Sally Sedgwick(ed.), *The Reception of Kant's Pholosophy: Fichte, Schelling, and Hegel*, Cambridge: Cambridge University Press, 2000, p. 147.

② Andrew Bowie, *Schelling and Modern European Philosophy: An Introduction*, London and New York: Routledge Press, 1993, p. 1.

③ 无论从历史还是文化的角度看，至少到 1866 年因普奥战争失败退出德意志邦联之前，奥地利仍是德意志的一部分，故而笔者仍将其归入德意志文化圈之列。

他们的活动中心在维也纳，因此也被称为"维也纳古典主义乐派"。维也纳古典主义乐派的特点是：理智和情感的高度统一，思想内容和艺术形式的高度一致。在风格上，古典主义音乐与华丽而充满贵族气息的巴洛克音乐（Barockmusik）不同，它表现出对古希腊罗马简约淳朴的艺术风格的认同；在创作技法上，该乐派在继承欧洲传统的复调和主调音乐成就的基础上，发展形成了奏鸣曲、交响曲体裁和形式，其中，奏鸣曲形式是古典主义音乐的最主要特征①。

约瑟夫·海顿是维也纳古典主义乐派的旗手②。他一生创作非常丰富，对交响乐和弦乐四重奏的形成、完善和发展方面有着突出的贡献，是世人公认的"交响乐之父"和弦乐四重奏的奠基者。他的主要音乐成就是创作了 100 多首交响曲。他在声乐创作方面也有不菲的成就，包括著名的大型清唱剧《创世纪》（Die Schöpfung）、《四季》（Die Jahreszeiten）等。海顿在音乐领域的巨大成就使之成为维也纳古典主义乐派当之无愧的奠基者。其作品也对后世产生了重大影响。1797 年他出于爱国主义激情创作的《皇帝颂》（Kaiserhymne）"上帝保佑弗兰茨皇帝"（Gott erhalte Franz，den Kaiser）成了日后《德意志之歌》（Lied der Deutschen）的曲调③。

沃尔夫冈·阿玛迪乌斯·莫扎特是维也纳古典主义乐派的精灵。莫扎特从幼年起就显示出极高的音乐天赋。1762 年，年仅 6 岁的莫扎特随父亲到慕尼黑、维也纳等地开始第一次音乐巡演，获得极大成功。1781 年莫扎特到维也纳谋生，是德国第一个自谋生路的自由作曲家。莫扎特在短短一生中留下了 600 多部音乐作品。歌剧是莫扎特音乐作品中最亮丽的风景，其中《费加罗的婚礼》（Die Hochzeit des Figaro，1786）、《魔笛》（Die Zauberflöte，1791）为其代表作。他的音乐作品语言平易近人，结构清晰严谨，成为古典主义音乐的丰碑。有人对莫扎特的评价是，他的音乐有如"阳光一般的灿烂和纯洁"，

① 奏鸣曲一般分为三个部分：呈示部、展开部和再现部，一般包括两个主题，两个主题旋律的反复变化和相互对比使音乐的整体效果逐渐增强。John Burrows（ed.），Classical Music，London：Dorling Kindersley，2005，p. 128。

② Waldo Selden Pratt，The Histoy of Music，New York：G. Schirmer，1907，p. 336.

③ 《皇帝颂》也是当今联邦德国的国歌曲调。

"明亮，剔透，永远散发着青春活力，富有才华却大智若愚"①。

路德维希·凡·贝多芬是维也纳古典主义乐派的巅峰人物。1787
年贝多芬前往维也纳拜莫扎特为师，1792 年再次前往"音乐之都"
维也纳并师从海顿。此后他一直定居维也纳，直到去世。1804—1805
年是他音乐创作的早期阶段，代表性作品有钢琴奏鸣曲《悲怆》
(Pathétique)、《月光奏鸣曲》(Mondscheinsonate, 1801)②、《英雄交
响曲》(Eroica, 1803 - 1804) 等。1805 年到 1814 年左右是贝多芬音
乐创作的盛期，先后完成了著名的《命运交响曲》(Schicksalssinfo-
nie)、《田园交响曲》(Pastorale) 等。1815 年以后，贝多芬的创作进
入后期。其作品开始呈现一种内在的和深邃的精神意境，自省而神
秘，已经带有浪漫主义的色彩，并因此而成为 19 世纪上半期浪漫主
义音乐的开启者。贝多芬早期和中期的作品不仅将古典主义音乐在形
式上发挥到极致，而且表现出鲜明的理想和强烈的诉求。他把法国大
革命"自由、平等、博爱"的思想融入自己的音乐作品之中，充满
着对平等、自由和正义的向往。音乐巨匠理查德·瓦格纳给了贝多芬
极高的评价，称其为"音乐家的真正代表"，"他用最纯尽的语言向
所有人表明，德意志精神通过他才从深度的卑贱中回复到了人类的精
神"③。

2. 浪漫主义时代文化中心的游移

1800 年前后的德国思想文化界，古典主义与浪漫主义是对立的
两极④。不同的是，古典主义走向衰落时，浪漫主义正开始兴起并走
向极盛。德国的浪漫主义作为一种思想和文化运动，开端于 18 世纪
90 年代，结束于 19 世纪中期⑤。它波及绘画、文学、音乐等多个领

---

① Simon P. Keefe(ed.) ,*The Cambridge Companion to Mozart*,Cambridge:Cambridge University Press,2003,p. 1.

② 贝多芬自己给该曲起的另一个名称为《幻想奏鸣曲》(*Sonata quasi una Fantasia*)。

③ Richard Wagner, *Beethoven*, Translated by Edward Dannreuther, London: WM. Reeves, 1903,pp. 32,41.

④ Simon Richter(ed.) ,*The Literature of Weimar Classicism*,New York:Camden House,2005, p. 50.

⑤ Claus J. Gigl,*Deutsche Literaturgeschichte*,Hallbergmoos:Stark Verlag,1999,S. 73.

域，确切地说，波及文化和哲学的一切领域①，并最终走出德国，成为全欧乃至波及美国的思想文化潮流②。就浪漫主义的取向而言，它首先是指一种精神状态，特别强调情感和幻想，钟情于惊奇、异国情调、冒险、多愁善感、古怪荒诞；其次它主张远离现代文明，回归人的内在和外在自然属性，重返已经过时的社会形态，回到中世纪时代。

浪漫主义在德国的发展可划分为三个发展阶段：早期浪漫主义（Frühromantik）、中期浪漫主义（Hochromantik）和晚期浪漫主义（Spätromantik）。1815年以前经历了早期和中期浪漫主义两个发展阶段，且在其发展过程中形成了多个中心。

早期浪漫主义的中心在耶拿，始于18世纪90年代中期，大约到1804年结束。主要代表有施莱格尔兄弟、路德维希·蒂克、威廉·海因里希·瓦肯罗德（Wilhelm Heinrich Wackenroder，1773 - 1798）和诺瓦利斯等人。由于主要活动地点在耶拿，因此也被称为"耶拿浪漫派"（Jenaer Romantik）或老浪漫派（Ältere Romantik）。早期浪漫主义认为中世纪艺术中蕴藏着人类的爱和宽容精神，因此中世纪才是最理想的"黄金时代"，应该要回归这一时代③。

弗里德里希·冯·施莱格尔与其兄长奥古斯特·威廉·冯·施莱格尔是早期浪漫主义的理论家。1798—1800年间，他们在耶拿出版《雅典娜神庙》（Athenäum）杂志，与席勒的《时序女神》分别成了传播浪漫主义和古典主义的喉舌。弗里德里希·冯·施莱格尔将浪漫主义在文学中的情感和精神表达定义为"进步的普遍诗情"（Progressive Universalpoeise），即要用诗人的感觉审视一切④。这种"诗情"表

---

① Frederick C. Beiser, *The Romantic Imperative: The Concept of Early German Romanticism*, Cambridge, Massachusetts: Harvard University Press, 2003, p. 24.

② Dennis F. Mahoney, *The Literature of German Romanticism*, New York: Camden House, 2004, p. 1.

③ Claus J. Gigl, *Deutsche Literaturgeschichte*, Hallbergmoos: Stark Verlag, 1999, S. 75.

④ Claus J. Gigl, *Deutsche Literaturgeschichte*, Hallbergmoos: Stark Verlag, 1999, S. 76; Wolfgang Beutin, Klaus Ehlert, Wolfgang Emmerich, Helmut Hoffacker, Bernd Lutz, Volker Meid, Ralf Schnell, Peter Stein and Inge Stephanp, *A History of German Literature: From the beginnings to the present day*, translated by Clare Krojzl, London and New York: Routledge Press, 1993, p. 186.

达了人的主观精神高于一切的价值观。诺瓦利斯和蒂克则是早期浪漫派的创作实践者。诺瓦利斯主要作品有诗作《黑夜颂歌》（*Hymnen an die Nacht*，1800）、小说《海因里希·冯·奥夫特丁根》（*Heinrich von Of-terdingen*，1802）。其中《海因里希·冯·奥夫特丁根》中的"蓝花"（blaue Blume）则成了德国浪漫主义的象征。它们都是浪漫主义的代表性作品。蒂克的主要作品有《民间童话》（*Volksmärchen*，1797）等。他的童话作品将人们带入了一种无意识而又充满渴望的想象世界中。

中期浪漫主义的发展大约从 1804 年到 1815 年。这一时期浪漫主义运动的中心已经转移到了海德尔堡，因此也被称为"海德尔堡浪漫派"（Heidelberger Romantik）。由于成员大多比耶拿浪漫派年轻，且在时间上晚于耶拿浪漫派，又被称为"青年浪漫派"（Jüngere Roman-tik）。又因这一时期浪漫主义关注民族问题，也称"民族浪漫派"（Nationalromantik）。海德尔堡浪漫派的代表人物有阿希姆·冯·阿尼姆和克莱门斯·布伦塔诺、约瑟夫·冯·格雷斯、格林兄弟等人。当时法国的胜利和德意志各邦在战争的失败深深地刺痛了他们，他们决定搜集口耳相传的德意志民歌、民间诗歌、民间童话、民间传说等民间文学遗产和素材，籍以维护德意志民族的文化传统和特性，提升德意志的民族意识，同时也作为逃离现实的精神避难所。

中期浪漫主义的辉煌成就突出体现在对德意志民间文学的发掘和整理方面。1805 到 1809 年间布伦塔诺和阿希姆·冯·阿尼姆合作出版了德意志民歌和民间诗歌集《男童的神奇号角》（*Des Knaben Wunderhorn：Alte deutsche Lieder*）；1812 到 1815 年间格林兄弟出版了众所周知的《格林童话》（*Grimms Märchen*）。1816 年，他们又出版了《德意志传奇》（*Deut-sche Sagen*）。此外，格雷斯也出版了他的代表作《德国民间故事书籍》（*Die deutschen Volksbücher*，1807）和《古代神话故事集》（*Mythenge-schichten der alten Welt*，1810）。当时，这些书籍既是爱国主义文献，也是反对现代文明之下出现的内心和外部世界不断异化的有力工具①。

----

① Wolfgang Beutin, Klaus Ehlert, Wolfgang Emmerich, Helmut Hoffacker, Bernd Lutz, Volker Meid, Ralf Schnell, Peter Stein and Inge Stephanp, *A History of German Literature：From the beginnings to the present day*, translated by Clare Krojzl, London and New York：Routledge Press, 1993, p. 191.

1815 年以后，德国浪漫主义运动进入了晚期发展阶段。从文学艺术史视角而言，晚期浪漫主义时期一般指其在 1815—1848 年的发展阶段。绘画和音乐领域的晚期浪漫主义则一直延续到 19 世纪末 20 世纪初。这一时期文学领域的代表有：霍夫曼（E. T. A. Hoffmann，1776 – 1822）和约瑟夫·冯·艾辛多夫（Joseph von Eichendorf，1788 – 1857）等。绘画领域的代表有路德维希·里希特（Ludwig Richter，1803 – 1884）等。音乐领域的代表人物有瓦格纳和古斯塔夫·马勒（Gustav Mahler，1860 – 1911）等。

从分布取向看，晚期浪漫主义运动的中心进一步多元化，柏林、维也纳、海德尔堡、纽伦堡等都成为浪漫主义者的聚集之地。就晚期浪漫主义的趋向看，由于工业化带来的经济高速发展、社会变迁和政治剧烈变动，现实问题日益突出，浪漫主义的主观个性放纵受到束缚，思想锋芒趋向内敛，现实主义和批判现实主义等文化思潮泛起，浪漫主义作为一种思想和文化运动逐渐走向解体。

二　德意志帝国时期的文化多元化繁荣和成就

文化是历史的投影。19 世纪中期以后，特别是 1871 年德意志帝国建立以后，与以前呈现出的地域上的文化多中心格局不同，随着工业化的深入和社会经济结构的改变，社会开放性日益上升，贵族阶级、大资产阶级、中等资产阶级、工人阶级和农民等多元社会阶层集团逐渐形成，德国的文化发展呈现新的趋势和特点，即更浓厚的政治色彩和反映各阶级、阶层思想的纷呈多样的流派，具有传统和现代文化交织的特征。具体表现为："文化生活逐步与主导性的社会价值和资产阶级的生活理想脱离开来，并建立起一种独立的体系。作家和艺术家们逐渐从资产阶级思想的意识形态前提下解放出来"①，文化多元趋势愈加明显。

1. 文学：从现实主义、自然主义、象征主义到批判现实主义

19 世纪中期以后，德国文学发展迈入了现实主义阶段，到帝国建

---

① Wolfgang J. Mommsen, *Die Kultur der Moderne im Deutschen Kaiserreich*. In：Wolfgang Hardtwig und Harm – Hinrich Brandt, *Deutschlands Weg in die Moderne：Politik，Gesellschaft und Kultur im 19. Jahrhundert*, München：C. H. Beck, 1993, S. 255.

立初期，文学正处于现实主义的极盛时期。在帝国建立后的 20 年中，以长篇和短篇小说为体裁的现实主义文学作品是文坛的主流。它们强调反映社会现实，揭露社会弊端，客观描述日常生活，体现了资产阶级社会和资产阶级自由主义的追求。特奥多尔·冯塔纳（Theodor Fontane，1819 - 1898）是帝国时期的现实主义文学大师，创作极其丰富，代表作有《私通》（L' Adultera，1882）、《迷惘、混乱》（Irrungen，Wirrungen，1888）等。

此外，文学界也出现了一些对工业资本主义社会失望、对现实社会不满的反感思潮，其中包括自然主义、象征主义和批判现实主义等文学流派。

19 世纪 80 年代下半期开始的自然主义（Naturalismus）文学思潮要求"回归自然"，反对和否定旧的"理想主义的"艺术①。它将人、周围的社会环境和内心冲动纠缠在一起的现象作为主题，把下层社会的生活条件、精神和道德的衰败等社会现实作为喜好的题材②。主要代表人物有格尔哈特·豪普特曼（Gerhart Hauptmann，1862 - 1946）、苏德尔曼（Hermann Sudermann，1857 - 1928）等。1889 年豪普特曼的第一部自然主义戏剧《日出之前》（Vor Sonnenaufgang）在柏林"自由舞台"（Die Freie Bühne）③ 首次演出。1892 年豪普特曼描写西里西亚织工起义的《织工》（Die Weber）的演出使自然主义戏剧达到了高潮。它使劳苦大众第一次以主人公的身份出现在舞台上。

还有一些对现实不满的文学流派则以脱离现实来表达对现实的不满，通过追求唯美主义、"为艺术而艺术"来求得精神上的安慰和解脱。因此，当自然主义控制着戏剧舞台时，在抒情诗领域却出现了象征主义（Symbolismus）的作品。它主张不要细致地描写客观现实，

---

① Max Lorenz，*Die Literatur am Jahrhundertwende*，Stuttgart：Cotta'sche Buchhandlung，1900，S. 1 - 2.

② Wolfgang Hardtwig，Harm - Hinrich Brandt，*Deutschlands Weg in die Moderne：Politik，Gesellschaft und Kultur im 19. Jahrhundert*，München：C. H. Beck，1993，S. 256.

③ 由于宫廷剧院和国家剧院不准演出自然主义戏剧，1889 年 4 月，奥托·布拉姆（Otto Brahm，1856 - 1912）、马克西米连·哈登（Maximilian Harden，1861 - 1927）和保罗·施伦特尔（Paul Schlenther，1854 - 1916）等在柏林创建了"自由舞台"。剧院反对矫揉造作的表演和不真实的虚假激情，提倡自然的表演。

而要采用象征手法表现主观世界，暗示美好的理想世界。因此，象征主义作品逃避工业社会的主流现实，到前工业社会的农民和小城市中寻找题材和人物，追求"健康的乡土艺术"①。著名抒情诗人赖纳·玛丽亚·里尔克（Rainer Maria Rilke，1875 - 1926）、施特凡·格奥尔格（Stefan Georg，1868 - 1933）和胡戈·冯·霍夫曼施塔尔（Hugo von Hofmannsthal，1874 - 1929）是这一流派的典型代表。其中里尔克是最重要的抒情诗人之一。

20 世纪初，德国文坛上又出现了以海因利希·曼（Heinrich Mann，1871 - 1950）和托马斯·曼兄弟为代表的批判现实主义。海因利希·曼的代表作是长篇小说《臣仆》（Der Untertan，1914），描写了一个纸厂老板的儿子赫斯林通过无耻的投机和出卖他人而飞黄腾达的故事，揭露了当时的阶级关系和社会矛盾。托马斯·曼的代表作是1901 年出版的《布登勃洛克一家》（Buddenbrooks），描写了大商人布登勃洛克一家四代人的兴衰史。这些作品表现出对靠投机发家致富的资本家的不满②。

2. 造型艺术：从现实主义走向流派纷繁的现代主义

帝国时期的造型艺术也是流派纷呈，出现了现实主义、印象主义和表现主义等派别。

在绘画艺术中，历史画派是帝国时期占主导地位的官方画派，它通过理想化的模式或现实主义方式对各种政治主题加以重现，明显带有半官方的歌功颂德的艺术手法，显示出功利主义倾向。历史画派的主要代表有安东·冯·韦尔纳（Anton von Werner，1843 - 1915）、阿道夫·冯·门采尔（Adolph von Menzel，1815 - 1905）和弗兰茨·伦巴赫等。安东·冯·韦尔纳曾妙手著下多幅以建立德意志帝国和帝国主要政治人物为题材的名作，诸如《凡尔赛皇帝宣言》（Die Kaiser-

---

① Wolfgang Hardtwig，Harm - Hinrich Brandt，*Deutschlands Weg in die Moderne*：*Politik*，*Gesellschaft und Kultur im 19. Jahrhundert*，München：C. H. Beck，1993，S. 271.

② Martin Kitchen，*Cambridge Illustrsted History of Germany*，Cambridge：Cambridge University Press，1996，p. 220.

proklamation in Versailles, 1877）等①。弗兰茨·冯·伦巴赫的主要作品有《奥托·冯·俾斯麦》（*Otto von Bismarck*，1880）、《皇帝威廉一世》（*Kaiser Wilhelm I.*，1886 - 1887）等。阿道夫·冯·门采尔的代表作有《国王威廉一世动身探望军队》（*Abreise Königs Wilhelms I. zur Armee*，1870）等②。

　　帝国时期还出现了多种现代主义艺术流派。这些流派的作品在一定程度上反映了人们希望从现实工业社会日益强化的理性主义下解脱出来的愿望③，是要在工业社会迅速增长的物质财富面前寻找和强调精神慰藉的体现。

　　印象主义（Impressionismus）画派是法国艺术影响下出现的一个重要派别。它主张画家应到大自然中去，在绘画技法上特别注重运用色彩来表达物体在瞬间的光感效果，因此对象的轮廓往往是模糊的，使人们的感觉建立于"主观色彩"之上，从而达到一种"内心世界"的满足。代表人物为马克斯·利伯曼（Max Liebermann，1847 - 1935）。其作品有《鹦鹉林荫道》（*Papageienallee*，1902）和《阿姆斯特丹的犹太胡同》（*Judengasse in Amsterdam*，1905）等。1898 年，出于对官方画派的不满，包括印象派在内的 60 多名"现代派"艺术家成立"柏林脱离派"（Berliner Secession），利伯曼当选为主席。

　　表现主义画派是帝国后期出现的又一现代主义流派。这一画派反对"为艺术而艺术"，主张表现自我和表现主观世界。它把用非自然的线条、形体和强烈的色彩表现情绪与感觉当作艺术的目的④。1905 年，恩斯特·基尔希纳（Ernst Kirchner，1880 - 1938）、埃里希·海克尔（Erich Heckel，1883 - 1970）等在德累斯顿成立"桥社"（Die Brücke），主张通过

---

　　① Adolf Rosenberg, *A. von Werner*, Bielefeld und Leipzig：Verlag von Velhagen & Klasing, 1900.

　　② H. Knarkfuβ, *A. von Menzel*, Bielefeld und Leipzig：Verlag von Velhagen & Klasing, 1906.

　　③ Wolfgang Hardtwig, Harm - Hinrich Brandt, *Deutschlands Weg in die Moderne：Politik, Gesellschaft und Kultur im 19. Jahrhundert*, München：C. H. Beck, 1993, S. 263.

　　④ Franz Landsberger, *Impressionismus und Expressionismus：Eine Einführung in das Wesen der neuen Kunst*, Leipzig：Verlag von Klinkhardt & Biermann, 1922, S. 40 - 41.

"色彩的完全自由、纯表现性的运用"来自由地表现感情①。与此同时，在慕尼黑出现了俄国画家瓦西里·康丁斯基、弗兰茨·马克（Franz Marc，1880－1916）等为代表的"新艺术家联合"（Neue Kunstlervereinigung）。1911年瓦西里·康丁斯基等认为"新艺术家联合"不够激进，另成立"蓝色骑士"。在表现主义画派中，基尔希纳的《柏林街景》（*Berliner Straßenszene*，1913）、康丁斯基的《蓝色骑士》（*Der Blaue Reiter*，1903）等是代表性作品。

帝国时期也出现了反映下层民众取向的艺术。版画家凯特·珂勒惠支（Käthe Kollwitz，1867－1945）是其中的代表。珂勒惠支出生于泥瓦匠之家，从小目睹下层民众的苦难生活，因而致力于用自己的作品反映劳动人民的生活和斗争。其代表性作品有《织工起义》组画（*Weberaufstand*，1897）和《农民战争》组画（*Bauernkrieg*，1908），前者反映了织工的苦难生活及其反抗，后者展示了1525年农民起义的壮烈场面。珂勒惠支因其作品的艺术性和思想性的高度结合而获得高度赞誉，成为20世纪德国最伟大的艺术家之一。

建筑艺术也呈现明显的多元特征。帝国时期，受益于大规模城市化对建筑业的刺激，公寓住宅、工厂、百货公司、博物馆、剧院、办公大楼等如雨后春笋般涌现。建筑业的繁荣为建筑艺术的发展和多元化提供了广阔的平台。

开始于19世纪20年代的历史主义建筑风格在帝国时期仍然呈现强大的生命力。历史主义体现为重视过去，追求个体性的创造。基于这种取向，古典风格（Antike－Stil）、文艺复兴风格（Renaissance－Stil）、哥特式风格（Gotischer Stil）等又重归流行。历史主义建筑风格还呈现地区性特点，有汉诺威建筑学派（Hannoversche Architekturschule）、新纽伦堡风格（Neu－Nürnberger Stil）等。历史主义建筑艺术的主要代表人物有戈特弗里德·森佩尔（Gottfried Semper，1803－1879）、保罗·瓦洛特（Paul Wallot，1841－1912）等。前者的代表作有森佩尔歌剧院（Semperoper，1878，即今天的德累斯顿歌剧院），

---

① Wolfgang Hardtwig,Harm－Hinrich Brandt,*Deutschlands Weg in die Moderne：Politik, Gesellschaft und Kultur im 19. Jahrhundert*,München：C. H. Beck,1993,S. 264.

后者的代表作则是混杂着新文艺复兴和新巴洛克风格的帝国议会大厦
（Reichstagsgebäude，1894）。这一时期完成的代表性建筑还有1880年
完工的哥特式科隆大教堂、融合了文艺复兴和巴洛克风格的柏林大教
堂等。帝国议会大厦和柏林大教堂是德意志帝国时期历史主义建筑艺
术的顶峰。

世纪之交时，建筑艺术领域又出现了所谓的"青年风格"。它因
1896年创办于慕尼黑的《青年》文化杂志而得名。最初的提倡者是画
家奥托·埃克曼（Otto Eckmann，1865－1902），他主张打破因袭传统
的严谨历史主义风格，凭自己的主观印象来描绘自然飘逸的细长线条，
形成平面图形。"青年风格"的代表人物有彼得·贝伦斯（Peter Beh-
rens，1868－1940），代表性作品为达姆施塔特的婚礼塔（Hochzeits-
turm，1908）。"青年风格"只是建筑艺术从历史主义转向现代主义
（Moderne）的过渡①。

帝国后期，建筑艺术进入现代主义阶段。它强调建筑师要研究和
解决建筑的实用功能和经济问题，主张积极采用新材料和新结构，创
造新的建筑风格，这种取向实际上是对钟情于过去的历史主义建筑艺
术的反抗。其代表性作品有彼得·贝伦斯设计的柏林的通用电气公司
动力大厦（AEG－Turbinenhalle，1909）、"包豪斯"风格创立者瓦尔
特·格鲁皮乌斯设计的位于阿尔弗雷德（Alfred）的法古斯工厂（Fa-
gus－Werk，1914）以及弗里德里希·皮策（Friedrich Pützer，1871－
1922）设计的位于耶拿的第15号楼（Bau 15，um 1917，德国第一幢
高层住宅）。它们已经带有一些包豪斯风格的痕迹。

3. 音乐：从中晚期浪漫主义向现代主义的过渡

帝国时期的音乐艺术也呈现多元价值取向。一方面，音乐也像绘画
等领域一样，呈现民族主义和功利主义色彩。1870—1871年对法战争
的胜利成为歌颂的主题。瓦格纳的《皇帝进行曲》（Kaisermarsch，
1871）、勃拉姆斯的《凯旋之歌》（Triumphlied，1871）等，都是用以
纪念德国的胜利。另一方面，浪漫主义音乐继续着它的辉煌历程。作为

① Sussane Petri，*Form－und Farbgebung der Innenraumgestaltung im Jugendstil*，München：
Grin Verlag，2006，S. 8－9.

中期浪漫主义音乐的代表人物，瓦格纳于 1876 年开始在拜罗伊特剧院（Bayreuther Festspielhaus）上演其音乐剧，获得巨大成功。他的主要作品有《尼伯龙根指环》（*Der Ring des Nibelungen*，1848 – 1874）等。

19 世纪末 20 世纪初，音乐发展进入晚期浪漫主义阶段。这一时期，传统的音乐形式和元素进一步被打破，作品呈现庞大的音乐结构、高度的技巧和高度紧张的精神重负特征，开始向现代主义过渡。主要代表人物有古斯塔夫·马勒和理夏德·施特劳斯（Richard Strauss，1864 – 1949）。古斯塔夫·马勒的交响曲既给人以神秘莫测和儿童般的单纯之感，还兼具哲学性的宏大构思，是晚期浪漫主义的艺术典型。其主要作品有《大地之歌》（*Das Lied von der Erde*，1911）等交响曲和《男童神奇号角之歌》（*Des Knaben Wunderhorn*，1887 – 1891）等声乐套曲。理夏德·施特劳斯主要作品有交响诗《死与净化》（*Tot und Verklärung*，1891），标题交响曲《阿尔卑斯山》（*Eine Alpensinfonie*，1915）等。其作品综合了古典和浪漫主义的复杂技巧，一些作品显示出的病态狂乱情感明显具有浪漫主义向现代主义过渡的艺术特征。

4. 哲学领域的多元流派并存

德意志帝国时期的哲学发展也呈现多元流派特征。一是费尔巴哈倡导的唯物主义哲学继续发展，形成了以马克思和恩格斯为代表的历史唯物主义哲学和恩斯特·黑克尔（Ernst Haeckel，1834 – 1919）为代表的一元论（Monismus）唯物主义哲学；二是弗里德里希·尼采在叔本华（Arthur Schopenhauer，1788 – 1860）哲学的基础上进一步发展了非理性主义哲学。

马克思和恩格斯创立的历史唯物主义哲学的影响范围是全欧性和世界性的，在德国的影响尤其强大，出现了一批以历史唯物主义为认识基点的著名思想家，其中包括卡尔·考茨基（Karl Kautsky，1854 – 1938）、爱德华·伯恩斯坦（Eduard Bernstein，1850 – 1932）、弗兰茨·梅林（Franz Mehring，1846 – 1919）等理论家和思想家，也出版了一批以历史唯物主义为出发点的重要论著，包括著名社会学家和国民经济学家维尔纳·松巴特（Werner Sombart，1863 – 1941）的早期著作《社会主义和社会运动》（*Sozialismus und Soziale Bewegung*）和历史学家罗伯特·珀尔曼

（Robert Pöhlmann，1852 - 1914）的《古代共产主义和社会主义史》（*Geschichte des antiken Kommunismus und Sozialismus*）等①。

由著名动物学家和哲学家恩斯特·黑克尔创立的"一元论"自然哲学也得到充分发展。1899 年出版的《世界之谜》（*Die Welträtsel：Gemeinverständliche Studien über Monistische Philosophie*）是黑克尔最重要的代表作，它充分阐释了以达尔文进化论为基础的唯物主义"一元论"。根据黑克尔的观点，生命都是自然发生的，人也是自然的属物。《世界之谜》一书出版后深受读者欢迎，被译成多种欧洲文字，发行了几十万册。在很多家庭中，《世界之谜》成了"像圣经一样的必不可少的读物"②。黑克尔的唯物主义一元论反对对神的信仰，严重危及西方传统的基督教神学，被一些学者批为"达尔文主义的一元论的""教条主义者"③。

弗里德里希·尼采则是非理性主义哲学的旗手。尼采的非理性主义哲学源于叔本华的哲学，却与后者有着明显不同的价值取向。叔本华哲学的中心议题是生命意志（Der Wille zum Leben），突出欲望无法满足带来的人生痛苦，表现为一种消极悲观的非理性主义价值取向。尼采却提出了一种积极的"权力意志"，并为此构建了一套否定一切传统，重估一切价值的哲学体系④。他提出要用"超越善与恶的"权力意志来解释人类的行为，主张人生就是强者支配弱者，否定人世间存在一套普世的道德。权力意志成为人生的最高价值尺度。其代表作品有《悲剧的诞生》（*Die Geburt der Tragödie aus dem Geiste der Musik*，1872）、《道德的普系》（*Zur Genealogie der Moral. Eine Streitschrift*，1887）、《查拉

---

① Werner Sombart, *Sozialismus und Soziale Bewegung*, Jena：Verlag von Gustav Fischer, 1905；Robert Pöhlmann, *Geschichte des antiken Kommunismus und Sozialismus*, Erster Band, München：C. H. Beck, 1893.

② Ernst Haeckel, *Die Welträthsel：Gemeinverständliche Studien über Monistische Philosophie*, Bonn：Verlag von Emil Strauβ, 1902；［德］恩斯特·约翰·耶尔格·容克尔：《德意志近百年文化史》，史卓毅译，陕西人民出版社 1986 年版，第 34 页。

③ Heinrich Schmidt, *Der Kampf um die „Welträtsel"：Ernst Haeckel, die „Welträtsel" und die Kritik*, Bonn：Verlag von Emil Strauss, 1900；Eberhard Dennert, *Die Wahrheit über Ernst Haeckel und Seine „Welträtsel"*, Halle：C. Ed. Müller's Verlagsbuchhandlung, 1908, Vorwort.

④ Henry L. Mencken, *The Philosophy of Friedrich Nietzsche*, London：T. Fisher Unwin, 1908, Introduction：ix - x.

图斯特拉如是说》（*Also sprach Zarathustra*，1883－1885）、《善与恶的彼岸》（*Jenseits von Gut und Böse. Vorspiel einer Philosophie der Zukunft*，1886）等。尼采哲学不仅是对忽略人的本能的理性主义和僵化的传统文化的反抗，更是一种对于人的生命的新注解，是对生命意义的一种探索。

德意志帝国时期的多元性思想文化发展有其客观的社会根源。在向工业社会转变过程中，社会较之往日出现了更多的利益群体，每一个群体都希图向社会表明自己的立场和看法；此外，工业化提供了更好、更快的邮政和铁路联系，有利于国际的文化和思想交流，使法国等西欧国家的文化流派能迅速传入并影响德国文化界；大规模城市化则为新思想、新流派和新风格的传播提供了合适的场所。

三 魏玛共和国时期文化多样性的继续发展

1919 年建立起来的魏玛共和国是德国历史上第一个资产阶级民主共和国。根据《魏玛共和国宪法》，文化政策也呈现明显的"民主"性。宪法规定："艺术、科学及其教学自由，国家负有保护和维护之责。"① 由于魏玛共和国时期突出德意志民族作为"文化民族"（Kulturnation）和"精神民主"（Demokratie des Geistes）等因素，完全免去了对于文化艺术类的审查②，使 20 世纪 20 年代成为"德国历史上最具文化创造性的时期之一"，魏玛共和国也有了"14 年的文化传奇"之称③。

通览魏玛共和国时期的文化发展，归纳起来有以下特征：其一，它延续了德意志帝国时期的文化多元化发展趋势，呈现进一步繁荣局面。其二，魏玛共和国时期文化的多元发展不仅呈现为文学、音乐和

---

① Udo Sauter, *Deutsche Geschichter seit 1815: Daten, Fakten, Dokumente, Band II, Verfassungen*, Thübingen und Basel: A. Francke Verlag, 2004, S. 174.

② John A. Maccarthy, Werner von der Ohe (Hrsg.), *Zensur und Kultur: Zwischen Weimarer Klassik und Weimarer Republik*, Tübingen: Max Niemeyer Verlag, 1995, S. 2.

③ Stephen J. Lee, *The Weimar Republic*, London & New York: Routledge, 1998, p. 124; Ebhard Kolb, *The Weimar Republic*, translated by P. S. Falla & R. J. Park, London & New York: Routledge, 2005, p. 86; [美] 彼得·盖伊：《魏玛文化——一则短暂而璀璨的文化传奇》，刘森尧译，安徽教育出版社 2005 年版，第 8、13 页。

艺术领域众多不同的流派，而且许多艺术流派都有自己的明显政治倾向。其三，慕尼黑、德累斯顿、魏玛等城市在文化领域争放异彩，从而在地域上打破了作为帝国时期政治和文化中心的柏林的独大地位，使文化中心呈现多元化。其四，这一时期的文化发展还与科学技术进步相呼应，出现了电影、照相、广播等全新的文化形式；包括电影院、体育机构等各种大众文化载体迅速蔓延开来，大众文化得到前所未有的发展。

魏玛共和国时期的许多文化元素实际上早在德意志帝国时期就已经存在，只是在魏玛共和国相对宽松的政治和社会环境中得到了更进一步的发展。换言之，魏玛共和国早期的文化在很大程度上是帝国时期各种现代主义文化的延续。如前所述，诸如表现主义①风格的艺术，在帝国时期已经存在，只是在魏玛共和国时期得到了进一步发展。许多艺术流派，包括立体派（Kubismus）、未来派（Futurismus）、纯粹派（Purismus）、结构派（Konstruktivismus）等，在激进性方面相互攀比和超越。诚如一位研究魏玛共和国文化的学者所说："魏玛风格在魏玛共和国诞生之前就已经存在……共和国本身的创造微乎其微，它只是解放了原已存在的东西而已。"② 也有学者称魏玛共和国时期是一个实验的时期，一个不安的时期，一个充满尖锐斗争的时期，一个人才济济的时期，一个易于接受外来影响，同时对外国又有巨大反作用的时期③。在这种背景下，各种文化都有了生长和张扬的空间。

魏玛时期的文化发展大致可划分为三个阶段：表现主义时期（1919—1923）；新写实派（Neue Sachlichkeit，亦译新客观派、新现实派、新写实主义等）时期（1924—1928）；艺术和文化的激进化时期（1929—1933）。

---

① 表现主义原本指 19 世纪末 20 世纪初德国反对传统的绘画艺术风格。它与文艺复兴以来艺术家们力求"再现"客观世界的取向不同，强调通过扭曲变形的画面形象来"表现"艺术家个人的内心爱憎分明的情感，换言之，表现主义把内心世界看得重于外在客观世界。诸如印象主义、象征主义等都是表现主义的先驱。

② Ebhard Kolb, *The Weimar Republic*, translated by P. S. Falla & R. J. Park, London & New York: Routledge, 2005, p. 88.

③ 米尚志编译：《动荡中的繁荣——魏玛时期德国文化》，浙江人民出版社 1988 年版，第 9 页。

从 1919 年到 1923 年，即魏玛共和国早期，帝国时期业已存在的
表现主义仍占据主导地位。然而，这一时期德国正经历着战争失败的
痛苦、革命造成的不安和经济上的巨大困难，传统文化艺术的唯美主
义取向已经无法表达当时人们矛盾和焦虑的内心世界，于是表现主义
在取向上开始转向。一方面，无论艺术还是文学，都刻意展示现实生
活中那些不美的甚至丑恶的一面，它们成为"艺术家们处于困苦危难
时期或是经历内心煎熬时的反映"①。另一方面，旧帝国垮台后，艺
术家们对帝国时期的种种"规矩"和道德成见发起了挑战，提出了
自己的诉求。因此共和国初期的艺术发展与政治形势形成了一种契
合，出现了"破旧立新"的要求。此外，第一次世界大战和十一月
革命的经历也使得表现主义艺术家们带着人性的激情踏入广泛的公共
生活，以革命的精神和行动与民众打成一片②，力图将艺术还给人民。

在上述背景下，1918 年 11 月 9 日，即共和国成立当天，就设立了
以表现主义艺术家为主体的"知识分子委员会"（Rat der Intellektu-
elle），提出了所有剧院国家化并推动人民艺术发展的愿望。12 月，一
些激进派艺术家又在柏林成立了以"十一月集团"（Novembergruppe）
命名的艺术家联合会，以示艺术的革命取向。类似的组织还有"艺术
工委会"（Arbeitsrat für Kunst），该组织也明确提出要使艺术家们团结
成一个"劳动共同体"，要把"民众和艺术紧密地融合在一起"，使艺
术家成为"精神上的革命者"③。于是，表现主义的影响进一步扩散
开来。在此基础上，包括立体派、未来派、纯粹派和结构派等其他更
激进的先锋派（Avantgarde）艺术运动也得到发展。他们在拒绝现有
社会秩序和资产阶级的艺术实践方面，甚至超越原有的表现主义，表
现为一种激进的反唯美主义和追求最大限度的抽象概念，因此都视自
己为反表现主义运动。但是在事实上，他们与表现主义有着紧密的联

---

① ［德］保尔·福格特：《20 世纪德国艺术》，刘玉民译，上海人民美术出版社 2001
年版，第 1 页。

② Detlev J. K. Peukert, *Die Weimarer Republik：Krisenjahre der klassischen Moderne*, Frankfurt
am Main：Suhrkamp Verlag,1987,S. 167.

③ ［德］保尔·福格特：《20 世纪德国艺术》，刘玉民译，上海人民美术出版社 2001
年版，第 154—155 页。

系，因为他们都产生于同一群知识分子，具有相同的艺术和政治取向，因此只是"新表现主义形式"①。

在魏玛共和国早期，表现主义流派众多，达达派（Dadaismus）可谓其中最极端的派别。该流派于1916年由胡果·巴尔（Hugo Ball，1886－1927）等一批年轻艺术家在瑞士的苏黎世创立。它认为生活就是由声音、色彩和精神生活构成的一种混乱状态，是反艺术的集中体现。因此它反对当时社会的一切标准和价值观，反对当时主流的艺术活动和艺术趋势，反对唯美主义的艺术理想，实际上是一种"艺术的无政府状态"②。一战结束前后，达达派迅速波及整个欧洲，在德国更是出现了柏林等多个具有个性化特点的达达派的活动中心，从一个侧面反映出文化艺术的多元景象。

柏林是达达派中心之一。代表人物有格奥尔格·格罗茨（Georg Grosz，1893－1959）、约翰·哈特费尔德（John Heartfield，原名Helmut Herzfeld，1891－1968）、理夏德·胡尔森贝克（Richard Huelsenbeck，1892－1974）等。1918年4月，理夏德·胡尔森贝克发表《达达派宣言》（Dadaistisches Manifest），原标题为《生活和艺术中的达达派》。不久，柏林达达派成立了"达达俱乐部"（Club Dada）。柏林达达派对艺术的批评非常极端，甚至提出了"对文化嗤之以鼻"，"我们期待文化早日完蛋"，"让所有的感觉和高贵的姿态都滚蛋！"等极端看法③。从表现手法上，汉娜·休希（Hanah Höch，1889－1978）、劳尔·豪斯曼（Raoul Hausmann，1886－1971）等柏林达达派还创造出了一些全新的艺术形式，如照相蒙太奇（Fotomontage）等通过鲜活的照片拼贴组合，把生活直接提升到艺术层面。

在汉诺威则形成了以库尔特·施维特（Kurt Schwitter，1887－

---

① Ebhard Kolb, *The Weimar Republic*, translated by P. S. Falla & R. J. Park, London & New York: Routledge, 2005, p. 88, 89.

② 达达（Dada）一词在法语中意为儿童用的摇木马，本身没有实际意义，在此寓意为一种艺术取向。在德国学界，人们通常视之为表现主义的继续。Hermann Wiegmann, *Die deutsche Literatur des 20. Jahrhunderts*, Würzberg: Königshausen & Neumann, 2005, S. 137.

③ 转引自李伯杰等著：《德国文化史》，对外经济贸易大学出版社2002年版，第316页。

1948）为代表的另一个达达派中心。由于不被柏林的达达派认可，施维特放弃了"达达"之名而称呼自己的艺术为"Merz"，即商业银行（Commerzbank）一词中的一个音节，以表达其反艺术的倾向。他的艺术思想与胡果·巴尔等人不同，认为与整体艺术作品相比，将各种艺术形式整合到一起才是最重要的，艺术家应该是一切艺术领域的艺术家。

在科隆则有以画家和雕塑家马克斯·恩斯特（Max Ernst, 1891 - 1976）为代表的达达派。马克斯·恩斯特曾出版达达派杂志《鼓风机》（Der Ventilator），因表达对教会、国家等的不满而被英国占领当局查封。他的代表性作品是 1920 年通过拼贴和混合工艺制成的《人要衣装》（Der Hut macht den Mann），该作品以 The Hat Makes the Man 为题收藏于纽约现代艺术馆。

达达派打破了很多的艺术禁忌，在造型艺术的工艺方面创造出不少全新的展示形式，是表现主义的极致。

现代艺术潮流也波及建筑艺术领域，其代表就是形成于魏玛的"包豪斯"。如前所述，德国的现代建筑艺术最早可追溯到 1900 年前后。"青年风格"就是传统建筑风格向现代风格的过渡形式。"包豪斯"风格创立者瓦尔特·格鲁皮乌斯崇尚"总体艺术"，主张通过画家、雕刻家和建筑学家之间的合作，把雕刻、绘画、工艺和手工业等结合在一起，形成一种新的建筑艺术[①]，利用现代工业技术，建造集实用、简洁和美观于一体的新型建筑。同时他也强调建筑应体现时代和社会精神，主张利用新的建筑材料和技术大批量建造现代化的工厂和住房，为大众服务。由于理念过于"现代"，与魏玛的"古典传统"大相径庭，1919 年建立于魏玛的包豪斯学校终因各种传统势力的反对而于 1925 年迁往德骚。

在音乐领域，魏玛共和国早期居于主流地位的仍是古典主义和浪漫主义传统，但也出现了表现主义的入侵。其发展顶峰是 1925 年阿尔巴恩·贝格（Alban Berg, 1885 - 1935）根据作家格奥尔格·毕希

① Walter Laqueur, *Weimar: Die Kultur der Republik*, Frankfurt am Main: Ullstein, 1977, S. 232.

· 73 ·

纳（Georg Büchner，1813 – 1837）未完成的话剧改编的歌剧《沃采克》（Wozzeck）在柏林国家剧院的上演。与此同时，阿诺尔德·舍恩贝格（Arnold Schönberg，1874 – 1951）等在战前引入的无调性音乐继续发展。所有这些也使得音乐领域与其他艺术领域一样，凸显出魏玛共和国时期的"文化多元化"取向，古典音乐与现代音乐风格并存，形成了各类音乐"不同时代的同时性"（Gleichzeitigkeit der Ungleichzeitigen）①。此外，受美国文化的影响，爵士乐等娱乐性音乐形式也开始引入德国乐坛，并且迅速流行开来②。

文学领域也表现为传统文学与现代文学的同台竞技。一方面传统文学仍然有着巨大的影响力。帝国时期就已经声誉鹊起的豪普特曼和托马斯·曼继续保持着他们在文学界的霸主地位。获得 1912 年诺贝尔文学奖的豪普特曼被誉为"德国的秘密皇帝""现代的歌德"和"民族的良心"，其著作很畅销③。托马斯·曼的作品也依然红火，并因此获得了 1929 年诺贝尔文学奖。与此同时也出现了一批新作家，如利翁·福伊希特万格（Lion Feuchtwanger，1884 – 1958）、阿诺尔德·茨威格、雅可布·瓦瑟尔曼（Jakob Wassermann，1873 – 1934）等。另一方面表现主义文学也大行其道。表现主义《风暴》杂志（Der Sturm）创办人、小说家阿尔弗雷德·德布林（Alfred Doblin，1878 – 1957）的《柏林的亚历山大广场》（Berlin Alexanderplatz）、表现主义作家卡尔·楚克迈尔（Carl Zuckmayer，1896 – 1977）的《欢乐的葡萄山》（Der frohliche Weinberg）、表现主义诗人库尔特·平图斯（Kurt Pinthus，1886 – 1975）的诗集《人性的堕落》（Menschheitsdämmerung）等都深具影响力。

表现主义戏剧尤其繁荣。恩斯特·托莱尔（Ernst Toller，1893 – 1939）的《转变》（Die Wandlung）、表现主义戏剧家布莱希特的《夜

---

① Andreas Jacob, „Weimar und die Pluralisierung der Lebens – und Musikstile ". In: Sabine Mecking, Yvonne Wasserloos(Hrsg.), *Musik – Macht – Staat : Kulturelle, soziale und politische Wandlungsprozesse in der Moderne*, Göttingen: V & R Press, 2012, S. 145, 150.

② Karl Leydecker(ed.), *German Novelists of the Weimar Republic : Intersection of Literature and Politics*, New York: Camden House, 2006, p. 10.

③ 米尚志编译：《动荡中的繁荣——魏玛时期德国文化》，浙江人民出版社 1988 年版，第 134 页。

间鼓声》（*Trommeln in der Nacht*）和《三分钱歌剧》（*Die Dreigroschenoper*）、皮斯卡托尔（*Erwin Piscator*，1893－1960）导演的各类政治戏剧、马克斯·莱因哈特导演的印象主义和新浪漫主义戏剧等纷纷亮相，它们对当时的社会现实贬褒不一，政治态度各异。电影领域也出现了表现主义风格的《卡里加里大夫的房间》（*Das Cabinet des Dr. Caligari*）、《蓝色天使》（*Der Blaue Engel*）等作品。此外还有许多带有讽刺性的卡巴莱歌舞表演剧等。正因为如此，有学者感慨称，魏玛共和国时期的文化是一种"深度分裂的文化"①。

1924 年以后，魏玛共和国的文化艺术发展进入了"新写实派"时期。在这一时期，随着经济的恢复发展以及政治上的渐趋稳定，乐观主义情绪开始成为社会的主流。于是，原先激进不安的、以抨击和逃避现实为取向的表现主义被冷静的、正视社会现实的、实用的新艺术流派所取代。这一新流派主张回归现实，以客观的态度表现现实，艺术应忠实于现实和日常生活，即所谓的面向大众的、民主的、"平实的应用艺术"（unpathetische Gebrauchkunst）②。艺术史家、曼海姆艺术馆馆长古斯塔夫·弗里德里希·哈特洛普（Gustav Friedrich Hartlaub，1884－1963）在 1923 年首次提到这一最新的绘画风格。由于与时代发展极其吻合，这一新风格迅速蔓延开来，几乎所有的艺术风格都弥漫着毫无情感的实用主义。它同时也被用来形容当时占主导地位的一种生活态度，即"我们不想再听到战争、革命和什么拯救世界，我们要的是谦和，去做其他的小事情"。在这种态度之下，甚至连空气中都"弥漫着一种实在性"③。然而，在回归现实的取向下，魏玛共和国早期文化艺术界所呈现的激情和多元繁荣景象却渐渐远去。

1929 年以后，由于经济危机等因素的影响，魏玛共和国的文化

---

①　Ebhard Kolb, *The Weimar Republic*, translated by P. S. Falla & R. J. Park, London & New York: Routledge, 2005, p. 87.

②　Peter Longerich, *Deutschland 1918－1933. Die Weimarer Republik: Handbuch zur Geschichte*, Hannover: Fackelträger Verlag, 1995, S. 178.

③　Ebhard Kolb, *The Weimar Republic*, translated by P. S. Falla & R. J. Park, London & New York: Routledge, 2005, p. 88.

发展进入了第三个发展阶段，出现了两种趋势：一是艺术创造力的弱化，二是日益极端化。一方面，一些艺术家脱离新写实派，他们指责新写实派是资产阶级的和乏味的。另一方面，文化的政治色彩日益浓厚。极端左派把艺术当作一种攻击现实的政治斗争武器。传统势力则加强对现代文学、绘画、建筑学和舞台艺术的攻击，以民族社会主义者为代表的右派把所有的现代艺术都斥之为堕落的"文化布尔什维主义"（Kulturbolschewismus）和"堕落"（Entartung）。因此，在共和国的最后日子里，文化和政治一样，充满了敌对气氛①。

除了上述阶段性发展中呈现出的多元文化艺术流派和取向，魏玛共和国文化多样性发展的另一体现是以新技术为载体的电影、广播等新的大众文化娱乐文化的出现和发展。

魏玛时期的电影事业发展特别迅速。1919 年德国约有 2800 家电影院，提供座位数每 1000 居民 12 个，10 年后电影院数目发展到了 5200 家，座位数高达每 1000 居民 30 个。看电影成为中等阶层市民的主要娱乐方式之一。1924 年全国有 200 万人次进入电影院，到 20 世纪 20 年代末，每天到电影院看电影的人数就多达 200 万。位于波茨坦巴贝尔斯贝格（Potsdam - Babelsberg）的环球电影股份公司（Universum Film AG／UFA）也发展成为仅次于好莱坞的全球第二大电影制片商。包括第一部大型有声电影《蓝色天使》在内的德国电影也开始享誉世界。电影的艺术取向也是多元化，有表现主义的、新写实派的，也有社会主义的、现实主义的②。

广播是魏玛时期大众文化娱乐的另一种新形式，它打破了空间限制，成为影响文化和政治生活的有力手段。1920 年 12 月 20 日德国邮局第一次用长波转播音乐会，这是德国大众广播的开端。1923 年 4 月 6 日柏林成立了德国第一个广播俱乐部。此后，广播事业迅速从柏林向全国扩散，布雷斯劳、美因河畔法兰克福、汉堡、柯尼斯堡、莱

① Ebhard Kolb, *The Weimar Republic*, translated by P. S. Falla & R. J. Park, London & New York: Routledge, 2005, p. 88.

② ［法］里昂耐尔·理查尔著，《魏玛共和国时期的德国（1919—1933）》，李末译，山东画报出版社 2005 年版，第 174—175 页；Bruce Murray, *Film and the German Left in the Weimar Republic: From Caligari to Kuhle Wampe*, Austin: University of Texas Press, 1990, p. 233。

比锡、慕尼黑、斯图加特等城市都建立了广播台。广播的主要内容有音乐会、学术讲座、辩论会等。到 1931 年，德国已经有 28 家发射台，半数城市居民成为广播的忠实听众。布莱希特在评论当时广播与大众的关系时指出：广播已经成为"大众生活中极其伟大的交流工具"①。

突破德意志帝国时期柏林在文化发展中一家独大的状况，再次回归文化大都会的地区化，是魏玛共和国时期文化多元化的另一种体现。一方面，柏林以 410 万人口（1929 年）的规模成为继纽约和伦敦之后的世界第三大城市，成了"欧洲文化和娱乐的大都会"②。另一方面，德累斯顿、慕尼黑、曼海姆、科隆、魏玛等再次扮演起德国文化多元化承载者的角色，形成了一种所谓的"外省精神"③。

外来文化的影响也从一个侧面反映了魏玛共和国时期文化的多元包容特性。其中美国因其"经济和金融的力量以及在大规模生产和大众消费方面的领先地位"以及"先进的理念、不墨守成规的创新、大众先锋文化、新的传媒的发展等"④，对德国影响最大。由此而来的是包括新的技术、电影、舞蹈、爵士乐等在内的大规模美国化浪潮的冲击⑤。爵士乐的迅速流行就是最典型的例子。

综观魏玛共和国时期的文化发展，与政治发展密切关联。在共和国早期焦虑不安的年代，文化发展处于表现主义占主导地位的持续影响之下；在相对稳定的时期则呈现平和的"新写实派"气氛；在魏玛共和国的最后年代里，与 1929—1930 年经济危机以及政治上极端

---

① ［法］里昂耐尔·理查尔著，《魏玛共和国时期的德国（1919—1933）》，李末译，山东画报出版社 2005 年版，第 182 页；Joachim – Felix Leonhard(Hrsg.)，*Medienwissenschaft：ein Handbuch zur Entwicklung der Medien und Kommunikationsformen*，Teibd. 1，Berlin：Walter de Gruyter，1999，S. 179。

② Edgar Wolfrum，Cord Arendes，*Globale Geschichte des 20. Jahrhunderts*，Stuttgart：Kohlhammer，2007，S. 72.

③ ［法］里昂耐尔·理查尔著，《魏玛共和国时期的德国（1919—1933）》，李末译，山东画报出版社 2005 年版，第 189—191 页。

④ Detlev J. K. Peukert，*Die Weimarer Republik：Krisenjahre der Klassischen Moderne*，Frankfurt am Main：Suhrkamp Verlag，1987，S. 180.

⑤ 有关美国文化对魏玛共和国的影响，参见陈从阳著《美国因素与魏玛共和国的兴衰》，中国社会科学出版社 2007 年版，第 264—273 页。

极化相对应，则是艺术和文化的激进化。而民主政治也使大众文化的迅速发展有了空间。所有这些都从一个侧面反映出魏玛共和国时期文化发展的多样性特征。

四 第三帝国和文化多样性的末日

1929 年经济危机明显影响到德国的文化领域，文化繁荣随之急转直下。由于经济状况恶化，民众消费能力下降，导致剧院和电影院停业。仅在柏林就有上百处的影院歇业。此外，由于卡巴莱等关闭，许多音乐家也沦于失业者的行列。据统计，当时有大约 1/3 的音乐家丢掉了工作①。这种恶劣的状况进一步加剧了魏玛共和国后期文化界的分裂。许多人把这种恶劣的状况归咎于魏玛共和国的"西化"和"美国化"，转而要求在发展现代文化生活方面走德国人自己的道路，为文化发展的转向埋下了伏笔。

1933 年纳粹攫取国家政权，开始了第三帝国的专制独裁统治时期。纳粹在文化生活领域中也推行独裁统治。在"全面一体化"（Totale Gleichschaltung）的旗帜下，所有的文化领域都出现了"文化幌子下的野蛮回归"②。纳粹没有明确的文化指导思想，却有一个明确的目标取向，那就是，文化要为建立纯种的德意志国家服务。在纳粹大力宣扬的"民族共同体"观念之下，凡是不符合其思想意识形态的传统和现代文化艺术，即所谓的"堕落"文化，都被以不适应"人民观念"为由，受到扫荡清除。帝国文化委员会（Reichskulturkammer）是 1933 年 9 月建立的宣传部属下的文化机构，下设七个专门协会，负责控制包括电影、广播、报纸、高雅艺术、音乐、戏剧和文学等在内的文化生活。根据规定，只有亚利安血统者以及与国家态度一致者才能参加相关协会。相关专业人员都必须参加各自的组织，没有参加协会者不得从事其本职工作，不能发表作品和参加演出。犹太人以及政治上不可靠的一般民众都不能从事艺术工作。书报检查也相当

---

① Walter Laqueur, *Weimar : Die Kultur der Republik*, Frankfurt am Main : Ullstein, 1977, S. 61, 327.

② Armin Klein, *Kulturpolitik : eine Einführung*, Wiesbaden : VS Verlag für Sozialwissenschaften, 2009, S. 72.

严厉。所有书籍只有经宣传部审核后方能出版。许多被认定为"非德意志精神"的书籍和艺术品都被付之一炬。包括马克思主义经典著作、海涅、托马斯·曼、海因里希·曼、德布林、爱因斯坦等人的著作以及康定斯基、利伯曼等先锋派艺术作品都遭到销毁。按照帝国宣传部长戈培尔（Joseph Goebbels，1897－1945）的说法，"新的帝国乃千秋大业，务必先剔除陈腐"①。

　　绘画艺术方面，曾经是欧洲先锋派重镇的德国，在纳粹掌权后陷入了灾难中。希特勒个人的审美取向成了德国艺术发展的准则和政策基础。希特勒认为表现主义等现代艺术都是颓废的，受到了犹太人和布尔什维主义的污染，是劣等种族的特征，只有古典艺术才是纯正的艺术典范，体现了"德意志精神"。他需要的是一种"土生土长的、民族的和具体的艺术"②。因此，在纳粹掌权之初，许多艺术馆的馆长都失去了工作，取而代之的是纳粹党的成员。博物馆中大量"颓废的"现代艺术作品也被纳粹评判委员会挑选出来的艺术品所取代。1937 年 7—11 月，戈培尔甚至和希特勒所欣赏的画家阿道夫·齐格勒（Adolf Ziegler，1892－1959）一道在慕尼黑组织了"颓废艺术展"（Die Ausstellung „Entartete Kunst"），以凸显民族社会主义艺术与魏玛时期的"颓废"艺术之间的区别③。在这次展览会上，基希纳、诺尔德（Emil Nolde，1867－1956）等著名先锋派画家超过 5000 件的作品遭到蹂躏。纳粹对作品题材也有明确的限制，必须取自"人民"，如"德意志工人""德意志农民""德意志士兵"和"德意志家庭"等。绘画则必须是"用彩色相机就可以完成的现实主义作品"。结果，艺术像穿上了"军装"，"成了清一色的"④。

---

　　① ［德］恩斯特·约翰、耶尔格·容克尔：《德意志近百年文化史》，史卓毅译，陕西人民出版社 1986 年版，第 115 页。

　　② Matthias Donath，*Architektur in München 1933－1945：ein Stadtführer*，Berlin：Lucas Verlag，2007，S. 11.

　　③ Alan E. Steinweis，*Art，Ideology，and Economics in Nazi Germany：The Reich Cambers of Musik，Theater，and the Visual Arts*，Chapel Hill：The University of North Carolina Press，1993，S. 144－145.

　　④ ［德］恩斯特·约翰、耶尔格·容克尔：《德意志近百年文化史》，史卓毅译，陕西人民出版社 1986 年版，第 116 页。

在建筑艺术方面，希特勒更是把自己的喜好强加给整个德国。他认为现代建筑艺术推崇的平顶建筑是"布尔什维克式"的①，而他更欣赏古典主义风格的建筑，并因此规定了一种基于罗马式建筑风格之上的所谓新古典主义风格。1933 年他下令在慕尼黑建造了一座新古典主义的、毫无艺术色彩的"艺术之家"。他甚至计划在柏林仿照古罗马万神殿的形式建造一座大教堂和高度超过巴黎凯旋门两倍的大凯旋门，以凸显出其好大喜功和张扬的特点。

音乐也与其他艺术领域一样，也必须接受纳粹的审美准则和种族原则，凡是与之不符者，如无调性音乐等过于现代的音乐都遭到排斥。希特勒最欣赏理查德·瓦格纳的音乐作品，特别是那些有关德意志神话和英雄故事的作品。因此，从 1933 到 1940 年间他每年都出席拜路伊特音乐节，以至于布莱希特称为"拜路伊特共和国的领袖"②。

在电影领域，由于纳粹政府严格控制马克的国际供给，许多美国制片商无法将赢利转回美国，结果造成许多重要的美国电影制片厂关闭了它们在德国的分厂。德国自己拍摄的电影则因其强烈的反犹主义色彩而无法在其他国家上映。德国两家最大的电影公司，环球电影股份公司和托比斯（Tobis – Sascha – Filmindustrie AG）③ 都被帝国宣传部购买，成为纳粹政策的宣传机器。它们生产的电影，诸如《意志的胜利》（*Triumph des Willens*）就是一部宣传以希特勒为首的纳粹党夺取国家政权之路的文献片，而《奥林匹亚》（*Olympia*）则宣传了纳粹统治之下的德国举办 1936 年夏季奥林匹克运动会的盛况。

20 世纪 30 年代，收听广播在德国已经相当普及，到 1939 年已经有 70% 以上的家庭拥有收音机，德国因此成为世界上收音机拥有率最高的国家。纳粹深知无线电广播的巨大影响力，对之进行严格控制。戈培尔曾表示，必须把广播列为每天活动的中心，有意识地使广

---

① ［德］恩斯特·约翰、耶尔格·容克尔：《德意志近百年文化史》，史卓毅译，陕西人民出版社 1986 年版，第 117 页。

② Martin Revermann，Peter Wilson（eds.），*Performance，Iconography，Reception，Studies in Ohour of Oliver Taplin*，Oxford：Oxford University Press，2008，p. 471.

③ 托比斯（Tobis – Sascha – Filmindustrie AG）是无声电影和早期有声电影时期奥地利最大的电影制片公司，1910 年建立。

播具有倾向性，"使它积极地、无条件地为新政权服务"①。因此广播队伍中的左派分子和其他不受欢迎的人都遭到清洗。帝国新闻出版委员会还通过购买或关闭方式对报刊、出版社等媒体进行严格控制。1939 年时帝国宣传部已经直接控制了德国 2/3 的报纸和杂志②。

在文学戏剧领域，纳粹也大力清洗那些与"德意志精神"不符的作家及作品。包括著名作家托马斯·曼、海因利希·曼、布莱希特、弗兰茨·卡夫卡（Franz Kafka，1883 – 1924）、阿诺尔德·茨威格等许多作家的作品都归入严禁传播之列。

在纳粹的文化独裁政策下，大批与纳粹文化指导思想不符的艺术家、作家、科学家遭到迫害，他们或被打入社会底层，或逃亡国外，有的甚至丧命，形成了纳粹统治时期所谓的"国内流亡"（Innere Emigration）和"国外流亡"（Äußere Emigration）。在国内，一些反对纳粹文化政策的艺术家、作家和学者等文化界人士要么停止创作，要么改变自己的创作方向。例如，在艺术领域，先锋派画家都成了国家公敌。原普鲁士艺术学院（Preußische Akademie der Künste）院长马克斯·利伯曼被迫辞职，著名画家恩斯特·巴拉赫（Ernst Barlach，1870 – 1938）、诺尔德等人都被禁止从事绘画职业，其他表现主义画家要么停止创作，要么改为创作风景画。

更引人注目的是，大批德国文化和科学界人士被迫流亡他国，在国外从事文学艺术创作和科学研究，形成了历史上罕有的"德国流亡文化"（Deutsche Exilkultur；Deutsche Kultur im Exil）奇观。1933 年，包豪斯建筑学院遭到解散，次年格罗皮乌斯离开德国，并于 1937 年在美国哈佛大学获得了教授职位。心理分析学奠基人西格蒙德·弗洛伊德（Sigmund Freud，1856 – 1939）于 1938 年从维也纳逃往伦敦。著名物理学家阿尔伯特·爱因斯坦因受迫害和威胁，被迫加入美国国籍。著名画家贝克曼（Max Beckmann，1884 – 1950）也逃往荷兰。音乐家舍恩贝格，著名作家托马斯·曼、海因里希·曼兄弟、布莱希

---

① ［德］卡尔·迪特利希·埃尔德曼著：《德意志史》第四卷：《世界大战时期 1914—1950》（上），高年生等译，商务印书馆 1986 年版，第 507 页。

② Richard J. Evens, *The Third Reich in Power*, *1933 – 1939*, New York：Penguin Press，2005，pp. 133 – 135，143 – 144，158 – 159.

特等人都先后流亡国外。据统计，1933—1945 年间，仅美国就接纳了 3 万名来自德国的自由职业者、艺术家、作家和科学家流亡者①。他们之中很多人被革除国籍或被宣布为不受法律保护的人。

随着大量德国文化界人士大量流亡国外，表现德国文化的舞台也转移到了国外。巴黎、布拉格、苏黎世、伦敦和纽约等地形成了新的德国流亡文化的据点。以文学界为例，被迫流亡国外的德国作家们迅速在国外创办和恢复了相关的出版社和刊物，出版和发表文学作品，抨击纳粹统治，形成了所谓的 "流亡文学"（Exilliteratur）②。

德国被誉为 "诗人和思想家的国度"。然而，纳粹的文化独裁导致原本繁荣多样的德国文化瞬间陷入了 "荒漠化" 境地，成了德国文化多样性的末日。这不能不说是德国文化史上的一场巨大灾难。这段历史成为后纳粹时期德国人在制定文化政策时铭记难忘的惨痛教训。因此，"自 1945 年以后，国家在实施文化政策方面变得非常谨慎" "今天的文化政策是保证艺术、科学和宗教的自由发展"。它通过文化联邦主义来 "排除文化领域中垄断性的管辖权"③，保持文化的多样性发展。

---

① ［德］恩斯特·约翰、耶尔格·容克尔：《德意志近百年文化史》，史卓毅译，陕西人民出版社 1986 年版，第 115 页。

② 有关德国境外的 "流亡文学"，详见 ［英］J. M. 里奇著：《纳粹德国文学史》，孟军译，文汇出版社 2006 年版，第三部分。

③ Armin Klein, *Kulturpolitik: eine Einführung*, Wiesbaden: VS Verlag für Sozialwissenschaften, 2009, S. 72.

第二章 联邦德国的文化多元主义政策

　　1949 年以后，新建立的联邦德国逐渐形成了以"存异求同、多元一体"为主要特征的文化多元主义（kultureller Pluralismus）政策。在文化体制方面，联邦德国以《基本法》（*Grundgesetz für die Bundesrepublik Deutschland / GG*）① 及各州相关法律所规定的"文化联邦主义"（Kulturföderalismus）和"代表多元主义"（Trägerpluralismus）为基础，形成了既突出自治原则又具有一定协调性的"合作性联邦主义"（kooperativer Föderalismus），一方面由联邦负责对内文化政策的协调和对外文化政策的制订，另一方面各州和地方（Kommunen）② 国家机关、民间社会团体等也在对内对外文化政策中扮演重要角色，强调维护各州文化主权和地方文化自治。在文化政策的实践方面，不仅联邦在对内对外文化政策中越来越强调多元文化之间的对话与交流，各州和地方文化政策也越来越多样化；与此同时，联邦德国还以西方核心价值理念为参照改造传统德意志文化，通过摒弃与西方核心价值理念相冲突的"糟粕"及继承、宣传和推广对人类文化产生过积极影响的德意志传统文化"精华"，来加强文化政策思想的内在统一性，构建新的德意志文化民

---

　　① 《基本法》于 1949 年生效，最新一次修订是在 2014 年 12 月。参见 Ein Service des Bundesministeriums der Justiz und für Verbraucherschutz in Zusammenarbeit mit der juris GmbH – www. juris. de：Grundgesetz für die Bundesrepublik Deutschland. http://www. gesetze – im – internet. de/bundesrecht/gg/gesamt. pdf.

　　② Kommunen 原意为"社区"，但在很多德国法律文件中该词包括城市（Städte），乡镇（Gemeinden）和城区（Landkreise）等多重含义，是对处于州之下的地方基层区划的总称。在本书中，该词凡与乡镇并用时译为"社区"，单独出现时则统一译为"地方"。

族国家。

从内容结构上看，联邦德国的文化政策分为对内文化政策和对外文化政策两部分，二者皆奠基于文化多样性和文化多元主义的理念之上。

第一节　联邦德国对内文化多元主义政策

一　联邦德国对内文化多元主义的法律框架

1. 文化政策

在论及联邦德国的对内多元主义文化政策之前，我们有必要对"文化政策"（Kulturpolitik）一词有一个明确的界定和认识。一般认为，文化政策是一个国家对于文化领域采取的制度性规定、规范、要求和原则等的总称。也有国内学者认为，文化政策是国家在文化艺术、新闻出版、广播影视、文物博物等领域实行意识形态管理、行政管理和经济管理所采取的一整套制度性规定、规范、原则和要求体系的总称，是有别于教育政策、科技政策的一种政策形态。[①]

文化政策对于一个国家的文化发展具有至关重要的影响和作用。正确的文化政策可以起到促进文化发展的积极作用，错误的文化政策则会抑制、妨碍乃至破坏文化的正常发展。关于文化政策的概念，我们可以从主体和客体涵盖范围两方面进行分析。文化政策的主体是多元的。它既可以是个人、各种社会组织，也可以是政府、议会和各类国际组织。法国学者奥古斯丁·杰拉德（Augustin Girard，1926 – 2009）在《文化发展：经验与政策》一书中指出："'文化政策'的内涵基于'政策'一词。'政策'是宗旨、目标和手段组成的系统，由社会组织通过权威机构制定的政策执行。在政党、教育机构、研究机构、企业、市镇或者政府中都可以看到文化政策。"[②] 丹麦文化学者彼德·杜伦德（Peter Duelund，1945 – ）则更直接地指出，文化政

---

① 胡惠林：《文化政策学》，书海出版社2006年版，第3页。
② Augustin Girard, *Cultural Development: Experiences and Policies*, Paris: UNSCO, 1972, p. 130.

策就指对艺术的资助，即决定哪种艺术是最好的，值得在民众中推广。文化政策反映了在特定历史环境下，为艺术的自我实现创造条件和建立体制的政治斗争。[①]

　　文化政策的客体范围则主要由文化的定义决定。关于文化的定义很多，可以分为广义和狭义两种。广义上讲，文化是指人类在社会历史发展过程中所创造的物质财富和精神财富的总和，狭义上说，文化是指意识形态所创造的精神财富，包括宗教、信仰、风俗习惯、道德情操、学术思想、文学艺术、科学技术等。在德国，文化通常涉及后一种定义，因此文化政策通常是指国家在艺术、音乐、文学、社会等领域的行为取向。

　　关于文化政策，德国学界多有讨论。德国文化学者、德国文化理事会（Deutscher Kulturrat）主席马克斯·福克斯表示："文化政策有多重含义——艺术政策、城市发展政策、社会聚合政策。它会是一种针对特定对象、艺术种类或设施、某一类具有特定生活方式的群体的政策。文化政策将有助于个性的自由形成、艺术的发展和文化科学的进步。文化政策能从根本上设置出艺术的前景——及其政治限制；它却也能认识到政治的本质——及其共同影响权力和作用的表现形式。文化政策可作为社会政策或形成艺术保护空间的政策。所有这一切，都只能管窥文化政策参与者对文化政策实践和目标的自我阐释和理解。人们必须从这些理解方式的区别中悟出文化政策在实践中的真实面目。"[②] 另一德国学者赖纳·奥林格（Rainer Ohliger, 1967 -）则将文化政策归纳为以下三个方面：改进支持文化和艺术创作的条件，尤其是法律、社会和经济保障条件；设立文化发展机构；保护文化遗产和传统。[③] 冷战后，随着新外来移民的增多，也有学者认为文化可

---

　　① Peter Duelund, "Cultural Policy: An Overview", in: Peter Duelund (ed.), *The Nordic Cultural Model*, Copenhagen: Nordic Cultural Institute, 2003, pp. 13 - 14. 转引自郭灵凤：《欧盟文化政策与文化治理》，《欧洲研究》2007 年第 2 期，第 65 页。

　　② Max Fuchs, *Kulturpolitik als Mentalitätspolitik? Analysen und Impulse*, Remscheid: RATdigital, 2013, S. 4.

　　③ Rainer Ohliger, Kulturpolitik und Migrationsgeschichte in der Einwanderungsgesellschaft, Politik in der Erweiterung, http://www. network - migration. org/doks/Kulturpolitik. pdf, S. 15.

以分为个人创作和社会文化两个维度，文化政策则是试图通过一种体制建构，在这二者之间架起一座桥梁。国家和社会组织通过一系列政策，引导个人的文化活动符合或转向政府和社会组织所倡导的社会文化。跨文化政策，按此标准可看做是文化政策的一个组成部分。①

综合上述，就联邦德国而言，对内文化政策主要局限在国家、地方和民间社会团体对艺术、思想、宗教、媒体、文化遗产所采取的系统性政策。因此，笔者认为，就联邦德国对内文化多元主义而言，也应该主要是集中在上述政策领域。

2.《基本法》中的文化多元主义倾向

任何政策都必须在法律框架内进行活动。联邦德国对内文化政策，必须以"联邦和州层面上的宪法，地方秩序法、某个领域的特殊法和地方条例以及近些年不断增多的欧洲层面的法律规定"为基础。为了吸取纳粹时代文化专制的教训，在很长一段时间内，联邦德国在联邦层面只将文化权力限制在立法方面。而联邦的文化宪法权（Kulturverfassungsrecht）或者说文化主权，则在宪法所规定的联邦和州的权力框架下，主要由各州担负，具体的文化事务则由乡镇社区等承担公民文化服务等国家职责。②

联邦《基本法》规定，国家负有保护个人的文化教育权利的责任。基于纳粹时代的文化专制的教训，联邦《基本法》第5条第三款明确规定，"艺术与科学、研究与讲学均属自由，讲学自由不得免除对宪法之忠诚。"该条所规定的文化自由，是联邦德国文学艺术、大众传媒、学术思想等领域保持百家争鸣、繁荣多样状态的基本法律依据。但是，根据联邦宪法法院的权威解释，《基本法》中所说的文化自由，不是传统意义上的个人自由，也不是个人主观上的一种绝对的的自由，而只是一种客观上的自由，即"按照国家目标确定和文化国家来理解的现代国家……包含和推动了自由的文化生活"。因此，《基本法》除了在本条中直接对讲学自由进行法律限制外，还在第2

---

① Toby Miller, *Cultural Policy*, London: SAGE, 2002, pp. 1 - 2.

② Armin Klein, *Kulturpolitik: eine Einführung*, Wiesbaden: VS Verlag für Sozialwissenschaften, 2009, S. 74 - 75.

条第二款中对其他文化自由权利进行了法律限制。"个人之自由不可侵犯。此等权利唯根据法律才可以干预。"法律限制下的文化自由有利于形成《基本法》价值观下的文化多样性，而这种与统一政治价值观相融合的文化多样性则正是联邦德国文化多元主义的特征之一。

《基本法》规定了联邦德国文化教育政策领域的联邦主义原则，即所谓的"文化联邦主义"（Kultureller Föderalismus）。由于《基本法》并未明确规定文化权力归联邦所有，所以依照《基本法》第28、30 条所确立联邦主义原则，联邦德国各州至今仍然是国家文化权力的主要承担者，即所谓的各州文化主权（Kulturhoheit der Länder）。"国家权力之行使及国家职责之履行，为各州之事，但以本《基本法》未另有规定或许可者为限。"

《基本法》关于地方乡镇自治权的规定，也使地方乡镇在贯彻文化政策以及保证文化的多样性发展方面扮演着重要角色。"在地方乡镇得以地方乡镇居民大会代替代表机关。各地方乡镇在法定限度内自行负责处理地方团体一切事务之权力，应予保障。各地方乡镇联合区在其法定职权内依法应享有自治之权。自治权之保障应包含财政自主之基础；各地方乡镇具有经济效力的税源有税率权（Hebesatzrecht），此即属财政自主之基础。联邦有义务使各邦之宪法秩序符合《基本权》及第 1 条、第 2 条之规定。""地方共同体包括大量的、塑造地方文化权力形式的中心连接点。几乎没有一个其他文化管理领域能像地方文化管理那样如此与每个地方的共同生活息息相关。社区和社区内的文化工作都与地方史有关，它需要对每一个城市和文化区域作出介绍。考虑到生活方式的多样性和矛盾性，公共空间可成为文化的公共空间，这也对利益双赢有利并加强了认同。尽管联邦和各州在文化领域都保留了权力，但是各州——其在实践中很少向联邦分配（文化）权力——却是文化领域大多数职责的主要承担者。各州还在广泛领域内将文化工作转交给社区，特别是由法律所确定的那些权力。"①

---

① Armin Klein, *Kulturpolitik: eine Einführung*, Wiesbaden: VS Verlag für Sozialwissenschaften, 2009, S. 81 – 82.

"在德国文化政策一直是各州事务。"① 总之，文化联邦主义原则确保了德国联邦与各州在文化教育事务方面实行分权原则，各州及地方在对内文化教育事务中拥有几乎超过联邦的巨大权力。

由基本法第9条"结社自由"和第20条"德意志联邦共和国为民主、社会之联邦国家"原则还衍生出了文化宪法中的代表多元主义。"以国家为一方，以社会公共部门为另一方的竞争，保证了文化的公共性、创造力和活力。宪法按照多元主义在国家与社会间分配权力，在决策层面上国家与社会形成了代表多元主义原则，即在宪法国家和社会团体之间分配文化管理权。文化多样性和文化自由就是这些宪法国家和社会共同担负责任的明证。合作性文化宪法权是国家代表主义和保护个人文化权利的必不可少的补充：教会、宗教团体、福利组织，以及私人文化团体承担了大量的文化工作，这些工作既不是国家也不是公民个人所能完成的。"② 文化代表主义保证了联邦德国的大众代表，即民间团体在文化政策方面拥有与国家基本对等的地位和发言权。

上述《基本法》中所蕴含的文化联邦主义和代表多元主义体现了联邦德国对内文化政策的多元主义特点。可见，在联邦德国，"文化多样性不仅通过基本权利，也通过组织机构法律意义上的联邦国家结构来保证。"③

但是，与此同时，文化联邦主义和代表多元主义并不妨碍《基本法》中政治价值观的统一性④。其一，文化联邦主义和代表多元主义本身就是《基本法》所体现的西方核心价值观——多元平等、自由包容的主要组成部分之一；其二，文化联邦主义和代表多元主义受《基本法》中民主、人权、法制等其他西方核心价值观的限制，各级各类文化机构不能任意推行与之相悖的文化政策；其三，《基本法》框架

---

① Peter Winters, Das Reich war nicht zuständig, half aber, wo es konnte. In: *Frankfurter Allgemeine Zeitung*, 9. 1. 1996.

② Armin Klein, *Kulturpolitik: eine Einführung*, Wiesbaden: VS Verlag für Sozialwissenschaften, 2009, S. 82.

③ *Schlussbericht der Enquete – Kommission „Kultur in Deutschland"*, Drucksache 16/7000, 11. 12. 2007, S. 54.

④ 笔者不同意某些德国法学家所坚持的法律价值观中立的观点。任何一个国家的法律都是某个社会阶级或集团意志的体现，是存在政治价值判断的。

下联邦一级在对内文化领域中日益增长的权力也对文化联邦主义和代表多元主义构成了限制。由于"《基本法》中对联邦对内文化政策（Bundesinnenkulturpolitik）的规定并不明确，而是由历史发展形成的"①，所以联邦在长期实践中也逐步扩大了自身对国家对内文化政策的影响力。如陆续参与建立和资助普鲁士文化财产基金会（Stiftung Preußischer Kulturbesitz）、各州文化基金会（Kulturstiftung der Länder），1998—1999 年在联邦总理府内建立了联邦文化与媒体专署（Beauftragter der Bundesregierung für Angelegenheiten der Kultur und der Medien）等。联邦权力的扩大对文化联邦主义和代表多元主义原则下的各州、地方和民间文化机构的权力构成了限制。因此，在实践过程中，联邦德国文化体制常常表现为一种"存异求同、多元一体"的"合作式联邦制"，或者所谓的"合作性文化联邦主义"（Kooperativer Kulturföderalismus）②。

3. 联邦德国州宪法和其他法律中的文化多元主义倾向

不仅《基本法》中体现了联邦德国对内文化多元主义，各州宪法的相关规定也体现出这一理念。联邦宪法法院曾裁决在文化和教育领域拥有"各州文化主权"，"它不仅是联邦国家秩序的组成部分，同时也是国家文化多样性的法律基础"③。在这种情况下，各州宪法基本都明确规定自己负有促进文化发展之责。不莱梅州宪法第 11 条规定："艺术、科学及其讲学自由。国家承诺保护它们并参与对它们的扶植。"北莱茵－威斯特伐伦州宪法第 18 条也规定："艺术、科学由州及地方推动。"莱茵－普尔法茨州宪法第 40 条则规定："艺术和文化成果由州所推动。"基于这一取向，"在德国，有数量众多的州宪法条款规定了对文化的保护与推动"④。而各州宪法也基本上与联邦基本法相一致，在文化政策领域具有明显的文化多元主义倾向。如萨

---

① Armin Klein, *Kulturpolitik: eine Einführung*, Wiesbaden: VS Verlag für Sozialwissenschaften, 2009, S. 119.

② http://www. bpb. de/nachschlagen/lexika/handwoerterbuch－politisches－system/40302/kulturpolitik? p = all.

③ *Schlussbericht der Enquete－Kommission „Kultur in Deutschland"*, Drucksache 16/7000, 2007, S. 54. http://dip. bundestag. de/btd/16/070/1607000. pdf.

④ Statistische Ämter des Bundes und der Länder(Hrsg.), *Kulturfinanzbericht 2012*, Wiesbaden: Statistisches Bundesamt, 2012, S. 14.

克森州宪法就规定本州是一个民主的、保护自然生活基础的、负有文化义务的社会法治国家。而第 11 条要求"本州推动文化、艺术、科学创造，推动体育运动及上述这些领域的交流。实现全体人民对文化多样性的参与和对体育运动的参与"①。

联邦德国各州还通过立法，保证地方的文化自治和文化多样性。《萨克森州文化空间法》（*Gesetz über die Kulturräume in Sachsen*）就明确规定，基于"精神生活和艺术表达的自由"以及"在一个需要保证地方活动空间的过渡时代萨克森应多么感谢其区域中日益增长的多样性和开放性"的考虑，该州负有"扶植地方乡镇和城区文化的义务。文化空间通过区域性工作，尤其是通过财政资助和协调平衡支持地方文化的代表性。在法律框架下，文化空间采用自治原则管理自身事务"②。除法律，联邦各州也制定了一些涉及地方文化自治权的行政法规，如《巴伐利亚自由州大区法规》（*Bezirksordnung für den Freistaat Bayern*）中规定，"根据该法律，作为地区法人的大区（Bezirk）有权规范和管理由城区或不设区地方乡镇的职权和能力衍生出来的、且对大区范围无法产生足够作用的跨地区事务……大区应当推动与大区相关的居民经济、社会、文化福祉的发展"③。

可见，《基本法》和各州宪法中有关文化事务的各种规定共同组成的联邦德国文化宪法（*Kulturverfassung*）有一个明显的特征和价值取向，即文化多元主义。

4. 欧共体/欧盟的"存异求同"文化政策取向及其对联邦德国对内文化政策的影响

联邦德国的文化多元主义也有它的国际法律和政策背景，即与欧共体/欧盟共同的文化政策相吻合。1992 年《马斯特里赫特条约》（*Vertrag von Maastricht*）对 1957 年《罗马条约》（*Römische Verträge*），即

---

① Verfassung des Freistaates Sachsen vom 27. Mai 1992, https://www. landtag. sachsen. de/dokumente/Verfassung. pdf.

② Sächsisches Staatskanzlei(Hrsg.)，*Sächsisches Gesetz – und Verordnungsblatt*，*Nr. 13/2008*，Dresden：Sächsisches Druck – und Verlagshaus AG，S. 539.

③ Bezirksordnung für den Freistaat Bayern，*Bayerisches Gesetz – und Verordnungsblatt Nr. 21/1998*，München：Verlag Bayerische Staatszeitung GmbH，1998，S. 852，S. 861.

《建立欧洲经济共同体条约》进行修改，将原来的欧洲经济共同体改为欧洲共同体，并首次将文化职能纳入欧洲一体化之中。它要求在新的《建立欧洲共同体条约》第 128 条中加入兼顾保持民族和地区文化多样性和注重欧洲整体文化培养的内容。[①]。1997 年再次对《建立欧洲共同体条约》进行修改的《阿姆斯特丹条约》（*Vertrag von Amsterdam*）则是目前欧盟文化政策的法律基础。修改后的《建立欧洲共同体条约》第 3 条规定："共同体要为成员国高质量的普通和职业教育，以及文化生活的形成做出贡献。"第 151 条规定："共同体将在保持成员国民族与地区文化多样性的前提下对为成员国文化发展做出贡献，同时保护欧洲共同文化遗产。共同体将采取行动致力于鼓励成员国之间的合作，如有必要，将在如下领域采取支持及补充措施……共同体将在条约其他条款中考虑文化因素，以便特别尊重和推动文化的多样性。"第 87 条第三款 d 则规定："援助推动文化遗产保护，只要这一行为不会对贸易条件和共同体竞争力产生与共同体利益相悖的影响。"[②] 2004 年《欧盟宪法条约》"联盟目标"一章规定要"保护文化及语言多样性并关注欧洲文化遗产的保护及发展。"第 1—17 条则规定了欧盟可采取措施支持、调节和补充欧洲文化政策目标。[③] 但由于《欧盟宪法条约》后来未能获得通过，所以对成员国文化政策产生影响的主要就是《阿姆斯特丹条约》和《建立欧洲共同体条约》。这两个条约文化条款中所蕴含的"存异求同"的联邦主义原则，即在维护民族与地区文化优先地位的同时要求欧洲国家加强文化合作的原则，都对联邦德国对内文化政策产生了重要影响。

此外，在政策方面，《欧盟教育文化指导总纲》所提出的欧盟文化教育政策三大重点中也蕴含有存异求同的思想：（1）"建设一个科

① The Maastricht Treaty. Provisions Amending the Treaty Establishing the European Economic Community with A View to Establishing the European Community. Maastricht 7 February 1992, S. 30. http://www. eurotreaties. com/maastrichtec. pdf.

② Europäische Union(Hrsg.) , *Konsolidierte Verträge* , *Vertragäber die Europäische Union Vertrag zur Gründung der Europäischen Gemeinschaft* , Luxemburg : Amt für amtliche Veräffentlichungen der Europäischen Gemeinschaften ,1997 ,S. 44 ,108 – 109 ,73.

③ Armin Klein , *Kulturpolitik : eine Einführung* , Wiesbaden : VS Verlag für Sozialwissenschaften , 2009 ,S. 75.

学的欧洲"，在欧洲范围内实现终身教育，到2010年成为世界范围内
的榜样，并且应有利于欧盟成为世界上有竞争力和活力的经济体，通
过雇佣数量和质量的改善和社会凝聚力的增强实现可持续性增长；
（2）发展欧洲文化空间，在此通过不同形式，尤其是通过支持欧洲
影视产业的竞争力和推动语言多样化及语言学习，来保持欧洲文化多
样性并对其进行价值评价；（3）将公民纳入欧洲一体化事业：按照
新型治理的观点，公民——尤其是年轻人——积极参与的形式应在欧
洲的未来计划中进行推广，如此来增进理解和相互信任，以及宽容精
神，这些被用于一个对世界其他国家开放的联盟。①

　　与此同时，根据《建立欧洲共同体条约》第151条，欧洲议会分
别在508/2000/EG号决议和1855/2006/EG号决议制定了《文化
2000年》和《文化2007—2013年》纲领，要求通过保护"欧洲文化
遗产"和文化艺术多样性来推动欧洲整体文化空间的发展。②为实施
这两个纲领，欧盟在2000—2013年间共先后投入63650万欧元，开
展了"欧洲文化组织合作项目、企业资助文化机构项目、文化合作与
文化政策发展分析研究及数据收集项目"等。

　　除欧共体/欧盟外，其他欧洲联合组织的文化规定和文化政策也
具有明显的"存异求同"倾向。以1949年即已成立的、在战后欧洲
联合进程中起过重要作用的"欧洲委员会"（Europarat；Council of
Europe）③为例，作为独立于欧盟的欧洲组织，欧洲理事会在1949年

---

① Armin Klein, *Kulturpolitik：eine Einführung*, Wiesbaden：VS Verlag für Sozialwissenschaften, 2009, S. 107.

② Beschluβ Nr. 508/2000/EG des Europäischen Parlaments und des Rates vom 14. Februar 2000 über das Programm Kultur 2000, in：*Amtsblatt der Europäischen Gemeinschaften*, L 63/1, 10. 3. 2000, S. 2 – 3. Beschluβ Nr. 1855/2006/EG des Europäischen Parlaments und des Rates vom 12. Dezember 2006 über das Programm „Kultur" (2007 – 2013), in：*Amtsblatt der Europäischen Gemeinschaften I*, L 372/1, 27. 12. 2006, S. 4.

③ 该组织的名称与欧盟内部机构"欧盟理事会"（德语 Rat der Europäischen Union，英语 Council of the European Union）、"欧盟委员会"（德语 Europäische Kommission，英语 European Commission）和"欧洲理事会"（德语 Europäischer Rat，英语 European Council）非常接近。欧洲委员会是欧洲国家间政治组织，总部设在斯特拉斯堡。到目前为止，其成员已经扩展到亚美尼亚、阿塞拜疆等非欧洲国家，日本、加拿大和美国等为观察员国；欧盟理事会是欧洲联盟的最高权力机构。

的成立大会上就提出了具有初步文化多元主义特征的目标："保护和加强民主、人权和法制原则；寻求解决欧洲社会的主要问题，如种族主义、偏见、歧视少数民族、吸毒等；加强欧洲认同，寻求不同文化圈民族之间的相互理解。"① 1954 年 12 月 19 日在巴黎通过"欧洲文化公约"（Europäische Kulturkonvention；European Cultural Convention），也希望推动欧洲文化认同，保护欧洲文化遗产。1993 年欧洲理事会峰会又提出要保卫民主安全，支持人权、民主和法制原则。

总之，欧盟等欧洲组织的法律和指导纲领具有一定的"存异求同"的倾向，即一边强调欧洲民族与地区文化多样性，一边又强调欧洲整体文化特性和价值观。尽管欧洲层面有关文化的法律条款和政策规定往往只是框架性和指导性的，但它们依然对联邦德国对内文化政策产生了重要的影响。

欧盟所要求的"多样性中的统一"与联邦德国存异求同、多元一体的文化多元主义异曲同工。因此，在欧盟《文化 2000 年》和《文化 2007—2013 年》的安排下，联邦德国通过欧洲地区发展基金和欧洲社会基金投入了大量财力，以实现欧洲文化发展的目标。

二　联邦德国对内文化多元主义理论与实践的特点

1. 文化联邦主义和代表多元主义下"存异求同、多元一体"的文化体制

在文化联邦主义和代表多元主义之下，联邦德国逐渐形成了以"存异求同、多元一体"为主要特征的、具有一定集中性的"合作性联邦主义"，既允许不同地区、不同机构实行多样性的文化政策，又要求其所实行的文化政策必须符合《欧洲人权宪章》和《基本法》等法律文件的统一规定并接受联邦的调控。

在相关欧盟法律和《基本法》的影响下，联邦德国从一开始就在文化体制中呈现出多元化的特点。联邦德国继承德国传统的文化联邦主义和代表多元主义思想，主要由各州及地方政府负责制定和实施文化政

---

① Armin Klein, *Kulturpolitik：eine Einführung*, Wiesbaden：VS Verlag für Sozialwissenschaften, 2009, S. 101.

策，在社区和地方乡镇一级则实行"文化自治"。与此同时，包括联合国在内的各种国际组织、各非官方文化教育组织也积极参与其中。

多元化的文化体制首先表现在机构设置方面。长期以来，联邦德国没有统一的联邦一级文化负责机构。只是在各州设有文化教育部主管部门，依照州宪法发展文化教育政策。在历史上，德国最早设立文化教育部的是普鲁士邦，不过在1817年刚刚建立时，这个部门主要负责的是教育和宗教事务。联邦德国建立后，各州将基本法和州宪法赋予的行使文化教育政策的权力赋予了这个传统部门，并依据各州的传统和实际情况将其改组为"课程与文化部"（巴伐利亚）、"文化部"（黑森州）、"家庭、青年、儿童、文化和体育部"（北莱茵－威斯特伐伦州）、"教育、科学、青年、文化部"（莱茵－普尔法茨）等。为协调各州的文化和教育政策，还设立了"各州文教部长常设会议"。

多元化的文化体制还可以从文化事业的财政支出中窥见一斑。2009财年，联邦层面的文化支出为12亿欧元，只占所有公共文化支出的13.4%（其中还包括对外文化支出3.738亿欧元，占联邦文化支出31.15%）。如表2-1所示，1995—2009年联邦文化支出上升了26.8%。而与此同时，2009财年州和地方公共文化支出则高达79亿欧元，其中普通州州一级28亿欧元，城市州州一级10亿欧元，地方41亿欧元，比1995年上升21.5%。①地方文化支出占各州和地方总支出的比例，即各州公共文化支出的地方化率（Kommunalisierungsgrad）区别很大。

表2-1　　　1995—2009年各州文化事务公共支出的地方化率

（单位：百分比）②

	1995	2000	2005	2006	2007	2008	2009
巴登－符腾堡	52.6	56.1	57.6	57.2	57.7	60.5	60.4
巴伐利亚	50.6	52.6	52.7	53.4	52.1	52.6	51.4

① Statistische Ämter des Bundes und der Länder(Hrsg.), *Kulturfinanzbericht*, *2012*, Wiesbaden：Statistisches Bundesamt,2012,S. 26.

② Statistische Ämter des Bundes und der Länder(Hrsg.), *Kulturfinanzbericht*, *2012*, Wiesbaden：Statistisches Bundesamt,2012,S. 36.

续表

	1995	2000	2005	2006	2007	2008	2009
勃兰登堡	53.0	54.7	55.7	55.7	53.8	55.5	56.6
黑森	64.4	67.1	61.2	62.1	63.1	62.7	64.6
梅克伦堡－前波莫瑞	46.8	40.4	52.3	56.2	53.8	51.6	51.5
下萨克森	52.1	51.9	52.8	52.0	52.6	53.2	52.3
北莱茵－威斯特伐伦	82.5	79.5	81.8	79.9	78.8	76.6	76.3
莱茵－普尔法茨	60.0	55.2	54.6	54.1	55.0	55.5	51.2
萨尔	33.7	40.1	28.3	30.8	39.2	43.4	38.3
萨克森	45.4	42.6	44.1	43.6	43.4	44.5	45.0
萨克森－安尔哈特	59.7	56.9	56.7	54.6	50.1	51.4	55.0
石勒苏益格－荷尔斯泰因	46.8	53.3	50.6	50.6	48.8	53.2	51.0
图林根	38.8	42.5	44.0	43.7	44.3	46.6	51.7
普通州总计①	57.3	57.7	59.3	59.0	58.4	58.8	58.7

　　此外，多元化的文化体制还表现在文化管理的权力分配上。根据《基本法》的相关规定，联邦德国在传统上一直是由各州掌握文化大权，各地方在州的领导下实行"文化自治"，联邦也只是起到协调的作用。但是 20 世纪 60 年代以来，随着文化民主化的不断深入，地方、个人和民间社会团体在文化事务方面的发言权不断增大，联邦德国文化管理和运行体制中出现了权力多元化的趋势。这种趋势具体表现在以下几个方面。

　　其一，地方是联邦德国多元文化体制的基础和重要支撑。各地方在法律的规范下实行文化自治。与英法等不同，德国很少有联邦或全国一级的文化设施。文化设施大多是地方性的，因此其形式和活动的内容也更加丰富。德国地方文化自治机构的形式也比较多样，包括地方乡镇议会及其所设的文化委员会、市议会、首脑由选举产生或专家

---

① Statistische Ämter des Bundes und der Länder(Hrsg.)，*Kulturfinanzbericht 2003*，Wiesbaden：Statistisches Bundesamt，2004，S. 36.

担任的文化管理部门等。以 2009 财年各州中公共文化支出中最高的
北莱茵－威斯特伐伦州（简称北威州）为例。北莱茵－威斯特伐伦
州设立了十个文化区（Kulturregionen），实践文化联邦主义下的地方
文化自治制度。其理由是，因为"文化艺术不局限于大都市。所以，
从整体上进一步加强社区和地区的文化发展，将作为本州文化政策重
要任务"①。《北莱茵－威斯特伐伦州 2011 年文化报告》提出了研究
州一级与"地方共同实现文化发展的可靠性与可行性"②。州政府在
2014 年提交讨论的"北莱茵－威斯特伐伦州文化推动法草案"的十
个基本原则中也提到："在所有层面上，尤其是在地方乡镇的层面上，
真正改善本州文化政策讨论工作和决策的基础条件及其讨论的强度和
质量……加强州与地方乡镇之间的文化合作。"州还设立保证地方中
长期文化设施安全的"支持协定（Fördervereinbarung）"，以便通过
"州与地方乡镇的合作为企业和地方文化设施发展及双方必须的财政
贡献确定一个明确的实践段"③。

　　其二，民间社会组织成为联邦德国多元文化体制的重要载体。在
战后初期联邦德国文化体制的重建中，民间团体就一直扮演着十分重
要的角色，甚至在某些领域它们比官方还更早发挥作用。随着代表多
元主义的不断完善，"一些在地方、州和联邦层面上组织起来并在联
邦层面上发挥独到作用的文化团体，可以影响文化观念形成且在立法
者和其他民间组织面前代表其成员利益"④。当今比较著名的联邦德
国民间文化团体有：代表城市、地方乡镇文化利益的"德国城市议会
文化委员会"（Der Kulturausschuss des Deutschen Städtetages）；自 1976
年起在全联邦范围内代表文化利益相关者和文化参与者利益的"文化

　　① Arbeitsgemeinschaft der Kulturregionen in Nordrhein－Westfalen（Hrsg.），*Alle Kulturre-gionen in NRW im überlich*，Bönen / Westfalen：Druckverlag Kettler GmbH，2014，S. 8.

　　② Ministerium für Familie，Kinder，Jugend，Kultur und Sport des Landes Nordrhein－Westfalen（Hrsg.），*Kulturbericht des Landes Nordrhein－Westfalen Kulturförderung 2011*，Ostbevern：MKL Druck GmbH & Co. KG，2012，S. 3.

　　③ Was bringt das Kulturfördergesetz? Zehn Gründe für das Kulturfördergesetz. http：//www.mfkjks. nrw. de/web/media_get. php？ mediaid = 31559&fileid = 106501&sprachid = 1

　　④ Armin Klein，*Kulturpolitik：eine Einführung*，Wiesbaden：VS Verlag für Sozialwissenschaften，2009，S. 162.

政策协会"（Die Kulturpolitische Gesellschaft / KuPoGe）；作为文化和媒体利益代表组织、机构总上层组织的德意志文化委员会（Deutscher Kulturrat）等。

其三，公民个体正成为多元化文化管理体制的重要组成部分。2007 年联邦议院"德国文化"调查委员会（Enquete - Kommission „ Kultur in Deutschland "）最终报告指出，资助文化政策最多的是公民，而不是国家。由于文化政策讲究"自由意志"，社区文化资助任务被称为"自由的任务"，并非强制性的，结果给社区文化（发展）造成了严重的困难。① 在这种情况下，积极引导公民个体参与文化建设就具有重要意义。而且实践也表明，公共个体参与文化建设有利于文化的发展，"不仅是因为公共投入的财政困难，更多的是在公民再度增加参与强度的讨论中，私人参与发挥了作用。为了保持文化的多样性，以及文化多样性范围的广度，这些参与不应被看作是国家支持行为，而是发展文化多样性一种必要的补充"。一方面，"教育和文化是国家必不可少的核心任务……文化保护和公共投入是民主国家不可或缺的任务，这些在州宪法和基本法中都有表述"。另一方面，"没有民众经济上和时间上的投入，德国文化生活和文化多样性是不可想象的"②。北莱茵 - 威斯特伐伦州州长汉内洛蕾·克拉夫特（Hannelore Kraft，1961 - ）就曾明确表示："在北莱茵 - 威斯特伐伦州，文化艺术是大众的，不是属于少数人的奢侈品。"③

在贯彻多元化的平台之上，联邦德国文化教育政策呈现出复杂多变的特点，不仅各地教育体制和课程设置各不相同，其发展文化和艺术的形式也多种多样。在各州和地方的支持下，各种不同类型的文化机构相继创办，多元化的文化教育活动也相继举行。正如 2003 年联邦统计局《文化财务报告》中所指出的那样，"德国的联邦结构是巨

---

① Schlussbericht der Enquete - Kommission „ Kultur in Deutschland ", Drucksache 16/7000, 11. 12. 2007, S. 5. http://dip. bundestag. de/btd/16/070/1607000. pdf.

② Schlussbericht der Enquete - Kommission „ Kultur in Deutschland ", Drucksache 16/7000, 11. 12. 2007, S. 44 - 46. http://dip. bundestag. de/btd/16/070/1607000. pdf.

③ Arbeitsgemeinschaft der Kulturregionen in Nordrhein - Westfalen (Hrsg.), Alle Kulturregionen in NRW im überlich, Bönen / Westfalen：Druckverlag Kettler GmbH,2014, S. 8.

大的多样性和广泛的建议性的一个保证。在这方面各州文化发展是其自我展示的重要手段"①。

必须说明的是，文化联邦主义和代表多元主义并不意味着联邦德国的文化体制完全是分散的、多元的。实际上，随着形势的变化，联邦德国文化体制的集中性在逐渐加强。换句话说，联邦一级在德国文化体制中所起的作用变得越来越大。早在 20 世纪 50 至 60 年代，德国联邦政府便开始参与建立和管理普鲁士文化财产基金会和各州文化基金会。两德统一后，联邦进一步谋求扩大自己在国内文化政策领域的权力。1992 年和 1994 年，科尔（Helmut Kohl，1930 – 2017）政府先后建立了"德意志联邦共和国艺术展览馆"和"德意志联邦共和国历史之家"。1991—1993 年又根据《统一条约》（*Einigungsvertrag*）第 35 条开展了一系列文化发展计划，为东部新联邦州的文化转型投下千万马克的巨资。

实际上，在欧洲一体化日益深入的过程中，联邦德国早就感到联邦一级缺少统一文化管理部门的弊病。"有一个德国联邦文化部长有时会对德国自己及其盟友有利"，"在广泛的交通和自由交流的时代，巴伐利亚、莱茵兰或北德意志的骄傲的自我意识已不再足以应对全球性大众文化的形势……一个联邦文化部长可以被赋予一个不同于联邦各州的'民族国家视野'"②。因此，红绿联盟（Rot – Grüne Koalition）政府上台后，总理施罗德（Gerhard Schröder，1944 – ）立即决定在总理府内设立一个文化与媒体事务专员（后改为国务部长），以便加强对文化事务的统一领导。该机构成立后，除文化职业教育、文化职业保障、青年文化教育、文化产业税收等权力外，原先属于联邦内政部、教育科研部的相关文化与媒体管辖职能均由其接管。正是出于这种认识，先后出任莱茵 – 普法尔茨和图林根总理的伯恩哈德·弗格尔（Bernhard Vogel，1932 – ）指出："德国文化生活丰富多彩性是

---

① Statistische Ämter des Bundes und der Länder(Hrsg.), *Kulturfinanzbericht 2003*, Wiesbaden:Statistisches Bundesamt,2004,S. 25.

② Jack Lang, „Bitte etwas lauter. Europa vermisst einen Bundeskulturminister". In:*Frankfurter Allgemeine Zeitung*,19. 5. 1998. http://www. genios. de/presse – archiv/artikel/FAZ/19980519/bitte – etwas – lauter – europa – vermisst –/F19980519JACKLA – 100. html.

置于其联邦的特点基础上的。各州需要承担的责任在于：要确保它们的文化、文化政策和联邦主义的整体性。"①

2. 多元文化的对话与交流——联邦德国对内文化政策的多样性

20 世纪 60 年代以来，联邦德国政治文化的"左转向"，包括法兰克福学派等左派学者在学术界和文化界掀起的批判思潮，1968 年大规模学生抗议运动和 70 年代公民"参与革命"，以及右翼保守政府统治的结束和社民党的上台等，推动了联邦德国对内文化政策理念与实践的多元化。在这一被称为联邦德国"文化革命"的时期，著名文化理论学家希尔马·霍夫曼（Hilmar Hofmann，1925 – ）和文化史学者赫尔曼·格拉泽（Hermann Glaser，1928 – ）提出了以"文化民主化"为特点的新的大众文化理念。霍夫曼长期担任美因河畔法兰克福的文化官员和歌德学院的领导，正是他提出了著名的"文化为人人"的口号。长期供职于纽伦堡文化部门的赫尔曼·格拉泽也提出了"公民权利文化"（Bürgerrecht Kultur）和"社会文化"（Soziolkultur）的概念，② 主张进一步扩展文化概念，实现文化民主化、多样化和参与的多元化。③ 在这些思想的影响下，联邦德国官方也开始拓展文化的概念，制定出与民主化、多元化大背景相称的新的文化政策。70 至 80 年代，联邦德国各地方文化政策在目标定位上出现了明显的弹性化、个性化趋势，针对不同地区、不同群体采取了不同的文化发展策略，与此同时，基础文化设施的结构也更加多样化，分布地域也更加广泛。④

20 世纪 80 年代后，后现代哲学（Postmoderne Philosophie）在联邦德国兴起。一大批学者，如法兰克福学派代表人尤尔根·哈贝马斯（Jürgen Habermas，1929 – ）、"风险社会"理论的创建者乌尔里希·

① Armin Klein, *Kulturpolitik: eine Einführung*, Wiesbaden: VS Verlag für Sozialwissenschaften, 2009, S. 137.

② Max Fuchs, *Kulturpolitik*, Wiesbaden: VS Verlag für Sozialwissenschaften, 2007, S. 51.

③ Armin Klein, *Kulturpolitik: eine Einführung*, Wiesbaden: VS Verlag für Sozialwissenschaften, 2009, S. 185 – 186.

④ Armin Klein, *Kulturpolitik: eine Einführung*, Wiesbaden: VS Verlag für Sozialwissenschaften, 2009, S. 182 – 183.

贝克（Ulrich Beck，1944－2015）等，都在剖析和反思西方现代性的同时，从不同层面上对后现代的一些基本特点进行了阐释，进一步加强了文化多元性的理论基础。哲学家沃尔夫冈·韦尔施（Wolfgang Welsch，1946－）在其名著《我们后现代的现代》中则对后现代的多元性进行了精辟的论述："后现代在这里被理解为彻底的多元性的状态，应该把后现代主义看作彻底的多元性的构想，并加以捍卫。""后现代的基本经验是：它承认高度不同的知识形式、生活计划和行为模式享有不可超越的权利。""真理正义和人性是多元的。""后现代的多元性不仅和自由的获得相联系，而且和一系列困难而尖锐化的问题——或一系列新的敏感的问题——联系在一起。""在后现代，多元性变得更加多种多样和更加影响深远。""所有的描述、所有的战略和所有的解决办法今后都得以多样性为根据。"① 在韦尔施后现代多元主义理论的影响下，德意志城市议会在 1995 年的声明中提出，"一个城市没有统一的认同，而是有许多认同。如此正如其是由完全不同的人和群体组成，他们有不同的能力、职业和诉求……城市社会的多元性符合文化实践和文化设施的多样性，这些都是市民法定的多种需求所决定的。城市的吸引力取决于，能否使众多个体和群体按照它们的方式参与文化生活，能否向外展现一种魅力，使人们来到并长期生活在城市"②。

进入新千年后，对内多样性文化政策更加为联邦德国所重视。联邦立法和行政机构已将文化多样性当成处理文化事务时所参照的基本社会特征之一。③ 在联邦的支持下，承担主要文化职能的联邦德国各州和各地方也进一步强调文化政策的多样性，在州一级，各州更加注重文化的交流与对话。《北莱茵－威斯特伐伦州 2011 年文化报告》明

---

①　Wolfgang Welsch, *Unser postmoderne Modern*, Berlin: Akademische Verlag, 2008, S. 4－6, S. 320－323.

②　Armin Klein, *Kulturpolitik: eine Einführung*, Wiesbaden: VS Verlag für Sozialwissenschaften, 2009, S. 203.

③　*Schlussbericht der Enquete－Kommission „Kultur in Deutschland "*, Drucksache 16/7000, 11. 12. 2007, S. 45－46. http://dip. bundestag. de/btd/16/070/1607000. pdf; Presse－und Informationsamt der Bundesregierung(Hrsg.), *Im Bund mit der Kultur, Kultur－und Medieapolitik der Bundesregierung*, Paderborn: Bonifatius GmbH, 2007, S. 5.

确指出："北莱茵－威斯特伐伦州文化政策是建立在对话基础上的。支持和批评者都将参与文化和文化政策的讨论。'文化为人人'（即所有人都能参与文化生活）是州政府的目标，为此我开始启动文化对话，以便为文化交流、观念构建和深度发展提供数量众多的场合和机会。"① 在地方一级，由于所谓的"自由责任（freiwillige Aufgabe）"原则，文化政策也向来表现出多样化的特色。"自由责任"是相对于由法律规定、行政管理部门无条件执行的"义务责任（Pflichtaufgaben）"而言的，它强调在地方财政支持下各种文化活动的自主性和多样性。进入 21 世纪后，地方一级推行文化多样性政策的需要变得更加迫切。例如，2004 年时德国城市议会文化委员会在《城市社会中的文化多样性——地方政策和地方文化政策的机遇与要求》中就曾提出："我们的城市社会变得多样化和复杂化……多样性尤其是文化多样性是我们日常生活的现实情况。毋庸置疑，对地方政策的特殊要求将是，为在一个分化的城市社会中共存并发展出新的理念。因为最终是在城市中实现共同生活，发生日常事件，而且这些又是必然会出现的。我们一方面需要开放的概念、思想、观点，以应对我们城市社会的多样化，另一方面，我们又必须将在我们的城市中实现民族、信仰、种族的多样化看成是特殊的需求和机遇。"当然，"自由责任"也并不意味着完全的自由，地方财政支持必须受地方科学、研究、文化扶植计划的约束。许多地方文化机构，如剧院、乐队、音乐学校等都要受长期合同的约束。2007 年联邦议院"德国文化"调查委员会最终报告要求将地方文化政策中自由责任提升为"强制性自治任务"（pflichtiger Selbstverwaltungsaufgabe），要求保证地方文化政策的财政支持。为了实现这一转变，同时又不影响地方的"自由意志"，德国城市议会提出了"社区文化政策自由（Freiheit kommunaler Kulturpolitik）"的概念，要求保证联邦尤其是州对地方文化政策财政支持的同

---

① Ministerium für Familie, Kinder, Jugend, Kultur und Sport des Landes Nordrhein – Westfalen (Hrsg.), *Kulturbericht des Landes Nordrhein – Westfalen Kulturförderung 2011*, Ostbevern: MKL Druck GmbH & Co. KG, 2012, S. 3, S. 38 – 40. http://www. miz. org/dokumente/2013 _ Kulturbericht_NRW_2011. pdf.

时，实现地方文化自治。"当城市财政状况改善，文化也就改善。"①

3. 构建新的德意志文化价值观——联邦德国对内文化政策的内在统一性

"存异求同、多元一体"是联邦德国文化发展的根本性取向。因此，联邦德国在提倡文化多元化和多样性发展的同时，并未忽视促进主流文化（Leitkultur）的认同。二战之后，联邦德国以自由、民主、平等等西方核心价值观为参照改造德国传统文化，并试图以这种新的"德意志文化"为基础来加强社会内聚力，重新将联邦德国构建成一个兼具西方民主精神和德意志文化传统的"文化民族"（Kurturna-tion），以加强战后德意志民族长期以来所欠缺的文化认同感。2007年的最终报告中，联邦议会"德国文化"调查委员会对这一新的德意志文化民族国家理念进行了全面的阐释："德国拥有独一无二的、多样性的文化景观（Kulturlandschaft）……文化是我们社会的一部分，它保证公共讨论中的民主质量……在民主社会中，文化必须有不受控制的自由空间……民主的宪法国家反对对民族文化和宗教的限定……在文化领域，我们国家不同层面之间的建设性的、可信的、多样化的合作是可能的和正确的。艺术和文化形成和标志着一个国家及其成员的认同。它置人类及其对世界的感觉于中心并形成对个人和社会来说是正确的价值。"与此同时，人们必须认识到，"欧洲文化和认同源自犹太－基督教传统，并受阿拉伯文化、希腊哲学及艺术、罗马法的影响……这些文化遗产通过启蒙运动和现代化直到今天一直对世界产生着持续的影响。……全球化和国际化时代需要艺术和文化的认同促进作用。"②

基于以上看法，联邦德国主要从两方面来改造和继承传统文化，促进对主流核心文化价值观的认同，构建新德意志文化民族国家。

首先是引入自由、平等、民主等西方核心价值观，摒弃传统德意志文化中与西方核心价值观相悖的内容，构建新的文化价值理念。二

---

① Deutsche Städtetag, „Kultur in Deutschland aus Sicht der Städte", in: *Kulturpolitische Mitteilungen*, Nr. 127, IV/2009, S. 8.

② *Schlussbericht der Enquete - Kommission „Kultur in Deutschland"*, Drucksache 16/7000, 11. 12. 2007, S. 44 – 46. http://dip. bundestag. de/btd/16/070/1607000. pdf.

战之后，在西方三个占领国的管制下，德国西占区（即美英法西方占领区，与苏战区相对）和联邦德国领导人普遍接受了西方核心价值理念，并将其写入联邦德国的基本法当中。根据西方盟国和基本法的要求，联邦德国通过调整文化政策，清除以普鲁士精神和纳粹主义为代表的专制主义、军国主义、种族主义和民族沙文主义思想对德意志文化的影响。如巴伐利亚州规定，该州历史课程不能再被用来进行煽动性的政治宣传，所有与种族主义相关的文字、图片都要被删除，不能再颂扬战争，而要将军国主义作为一种思潮进行客观的批判，同时要将西方民主政治发展历程列入讲授的范围。[①]

　　不过，此时联邦德国学术界和文化界还处于对德意志历史和文化的深度反思阶段。虽然其中有少数学者已经对德国纳粹极权主义进行了系统的研究，但大规模的批判思潮还尚未形成。而联邦德国文化教育政策也仅仅停留在重建阶段，并未构建出适合战后西德的新文化价值标准。到 20 世纪 60 年代末 70 年代初，如前所述，随着战后左派政治运动的兴起，联邦德国出现了以"文化民主化"为主要特征的"文化革命"。其间所涌现的诸多地方文化中心尽管形式多样、内容丰富、价值多元，但其中均强调文化的民主和人文性，注重人本主义并反对法西斯主义。[②] 为了巩固战后德意志文化中的西方核心价值观，联邦德国还决定加强对青少年的历史观教育，通过向下一代全面揭露德国的黑暗历史，全面反思纳粹罪行，从根本上改变民众的政治信仰和文化价值观。"文教部长联席会议反复强调，需要让中小学讲授德国最黑暗的历史。《历史教学中对纳粹主义的处置》（1978）和《历史教学中对纳粹时代抵抗运动的处置》（1980）是应该特别被提到的两个在这一领域中持续发挥作用的文件。它们的通过有助于联邦诸州践行自由民主的原则和价值观，这些基本法中的价值观在州立法中得

---

　　① *Amtsblatt des Bayerischen Staatsministeriums für Unterricht und Kultus*, Jahrgang 1947, Nummer 12, München：1947, S. 101 – 102, *Amtsblatt des Bayerischen Staatsministeriums für Unterricht und Kultus*, Jahrgang 1948, Nummer 9, München：1948, S. 105 – 106.

　　② Armin Klein, *Kulturpolitik：eine Einführung*, Wiesbaden：VS Verlag für Sozialwissenschaften, 2009, S. 187.

到体现并对学校活动产生了决定性的影响。"①

1990年，德意志民族在历史上首次"同时实现了自由与统一"。但联邦德国仍然坚持通过反思历史来获得正确的历史观，以加强对西方核心价值观的认同。联邦议院"德国文化"咨委会最终报告指出，德国历史给其带来了"文化认同的多样性。多样性而非单一性的文化形式和实践使其作为西方文化圈的一部分被流传和发展下去……德国历史的巨大灾难——纳粹主义，标志着我们文化史的最严重的断裂……由于这些经历，一种对艺术自由价值因素的特别的敏感苏醒了。"②换言之，德国虽然奉行文化多元主义政策，但任何文化发展必须符合主流文化价值观。德意志城市议会对此表示赞同："多样化快速的发展并不意味着在文化空间中个人或集体的发展进程是可被无限超越的。它需要一个统一的标准为基础，以实现持久的社会和跨文化共存。""跨文化的目标应该是寻求联系和包容不同。"③ 文化政策协会2012年公布的指导纲领中，也要求文化政策的实践要围绕"通过历史遗产培养对德国历史的全面认识"④。

其次是继承和保护德意志传统文化，发现和"培育"的传统文化中对增强民族凝聚力有价值的内容。如前所述，在魏玛共和国时期，随着大众文化在德国的兴起，文化政治化和碎片化的进程加快。当时德国法兰克福学派代表人之一马克斯·霍克海默尔（Max Horkheimer，1895 – 1973）等曾提出推行"肯定的文化概念（affirmativen Kulturbegriffe）"学说，企图通过提供一个以德国传统的"真善美"为最高价

① Sekretariat der Ständigen Konferenz der Kultusminister der Länder in der Bundesrepublik Deutschland(Hrsg.), *Zur Auseinandersetzung mit dem Holocaust in der Schule : Ein Beitrag zur Information von Länderseitee* , Bonn , 1997 , S. 1.

② *Schlussbericht der Enquete – Kommission „ Kultur in Deutschland"* , Drucksache 16/7000 , 11. 12. 2007 , S. 44 – 46. http://dip. bundestag. de/btd/16/070/1607000. pdf.

③ Deutsche Städtetag , „ Kultur in Deutschland aus Sicht der Städte" , in : *Kulturpolitische Mitteilungen* , Nr. 127 , IV/2009 , S. 8 – 9.

④ Kulturpolitische Gesellschaft(Hrsg.) , *Grundsatzprogramm der Kulturpolitischen Gesellschaft von der außerordentlichen Mitgliederversammlung am 21. September in Berlin einstimmig beschlossen* , Berlin , 2012 , S. 1. http://www. kupoge. de/dok/programm_kupoge. pdf.

值标准的积极的精神世界，来消除现代社会文化中所存在的种种内在矛盾，实现社会文化整合，维持社会稳定。"肯定的文化"及其所推崇的"真善美"价值标准，成为五六十年代文化重建时期联邦德国所继承和发展的德意志传统文化之一。因此，1952 年，德国城市议会在《斯图加特纲领》中明确宣称，"尽管我们当下这个时代物质匮乏"，但"德国城市依然感到有义务忠诚地履行其文化职责，在漫长的历史中保护和培育德意志文化，为市民谋福祉"①。

　　出于以上目的，在联邦和相关各州的支持下，普鲁士文化财产基金会和各州文化基金会先后建立。普鲁士文化财产基金会由联邦和原普鲁士所属西德各州联合建立和资助，主要目的是"为德意志民族保护、照顾和补充普鲁士文化财富，通过展品的合理处置关注传统，并按照科学、教育及民族间文化交流的整体利益评价这些财产"②。基金会所接手的财产包括柏林国家博物馆及附属博物馆学研究所、建立于 1661 年的国家图书馆、国立音乐研究所及附属乐器博物馆、伊比利亚 – 美洲研究所、国家保密档案馆等。普鲁士文化财产基金会是联邦博物馆和收藏品方面的主要支出。③ 各州文化基金会由各州于 1987年 4 月建立，但同时接受联邦的领导和资助，其主要目的也是加强对民族文化和艺术的资助，尤其是资助那些因文化机构没有足够财力而无法从国外购买具有"民族国家认同性"艺术品的交易。已有超过150 件价值逾 2.3 亿欧元的艺术品购买从中获益。④

　　施罗德政府时期设立的文化与媒体事务专署的主要任务之一就是推动具有"民族国家"意义的文化设施和项目的发展，同时它也关

---

① Armin Klein, *Kulturpolitik：eine Einführung*, Wiesbaden：VS Verlag für Sozialwissenschaften, 2009, S. 176.

② Bundesministerium für Justiz（Hrsg.）, „Gesetz zur Errichtung einer Stiftung, Preußischer Kulturbesitz und zur übertragung von Vermögenswerten des ehemaligen Landes Preußen auf die Stiftung", *in：BGBl, Teil I, Jahrgang 1957*, Berlin：Bundesanzeiger Verlag, 1957, S. 2.

③ Statistische Ämter des Bundes und der Länder（Hrsg.）, *Kulturfinanzbericht 2012*, Wiesbaden：Statistisches Bundesamt, 2012, S. 32.

④ Armin Klein, *Kulturpolitik, Eine Einführung*, Wiesbaden：VS Verlag für Sozialwissenschaften, 2009, S. 122.

注德国少数民族群体和跨文化对话的发展。① 该专署专员（国务部长）先后开展多项"具有全国意义"的文化设施工程，如"东德民族文化设施投资"工程、2002 年民族国家文化设施会议等。与文化与媒体事务专员同时建立的还有联邦议会文化与媒体委员会（Ausschuss für Kultur und Medien），以配合联邦政府统一加强联邦一级对文化事务的领导。因此，该委员会与文化及媒体事务专员一样都将推广德意志民族文化作为重要任务。"文化并不奢侈，它保持我们社会最内在的团结。我们需要创造力和创新能力……文化与媒体委员会所做的工作是具有全民族意义的。民族国家认同的增长首先从一个国家的文化生活开始。"② 2003 年 7 月，联邦议院各主要政党议员要求成立"德国文化"调查委员会时也明确表示："历经沧桑的德国历史产生了独一无二且极具保护价值的文化景观……在德国坐落着数量众多的世界文化遗产，广泛而又活跃的社会文化凸显。充满活力的移民文化也是联邦德国文化生活必不可少的组成部分。与欧洲和世界的艺术家的文化交流是如此频繁且一如既往。调查委员会应当指出今天的'德国文化'包括什么，以及如何保护和进一步阐释我们的文化财产。"③

第二节　联邦德国对外文化多元主义政策

一　战后联邦德国对外文化政策的恢复（1949—1969）

1. 对外文化政策

联邦德国的对外文化政策（Auswärtige Kulturpolitik / AKP），也称文化外交政策（Kulturelle Außenpolitik），全称对外文化 – 教育政策（Die Auswärtige Kultur – und Bildungspolitik / AKBP），以文化外交

---

① 参见官方网站相关信息 http://www.bundesregierung.de/Webs/Breg/DE/Bundesregierung/BeauftragtefuerKulturundMedien/staatsministerAmt/aufgaben/_node.html http://www.bundesregierung.de/Webs/Breg/DE/Bundesregierung/BeauftragtefuerKulturundMedien/kultur/kunstKulturfoerderung/foerderbereiche/unterstuetzung/_node.html.

② Deutscher Bundestag, Referat Öffentlichkeitsarbeit (Hrsg.) , *Ausschuss für Kultur und Medien*, Berlin; H. Heenemann GmbH & Co. KG, S. 1.

③ *Antrag der Fraktionen SPD, CDU/CSU, BÜNDNIS 90/DIE GRÜNEN und FDP Einsetzung einer Enquete – Kommission „Kultur in Deutschland"*, Drucksache 15/1308, 01. 07. 2003, S. 1.

（Kulturdiplomatie）为标识，是联邦德国外交政策中除政治、经济政策之外的第三支柱和重要的传统实践手段。[①]

如本书《引言》部分所述，在德国，"对外文化政策"这一概念最初是由德国文化史学者卡尔·拉普莱希特1912年首先提出的。20世纪60年代末，联邦德国总理维利·勃兰特（Willy Brandt，1913 – 1992）第一次提出"对外文化政策"是德国外交政策的第三根支柱。自2000年开始，以德国外交部《对外文化政策——2000年理念》（*Auswärtige Kulturpolitik – Konzeption* 2000）为标志，德国官方文献中逐渐改用"对外文化 – 教育政策"代替"对外文化政策"。这主要是因为对外文化交流与对外教育事务密不可分，联邦德国政府希望将对外文化政策由传统的文化艺术领域扩展至教育合作与交流、科技合作与交流等更为广泛的领域。德国文化学者沃尔弗冈·施耐德（Wolfgang Schneider，1954 – ）则从理论上进一步说明了对外文化政策的必要性和重要性。他从德国及欧盟的对外文化政策的基本主旨是维护文化多样性前提下的欧洲认同"问题解决"出发，强调随着欧洲一体化进程，未来欧洲各国文化及其文化政策行为主体间都需要合作，同时也要谋求针对其他地区的跨国协同性。他指出："文化外交政策具有促进人类认同和尊重文化多样性的典型功能。简言之，形式多样（如利用文化项目、文化互联网网站、文化艺术国外巡回展等）的文化外交活动应是促进人类认同的工具；对外文化政策改革的基础，离不开德国和欧洲的公民、公民社会和具有创造精神的文化创造者。"[②]

我国一些学者认为，文化外交也应是外交的重要组成部分之一。曾任文化部副部长的孟晓驷认为，文化外交可以定义为围绕国家对外关系的工作格局与部署，为达到特定目的，以文化表现形式为载体或手段，在特定时期、针对特定对象开展的国家或国际公关活动。某项活动是否属于文化外交的范畴，可以用四条标准衡量：（1）是否具有明确的外交目的；（2）实施主体是否是官方或受其支持与鼓励；

---

① 参见联邦外交部官方网站：http://www. auswaertiges – amt. de/DE/Aussenpolitik/KulturDialog/ZieleUndPartner/ZielePartner_node. html.

② 郭原奇：《德国对外文化政策研究》，山东大学2012年博士学位论文，第24页。

（3）是否在特殊的时间针对特殊的对象；（4）是否通过文化表现形式开展的公关活动。① 在探讨文化外交这一概念的基础上，国内一般将文化外交政策看作为一国处理国际文化问题、对外文化关系问题，进行文化外交活动所遵循的基本原则和行动方针。也有学者从历史和国际比较的角度，将对外文化政策分为"单边主义""功利多边主义"和"多边主义"等三类，进而将现代德国对外文化政策定义为一种以国际关系"文明化"为基本价值内核，为"文明国家"和"贸易国家"利益服务的对外文化政策理念与行为模式。②

鉴于以上看法，我们将联邦德国对外文化领域的文化多元主义思想与实践作为主要的研究内容和探讨方向。

2. 战后联邦德国多元性对外文化政策平台的创建和对外文化交往活动的恢复（1949—1969）

第二次世界大战结束之后，德国受到了盟国的严厉惩罚。包括外交权在内的国家主权都一度被盟国所剥夺。在美英法三国占领区之上建立起来的联邦德国，不得不抛弃德国传统的沙文主义、种族主义思想，重新设计和思考自己的对外文化政策。

对新生的联邦共和国来说，制度重建是恢复外交自主权的基础。《基本法》第 32 条第一款，明确规定对外国家关系属于联邦职权范围，对外文化政策是联邦德国外交政策的组成部分，它的政治指导纲领由外交部制定③。1949 年 6 月 30 日，西占区各州州长召开了一次关于未来联邦国家机构建设的会议，提出要在未来联邦的外交部门设立专门的文化机构，主持德国与其他国家和国际组织的文化合作④。1950 年，联邦德国"联邦总理府盟国与高级委员会联络处（Verbind-ungsstelle des Bundeskanzleramtes zur Alliierten Hohen Kommission）"之下设立了微型的"文化顾问委员会"，其任务是为日后发展对外文化关系建立基础。一年后，联邦总理府盟国高级委员会联络处更名为"对

---

① 孟晓驷：《中国：文化外交显魅力》，载《人民日报》2005 年 11 月 11 日，第七版。

② 郭原奇：《德国对外文化政策研究》，山东大学博士学位论文，2012 年，第 25 页。

③ *Grundgestez der Bundesrepublik*，Regensburg：Walhalla u. Praetoria Verlag，2010，S. 20.

④ Kurt - Jürgen Maass，*Kultur und Aussenpolitik*，Baden - Baden：Nomos Verlagsgesellschafl，2005，S. 68.

外事务服务处（Dienststelle für auswärtige Angelegenheiten）"①。1952 年，联邦外交部恢复设立文化交流司，正式接管联邦对外文化交流事务。其主要职能有三项：一是政策话语的制定；二是监督协调；三是负责财政支出与监管。其目标是在全世界范围内建立与德国文化、科学、社会的联系，实现对话与交流。②

与此同时，作为联邦制国家，各州也保留了某些对外事务的权利。因此，在联邦一级对外文化机构和制度重建的同时，其他各级各类对外文化机构也在逐步恢复。《基本法》第 32 条第二、三款明确规定，在签订国际条约之前，联邦必须及时听取相关各州的意见；只要这些州拥有法定权利，它们就可以批准联邦政府与外国签订的条约。③ 1957 年，为落实基本法第 32 条的相关规定，联邦和各州签订了《林道条约》（Lindauer Abkommen），规定联邦在与外国签订文化条约时，必须取得相关联邦各州的批准。④ 此外，联邦外交部文化司、科学研究部和各州文化部长常设会议⑤的国际及欧洲事务委员会（Kommission für internationale und europäische Angelegenheiten der Ständigen Konferenz der Kultusminister der Länder）也必须在对外文化领域保持密切合作，而且对外文化条约最终还需征得州长联席会议（Ministerpräsidentenkonferenz）的同意。

除国家机构外，具有对外文化交往职能的"私法组织"，即非政府民间组织也纷纷得以重建。早在占领结束之前，西方占领当局就逐渐恢复了著名的马克斯·普朗克协会（Max – Planck – Gesellschaft），开启了联邦德国重建对外科学文化交流的序幕。1950 年和 1952 年，德国学术

---

① Wissenschaftliche Dienste des Deutschen Bundestages, *Auswärtige Kulturpolitik in der Bundesrepublik Deutschland: Konzeptionelle Grundlagen und institutionelle Entwicklung seit 1945*, 22. Dezember 2003, WF X – 095/03, S. 7.

② Armin Klein, *Kulturpolitik, Eine Einfuhrung*, Wiesbaden: VS Verlag für Sozialwissenschaften, 2009, S. 114.

③ *Grundgestez der Bundesrepublik*, Regensburg: Walhalla u. Praetoria Verlag, 2010, S. 20.

④ *Lindauer Abkommen*（Text）. http://www. lexexakt. de/index. php/glossar? title = lindauerabkommentxt. php.

⑤ 德国各州文化部长常设会议（Konferenz der Kultusminister der Länder in der Bundesrepublik Deutschland, 简称 KMK）成立于 1948 年，简称文化部长会议，由各州负责教育、高校和科研以及文化事务的部长组成，该常设会议在波恩设有常务秘书处，负责处理日常事务。

交流中心（Deutscher Akademischer Austauschdienst，简称 DAAD）和歌德学院（Goethe – Institut）这两个著名的对外文化教育交流机构也先后完成了重建工作。此后，一些承担对外文化交流功能的基金会和教会福利组织也陆续恢复和创建。其中比较著名的政治基金会包括康拉德·阿登纳基金会（Konrad – Adenauer – Stiftung）、弗里德里希·艾伯特基金会（Friedrich – Ebert – Stiftung）、海因里希·伯尔基金会（Heinrich – Bäll – Stiftung）、弗里德里希·瑙曼基金会（Friedrich – Naumann – Stiftung）、汉斯·赛德尔基金会（Hanns – Seidel – Stiftung）等。比较著名的企业 – 科学基金会包括贝特尔斯曼基金会（Bertelsmann – Stiftung）、罗伯特·博施基金会（Robert – Bosch – Stiftung）、戴姆勒·奔驰基金会（Daimler – Benz – Stiftung）、卡尔·弗里德里希·冯·西门子基金会（Carl Friedrich von Siemens – Stiftung）、亚历山大·洪堡基金会（Alexander von Humboldt – Stiftung）等。[1] 1959 年，在联邦外交部的领导下，联邦德国建立了"国际文化交流联合工作组"（Arbeitsgemeinschaft für internationalen Kulturaustausch），以求各部门、各组织更好地开展在对外文化政策方面的合作。这些民间社会组织是联邦德国对外文化政策的执行者，它们在整个对外文化交流体制中扮演着重要的角色。

在初步完成制度和机构、组织重建的同时，联邦德国的对外文化活动也陆续展开。在阿登纳（Konrad Adenauer，1876 – 1967）政府时期，对外文化政策并不是联邦德国外交政策的中心所在。[2] 但由于当时联邦德国对外政治、军事活动受盟国严格限制，对外文化交往就成为联邦德国改善因法西斯而受损的形象，重新赢得世界的信任的重要渠道。在这一时期，与纳粹的意识形态划清界线，宣传优秀的德国传统文化，重塑德国形象，恢复与外国中断的文化接触，成为联邦德国

---

① Wissenschaftliche Dienste des Deutschen Bundestages, *Auswärtige Kulturpolitik in der Bundesrepublik Deutschland*：*Konzeptionelle Grundlagen und institutionelle Entwicklung seit 1945*, 22. Dezember 2003, WF X – 095/03, S. 7 – 8.

② Pavlía Richterová, „Der lange Weg zum Dialog：ein Jahrhundert deutsche Auswärtige Kulturpolitik(1912 – 2001)", acta universitatis carolinae, studia territorialia, vi – 2004, UNIVERZITA KARLOVA V PRAZE, NAKLADATELSTVÍ KAROLINUM, 2005, S. 25.

对外文化政策的主要任务①。因此，联邦政府也积极采取措施重新启动德国对外文化政策。

　　首先，驻外使馆成为联邦德国恢复对外文化交流的先行者。由于建立初期联邦德国对外政治、军事活动受盟国严格限制，联邦外交部早年派往各国的使节大都承担了相当多的文化教育交流任务。例如，1950年阿登纳政府任命著名文化史学者威廉·豪森施泰因（Wilhelm Hausenstein，1882－1957）为首任驻法国大使，主要就是出于对外文化政策方面的考虑。当时选择威廉·豪森施泰因的理由是，他"并非职业意义上的政治家"，但他熟悉法国的语言、文化和艺术，在他身上体现了一种德法两国的"精神统一"，因此是两国文化交流的最好"中介"。他在上任后也把"促进两国的文化交流"视为自己的主要任务之一，②并因此赢得了"文化大使"的美誉。1950年，联邦德国加入隶属于欧洲委员会的"文化合作委员会"（Rat für kulturelle Zusammenarbeit），一年后又加入了联合国教科文组织（United Nations Educational，Scientific and Cultural Organization，简称 UNESCO）。联邦德国此时尚不是联合国正式会员国，但其仍不顾自身的经济困难，积极参与联合国教科文组织的合作项目，如参与发展中国家扫盲合作等。不久，联合国教科文组织的教育研究所也在汉堡成功建立。

　　冷战时期，美苏在意识形态领域展开激烈争夺。③阿登纳政府的对外文化活动也成为联邦德国对苏东国家展开冷战的工具。其工作重点是公共关系和对外文化情报交换，尤其是通过媒体来实现德国对外文化、社会、政治意识形态的输出。正是在这种背景下，1952年和1953年，与西方加强公共文化联系的半官方组织"国际协会"（Inter Nationes）和宣传西方意识形态的半官方广播电台"德国之声"

　　① Wissenschaftliche Dienste des Deutschen Bundestages, *Auswärtige Kulturpolitik in der Bundesrepublik Deutschland*：*Konzeptionelle Grundlagen und institutionelle Entwicklung seit 1945*，22. Dezember 2003，WF X－095/03，S. 6.

　　② Ulrich Lappenküper, „Wilhelm Hausenstein－Adenauers Erster Missionschef in Paris"，in：*Vierteljahreshefte für Zeitgeschichte*，43. Jahrg. ，4. H. （Okt. ，1995），S. 641－643.

　　③ Klaus von Beyme, *Kulturpolitik in Deutschland*：*Von der Staatsforderung zur Kreativwirtschaft*，Wiesbaden：Springer Fachmedien，2012，S. 70.

（Deutsche Welle）在联邦政府的支持下相继建立。受哈尔斯坦主义
（Hallstein – Doktrin）①的影响，这一时期的联邦德国将民主德国视作
自己开展文化冷战的主要竞争对手。1956 年，民主德国在莱比锡卡
尔·马克思大学（Karl – Marx – Universität Leipzig）设立赫尔德尔学院
（Herder – Institut），与联邦德国的歌德学院相抗衡。为了表明自己才
是德意志文化的正统，联邦德国加紧海外文化宣传活动，陆续在新成
立的亚非拉国家开设文化研究所（10 年之内数量从 20 个增加到了
100 个），同时将民主德国的社会主义制度污名化，将其与纳粹专制
相提并论。②

　　战后初期，联邦德国通过积极推行对外文化交往，在一定程度上
消除了因德国历史上军国主义、专制主义和民族沙文主义泛滥而造成
的负面形象，增加了其他国家对联邦德国的认同和信任。直到 20 世
纪 60 年代，联邦德国对外文化政策的实际目标都是出于"恢复名誉"
这样一个"主要动机"③。同时，相关交往也有利于联邦德国在冷战
背景下更好地对抗社会主义阵营，促进苏东国家，尤其是民主德国的
"和平演变"。然而，这一时期的联邦德国在外交方面还有许多重大
的政治、军事问题亟待解决，对外文化政策实际上并没有受到阿登纳
的重视，不仅其内容匮乏，形式混乱，也没有一个一以贯之的理念作支
撑。只是在 20 世纪 60 年代中期以后，随着联邦德国国际政治地位的日
益稳固，为了进一步扩大自己的影响力，联邦德国政府才开始检讨并强
化其对外文化政策。1966 年，歌德学院院长维尔纳·罗斯（Werner
Ross，1912 – 2002）表示，"自我批评是澄清自我的最好方式，它带

---

　　①　哈尔斯坦主义是 1955—1969 年间联邦德国对外政策的一种信条，由外交国务秘书
哈尔斯坦（Walter Hallstein，1901 – 1982）提出。据此，在对外关系方面，联邦德国代表整
个德国，不承认民主德国，不同与民主德国建交的任何国家（苏联除外）建立或保持外交
关系。其目的在于在国际上孤立民主德国。1969 年德国社会民主党执政，推行"新东方政
策"，放弃了哈尔斯坦主义。

　　②　Pavlía Richterová，„Der lange Weg zum Dialog：ein Jahrhundert deutsche Auswärtige Kultur-
politik（1912 – 2001）"，acta universitatis carolinae，*studia territorialia*，vi – 2004，UNIVERZITA KAR-
LOVA V PRAZE，NAKLADATELSTVÍ KAROLINUM，2005，S. 29 – 30.

　　③　Wissenschaftliche Dienste des Deutschen Bundestages，*Auswärtige Kulturpolitik in der
Bundesrepublik Deutschland：Konzeptionelle Grundlagen und institutionelle Entwicklung seit 1945*，
22. Dezember 2003，WF X – 095/03，S. 10 – 11.

来对真诚的呼唤，对客观性的坚定"。同年，联邦总理路德维希·艾哈德（Ludwig Erhard，1897－1977）在政府声明中也指出，"基本上没有能够对对外文化政策给予足够的重视，联邦共和国宣布要提升其对外文化政策，我们必须尽可能地提供更多的手段"①。

二 联邦德国对外文化政策的发展与对外文化多元主义政策的形成（1970—1990）

1. 20 世纪 70 年代联邦德国对外文化政策重要性的提高与多元化趋势的凸显

联邦德国真正认识到对外文化政策的重要性并在对外关系中赋予其特别重要的地位是在 20 世纪 60 年代末 70 年代初以后。

实际上，早在 20 世纪 60 年代，联邦德国已经出现了要求提升对外文化政策重要性的呼声。联邦外交部文化交流司（Abteilung für Kultur und Kommunikation）是改革对外文化政策的重要推动者。60 年代初，文化交流司司长迪特尔·扎特勒（Dieter Sattler，1906－1968）不仅明确提出要将对外文化交流作为世界政治的第三舞台，还要求建立具有顾问功能的文化政策参议会。1964 年，文化交流司发表第一份年度报告，公开要求改变现有对外文化政策的思路。与此同时，联邦德国主要政党的态度也发生了变化。1966 年因参加大联合政府而成为执政党的德国社会民主党在其 1965 年的"七点计划"中就对联邦政府的对外文化政策进行了批判。大联合政府建立后，社民党的维利·勃兰特成为联邦外交部部长。他正式宣布对外文化政策将成为继外交（Diplomatie）、安全（Sicherheit）之后的联邦德国对外政策的第三支柱（dritte Säule）。

与此同时，联邦德国开始调整其对外文化政策的方向。1969 年社民党和德国自由党（Freiheitliche Partei Deutschlands，简称 FPD）上

---

① Regierungserklärung des Bundeskanzlers Professor Dr. Dr. H. c. Ludwig Erhard vor dem 5. Deutschen Bundestag（4. Sitzung）am 10. November 1965. Pavlía Richterová,„ Der lange Weg zum Dialog: ein Jahrhundert deutsche Auswärtige Kulturpolitik（1912－2001）", acta universitatis carolinae, *studia territorialia*, vi－2004, UNIVERZITA KARLOVA V PRAZE, NAKLADATELSTVÍ KAROLINUM, 2005, S. 30.

台执政后，联邦德国逐渐改变了原先以"文化输出"为主要手段，凸显德国作为"文化民族"形象为主要目标的对外文化政策①，转而采用一种多元化的文化合作模式，强调德意志文化与其他文化的平等交流与合作，提倡以理解、包容和信任为基础的伙伴关系。正如勃兰特在其首份联邦政府施政声明中所指出的，"精神成果的交换对国际合作来说是非常必要的……联邦德国将与亚非拉国家建立文化伙伴关系"②，"在贯彻新东方政策的同时，不能减少我们在对外文化交流和国际贸易方面的优势"③。

基于以上考虑，1970 年 4 月，联邦外交部文化交流司制定了《对外文化政策之 51 条纲领》，提出了对外文化政策的新目标和实现这些目标的具体建议。但是，由于担心自身在对外文化政策方面的发言权受限，这一文件遭到了联邦新闻局、联邦教育科研部和联邦经济合作部的反对。为了减少阻力，联邦外交部部长瓦尔特·谢尔（Walter Scheel，1919 - 2016）在 6 月的内阁会议上将 51 条纲领缩减为《国际文化、科学、社会政策的 15 项议题》，并获得内阁通过。④ 1970 年 12 月，联邦外交部正式发布《对外文化政策指导纲领》（*Leitsätz für die auswärtige Kulturpolitik*），结束了联邦德国对外文化政策无统一指导思想的时代，也为日后对外文化多元主义政策的形成奠定了基础。文件对 20 世纪 70 年代联邦德国对外文化政策的定位是"文化领域的国际合作，是保卫世界和平服务之外交政策的组成部分；它必须为每个国家相互理解其内部发展做出贡献，它必须关注世界上科学技术及政治

---

① Klaus von Beyme, *Kulturpolitik in Deutschland: Von der Staatsforderung zur Kreativwirschaft*, Wiesbaden: Springer Fachmedien, 2012, S. 203.

② Bundeskanzler Willy Brandt, „Erklarung der Bundesregierung vom 28. Oktober 1969", in: Bundeskanzler - Willy - Brandt - Stiftung(Hrsg.), *Auftakt zur Ära Brandt. Gedanken zur Regierungserklärung Willy Brandts vom 28. Oktober 1969*, Berlin: Druckerei Hermann Schlesener KG, 1999, S. 91.

③ Bundeskanzler Willy Brandt Erklärung der Bundesregierung vom 28. Oktober 1969 Bundeskanzler - Willy - Brandt - Stiftung(Hrsg.), *Auftakt zur Ära Brandt Gedanken zur Regierungserklärung Willy Brandts vom 28. Oktober 1969*, Berlin: Druckerei Hermann Schlesener KG, 1999, S. 71.

④ Pavlía Richterová, „Der lange weg zum Dialog: ein Jahrhundert deutsche Auswärtige Kulturpolitik(1912 - 2001)", acta universitatis carolinae, *studia territorialia*, vi - 2004, UNIVERZITA KARLOVA V PRAZE, NAKLADATELSTVÍ KAROLINUM, 2005, S. 36.

变迁的蓬勃发展，更重要的是，它也要帮助具有不同国籍的人联结在一起"。"它服务于国家间的理解与和平，因此对外文化政策是外交政策的一个支柱。"①

在上述思想的指导下，文件有关联邦德国对外文化政策所担负职责和具体实施措施的阐述，具有了鲜明的多元主义取向：其一，将文化载体从精英阶层扩展至人民大众，文化"是我们社会剧变进程的一部分，它为所有社会群体之间的跨国合作指明了道路，这意味着我们对外文化工作的大幅度提升和进一步分化"②。其二，将开放、理解、交流、合作作为对外文化政策的主要目标。"那些避免与其他国家进行文化合作的、想闭关自守且不寻求跨国比较及经验交流的政府，将面临本国文化落后于世界文化发展的危险。对外文化政策意味着国际化和对外开放。"对外文化政策不仅是德意志文化的传递，更是交流和合作。"对他国的开放性是我们对外文化政策的原则之一。"③其三，在新东方政策的指导下，对民主德国在文化方面采取承认和竞争并重的态度。其四，发展多边文化关系，要求对外文化政策要在发展多边外交和参与国际组织方面发挥更大的作用。④

1970年3月18日，联邦议会根据基督教民主联盟（Christlich Demokratische Union Deutschlands，简称CDU）/基督教社会联盟（Christlich – Soziale Union in Bayern，简称CSU）即联盟党议会党团的要求，成立对外文化政策调查委员会（Emquete – Kommission Auswärtige Kulturpolitik），负责"拟定更好的联邦德国对外文化交往的计划和建议，并向国会递交；首先要对迄今为止的对外文化政策目

---

① Auswärtige Amt (Hrsg.), *Leitsätz für die auswärtige Kulturpolitik*, Bonn: Auswärtige Amt, 1970, S. 1.

② Auswärtige Amt (Hrsg.), *Leitsätz für die auswärtige Kulturpolitik*, Bonn: Auswärtige Amt, 1970, S. 5.

③ Auswärtige Amt (Hrsg.), *Leitsätz für die auswärtige Kulturpolitik*, Bonn: Auswärtige Amt, 1970, S. 6 – 7.

④ Auswärtige Amt (Hrsg.), *Leitsätz für die auswärtige Kulturpolitik*, Bonn: Auswärtige Amt, 1970, S. 7 – 8.

标、内容、组织和经费进行审查，如有可能，还要给出相应的建议"①。调查委员会共有 10 名成员和 7 个工作组，分别掌管协调与法律问题、教育、民间组织与文化机构、大众传媒、预算与财政、高校与科学、国内外籍劳工等事务的研究咨询。在联邦德国各级政府和对外文化交流民间组织的大力支持下，多党派的调查委员会在两届联邦议院的时间内先后递交了两份指导思想几乎相同的正式报告。其中第二份报告的大多数建议为联邦政府所采纳，从而为联邦德国对外文化政策的实施奠定了坚实的基础。而调查委员会的两份报告和 1977 年联邦政府的通告（Unterrichtung durch die Bundesregierung）都把多元化的对外文化政策摆在了首要位置。

首先，在基本指导思想中，"对话与合作"成为实现对外文化政策目标的重要手段。进入 20 世纪 70 年代以来，联邦德国一直试图通过扩展"文化"概念的内涵和外延来实现对外文化政策的大众化、平等化、多元化。继 1970 年的《对外文化政策指导纲领》把"文化"描述为"全人类财富"而修改对外文化政策之后，1971 年 2 月调查委员会也在其第一份报告再次提出要在更广的范围内理解"文化外交政策（kulturelle Auβenpolitik）"的概念，要求重视"各国民众关系中的文化因素"并在"各国文化依存度日渐加强"的背景下重新审视外交政策。② 联邦政府则在 1977 年的通告中对调查委员会的对外文化政策基本原则表示赞同，并重申了 1970 年《对外文化政策指导纲领》中实现对外文化政策多元化的目标。③

其次，与勃兰特的新东方政策相一致，联邦德国一改先前的文化冷战政策，提出了与社会主义国家进行有条件的文化合作问题。对外

---

① Emquete – Kommission Auswärtige Kulturpolitik(Hrsg.)，*Bericht der Enquete – Kommission Auswärtige Kulturpolitik gemäβ Beschluβ des Deutschen Bundestages vom 23. Feb.*，*1973*，Drucksache 7/4121，1975，S. 5.

② Emquete – Kommission Auswärtige Kulturpolitik(Hrsg.)，*Bericht der Enquete – Kommission Auswärtige Kulturpolitik gemäβ Beschluβ des Deutschen Bundestages vom 23. Feb.*，*1973*，Drucksache 7/4121，1975，S. 8.

③ Bundesregierung (Hrsg.)，*Unterrichtung durch die Bundesregierung*，*Stellungnahme der Bundesregierung zu dem Bericht der Enquete – Kommission „Auswärtige Kulturpolitik" des Deutschen Bundestages*，Drucksache 7/4121，1975，S. 4.

文化政策调查委员会在其报告中指出，"联邦德国基于国家和欧洲利益将改善与共产主义国家的文化合作，但在策划和挑选贯彻手段时必须考虑到在共产主义国家对文化生活所采取的严密的国家监控，文化协定必须本着平等的原则，考虑交流进程的稳妥性和手段的合适性。迄今为止既没有持续的机构间关系的维持，也没有在和平环境下实现平等原则的可能"①。联邦德国政府在 1977 年通告中也再次强调，为了实现东西方缓和并贯彻《赫尔辛基最终决议》（*Helsinki Final Act*；*Helsinki Accords*；*Helsinki Declaration*）②，与东欧国家建立文化关系意义极其重要。③

第三世界国家是联邦德国对外文化多元主义政策的重要实施场所。1971 年调查委员会报告指出，对第三世界国家的文化投资，通过联合国教科文组织等所进行的多边合作效果要比双边合作更好，因为会较少刺激受援国的民族感情。1977 年 9 月 21 日，联邦政府在通告中回应调查委员会"现代外交政策要求文化外交政策中包括教育及科学援助"的要求时，表示既然要实质性地开展与其他国家的文化合作，就要谋划与第三世界国家在教育－科学领域和对外文化政策的大多数领域进行全面的合作。④

上述可见，到 20 世纪 60 年代末 70 年代初，联邦德国已经逐渐形成了系统的对外文化政策，并开始在对外文化政策中贯彻多元主义理念。之所以转折在此时出现，是因为当时联邦德国国内外形势都发生了重大的变化。

因素之一是受到勃兰特政府推行新东方政策（Neue Ostpolitik）

---

① Emquete – Kommission Auswärtige Kulturpolitik(Hrsg.) , *Bericht der Enquete – Kommission Auswärtige Kulturpolitik gemäß Beschluß des Deutschen Bundestages vom 23. Feb.* , *1973* , Drucksache 7/4121 ,1975 ,S. 9.

② 《赫尔辛基最终决议》是于 1975 年通过的欧洲安全合作会议的第一个决议，旨在改善处于对立状态的东西方关系。

③ Emquete – Kommission Auswärtiger Kulturpolitik(Hrsg.) , *Bericht der Enquete – Kommission Auswärtige Kulturpolitik gemäß Beschluß des Deutschen Bundestages vom 23. Feb.* , *1973* , Drucksache 7/4121 ,1975 ,S. 16.

④ Auswärtige Amt(Hrsg.) , *Zehn Thesen zur kulturellen Begegnung und Zusammenarbeit mit Ländern der Dritten Welt* , Sankt Augustin : wico grafik GmbH ,1982 ,S. 8.

的影响。20 世纪 60 年代末期国内外形势的变化使得联邦德国原先所奉行的哈尔斯坦主义难以为继。出身左翼社民党的勃兰特决定修正阿登纳时期所制定的向西一边倒的外交方针，转而推行新东方政策，试图"以接近求转变"（Wandel durch Annäherung），不仅与民主德国而且与承认民主德国的社会主义国家发展友好关系，以缓和美苏对立情绪，维护欧洲和平。在新东方政策中，文化是一个非常重要的支柱。联邦德国试图通过推行"文化新东方政策"，与东欧社会主义国家展开文化对话与合作，以求更好地宣传联邦德国的形象和价值观，并与民主德国展开文化竞争。

因素之二是联邦德国国内政治文化的变迁的影响。学术界的左翼批判浪潮、"68"一代人逐渐成长以及左翼社民党人的上台和组阁等，形成了新的国内政治文化氛围，促进了联邦德国的政治民主化。60 年末"文化革命"（Kulturrevolution）时著名文化学者希尔马·霍夫曼提出的口号是"文化为人人"。20 世纪 70 年代时约瑟夫·博伊于斯（Joseph Beuys，1921 – 1986）的口号是："不要再选择某个政党！选择所有人！每个人！选择艺术，也就是选择你们自己！所有人！每个人！"于是，对外文化政策开始用"社会"来补充"国家"。联邦外交部国务秘书拉尔夫·达伦多夫（Ralf Dahrendorf，1929 – 2009）1970 年在歌德学院的讲话中也提到了"让政府间关系源自社会间关系，使后者影响决策"的问题，他还指出了实现这种目标的路径：要摒除狭隘的文化观，把精美的艺术、古典音乐、文学、绘画等"高端文化"概念与教育、科学、技术、媒体、政治乃至环境问题等联系在一起。通过这种"广泛的文化概念（weiter Kulturbegriff）"，可以将"人类共同生活中方方面面都包括进来"。就此而言，对外文化政策是"国家间的文化和社会政策"[①]。

2. 20 世纪 80 年代联邦德国对外文化政策中多元化趋势的加强及存在的问题

施密特（Helmut Schmidt，1918 – 2015）政府后期和科尔政府前

---

① Pavlía Richterová,„Der lange Weg zum Dialog:ein Jahrhundert deutsche Auswärtige Kulturpolitik(1912 – 2001)", acta universitatis carolinae, *studia territorialia*, vi – 2004,UNIVERZITA KARLOVA V PRAZE,NAKLADATELSTVÍ KAROLINUM,2005,S. 33.

期，联邦德国对外文化政策中的多元主义倾向进一步加强。在这一时期，联邦德国不仅进一步改善了本国与美、法等西方国家的文化关系，还与民主德国签订了文化条约，结束了两国长达数十年的文化斗争。更为重要的是，联邦德国与含有多种文明成分的第三世界国家的文化关系也有了历史性的进步。

1980 年，联邦德国政府发布《联邦德国对外发展援助政策的基本原则》（*Entwicklungspolitischen Grundlinie der Bundesregierung*），其中第 20、21 款专门规定要与第三世界国家在社会 – 文化变迁与发展方面展开合作。"发展过程对发展中国家的社会结构、社会信仰和社会关系形式的威胁可能会不断增加，甚至摧毁它们"，"这可能会导致人的空虚、压力和认同危机"。联邦德国在致力于与这些国家就经济、技术发展展开合作的同时，也希望尽力避免这种社会文化方面的负面影响。也就是说，联邦德国已经意识到社会文化框架条件对发展援助措施的意义，并且在工程策划和评估中越来越将此作为重点。"第三世界国家越来越关注自身独立的文化价值和传统。它们试图保护和进一步发展这些价值和传统，并使其与必要的现代化相协调。联邦德国注意到，它的发展援助合作是与这些目标相一致的。它在与伙伴国合作时进行了这方面的努力，而且这些努力在对外文化政策的框架下获得了特别的支持。人们已经认识到，这些努力对经济发展做出了重要的贡献，它们保护和强加了文化认同。"[1]

1982 年，联邦德国外交部发表《与第三世界国家进行文化交流与合作的十个议题》（*Zehn Thesen zur kulturellen Begegnung und Zusammenarbeit mit Ländern im Dritten Welt*）报告。在前言中，外交部国务秘书希尔德加德·哈姆 – 布吕歇尔（Hildegard Hamm – Brücher, 1921 – 2016）指出，联邦德国对第三世界发展中国家的发展援助政策之所以一再碰壁，就是因为只重视对这些国家的经济、技术援助，而忽视了援助对象国的文化、宗教及人类学前提，因此"必须对社会 – 文化的

---

[1] Auswärtige Amt（Hrsg.），*Zehn Thesen zur kulturellen Begegnung und Zusammenarbeit mit Ländern der Dritten Welt*, Sankt Augustin：wico grafik GmbH, 1982, S. 8 – 9.

发展和解放给予高度的关注"①。布吕歇尔进而为联邦德国对发展中国家文化政策拟定了四条原则：对第三世界国家的发展援助政策不是仅仅为了辅助财政及技术援助与合作，而应是加强这些国家自我认同和自我"造血"功能的手段；个人发展机会援助不能不考虑对所有人实施最低程度的教育；经济发展、工业化、现代化必须顾及其对伙伴国文化传统和生活方式的影响；刺激和援助发展中国家的自主文化认同和创造力，加强其自信及自立。

"文化多样性"是报告呈献的首个议题。"我们对第三世界文化合作提建议时所面对的现实状况是，区域和区域、亚区域和亚区域、国家与国家都是完全不同的。文化的多样性，社会经济发展状况的不同，以及常常更加不同的政治领导体制和价值观念，对我们在移情实现和适应准备方面提出了更高的要求。我们的措施不应破坏或代替伙伴国的文化结构、文化信仰和文化关系形式的发展，而应该被其所吸收并对其进行补充。文化多样性是我们这个世界的精神财富。根据历史经验，当我们的文化结构和欧洲的生活方式被无差别地输出时，对输出和接受双方都是有害的。即使我们的伙伴国自己要求，或者像在过去那样它们将此视作为不可避免的自我进步，许多例子还是告诉我们，这样做会激起强烈的感情抗拒。"②

布吕歇尔在第二个议题中提出了"合作的总原则"，第一条即"以文化平等为前提的文化双边关系"，第三条为"不是对自身文化成就的单方面宣扬，而是以'通过给予双方新的动力、接受新的刺激来确定文化关系'为目标的文化交流与伙伴关系合作"；在第五个议题"文化认同的要求"中，将扶植和保护现有文化遗产（如收藏、档案、博物馆、出土文物、历史文化研究）作为发展中国家自我理解和独立自主的要求；第七个议题"文化关系要求相互理解和相互了解"则指出，"世界范围内的文化关系平等原则有反作用力并会形成对自身文化的理解"，践行这一原则的做法包括 20 世纪 50 年代时在

---

① Auswärtige Amt（Hrsg.），*Zehn Thesen zur kulturellen Begegnung und Zusammenarbeit mit Ländern der Dritten Welt*,Sankt Augustin：wico grafik GmbH,1982,S. 6.

② Auswärtige Amt（Hrsg.），*Zehn Thesen zur kulturellen Begegnung und Zusammenarbeit mit Ländern der Dritten Welt*,Sankt Augustin：wico grafik GmbH,1982,S. 10.

中小学课程中与外来文化的接触、外来文化表演、"第三世界文献
（Documenta）艺术展"①、媒体关于非欧文化报道的改善和深化、支
持跨文化教育研究计划及研究所、支持德国与发展中国家出版社的合
作等。②

可见，联邦德国对外文化政策指导思想已经实现了由"文化输
出"到"文化交流与互动"的转变。

与此同时，联邦德国内部也仍有很多人反对这一转变，认为跨制
度、跨文化的多元主义对外文化政策不利于联邦德国宣传自身的形
象。巴伐利亚州州长弗兰茨·约瑟夫·施特劳斯（Franz Josef Strauβ，
1915－1988）1986 年在歌德学院讲话时就曾表示，在文化交流中，
民主德国也在国外将自己的形象描绘得很好，而这对联邦德国来说并
不是好事。"对外文化政策在民主德国和其他东方集团的社会主义国
家每赢得一个小小的胜利，也是社会主义国家外交政策的一个小小的
胜利。"③ 施特劳斯认为广泛性文化概念仅仅是达伦多夫文化政策目
标的体现，是"无下限"的。这种片面追求对外文化政策多元化、
平等化的思想和实践不利于实现联邦德国对外政策的总体目标。

3. 20 世纪七八十年代多元化趋势下联邦德国对外文化政策的统
一性

联邦德国对外文化政策的根本目标是改善本国形象，在世界上宣
传和推广本国的文化和价值观。20 世纪 70 年代初，单方面的文化输
出已经无法实现上述目标，所以才转而通过对话与合作的形式来推行
对外文化政策。不过，这一时期联邦德国对外文化政策的多元化，并
非无条件的、绝对的，而是有其内在统一性。

首先，无论是从外交理念还是实践来看，联邦德国此时只是通过

---

① Documenta 为在德国 Kassel 举行的艺术展。1955 年，德国画家阿莫尔德·博德
（Arnold Bode，1900－1977）为了让德国艺术重新融入世界艺术大家庭，举办了第一届德国
Documenta 当代艺术展，获得了巨大的成功。

② Auswärtige Amt（Hrsg.），*Zehn Thesen zur kulturellen Begegnung und Zusammenarbeit mit
Ländern der Dritten Welt*,Sankt Augustin,wico grafik GmbH,1982,S. 10－15.

③ Pavlía Richterová,„ „Der lange Weg zum Dialog:ein Jahrhundert deutsche Auswärtige Kultur-
politik(1912－2001)",acta universitatis carolinae,*studia territorialia*,vi－2004,UNIVERZITA
KARLOVA V PRAZE,NAKLADATELSTVÍ KAROLINUM,2005,S. 46.

用对话与合作的新方式取代文化输出来改善国家形象，推广和宣传本国文化，因此，就其对外文化政策的根本目标而言仍然是统一的。有学者曾对 1976—1977 年联邦外交部所制定的文化外交政策原则做出了如下总结：（1）对外文化政策最主要的、一以贯之的目标是"在自身不断变幻的世界中为联邦德国谋得作为一个文化国家的合法性"。（2）对外文化政策需符合外交政策的目标。因此它必须支持欧洲政治生活在文化领域的完善，必须增进和平，并为协调工业化国家和发展中国家的利益关系做出贡献。文化外交政策不能再仅仅被理解为一种语言、科学、文化、艺术等单方面的"文化输出"，而应该是一种增长的，并且以文化交流和伙伴关系为基础的合作。（3）对外文化政策之"文化"是一种广义的概念，其包括所有的精神价值。（4）通过阐释其文化生活及日益增长的文化贡献来推广联邦德国在世界上的形象并博得对本国的认可，此目标有助于在本国形成一个合适的、现实的、对生活与思想进行自我评判的历史及形象。①

20 世纪 70 年代时，联邦德国进一步在西方国家宣传自己的形象，如在伦敦 1970 年举行了"德国月"活动，其中不仅有传统的剧院、艺术等，还有对联邦德国教育和政治体制的宣传。国家还对多元文化交流项目进行了巨额资助，如"各国文化多样性发展项目"以及帮助亚非国家自我文化觉醒的"文化援助"项目等。② 80 年代时，科尔政府要求加强国家在对外文化政策中的职能，并将"积极的德国形象"（positives Deutschlandbild）和德语推广作为对外文化政策的新重心。科尔政府不仅加强了对歌德学院的控制，还发表了《德语在世界上的现状》（1985）和《海外德语中小学的现状与发展》（1988）两份报告，并建立了"世界文化之屋（Haus der Kulturen der Welt）"。还有人认为应该对德国海外中小学中的外国学生给予资助，以实现推广德意志文化的目标。

---

① Armin Klein, *Kulturpolitik：eine Einführung*, Wiesbaden：VS Verlag für Sozialwissenschaften, 2009, S. 112.

② Pavlía Richterová, „Der lange Weg zum Dialog：ein Jahrhundert deutsche Auswärtige Kultur-politik(1912 – 2001)", acta universitatis carolinae, *studia territorialia*, vi – 2004, UNIVERZITA KARLOVA V PRAZE, NAKLADATELSTVÍ KAROLINUM, 2005, S. 37.

其次，联邦德国此时仍然将促进非西方国家接受西方核心价值观作为对外文化合作与交流的重要潜在目标之一。联邦议院对外文化政策调查委员会 1973 年报告中指出，虽然各国有权决定自身的文化，但世界上"已不存在自我封闭的文化"。"世界文明的发展进程绝不是世界秩序和政治制度的统一，但这一进程却首先使那些传统上没有与西方文明密切联系的文明在短期内产生了与其自身认同难以协调的冲突。""它们在接受科学技术和经济形式方面存在困难，因为它们必须先接受西方文明的理性传统。""联邦德国对外文化政策有两个基本倾向：作为文化国家的联邦共和国的代表；与他国文化进行对话时的准备和能力。"①1977 年，联邦政府接受联邦议院调查委员会的观点，在与社会主义国家进行文化来往时强调主动性和竞争性。"鉴于东欧社会主义都是国家控制文化生活，我们这些多元文化政策能否为其所接受还是个问号。根据平等原则与东欧国家所进行的文化交流，以细节商谈和更好地相互协商为基础，德方在这种互相协商中应积极参与并争取主动……毋庸置疑，民主德国将会尽力阻止我们与其盟友文化交流的扩大。如果民主德国在其他国家的文化工作畅通无阻，联邦政府将感到更加遗憾。"②

再次，在制度思想与实践方面，联邦德国文化联邦主义的多元分散性也在得到进一步的改变。1970 年《对外文化政策指导纲领》第三部分要求国家在对外文化政策中发挥计划和协调作用，避免政策的矛盾与重复。③1975 年联邦议院对外文化政策调查委员会第 130 号"总结报告"要求，在国外推广德语的工作中，民间组织的自治要在外交部"政治总负责"的框架下实现。报告建议除了加强与国际组织的合作外，还要将德语融入外国的本土化教学中或建立双语中学和双文

①　Enquete – Kommission Auswärtige Kulturpolitik（Hrsg.），*Bericht der Enquete – Kommission Auswärtige Kulturpolitik gemäß Beschluß des Deutschen Bundestages vom 23. Feb. ,1973*,Drucksache 7/4121,1975,S. 8. Auswärtige Amt（Hrsg.），*Zehn Thesen zur kulturellen Begegnung und Zusammenarbeit mit Ländern der Dritten Welt*,Sankt Augustin:wico grafik GmbH,1982,S. 8.

②　Bundesregierung（Hrsg.），*Unterrichtung durch die Bundesregierung , Stellungnahme der Bundesregierung zu dem Bericht der Enquete – Kommission „Auswärtige Kulturpolitik" des Deutschen Bundestages*,Drucksache 7/4121,1975,S. 17.

③　Auswärtige Amt（Hrsg.），*Leitsätz für die auswärtige Kulturpolitik*,auswärtige Amt,1970,S. 14.

化中小学（bikulturelle Schulen）。文件要求外交部独揽文化政治大权，但仅限于计划和管制。因此还要设立联邦与州之间的协调委员会，并应把地方乡镇文化发展也纳入其中。文件还提议设立文化外交政策部门领导委员会（Abteilungsleiterausschusses für Kulturelle Außenpolitik）、地区与专业委员会，并在州政府设立对外文化政策顾问委员会等。联邦德国外交部《与第三世界国家进行文化交流与合作的十个议题》"合作的总原则"最后一条也明确指出，"鼓励和推动非政府组织（教会、基金会、教育组织、社会团体）与发展中国家合作伙伴之间的合作"①。

1971年，外交部官员、社会学家汉斯格特·派泽特（Hansgert Peisert，生卒年代不详）完成一份评估报告，即所谓的"派泽特专家意见"（Peisert – Gutachten），要求加强外交部在民间组织中的国家调控和协调计划能力。联邦议院调查委员会在1972年春的一份报告中也表达了类似的愿望。② 在国家的大力推动下，诸多重要的民间文化交流团体，如歌德学院、洪堡基金会、卡尔－杜伊斯堡学会、德意志国际发展基金会、德国学术交流中心及国际协会等联合成立了"国际合作联合会"（Vereinigung für internationale Zusammenarbeit，简称VIZ）。

三 世纪之交联邦德国的对外文化政策

1. 20世纪90年代联邦德国对外文化政策的演变及完善

1990年两德统一之后，联邦德国成为除俄罗斯以外的欧洲最强大的国家，已不甘心继续再做美国的"小伙伴""小跟班"。为了改变以往"经济巨人、政治侏儒"的形象，联邦德国制定和执行外交政策时自主性明显加强。但与此同时，它又不希望因为自己的强大而勾起人们对昔日帝国霸权的回忆，引起左邻右舍的不安。在这一背景下，联邦德国对外文化政策的理念和制度也做出了相应的调整。因此，20世纪90年代对联邦德国外交政策具有重要影响的几位学者，

---

① Auswärtige Amt（Hrsg.）, *Zehn Thesen zur kulturellen Begegnung und Zusammenarbeit mit Ländern der Dritten Welt*, Sankt Augustin：wico grafik GmbH, 1982, S. 11.

② Pavlía Richterová, „Der lange Weg zum Dialog：ein Jahrhundert deutsche Auswärtige Kulturpolitik（1912 – 2001）", acta universitatis carolinae, *studia territorialia*, vi – 2004, UNIVERZITA KARLOVA V PRAZE, NAKLADATELSTVÍ KAROLINUM, 2005, S. 36.

如歌德学院院长希尔玛·霍夫曼、柏林科学学院院长沃尔夫·莱普尼斯（Wolf Lepenies，1941 - ）等陆续发表声明和文章，要求政府进一步承认冷战后世界文化多元化的基本特点，支持文明间的对话与融合，谨慎而积极地向世界宣传新德的形象。这些思想是此时德国学术界"存异求同、多元一体"文化多元主义价值观的重要组成部分。

1993 年，德国政府为回应联邦议会部分议员的质询，发表了一份名为《统一后的德国作为文化民族在一个变化世界中的形象》（*Das Bild des vereinten Deutschland als Kulturnation in einer sich wandelnden Welt*）的文件，共分"基础和目标""德语的关键作用""区域重心"等三部分。其中最重要的"基础和目标"部分，以提出问题的方式系统地阐释了新时期德国对外文化政策的基本目标。文件明确指出：联邦德国对外文化政策的"最高目标是确立统一后德国作为一个文化国家在不断变化的世界上的威望和分量并谋求权力"。而"对外文化政策最重要的任务和一贯目标是联邦德国在变化的世界上作为一个文化国家的合法性"。"对外文化政策不是单方面的语言、科学、文化或艺术的文化输出，而是为基于国家文化传统双赢考虑的文化交换关系和伙伴合作构建基础。"对外文化政策之文化是一个包含所有文化价值的"拓展的文化概念"（erweiterter Kulturbegriff）。德国要通过展现其文化生活和文化成就来增加自己在世界上的威信，并唤起对德国的理解，由此改善德国国家形象，在现有背景下正确地概括和展现本国的历史。[①] 文件指出，德国要利用文化交流手段支持前社会主义国家改革进程，促进其与德国的西方盟友合作，同时进一步提高整个西方对东欧的参与。[②]

《统一后的德国作为文化民族在一个变化世界中的形象》反映了新统一的德国希望继续通过多元平等的文化交流与合作来改善本国形

[①]　Bundesregierung(Hrsg.), *Antwort der Bundesregierung：Das Bild des vereinten Deutschland als Kulturnation in einer sich wandelnden Welt*, Drucksache 12/6504, Bonn：Bundesanzeiger Verlagsgesellschaft GmbH 1993, S. 1 - 2.

[②]　Bundesregierung(Hrsg.), *Antwort der Bundesregierung：Das Bild des vereinten Deutschland als Kulturnation in einer sich wandelnden Welt*, Drucksache 12/6504, Bonn：Bundesanzeiger Verlagsgesellschaft GmbH, 1993, S. 4.

象，消除世人对重新统一后的德国的疑虑。实际上，20世纪90年代时联邦德国已不仅将此视作是宣传和改善本国形象的必备手段，更将此视作是维护国家安全、保卫世界和平的必不可少的工具。1996年联邦总统罗曼·赫尔佐克（Roman Herzog，1934－2017）在波恩历史博物馆举行的"国际文化对话中的德国"会议上发表演讲，要求将文化对话作为安全政策的重要组成部分，使之成为与军控相同的和平外交手段。联邦德国外交部文化交流司司长汉斯－博多·贝尔特拉姆（Hans－Bodo Bertram，1941－）在一本名为《对外文化政策：1993—1996年》的小册子中也明确表示，"用对外文化政策手段引导文化对话，越来越寻求对异文化（andere Kulturen）的容忍、关注和尊重，越来越要保卫和平和牢固的伙伴关系"，已经显得日益重要。"对外文化政策因此而有了决定性的意义：它成为了解潜在危险和消除跨文化对话中紧张关系的越来越重要的外交政策工具。"[1] 1997年时，联邦外交部长克劳斯·金克尔（Klaus Kinkel，1936－）更是将文化交往提升为德国驻外大使的"首要任务"。

在平等化、多元化的对外文化政策理念为越来越多的德国人所接受的同时，联邦德国并没有忘记通过文化上的交流与合作来推广本国文化和核心价值观，影响他国的文化和价值观认同。这是90年代德国对外文化政策的又一重要特征。

在两德统一和冷战结束后，联邦德国加紧向外输出多元文化理念，促进前社会主义国家文化的民主化和多元化。联邦德国首先对民主德国的涉外文化事务进行继承和改造。冷战时期，由于东德较为先进，德语在东欧社会主义国家中影响较大。两德统一后，联邦德国继续巩固以德语为工具的东方文化政策，并将原先接受民主德国资助的6500名外国留学生纳入德国学术交流中心的资助范围。与此同时，联邦德国将中东欧国家和独联体国家作为对外文化政策的新中心，希望通过文化交往促进这些国家的民主化和多元化，维护欧洲的政治稳定。

---

① Pavlía Richterová，„Der lange Weg zum Dialog：ein Jahrhundert deutsche Auswärtige Kulturpolitik（1912－2001）"，acta universitatis carolinae，*studia territorialia*，vi－2004，UNIVERZITA KARLOVA V PRAZE，NAKLADATELSTVÍ KAROLINUM，2005，S. 59.

1991—1995 年，联邦德国仿照与前华约国家签订的双边文化条约，陆续与中东欧国家相继签订 19 个文化条约。联邦德国甚至还为这些国家的民主化进程设立了专门的民主基金。① 在教育领域，德国则将德语教育摆在"极其重要"的地位，并提供了更多的交换生项目。科尔政府就特别强调在外交实践中的"语言输出"（Sprachexport），甚至希望德语能成为东欧的"法语（即国际通用语言）"②。1998 年红绿联盟政府建立后，联邦总理格哈德·施罗德强调，对外文化政策是德国外交、安全政策的主要组成部分之一。德国要"输出民主的标准和提供民主意识……德国人拒绝右翼极端倾向和排外倾向"③。联邦外交部长约施卡·费舍尔（Joschka Fischer，1948 - ）则在歌德学院 1998 年慕尼黑代表大会上明确表示，德国对外文化政策是实现人权、民主和文化对话的不可替代的工具。

在制度思想方面，德国则再次扩大了联邦在对外文化事务上的发言权，使传统文化联邦主义的集中性进一步加强。这也是统一后德国对外文化多元主义的主要发展趋势之一。1997 年，歌德学院院长约阿希姆·萨托里乌斯（Joachim Sartorius，1946 - ）在联邦议会外交委员会专家听证会上再次要求改变对外文化政策政出多门的状况，将权力集中于文化交流司。更有人提出应彻底改革文化联邦主义，建立联邦文化部，统一负责对内对外文化事务。但这些观点遭到了文化联邦主义支持者的坚决反对。最终双方妥协的结果是：扩大联邦在文化方面的权力，但不建立联邦文化部，而只在联邦总理府内设立一个文化与媒体专署，同时相应地在联邦议会里建立文化与媒体委员会（Ausschuss für Kultur und Medien），加强对对外文化政策的协调与监督。

在重新统一后的近十年间，联邦德国对外文化多元主义较之前呈

① Pavlía Richterová,„ Der lange Weg zum Dialog：ein Jahrhundert deutsche Auswärtige Kulturpolitik（1912 - 2001）", acta universitatis carolinae,*studia territorialia*,vi - 2004,UNIVERZITA KARLOVA V PRAZE,NAKLADATELSTVÍ KAROLINUM,2005,S. 51 - 53.

② Pavlía Richterová,„ Der lange Weg zum Dialog：ein Jahrhundert deutsche Auswärtige Kulturpolitik（1912 - 2001）",acta universitatis carolinae,*studia territorialia*,vi - 2004,UNIVERZITA KARLOVA V PRAZE,NAKLADATELSTVÍ KAROLINUM,2005,S. 53.

③ *Regierungserklärung des Bundeskanzlers Gerhard Schröder zu Beginn der* 14. *Legislaturperiode vom* 10. 11. 1998,Plenarprotokoll 14/3,S. 47.

现出更加明显的"存异求同、多元一体"的特点。一方面，文化多元主义希望通过不同文化之间的平等交流和多元合作，来改善本国形象，保卫国家安全，宣传本国文化及核心价值观，促进非西方国家的文化、价值观的演变，以减少各种文化之间的冲突，维护世界和平。它既不是单边的文化输出，也不是没有任何价值底线的绝对多元主义或包容一切的绝对不干涉主义。它以交流合作的方式推广西方的核心价值观，又尽可能地理解和尊重各种与西方核心价值观没有冲突的非西方文化。在制度思想方面，文化多元主义则体现在通过扩大联邦的权力，来加强传统文化联邦主义下对外文化政策的总体协调性。文化多元主义的制度思想既有别于文化中央集权主义，又不同于权力过于分散的绝对文化联邦主义。

作为一种尚未完全定型的对外文化政策，文化多元主义理念与实践在 20 世纪 90 年代时也暴露出许多问题。其中最主要的就是文化多元主义政策与对外经贸政策的协调问题。对外文化利益往往短期内难以看到成效，因此，最理想的状态当然是将其与立竿见影的短期国家利益，如经贸利益联系起来，以增加其贯彻动力。于是，在 1994—1995 年首份《联邦政府对外文化政策报告》（*Bericht der Bundesregierung zur Auswärtigen Kulturpolitik*, 94/95）中，德国政府明确将增加对外贸易列为对外推广德语的主要目的之一。

实际上，作为联邦德国贯彻对外文化多元主义政策的主要手段之一，对外德语推广也确实有力地推动了德国外贸的发展。"谁学德语，谁就买德国货。"① 由于 20 世纪 90 年代国内经济持续低迷，甚至时任德国外交部长的金克尔甚至提出将对外文化多元主义政策作为德国对外贸易政策的辅助。但是这种过于功利的做法引起许多德国学者的不满。1995 年，德国作家汉斯·恩茨斯贝格（Hans Enzensberger, 1929 – ）在《明镜》（*Der Spiegel*）周刊发表《对外倒退》一文，将联邦政府的这一思路讥讽为"德国对外文化政策的出卖"。该文表示，德国应成为一个

① Pavlía Richterová, „Der lange Weg zum Dialog: ein Jahrhundert deutsche Auswärtige Kulturpolitik (1912 – 2001)", acta universitatis carolinae, *studia territorialia*, vi – 2004, UNIVERZITA KARLOVA V PRAZE, NAKLADATELSTVÍ KAROLINUM, 2005, S. 54.

"将异文化知识作为生存必要条件的"国家，并因此应具备"对话能力"和"对话能力早期预警系统（dialogfähiges Frühwarnsystem）"。① 在恩茨斯贝格看来，对外文化政策的目标应该着眼于更长远的文化和价值利益，而不应是眼前的经济利益。

2. 新世纪联邦德国的对外文化政策及其特点

进入新世纪以后，联邦德国的对外文化政策又出现了一些新的变化和特点，对外文化政策的"集中"取向更加突出。

2000 年 6 月 4 日，经过反复酝酿，红绿联盟政府外长费舍尔在柏林举行的"对外文化政策未来论坛"（Forum：Zukunft der Auswärtigen Kulturpolitik）上正式公布了新世纪德国对外文化政策的指导性纲领《对外文化政策——2000 年理念》（*Auswärtige Kulturpolitik – Konzeption 2000*）②。文件共列出了 9 条具有鲜明对外文化多元主义色彩的基本原则，并得到了与会的德国对外文化交流机构代表的支持。③ 但时隔不久，美国爆发了震惊整个西方的 911 恐怖袭击事件。为防止类似事件的发生，德国决定在《对外文化政策——2000 年理念》的基础上调整国家安全政策，将形成国家认同的社会、文化安全列为国家安全的主要组成部分之一④，在执行对外文化多元主义政策的同时，强调西方核心价值理念的推广。基于以上两种倾向，新世纪联邦德国的对外文化政策形成了以下几个明显的特点。

新世纪联邦德国对外文化政策的第一个特点是，在制度层面上，虽然与英法等国"集权式"的对外文化管理体制相比，联邦德国实行的是半集中式的"合作性联邦主义"体制，但"集中"趋向明显加强。

如前所述，所谓合作性联邦主义，就是以文化联邦主义和代表多元主义为基础，注重联邦与地方之间、地方与地方之间及国家与社会

---

① Hans Enzensberger, „Auswärts im Rückwärtsgang". In：*Der Spiegel*,37/1995,S. 215 – 221.

② Auswärtiges Amt – Kulturabteilung, Auswärtige Kulturpolitik – Konzeption 2000. http://www. ifa. de/fileadmin/pdf/aa/akbp_konzeption2000. pdf.

③ Auswärtige Amt(Hrsg.)，*Forum Zukunft der Auswärtige Kulturpolitik*,Berlin,4. Juli 2000, Mackenheim：Druck Center Mackenheim,2000,S. 16 – 17.

④ Gerhard Schröder, „Gerechtigkeit im Zeitalter der Globalisierung schaffen. Die Regierungserklärung des Bundeskanzlers Gerhard Schröder zu Beginn der 15. Legislaturperiode". In：*Frankfurter Allgemeine Zeitung*,30. Oktober 2002.

之间最大限度的合作、共同协商处理某项事务的思想与制度。在联邦德国，由于对内文化事务主要是各州的职权范围，而对内对外文化事务又是密不可分的——如德俄历史委员会（Deutsch－Russiche Historikerkommission）的文化活动就分别受到德国外交部、内政部和文化媒体专员（国务部长）的管理①，所以联邦国家机关、各民间对外文化交流组织都必须与11个州（统一后为16个）的文化部（Kultusministerien）和州文化教育参议会（Kultursenate）保持密切的合作②，联邦外交部也只是负责协调各部门的任务，以求保持整个对外文化政策的一致性。此即《基本法》和"林道条约"中明确规定的"文化联邦主义"。而所谓"代表多元主义"，就是由民间组织的多元化活动协助国家处理某项事务的思想与制度。联邦德国的对外文化教育政策一般都是由协会、基金会和公司实施的。其中最有名的就是歌德学院和德国学术交流中心。这些机构的海外领导人都不是德国外交和领事人员。以文化联邦主义和代表多元主义为基础的合作性联邦主义确保了联邦德国对外文化体制多元性和合作性，以致德国"对外文化政策体现和脱胎于联邦、各州、民间组织及个人的合作之中"③。这种文化联邦主义和代表多元主义加强了联邦德国政治的稳定，确保了文化与政治的民主关系。

与此同时，联邦德国在长期实践过程中又不断强化对外文化政策的"集中"取向，以加强对外文化管理体制的集中性，避免对外文化事务政出多门，权责不清。根据《基本法》及其后所颁布的法律法规，联邦在对外文化政策方面握有立法和执行权，联邦外交部长负责确定对外文化政策的总的指导方针，外交部文化交流司也拥有协调和政治控制对外文化事务及签订国际文化条约的权力。文化与媒体专

---

① Armin Klein, *Kulturpolitik：eine Einführung*, Wiesbaden：VS Verlag für Sozialwissenschaften, 2009, S. 117.

② Pavlía Richterová, „Der lange Weg zum Dialog：ein Jahrhundert deutsche Auswärtige Kulturpolitik（1912－2001）", acta universitatis carolinae, *studia territorialia*, vi－2004, UNIVERZITA KARLOVA V PRAZE, NAKLADATELSTVÍ KAROLINUM, 2005, S. 28.

③ Bundesregierung, *Antwort der Bundesregierung：Das Bild des vereinten Deutschland als Kulturnation in einer sich wandelnden Welt*, Drucksache 12/6504, Bonn：Bundesanzeiger Verlagsgesellschaft GmbH, 1993, S. 1.

署设立后，该机构与联邦外交部成为德国分掌欧洲和对外文化政策的两大行政调控部门（德国已经将欧盟文化政策从外交政策中剥离），对外文化政策权责不清的情况比以前有所改善。

《对外文化政策——2000 年理念》所提出的九大指导原则中，后四条就涉及这种趋向于集中的“合作性联邦主义”，即强调联邦外交部在对外文化政策方面的总协调功能：“联邦政府对外文化政策的政治路线由外交部制定和调整；重点是科教合作、国际文化对话、文化艺术人员交流、媒体在国际合作中的应用及推广、德语作为德国文化推广和外国学校教育的核心地位的确立与加强等。”“对外文化政策与其他政策，尤其是发展援助和对外经济政策共同发挥作用，并在科学、研究、技术、教育、职业教育、青年教育和体育等领域展开国际合作；参与其中的联邦、各州、各非政府组织在统一目标之下进行协调。”有学者因此评价说，在外交部集中地、有组织地推行对外文化政策方面，《对外文化政策——2000 年理念》堪称是一个里程碑式的文件。①

当然，文件也对“合作性联邦主义”中的文化联邦主义和代表多元主义分别予以了保障：“在对外文化政策中，联邦与州密切合作；在公法条约中，如果各州有权参与并承担责任，则需依照‘林道条约’进行相互协商；在国际文化事务中，各州职能由文教部长常设会议行使。”“在执行方面，由私法性组织在其章程中将对外文化政策委托给具有不同工作重心和目标的自由中间组织。在德国，文化自由居主导地位，不存在国家文化（Staatskultur）。多元主义和中间非政府组织保证对外文化活动的多样性和独立性；中间组织依据其不同的任务特点和章程规定执行联邦政府的对外文化政策。”②

联邦德国在对外文化政策中强调平等性、多元性、大众性，注重通过“交流合作”方式实现其对外文化政策的目标。这是德国对外文化多元主义的第二个重要特点。

《对外文化政策——2000 年理念》所提出的对外文化政策指导原

① Armin Klein, *Kulturpolitik：eine Einführung*, Wiesbaden：VS Verlag für Sozialwissenschaften, 2009, S. 113.

② Auswärtige Amt(Hrsg.), *Forum Zukunft der Auswärtige Kulturpolitik*, Berlin, 4. Juli 2000, Mackenheim：Druck Center Mackenheim, 2000, S. 17.

则中，第四条就明确提倡以平等性、多元性、大众性为特点的"交流合作"式对外文化政策。"对外文化政策不局限于文化协调，也要求在人类与文化之间的对话、交流与合作；它服务于国家之间与人类之间的相互理解；它为政治经济合作筑起忠诚、信任及必不可少的网络——和随之而来的持久性。对外文化政策为德国赢得伙伴和友谊，也为我们国家寻求多种直接的利益。"该文件还将文化交流合作与宣传改善德国形象联系在一起。"对外媒体政策（Auswärtige Medienpolitik）的主要任务就是构建全球网络，在国外打造德国的国家形象，影响对我国的兴趣及认同，引发对话、交流与合作。"①

911 事件后，联邦德国果断将与伊斯兰世界的对话提上议事日程，并支持当年由伊朗提出的"文化对话国际年"活动。② 此后直至 2010 年，联邦外交部在对外文化政策年度报告中一直把通过"价值观对话"（Wertedialog，2003 - 2008）或"跨文化对话"（Interkultureller Dialog，2009 - 2010）以减少世界范围内的冲突，列为其对外文化政策的主要目标之一。③"我们的对外政策是和平政策，其目标是通过与世界上其他社会及文化的价值观对话来减少冲突和控制危机。"④ 虽然德国自 2010 年起将该项内容从对外文化政策目标中删除，但自 2009 年起德国已将"对话模式（Dialogansatz）"列为实现对外文化政策的首要战略手段，理由是"平等交流在对外文化教育政策中扮演中心角色，通

---

① Auswärtige Amt(Hrsg.)，*Forum Zukunft der Auswärtige Kulturpolitik*，Berlin，4. Juli 2000，Mackenheim：Druck Center Mackenheim，2000，S. 24.

② Auswärtige Amt(Hrsg.)，*Bericht der Bundesregierung zur Auswärtigen Kulturpolitik 2001*，Berlin：Bundesregierung，2001，S. 4.

③ Auswärtige Amt(Hrsg.)，*Bericht der Bundesregierung zur Auswärtigen Kulturpolitik 2003*，Berlin：Bundesregierung，2004，S. 7，Auswärtige Amt(Hrsg.)，*Bericht zur Auswärtigen Kulturpolitik 2004*，Berlin：Bundesregierung，2005，S. 7，Auswärtige Amt (Hrsg.)，*Bericht der Bundesregierung zur Auswärtigen Kulturpolitik，2005/2006*，Berlin：Bundesregierung，2006，S. 5，Auswärtige Amt(Hrsg.)，*Auswärtigen Kulturpolitik 2007/08*，Berlin：Bundesregierung，2008，S. 2，Auswärtige Amt (Hrsg.)，*Bericht der Bundesregierung zur Auswärtigen Kulturpolitik 2008/2009*，Berlin：Bundesregierung，2010，S. 37，Auswärtige Amt (Hrsg.)，*Bericht der Bundesregierung zur Auswärtigen Kultur - und Bildungspolitik 2009 - 2010*，Niestetal：Silber Druck，S. 9.

④ Auswärtige Amt (Hrsg.)，*Bericht der Bundesregierung zur Auswärtigen Kulturpolitik 2003*，Berlin：Bundesregierung，2004，S. 7，Auswärtige Amt(Hrsg.)，*Bericht zur Auswärtigen Kulturpolitik 2004*，Berlin：Bundesregierung，2005，S. 7.

过国际对话有利于控制文明冲突"①。

在平等化、多元化的对外文化多元主义理念指导下，后 9·11 时代的德国开展了一系列对外文化交流合作活动，促进了西方与伊斯兰世界的沟通与理解。2002 年举行了"我们相互认识（Wir lernen uns kennen）"活动，组织欧洲和伊斯兰国家中小学生进行交流活动。②德国还从 2002 年起启动了旨在促进西方与伊斯兰世界相互理解和推广西方核心价值观的"欧洲—伊斯兰文化对话（Europaisch – islamischer kulturdialog）"特别项目，并先后与阿富汗、土耳其、伊拉克等国在语言文化教育领域对话，取得了不少的成果。③ 2012 年 11 月，德国邀请西非伊玛目到柏林商议基督徒与穆斯林和平共处的问题；2013年，文化间对话秘书处（Beauftragten für den Dialog zwischen den Kulturen）举办德国与印度尼西亚的跨文化、跨宗教对话。④

联邦德国在奉行以大众性、平等性、多元性为特点的"交流合作"式对外文化政策的同时，又明确提出要在对外文化政策中坚持西方核心价值取向，希望通过与非西方国家的对话及合作来宣传德国文化和核心价值观，以提升本国文化软实力，并促进这些国家文化和价值观的变迁。这是新世纪联邦德国对外文化政策的第三个特点。

《对外文化政策——2000 年理念》对于联邦德国对外文化活动中的价值取向做了明确的表述："我们在国外的文化活动不是简单的中立行为，而是有价值取向的。在民主化、实现人权、可持续性增长、

① Auswärtige Amt(Hrsg.), *Bericht der Bundesregierung zur Auswärtigen Kultur – und Bildungspolitik 2009 – 2010*, Niestetal: Silber Druck, S. 9; Auswärtige Amt(Hrsg.), *Auswärtige Kultur – und Bildungspolitik 2010/2011*, Bericht der Bundesregierung, Niestetal: Silber Druck, S. 12; Auswärtige Amt(Hrsg.), *Bericht der Bundesregierung zur Auswärtigen Kultur – und Bildungspolitik*, 2011 – 12, Paderborn: Bonifatius GmbH, 2013, S. 11; Auswärtige Amt(Hrsg.), *Bericht der Bundesregierung zur Auswärtigen Kultur – und Bildungspolitik*, 2012 – 2013, Berlin: Bundesregierung, 2014, S. 8.
② Auswärtige Amt(Hrsg.), *Bericht der Bundesregierung zur Auswärtigen Kulturpolitik 2001*, Berlin: Bundesregierung, 2001, S. 16.
③ Auswärtige Amt(Hrsg.), *Bericht der Bundesregierung zur Auswärtigen Kulturpolitik 2003*, Berlin: Bundesregierung, 2004, S. 5,7,27.
④ Auswärtige Amt(Hrsg.), *Bericht der Bundesregierung zur Auswärtigen Kultur – und Bildungspolitik*, 2012 – 2013, Berlin: Bundesregierung, 2014, S. 37.

参与科技进步、消除贫困和自然资源保护等方面均有明确态度。"①
"在充满文化竞争与交流的地球村里,对外文化政策必须引入批判性
价值讨论,并在科学管理和文化、情报对话中扮演积极的角色。"②
在德国看来,只有通过交流与对话,使非西方国家接受西方的核心价
值观,才能减少世界因工业化、现代化而带来的种种矛盾,减少动乱
与冲突。"随全球化而来的变化既提供了新的机遇,也引起了不安与
反抗,尤其是那些因为这些发展而面临被边缘化威胁的国家与民族。
日常文化的全球同化导致许多区域文化消失和传统文化改革的反抗,
最终引起宗教和文化的冲突。通过文化对话、促进民主发展和实现人
权来实现稳定和预防冲突的需求不断增长。"③

911 事件后,联邦德国更加强调通过交流合作向外推广西方文化
和核心价值观的重要性。"对外文化教育政策的中心任务是说服世人
接受自由、宽容等普世价值,这一价值将促进民主、人权、少数民族
保护、法治、可持续发展,并加强公民社会的力量。"④ 2009 年之后,
联邦德国将"价值关联(Wertebindung)"列为实现对外文化政策战略
手段之一,强调"对外文化教育政策中一直贯穿以自由、民主、人权
等价值理念。这些价值在地理上和文化上是无国界的"⑤。

2011 年起,联邦外交部进一步提出了所谓的"全球化时代的对
外文化教育政策——赢得伙伴、传播价值、代表利益"的新理念,甚

---

① Auswärtige Amt(Hrsg.) , *Forum Zukunft der Auswärtige Kulturpolitik* , Berlin , 4. Juli 2000 ,
Mackenheim : Druck Center Mackenheim , 2000 , S. 16.

② Auswärtige Amt(Hrsg.) , *Forum Zukunft der Auswärtige Kulturpolitik* , Berlin , 4. Juli 2000 ,
Mackenheim : Druck Center Mackenheim , 2000 , S. 18.

③ Auswärtige Amt(Hrsg.) , *Forum Zukunft der Auswärtige Kulturpolitik* , Berlin , 4. Juli 2000 ,
Mackenheim : Druck Center Mackenheim , 2000 , S. 18.

④ Auswärtige Amt(Hrsg.) , *Bericht der Bundesregierung zur Auswärtigen Kulturpolitik 2003* ,
Berlin : Bundesregierung , 2004 , S. 7.

⑤ Auswärtige Amt(Hrsg.) , *Bericht der Bundesregierung zur Auswärtigen Kultur – und Bildungs-
politik 2009 – 2010* , Niestetal : Silber Druck , S. 9 ; Auswärtige Amt(Hrsg.) ; *Auswärtige Kultur – und
Bildungspolitik 2010/2011* , *Bericht der Bundesregierung* , Niestetal : Silber Druck , S. 12 ; Auswärtige
Amt(Hrsg.) , *Bericht der Bundesregierung zur Auswärtigen Kultur – und Bildungspolitik* , 2011 – 12 ,
Paderborn : Bonifatius GmbH , 2013 , S. 11 ; Auswärtige Amt(Hrsg.) , *Bericht der Bundesregierung zur
Auswärtigen Kultur – und Bildungspolitik* , 2012 – 2013 , Berlin : Bundesregierung , 2014 , S. 8.

至将阿拉伯世界的颜色革命在一定程度上归功于通过交流合作对外推广西方核心价值理念的对外文化多元主义政策。"文化全球化和（非西方国家）国内外文化多样性的增加给了对外文化政策一个机会：文化交流倾向于加强外国艺术家可能会在国内起到的重要桥梁作用。尤其是过去与伊斯兰世界的文化对话已经取得成果。阿拉伯世界的革命形势已经显示出，对外文化政策能以何种方式对社会开放、民主化及由此而带来的冲突平息做出贡献。2011 年时联邦政府已经呼吁启动转型合作，它应该通过教育创新和民主推动对相应伙伴国家的变革起到了作用。"[1]

2012 年和 2013 年，德国继续大力宣扬推广西方核心价值观在促进阿拉伯国家变革中所起的重要作用，对外文化交流成为其对外政策的重点投入领域之一。"文化交流前景远大且担负重大的桥梁作用……联邦政府支持民主化转型的社会努力，并因此而在'转型合作'的框架下于 2012、2013 年斥资 1 亿欧元支持阿拉伯国家变革。其中 2000 万欧元应用到文化、教育媒体领域，另有 3000 万用于民主化和经济发展。"[2]"文化对话的重点是教育、青年工作、媒体和司法领域，也包括对社会内部重要领域，如思想及宗教自由等的观念交流，及消除偏见与敌视。目前某些国家动荡和不稳定主要是由于它们基于伊斯兰世界的政治偏激而部分地拒绝民主、人权、多元主义等政治理念及价值。这些趋势不利于和伊斯兰世界展开对话。"[3]

德国还将西方核心价值观列为其国家形象的重要组成部分，进而将对外文化政策与宣传改善本国形象结合在一起。自 2002 年起，德国外交部在对外文化政策年度报告中一直将"亲德宣传和改善德国形象"当作对外文化政策的基本目标之一。"通过对外文化教育政策，德国给世人所展现的，是一个拥有传统和现代文化的、对平等对话与

① Auswärtige Amt(Hrsg.) , *Bericht der Bundesregierung zur Auswärtigen Kultur – und Bildungspolitik* ,*2011 – 12* ,Paderborn:Bonifatius GmbH,2013 ,S. 11.

② Auswärtige Amt(Hrsg.) , *Bericht der Bundesregierung zur Auswärtigen Kultur – und Bildungspolitik* ,*2012 – 2013* ,Berlin:Bundesregierung,2014 ,S. 10.

③ Auswärtige Amt(Hrsg.) , *Bericht der Bundesregierung zur Auswärtigen Kultur – und Bildungspolitik* ,*2012 – 2013* ,Berlin:Bundesregierung,2014 ,S. 37.

交流感兴趣的、对其历史直言不讳的、价值观可靠的国家。""展示德国形象和人员交流是对外文化工程的核心。"① 在德国近些年推行和举办的一系列的文化形象展示活动中，很多都和自由、民主、人权等价值观有关，如纪念联邦德国获得自由 60 周年，纪念柏林墙倒塌 20 周年，通过"自由 20 年——德国说声谢谢"参与美国"自由无界限"活动等。

作为外交政策的第三大支柱，联邦德国对外文化政策在捍卫国家文化利益、宣传和改善国家形象、推动和发展国家对外文化交往方面发挥了巨大的作用。而对外文化政策中的文化多元主义倾向，不仅成功地改善了联邦德国在西方国家心目中的形象，使联邦德国在价值观方面与其他西方主要国家融为一体，还有利于联邦德国与非西方国家展开平等的文化交流与合作，在一定程度上推动了世界文化多样性的发展。

但是与此同时，德国政府在对外文化政策中强化其输出西方价值观和大力鼓吹人权外交的做法也激怒了包括中国在内的许多非西方发展中国家，遭到他们的反对，德国为此付出了沉重的经济代价。② 于是，德国国内政界在是否以及推行什么样的对外政策方面也出现了一些不同看法。

1996 年 6 月，联邦议院展开了一场关于联邦德国对外文化政策的讨论。社民党出于节约开支的需要，要求减少对外文化活动。③ 而社民党的执政伙伴绿党则反对这一主张。绿党认为，对外文化政策有利

---

① Auswärtige Amt (Hrsg.), *Bericht der Bundesregierung zur Auswärtigen Kulturpolitik 2008/2009*, Berlin: Bundesregierung, 2010, S. 6.

② 例如，2007 年 9 月 23 日，德国总理默克尔（Angela Merkel, 1954 - ）不顾中国的反对，会见达赖，表示支持西藏文化自治。她还宣称："作为德国总理，我有权决定什么时候接见什么客人。我们的外交原则与经济利益并不相互抵触。"默克尔的这一举动引起中国政府的愤怒。结果，中国政府不仅取消了两国外长的会谈，还取消了德国财长的访华安排，使德国经济界高层随同访华的希望落空。凤凰资讯："回应默克尔接见达赖，中国表达愤怒震动德国"。http://news. ifeng. com/mainland/200711/1121_17_305925. shtml

③ *Antrag der Fraktion SPD: Gefahren abwenden von der Auswärtigen Kulturpolitik*, Drucksache 13/9450 vom 11. 12. 97.

于对外推行民主化和管控和平风险。① 因此，如何在贯彻对外文化多元主义时，在意识形态与现实利益之间寻求一个平衡，是德国领导人必须要时刻关注的一个问题。

---

① *Antrag Bündnis 90/Die Grünen*：*Auswärtige Kulturpolitik*：*Den Standort neu bestimmen den Stellenwert erhöhen*，Drucksache 13/4844 vom 11. 06. 96.

第三章 联邦德国文化多元主义
政策的贯彻平台和路径

　　诚如第二章中所言，1949 年以后，新建立的联邦德国逐渐形成了以"存异求同、多元一体"为主要特征的文化多元主义政策。在政策实践方面，这种文化多元主义政策主要通过国家政府和社会两个渠道加以落实。具体说来，国家政府渠道可分为联邦和地方两大区域，细分为联邦、州、社区乡镇等三个层次的贯彻平台，即联邦政府（主管对外文化政策）、各州乃至社区（城市）和乡镇有专门的官方机构根据有关的法律规定，在自己的职责范围内推行和落实相关的文化政策。社会渠道则主要借助于联邦和地方政府之外的"第三种因素"，即政党、教会、企业和私人基金会、协会和联合会等"非政府"组织和机构，帮助落实和贯彻国家的文化政策，使之在文化发展领域扮演重要角色。因此，这些"第三种因素"也可视为除联邦、州和社区乡镇外的贯彻文化多元主义政策的第四个平台。在实施机制方面，充分贯彻联邦主义原则，尊重各平台依据法律给予的权利和责任，形成了以"自治"为特色的"文化联邦主义"和"代表多元主义"模式。在这一模式之下，各州依据基本法享有文化领域的决策权、管辖权和实施权，以此保证地方政府与基层组织根据自己的具体情况和地方特色来"共同"促进和展现文化的多样性发展，进而形成"合作性联邦主义"。与此同时，基于联邦主义和自治之上的各州、地区和社区为提升自己的文化形象和水平，在文化发展方面也注入"竞争"元素，形成了所谓的"文化竞争"（kulturelle Konkurrenz）①，20 世纪 80

---

① http://www. bpb. de/nachschlagen/lexika/handwoerterbuch - politisches - system/40302/kulturpolitik? p = all.

年代，这种"文化竞争"开始建立于"竞争性联邦主义"（wettbew-erblicher Föderalismus；Konkurrenzföderalismus）① 的基础之上。可见，联邦德国文化多元主义的贯彻平台和机制也是多样性的。

联邦德国对于文化事业的财政资助也呈现多元化特征。其主要来源为：在官方层面有联邦政府的预算拨款，各州文化部长会议的拨款，社区和乡镇（城市议会）文化拨款；社会层面有私人基金会和企业捐助等。

总之，这种以自治和合作为主要取向的文化多元主义实践有利于调动各级政府机构和社会团体推动文化事业发展的积极性，有利于地方政府和基层组织根据地方特色来发展本地的文化事业，因此也有助于德国文化的多元主义发展。

第一节　联邦主义和自治模式之下国家政府层面的文化政策贯彻平台

由于联邦德国在文化生活方面奉行地方自治的合作性联邦主义，德国文化政策在贯彻和实施方面具有明确的权力区分。就国家政府或者说涉及公权力层面的文化政策贯彻平台而言，大致可分为国家和地方两大块，国家、州和社区乡镇等三个层级平台：国家平台，涉及联邦德国政府负责处理的国际国内文化事务；各州平台，涉及各州文化事务；社区平台，主要涉及乡镇、城市的文化事务。

一　联邦政府的文化政策贯彻和实施平台

联邦政府在文化政策方面的贯彻和实施是依据其所承担的职责来进行的。其承担的职责主要包括两个方面：对外国际文化事务和国内文化事务。

1. 对外国际文化交流事务的机构平台

对外文化政策是联邦德国政府的中心任务之一。联邦德国的对外

---

① Robert Chr. van Ooyen，*Politik und Verfassung：Beiträge zu einer politikwissenschaftlichen Verfassungslehre*，Wiesbaden：VS – Verlag für Sozialwissenschaften，2006. S. 197.

国际文化政策和事务涉及三大块：全球层面的文化政策和事务；欧洲层面的文化政策和事务；联邦德国自身的对外文化政策和事务。

就全球层面的文化政策和事务而言，联邦德国推行和贯彻自己文化政策目标的主要组织平台是联合国教科文组织（UNESCO）。作为联合国所属的世界范围的超国家组织，联合国教科文组织在促进人类文化遗产保护和文化多元化方面扮演着越来越重要的角色。1951 年联邦德国加入该组织是德国"回归国际舞台的重要一步"①。联邦德国可以通过与之合作，在教育、科学和文化等领域与世界各国进行广泛交流，进而传播落实自己的教育、科学和文化理念，促进全球文化事业的发展。联合国教科文组织与联邦德国合作的联系纽带是"德国'联合国教科文组织'委员会（Deutsche UNESCO – Kommission）"。

特别需要指出的是，德国是欧洲的一员。因此，在联邦德国的对外国际文化交流合作中，随着欧洲一体化进程的深入，欧洲扮演着越来越重要的角色，即欧洲如何在共同的文化遗产的基础上推进共同的文化发展日益成为联邦德国对外文化政策的重要内容。而就欧洲层面而言，与联邦德国对外文化政策有着密切合作和联系的有两大平台。一是基于整个欧洲平台的欧洲委员会，一个是基于欧洲一体化组织平台的欧洲联盟（Europäische Union）。

欧洲委员会自 1949 年 5 月成立以来，明确指出其任务在于"在各成员国间实现紧密合作"，其基本目标在于：第一，明确民主、人权和法治国家等西方基本价值观，并通过缔结《欧洲人权公约》（*Europäische Menschenrechtskonvention*，全称 *die Europäische Konvention zum Schutz der Menschenrechte und Grundfreiheiten*）来塑造民主欧洲的主流形象。第二，寻求解决多样性欧洲社会包括人权、新闻媒体、法律合作、社会和经济事务、健康、教育、文化以及环境等在内的诸多问题，强化欧洲认同，促进不同文化背景下的各民族的相互理解②。因此，欧洲委员会是一个欧洲各国间进行交流对话的平台。只要签署了《欧洲人权公

---

① Auswärtiges Amt: *Auswärtige Kultur – und Bildungspolitik*, Berlin: Presse- und Informationsamt der Bundesregierung, 2003, S. 46.

② Statute of the Council of Europe. London, 5. V. 1949. http://conventions. coe. int/Treaty/en/Treaties/Html/001. htm; http://www. eu – info. de/europa/europarat/.

约》，即成为其成员。就组织结构而言，欧洲委员会下设由各成员国议会组成的"议会全体大会"、各成员国外交部长组成的"部长委员会"、欧洲地区和乡镇联席会议以及总干事等。

欧洲委员会的文化政策及活动的主要依据于 1954 年 12 月 19 日通过的《欧洲文化公约》。该公约共 11 条，重点置于文化领域①。根据该公约，"欧洲委员会的目标是：为了捍卫和实现作为各成员国共同传统的理想和原则，要实现其成员国之间的更大团结"。为此，"要进一步加深欧洲各族人民之间的相互理解"，以此"捍卫和鼓励欧洲文化的发展"。具体落实到各成员国的文化政策，"每个缔约国应该要采取适当的措施来捍卫和鼓励其发展有益于欧洲共同文化遗产的民族贡献"（第一条）；"鼓励在自己的国家研究其他缔约方的语言、历史和文明，并且允许相关缔约方利用其设施以在其领土内促进这些研究；同时努力推动自己的语言、历史和文明在其他缔约方领土内的研究，并允许其他缔约方在本国进行这些研究"（第二条）；"各缔约方应在欧洲委员会框架内共同商讨协调行动，以促进符合欧洲利益的文化活动"（第三条）；"各缔约方应尽可能地促进第二条和第三条中涉及的有关活动以及人员和文化价值观目标的交流等"（第四条）；"各缔约方应该视有关欧洲文化价值观目标为欧洲共同的文化传统的不可或缺的部分，应当采取适当的措施加以保护并确保其合理使用"（第五条）。从这些规定中可以看出，《欧洲文化公约》既提出了弘扬各种文化的多样性发展原则，又强调了欧洲主流文化价值观的问题，与联邦德国的文化政策不谋而合。联邦德国于 1955 年加入该公约后，一直支持各成员国之间的紧密合作，并且积极促进欧洲地区特别是中东欧和东南欧地区的民主教育、历史介绍和高等教育的发展。②

20 世纪 80 年代中期以后，欧洲委员会又进一步明确了相关缔约国的文化政策目标：（1）在各成员国内通过各类文化组织加强动员

---

① 有关《欧洲文化公约》的详细内容见：Council of Europe：European Cultural Convention. Paris，19. XII. 1954. http://conventions. coe. int/Treaty/en/Treaties/Html/018. htm.

② Auswärtiges Amt：*Auswärtige Kultur- und Bildungspolitik*，Berlin：Presse – und Informationsamt der Bundesregierung，2003，S. 48.

效果，以便更好地了解乃至改善现状；（2）使各成员国在文化问题上有可能逐步达成一种共识；（3）使每个成员国都能接收到有关目标和实践的信息，并由此进行国际比较。为此，欧洲委员会还制定了《欧洲文化政策和趋势纲要》（Compendium Cultural policies and Trends in Europe）①。作为《欧洲文化公约》的缔约国，联邦德国在贯彻落实相关文化政策特别是对外文化交流方面，必须恪守该公约的相关规定，因此，欧洲委员会就成为联邦德国对外文化交流的重要平台，也是其借以传播德意志文化和宣介自己的文化政策的重要平台。

欧洲联盟由 1957 年建立的原欧洲经济共同体（Europäische Wirtschaftsgemeinschaft，简称 EWG）发展而来，是欧洲一体化的超国家组织。与欧洲委员会不同，欧洲经济共同体成立之初的主要目标是实现欧洲经济一体化，进而推进欧洲政治一体化。因此，欧洲联盟的文化政策出台相对较晚。但是这并不意味着欧盟不重视有关文化问题。实际上，欧洲统一之父、法国著名政治家让·莫内（Jean Monnet，1888 - 1979）在谈及欧洲一体化时就曾指出："倘若还可再来一次，我会从文化开始。"②

欧盟比较确切的文化政策始于 20 世纪 90 年代初。1992 年《马斯特里赫特条约》的签订标志着欧盟从一个经济共同体迈上了政治同盟的发展。然而，人们显然也认识到一点，那就是，一种没有共同的文化认同的欧洲一体化几乎是不可能的。由此欧盟在推进政治一体化的同时，文化领域也开始制订和推行共同的政策和活动。但起初的相关文化活动通常都是一些没有法律基础的单独性行为，如欧盟文化部长第一次会晤、1998 年欧洲电影电视年（Europäisches Film - und Fernsehjahr 1998）的实施等。人们希望通过这样一些方式来强化对欧盟的归属感。这种发展取向通过包括 1992 年《马斯特里赫特条约》、1997 年《阿姆斯特丹条约》以及《尼斯条约》（Vertrga von Nizza）第

---

① 详见 http://www.culturalpolicies.org/web/index.php. 有关德国的文化政策纲要，见 Compendium Cultural policies and Trends in Europe > Country Profile：Germany（In Deutsch）. http://www.culturalpolicies.org/down/germany_ol_072013.pdf.

② Armin Klein, *Kulturpolitik：Einführung*, Wiesbaden：VS für Sozialwissenschaften, 2009, S. 105.

151 条等一系列欧盟条约，在教育、文化等领域形成了一种紧密的共同体关系。① 它们通过欧洲议会（Europäisches Parlament）、欧盟部长会议（Ministerrat）和欧盟委员会（Europäische Kommission）来落实、统一相关的政策和活动，就文化事务而言，主要由欧盟委员会负责。而就文化事务的重要性而言，它实际上对于完善欧洲的福祉和价值，对于强化欧洲认同以及国家、地区和地方的归属感，都具有关键性作用②。

　　根据欧盟条约的相关规定，欧洲联盟有责任"发展各成员国的文化生活"，"捍卫其文化和语言的多样性财富，保护和发展欧洲文化遗产"③。在欧共体《马斯特里赫特条约》第 128 条第九部分和《阿姆斯特丹条约》第 151 条第十二部分中明确规定，"要在保障各民族和各地区文化多样性之下发展各国的文化事业，尤其是共同的文化传统"；"要通过各成员国之间的合作活动促进、支持并完善""对欧洲各民族的了解及其文化和历史的传播"，"维护欧洲重要的文化遗产"，进行"非商业性的文化交流"，鼓励"艺术和文学的创作"等；欧共体及其成员国应当促进与其他国家以及主管文化领域的相关国际组织特别是与欧洲委员会的合作；欧共体在从事其他活动时要考虑到文化事务，特别要捍卫和促进文化的多样性，等等。

　　由上述可知，欧盟的文化政策目标主要是保障和促进文化的多样性发展，捍卫欧洲各国共同的文化传统，推动各成员国之间文化交流并支持文学艺术的创作。它与联邦德国的对外文化政策目标相吻合，并因此成为联邦德国进行国际文化合作和交流，贯彻联邦德国对外文化政策的重要国际平台。一方面，联邦德国必须根据相关条约担负起推动和促进欧洲文化交流和发展的责任，维护欧洲的共同文化传统，为推动"欧洲文化圈"的发展而努力，另一方面，基于保障和促进

----

① Auswärtiges Amt：*Auswärtige Kultur – und Bildungspolitik*，Berlin：Presse – und Informationsamt der Bundesregierung，2003，S. 44.

② Armin Klein，*Kulturpolitik：Einführung*，Wiesbaden：VS für Sozialwissenschaften，2009，S. 106.

③ Armin Klein，*Kulturpolitik：Einführung*，Wiesbaden：VS für Sozialwissenschaften，2009，S. 107，75.

文化的多样性的原则，联邦德国将借助于欧盟这一平台，大力宣传德意志文化，利用各种国际文化交流的渠道，扩大德意志文化的影响力。

除了联合国和欧洲等国际性平台外，联邦德国政府还有自己的对外文化政策平台。《基本法》第32条第1款明确规定："维护与外邦之各种关系是联邦之事务。"这种对外关系当然包括对外文化关系。有关联邦德国外交部的职能也有明确规定："对外文化和教育政策是除政治和经济关系之外德国外交政策的三大支柱之一，也是其最可持续的手段之一。文化教育领域让我们与相关国家的人们建立起直接联系，从而为稳定的国际关系奠定广泛的基础。"① 就德国对外文化政策的目标和任务看，主要集中在以下几个方面：展现联邦德国作为世界著名的和多样性的文化景观国家的形象；强化德国在教育、科学和研究领域的地位；促进世界范围内的德语教学；对外进行文化交流、合作和对话；通过展示联邦德国的文化生活和成就，提升其在世界上的威望；等等。②

从对外文化政策的贯彻和实施看，联邦德国的运行模式与英、法等国完全不同。在联邦德国，外交部自身很少直接参与对外文化政策的落实工作，相关工作主要由一些登记注册的协会、基金会和有限责任公司等中间机构组织承担，它们自负其责，而联邦政府则通过财政预算等方式来支持它们实施有关对外文化政策的任务。与此同时，这些中间机构组织通过它们在相关国家的分支机构（Zweigstelle）或相关地区的对外办理处（Auβenstelle）贯彻和落实联邦德国的对外文化政策。在这类机构组织中，前者的典型代表是歌德学院和国际协会，

---

① Auswärtiges Amt: Auswärtige Kultur – und Bildungspolitik; Ziel und Aufgaben. http://www. auswaertiges – amt. de/DE/Aussenpolitik/KulturDialog/ZieleUndPartner/ZielePartner_node. html.

② Auswärtiges Amt: Auswärtige Kultur – und Bildungspolitik; Ziel und Aufgaben. http://www. auswaertiges – amt. de/DE/Aussenpolitik/KulturDialog/ZieleUndPartner/ZielePartner_node. html AUSW ÄRTIGES AMT – KULTURABTEILUNG: Auswärtige Kulturpolitik – Konzeption 2000. http://cms. ifa. de/fileadmin/content/informationsforum/auswaertiges _ amt/Konzeption2000. pdf; Deutscher Bundestag, Drucksache 18/579, Unterrichtung durch die Bundesregierung: 17. *Bericht der Bundesregierung zur Auswärtigen Kultur – und Bildungspolitik*. 14. 02. 2014, Berlin: H. Heenemann GmbH & Co. , Buch – und Offsetdruckerei, S. 5.

后者的典型是德国学术交流中心，它们并非联邦德国在各所在国的外交机构，因此相关机构和工作人员都没有外交特权和豁免权。而联邦德国外交部的职责就在于通过与相关国家签订协定、制定相关规则等，为这些文化中介机构在国外的活动提供保障。

因此，联邦外交部和相关文化中介组织在贯彻和落实联邦德国的对外文化政策方面职责分明。就联邦德国外交部文化交流处（Abteilung Kultur und Kommunikation）而言，其任务主要有两点：一是让世界通过接触德国的文化、教育、科学等，了解德国及其社会，介绍德国人的看法，强化德国在世界上的地位；二是作为欧盟的一员，有责任在世界上宣传欧洲价值观；三是明确阐释德国的对外政策，说明德国为解决世界面临的挑战所付出的努力，从而加强德国的影响力。①

在具体完成上述任务时则有两个层次的机构：首先是带有半官方色彩的与联邦外交部的传统合作机构，如哥德学院（GI）、德国学术交流中心、德国之声、德国考古研究所（Deutsches Archäologisches Institut，简称 DAI）和国外教育中心（Zentralstelle für Auslandsschulwesen，简称 ZfA）、洪堡基金会（Alexander von Humboldt – Stiftung，简称 AvH）、对外关系研究所（Institut für Auslandsbeziehungen，简称 IFA）、教育交流中心（Pädagogischer Austauschdienst，简称 PAD）、德国联合国教科文组织委员会、联邦职业教育学院（Bundesinstitut für Berufsbildung，简称 BIBB）、联邦文化基金会（Kulturstiftung des Bundes，简称 KSB）、世界文化之家（Haus der Kulturen der Welt，简称 HKW）、马克斯·韦伯基金会（Max Weber Stiftung – Deutsche Geisteswissenschaftliche Institute im Ausland，简称 MWS）等。具体而言，到目前为止，在贯彻落实联邦德国对外文化和教育政策方面的最重要中间机构组织有以下几个：（1）哥德学院：该机构在世界各地设立的分院达 120 多个，主要任务就是实施德国政府的相关对外文化项目，推广德语教育并介绍德国②。（2）德国学术交流中心：这是德国最大的国际高校合

———————

① http://www. auswaertiges – amt. de/DE/AAmt/Abteilungen/KulturUndKommunikation _ node. html.

② https://www. goethe. de/de/index. html.

作促进组织，每年以奖学金的形式资助德国和外国的学生、学者、艺术家和行政管理人员多达45000名，以推进德国高校与外国高校之间的学术合作交流①。（3）洪堡基金会：该基金会主要通过奖学金和研究奖金的形式资助一些德国和外国的高端学者，以此加强德国的研究地位②。（4）世界文化之家：它设于柏林，主要提供各种涉外展览、外国戏剧音乐表演以及发展中国家的读物等，以促进对各种文化的认识和理解③。（5）对外关系研究所：该研究所主要组织著名德国艺术家在世界范围内的巡回展览，举办国际性学术研讨会，拥有一个用于对外文化教育政策的专业图书馆和一个信息中心④。（6）德国联合国教科文组织委员会：它是德国与联合国教科文组织之间的联系纽带，主要向联邦政府和德国各州提供相关咨询，同时协调诸如《世界文化遗产公约》（*Weltkulturerbekonvention*）等联合国教科文组织在德国的相关项目的实施工作⑤。

其次是包括各类基金会和社团在内的私人机构，它们在各种项目方面与联邦德国外交部合作，贯彻德国的对外文化政策。就本质而言，这些机构和组织在联邦德国是"独立于国家的"（staatsfern）⑥，但却是为德国对外文化政策服务的重要工具。

2. 联邦政府及议会对内文化政策的实施平台

根据联邦德国《基本法》第30条的规定，各州在文化政策方面拥有主权（Länderhoheit），第28条也规定社区在文化生活方面拥有自治权（Kommunale Selbstverwaltung)⑦。然而，近年来，联邦政府也加强了它在国内文化事务方面的发言权，但是基于《基本法》有关"州文化主权"的规定，联邦政府不能设立文化部，因此相关"国内文化政策"（Innen‐Kulturpolitik）由联邦内政部负责。但是作为历史

---

① https：//www. daad. de/de/.

② http：//www. avh. de/web/home. html.

③ http：//www. hkw. de/de/index. php.

④ http：//www. ifa. de/.

⑤ http：//www. unesco. de/home. html.

⑥ Armin Klein，*Kulturpolitik：Einführung*，Wiesbaden：VS für Sozialwissenschaften，2009，S. 117.

⑦ 参见第二章。

发展的结果，随着文化事务的重要性日益凸显，联邦政府层面对国内文化政策和事务的影响力也在不断上升，因此设立相关机构不可避免。

在第一任施罗德政府时期，即 1998 年 11 月 27 日，联邦德国在历史上首次设立了联邦总理府属下的"联邦政府文化与媒体事务专署"。1999 年 2 月该专署专员正式设定为联邦总理府文化与媒体事务国务部长（Staatsminister beim Bundeskanzler für Angelegenheiten der Kultur und der Medien），亦称文化国务部长（Kulturstaatsminister）。由于文化国务部长并非内阁成员，因此在内阁中没有表决权。1998 年，联邦议会也相应成立了"文化与媒体委员会"，从立法层面配合联邦文化与媒体事务专员（国务部长）的工作①。2003 年联邦议会为了掌握德国文化发展的状况并提供相关政策咨询，又成立了"德国文化"调查委员会。

（1）联邦政府属下文化政策实施平台

就联邦德国对内文化政策的实施平台而言，联邦政府文化与媒体事务专署当是联邦层面的第一个平台。其属下有 200 多名职员在柏林和波恩等地从事与文化媒体有关的工作。该专署主要任务是从联邦政府各部手中接管与文化（教会和宗教团体除外）有关的各项事务，除了要推进跨地区及国家层面的文化机构和文化工程的发展外，还肩负着确保艺术创作条件的现代化以及传媒自由和多元化的责任。此外，它还负有促进首都柏林的文化建设、纪念场馆建设、电影事业发展等责任。

联邦政府文化与媒体事务专署直属的主要机构有：联邦档案馆（Bundesarchiv）、联邦东欧德意志文化与历史研究所（Bundesinstitut für Kultur und Geschichte der Deutschen im östlichen Europa）、联邦文化基金会、前民主德国国家安全机构材料联邦专署（Bundesbeauftragter für die Unterlagen des Staatssicherheitsdienstes der ehemaligen Deutschen

---

① Deutscher Bundestag, Referat Öffentlichkeitsarbeit(Hrsg.), *Deutscher Bundestag : Der Ausssc- huss für Kultur und Medien*, Berlin : Deutscher Bundestag, 2014. https://www. btg – bestellser- vice. de/pdf/20085000. pdf.

Demokratischen Republik / BStU）、德国国家图书馆（Deutsche National-
albibliothek / DNB）、德国统一社会党独裁材料整理联邦基金会
（Bundesstiftung zur Aufarbeitung der SED – Diktatur）①等。

　　联邦档案馆可追溯到 1919 年建立于波茨坦的布劳豪斯贝格
（Brauhausberg）的帝国档案馆（Reichsarchiv）。二战结束后，联邦德
国政府于 1950 年决定建立联邦档案馆，并于 1952 年在科布伦茨正式
建馆。在民主德国，早在 1946 年苏联占领时期就建立了承继于帝国
档案馆的德国中央档案馆（Deutsches Zentralarchiv），1973 年改名为
中央国家档案馆（Zentrales Staatsarchiv）。两德统一后，1990 年 9 月，
中央国家档案馆与联邦档案馆合并，成立了新的联邦档案馆。联邦档
案馆收集的主要资料在时段上涉及：神圣罗马帝国时期（1495—
1806）；德意志邦联时期（1815—1866）；北德意志联邦和德意志帝
国时期（1867—1918）；魏玛共和国时期（1918—1933）；纳粹德国
时期（1933—1945）；盟国分区占领时期（1945—1949）；民主德国
（1949—1990）；联邦德国（1949— ）②。其主要任务是，甄别相关档
案材料对于研究和了解德国历史的保存价值，为公民的正当关切以及
为立法和司法判决等提供信息。联邦档案馆还收集重要人物的手稿、
政党和社会组织的相关材料等③。在管理方面，联邦档案馆采取分散
式的管理体制。从组织结构看，全馆设有中央行政事务部、档案事务
部、联邦德国档案部、德意志帝国档案部、民主德国档案部、军事档
案部、影片档案部、民主德国党派和群众组织档案基金会等多个分
部④；从馆设地址看，除了位于科布伦茨的总馆外，还在拜路伊特、
柏林－利希特费尔德、柏林－威尔玛斯多夫、弗莱堡、霍佩加登、路
德维希堡、拉施塔特、圣奥古斯丁－汉格拉尔等地设有分馆，保存各
类档案材料⑤。

---

　　①　德国统一社会党独裁材料整理联邦基金会也称联邦整理基金会（Bundesstiftung Au-
farbeitung）。
　　②　有关德国联邦档案馆的详细情况，参见 http://www. bundesarchiv. de/index. html. de.
　　③　http://www. bundesarchiv. de/bundesarchiv/aufgaben/index. html. de.
　　④　http://www. bundesarchiv. de/bundesarchiv/organisation/index. html. de.
　　⑤　http://www. bundesarchiv. de/bundesarchiv/dienstorte/index. html. de.

联邦东欧德意志文化与历史研究所 1989 年成立于奥尔登堡①，2000 年开始挂靠于奥尔登堡大学 (Carl von Ossietzky Universität Oldenburg)。该研究所的任务是在涉及东欧德意志文化和历史以及推动该地区德意志历史和文化的进一步发展等问题上为联邦政府制定政策提供研究报告和介绍等各种咨询和学术支持，研究涉及地区包括历史上的东西普鲁士、波莫瑞、西里西亚、东勃兰登堡地区以及曾有大量德意志人移民的波罗的海东岸、波希米亚、摩拉维亚等地区②。到目前为止，相关研究成果已经达到 57 卷。在很大程度上，该研究所的关切，实际上也是德国人对两次世界大战后特别是第二次世界大战结束后大量德意志人对逃出或被逐出在东欧地区的家园的一种难以忘怀忆念的反映，也是德国人对至今仍生活在东欧地区的德意志人少数族裔的一种文化关切③。

联邦文化基金会于 2002 年 3 月由时任文化国务部长尤里安·尼达 – 吕梅林 (Julian Nida – Rümelin，1954 –) 发起创立，基金会会址设在哈勒。成立该基金会的动机是因为两德统一后，人们越来越认识到，在全德范围内而不仅仅在一州之内拥有明确的文化方向和机构具有重要的意义。因此该基金会的目标是促进整个德国范围内而非某州的文化和艺术发展，促进重点是具有国际水平的创新项目④。有鉴于此，联邦政府视联邦文化基金会是一种"合作性文化联邦主义"的象征⑤。该基金会下设 5 个文化促进基金，它们分别是：艺术基金会、

---

① 原名为联邦东德意志文化与历史研究所 (Bundesinstitut für ostdeutsche Kultur und Europa)，2000 年 12 月改为现名。

② http://www. bkge. de/BKGE/Aufgaben – Arbeitsbereiche/Landkarten/.

③ Christoph Bergner und Matthias Weber (Hrsg.)，*Aussiedler – und Minderheitpolitik in Deutschland* : *Bilanz und Perspektiven*，Oldenburg: Schriften des Bundesinstituts für Kultur und Geschichte der Deutschen imöstlichen Europa. Band 38，2009，Vorwort.

④ Kulturstiftung des Bundes: Jahresbericht der Kulturstiftung des Bundes für das Wirtschaftsjahr 2007. Stand: 07. 12. 2009，S. 4. http://www. kulturstiftung – des – bundes. de/sites/KSB/download/jahresberichte/Jahresbericht_2007. pdf; Die Kulturstiftung des Bundes fördert Kunst und Kultur im Rahmen der Zuständigkeit des Bundes. http://www. kulturstiftung – des – bundes. de/cms/de/stiftung/.

⑤ Armin Klein，*Kulturpolitik* : *Einführung*，Wiesbaden: VS für Sozialwissenschaften，2009，S. 134.

德意志文学基金、表演艺术基金、社会文化基金和德意志翻译家基金。资助方式以项目形式进行，资助范围包括绘画、文学、戏剧、音乐、电影、摄影、建筑设计、文化史展览、新媒体以及一些跨学科项目等。基金会的主要机构是基金委员会、基金会咨询委员会和董事会①。

德国国家图书馆，原名德意志图书馆（Die Deutsche Bibliothek / DDB），由 1912 年在莱比锡建立的德意志书库（Deutsche Bücherei）和 1946 年在美因河畔法兰克福建立的德意志图书馆（Deutsche Bibliothek）以及 1970 年在柏林建立的德国音乐档案馆（Deutsches Musikarchiv，2010 年迁往莱比锡）合并而来。两德统一后，德意志书库和德意志图书馆合并为德意志图书馆，1991 年开始共同编纂"德国国家书目"（Deutsche Nationalbibliographie），2006 年开始用现名，是非借阅性图书馆。其主要任务是负责 1913 年以来出版的所有德国人和德语类的媒体著作的长期保藏和登记工作，其中包括对德国人和德语类著作的译本以及 1933 年到 1945 年间德语移民出版的著作。它们都将作为"德国文化遗产"而得到妥善保存。此外德国国家图书馆还负责制定德国的国家书目②。

前民主德国国家安全机构材料联邦专署成立于 1992 年，也属于联邦政府文化与媒体事务。1990 年 10 月 3 日，即德国重新统一日，罗斯托克教士约阿希姆·高克（Joachim Gauck，1940 –）被任命为联邦政府负责前民主德国国家安全机构涉及个人材料的特别专员，从而使前民主德国国家安全机构的档案向大众开放成为可能。1991 年 11 月联邦德国议会通过《前民主德国国家安全机构材料法》（*Gesetz über die Unterlagen des Staatssicherheitsdienstes der ehemaligen Deutschen Demokratischen Republik / Stasi-*

---

① Kulturstiftung des Bundes：Jahresbericht der Kulturstiftung des Bundes für das Wirtschaftsjahr 2007. Stand：07. 12. 2009，S. 4 – 7. http://www. kulturstiftung – des – bundes. de/sites/KSB/download/jahresberichte/Jahresbericht_2007. pdf.

② Die Deutsche Nationalbibliothek im überblick. http://www. dnb. de/DE/Wir/wir_node. html；jsessionid = 1FF0F62A1E68990259C3652949B2D4B3. prod – worker3；http://www. dnb. de/DE/Wir/Geschichte/geschichte_node. html；jsessionid = 1FF0F62A1E68990259C3652949B2D4B3. prod – worker3.

Unterlagen – Gesetz)①，相应的专署于 1992 年 1 月建立。根据议会通过
的相关法律，专属的任务就是"汇编、开发、管理和使用"前民主
德国国家安全部的有关材料，以便"提供私人、机构和公众所使
用"②。

德国统一社会党独裁材料整理联邦基金会则是联邦直属的公共权
利基金会，总部设在柏林，于 1998 年建立。该基金会的任务是负责
整理苏占区（SBZ）和前民主德国（DDR）时期德国统一社会党的历
史及相关遗留问题③。

除了以上机构外，普鲁士文化财产基金会也是文化国务部长属下
的公共利益基金会，该基金会总部设在柏林。第二次世界大战后，盟
国对德军事管制最高委员会于 1947 年下令废除普鲁士州建制，普鲁
士解体。为了恢复和利用原先的一些普鲁士文化遗产，1957 年联邦
议会和各州一起成立了普鲁士文化财产基金会，1961 年联邦政府又
通过了"关于'普鲁士文化财产'基金会规定的命令"④。该基金会
的主要目的在于保存和维护原普鲁士的文化财产。两德统一后，另一
个重要任务则是要对原普鲁士邦的各种收藏品进行收集和合并。基金
会的财政收入 75% 来自联邦，另 25% 则由各州负担。就此而言，普
鲁士文化财产基金会是联邦德国在文化领域的"合作性联邦主义"
的典范。目前该基金会属下机构有：柏林国家诸博物馆（Staatliche
Museen zu Berlin）、柏林国家图书馆（Staatsbibliothek zu Berlin）、普鲁
士文化财产秘密国家档案（Geheimes Staatsarchiv Preußischer Kulturbe-
sitz）、伊贝罗美洲研究所（Ibero – Amerikanisches Institut）、国立音乐

---

① Bundesrat：Drucksache，729/91，29. 11. 91. In – R. Gesetzesbeschluß des deutschen Bund-
estages：Gesetz über die Unterlagen des Staatssicherheitsdienstes der ehemaligen Deutschen Demokra-
tischen Republik（Stasi – Unterlagen – Gesetz – StUG）. http://dipbt. bundestag. de/doc/brd/1991/
D729 + 91. pdf.

② http://www. bstu. bund. de/DE/BundesbeauftragterUndBehoerde/AufgabenUndStruktur/_
node. html.

③ Die Stiftung：Erinnerung als Auftrag. http://www. bundesstiftung – aufarbeitung. de/die – stif-
tung – 1074. html.

④ Verordnung über die Satzung der Stiftung"Preußischer Kulturbesitz". http://www. gesetze –
im – internet. de/bundesrecht/prkultbsav/gesamt. pdf.

研究所（Staatliches Institut für Musikforschung）等①。

（2）联邦议会属下文化政策贯彻平台

如前文所述，联邦议会的文化政策实施机构主要有两个：1998年成立的"文化与媒体委员会"和2003年成立的"德国文化"调查委员会。

文化与媒体委员会是联邦德国议会的一个常设委员会，其成员由主要议会党团的代表组成，是为了配合"联邦政府文化与媒体事务专署"的工作而设立的。其主要任务是：致力于促进德国电影产业的发展；指导德国之声的对外宣传工作；促进德国的"记忆文化"（Erinnerungskultur）建设；促进柏林作为德国形象工程的建设；制定与欧洲相关的文化和媒体政策，以及文化遗产的数字化，等等。此外，文化与媒体委员会还有审查联邦政府的相关政策的功能②。为了跟上迅速发展的新媒体和信息交流技术的进步，文化与媒体委员会之下还设立了一个"下属新媒体委员会"（Unterausschuss Neue Medien），作为与相关机构、组织和艺术家们的对口联系者。

联邦议会属下的"德国文化"调查委员会则是根据2003年7月1日德国联邦议会的决议成立的。它也是联邦议会中的社会民主党（SPD）、联盟党（CDU/CSU）、绿党（90/DIE GRÜNEN）和自由民主党（Freie Demokratische Partei / FDP）等多个议会党团共同要求的结果，是一个超党派的工作小组。成立这一委员会的理由是："德国的历史及其变迁产生了一种独一无二的、值得保护的文化景观。可以说世界上没有其他国家拥有与之相比的众多剧院和博物馆、合唱团和乐队。德国拥有众多的世界文化遗产场所，有广阔而极具吸引力的社会文化景观。生机勃勃的移民文化也成为联邦德国文化生活中不可忽视的组成部分。与欧洲及世界的艺术、文化交流前所未有的频繁。"③因此，委员会的工作目标是要商定当今的"德国文化"是什么，哪

---

① 详见 http://www. preussischer - kulturbesitz. de/ueber - uns/einrichtungen. html.

② http://www. bundestag. de/bundestag/ausschuesse18/a22/aufgaben/260746.

③ Deutscher Bundestag:*Schlussbericht der Enquete - Kommission "Kultur in Deutschland"*. Drucksache 16/7000. 16. Wahlperiode 11. 12. 2007, Berlin: H. Heenemann GmbH & Co. , Buch - und Offsetdruckerei, S. 451.

些领域需要保护和进一步发展，联邦可以在哪些方面进一步改善和创造条件，以保持艺术和文化的可持续发展，等等，"任务在于尽可能向联邦议会陈述有关立法措施的具体细节"①。该委员会中除了联邦议员外，还有具有同等权利的专家成员。这些专家通常由各党团推荐或由议长任命。委员会的工作重点是：国家和公民社会的艺术及文化的基础设施、职责范围和法律框架条件；公共和私人对艺术和文化结构转型的推动和资助；艺术家们的经济和社会状况；文化经济、文化景观和文化定位；文化教育和信息和媒体社会的市场化之下的文化；欧洲文化，全球化背景下的文化；联邦德国的文化统计等。② 2007年，"德国文化"调查委员会依据上述工作重点，给出了一份长达500余页的成果"丰富的""最终报告"，内容涉及："艺术和文化对于个体和社会的意义"；"作为公众和社会任务的文化"；"艺术和文化的公共和私人促进和资助"；"艺术家们的经济和社会状况"；"文化和创新经济"；"文化教育"；"欧洲文化——全球化背景下的文化"；"联邦德国和欧盟的文化统计"等③。得出的结论是："文化并非装饰物。它是我们社会赖以存在和建设的基础。政治的任务就是确保并加强这种基础。"④ "德国文化"调查委员会的工作对促进德国文化政策的发展产生了非常积极的作用。

二　各州政府层面文化政策的实施平台

根据联邦德国《基本法》第28条和第30条规定，联邦德国的文化生活基于其联邦主义原则之上，联邦各州享有"文化主权"，

---

① Enquete - Kommission „ Kultur in Deutschland " des Deutschen Bundestages - Eine Einführung. S. 1. 09 . 07. 2008. http://www. kulturrat. de/pdf/1199. pdf.

② Enquete - Kommission „ Kultur in Deutschland " des Deutschen Bundestages - Eine Einführung. S. 2. 09 . 07. 2008. http://www. kulturrat. de/pdf/1199. pdf.

③ Deutscher Bundestag: *Schlussbericht der Enquete - Kommission „ Kultur in Deutschland "*. Drucksache 16/7000. 16. Wahlperiode 11. 12. 2007, Berlin: H. Heenemann GmbH & Co. , Buch - und Offsetdruckerei.

④ Deutscher Bundestag: *Schlussbericht der Enquete - Kommission „ Kultur in Deutschland "*. Drucksache 16/7000. 16. Wahlperiode 11. 12. 2007, Berlin: H. Heenemann GmbH & Co. , Buch - und Offsetdruckerei, S. 4. Vorwort.

各州政府是德国文化政策的主要制定者，有权根据地方发展的需要以及社会与经济状况制定相关的法律法规，即"各邦权限的实施和各邦任务的完成是各州的事务"。因此，各州在文化事务上实行自治，其相关文化政策也打上了自己独特的文化传统印记。在管理结构上，基于联邦制，各州均设有独立的州议会以及负责文化事务的议会委员会。在多数联邦州，文化事务通常与教育和科研归属一个部门管理。两德统一后，随着文化政策日渐得到联邦政府和地方政府的重视，这种传统一度被打破。2004 年和 2005 年，北莱茵－威斯特伐伦州、石勒苏益格－荷尔斯泰因州、柏林市和不来梅市等部分联邦州和直辖市曾尝试打破此常规，将文化事务纳入州长或市长办公厅（Staatskanzlei）领导范畴，但在多数不甚成功后又恢复原有管理模式，仅首都柏林目前仍维持由市长直接挂帅领导文化事务发展工作。

由于德国各地区政治与文化发展的历史不同，各州的文化政策框架与优势领域也各有所异。因此，自联邦德国成立以来，在州层面上先后建立了几大机构，负责州与州之间文化工作的协调和管理，其中包括创建于 1948 年的"各州文化部长常设会议"和成立于 1987 年的"各州文化基金会"。

1. 德国各州文化部长常设会议

德国各州文化部长常设会议创建于 1948 年，主要在联邦层面协调各联邦州的文化政策，其前身为德国教育部长联席会议。它是一个由各州负责教育和科研及文化事务的部长自愿组成的机构，其决议并无法律约束性，唯有各州政府以州法律的形式颁布才能得到具体实施。该联席会议的主要目标是："一方面要捍卫各州的文化主权，另一方面是要在联邦范围内创造一种统一的或至少是可比较的文化领域的标准。"① 根据初期的有关决议，德国文化部长联席会议的主要任务是，"处理具有跨地区意义的教育、高校和研究以及文化政策事务，

---

① Historisches Lexikon Bayerns: Ständige Konferenz der Kultusminister der Länder in der Bundesrepublik Deutschland(KMK). http://www. historisches－lexikon－bayerns. de/artikel/artikel_46292.

目标在于形成共同的意见和意志，代表共同的要求"①。目前，联席会议设有中小学、高校及文化委员会三大专业委员会，此外还设有16个分委会和工作小组以及为处理个别重要领域工作所设的委员会，如欧洲和国际事务等。

　　各州文化部长常设会议下辖的文化委员会的主要职责是探讨各州文化领域出现的问题，制定决策与建议，包括有关公共文化机构的资助或有关电影演员和舞蹈表演者的工作框架条件等。迄今为止出台的重要决议包括《杜塞尔多夫协议》（1955）、《汉堡协议》（1964）和《康斯坦森决议》（1997）等。② 目前，文化委员会的工作包括联合国教科文组织世界文化遗产与非物质遗产、欧盟文化遗产印章、文化产物保护、因战争和纳粹政府引起的遭迁移或剥夺的文化产物的归还、文化教育和德国电子图书馆等。③

　　为了处理日常事务，尤其是准备全体大会和委员会会议以及评估和执政决议，文化部长常设会议在波恩和柏林分别设有秘书处和约200名工作人员，由一名总秘书长负责。秘书处下设一般事务处和艺术处等。根据联邦州协议第3条，秘书处为柏林市政府下属机构，由柏林市负责教育事务的部门主管副市长负责，其财政来源由各联邦州分担，每年的财政预算总额为6000万欧元。

　　两德统一后，由于各州文化历史传统与发展现状不同，文化部长常设会议的工作重点转向保护德国东部地区的文化遗产以及探讨新时期联邦与州在文化资助方面的关系。此外，自2004年以来，文化部长常设会议定期在不同城市举行论坛，邀请艺术家和专业组织代表参加，主要议题包括音乐与绘画艺术、文学与造型艺术、文化劳工市场与艺术家社会境况、露天剧院、文化产业及其与文化政策的关系、融

---

① Geschäftsordnung der Ständigen Konferenz der Kultusminister der Länder in der Bundesrepublik Deutschland gemäβ Beschluss vom 19. November 1955 i. d. F. vom 29. August 2014. http://www. kmk. org/fileadmin/pdf/gogr. pdf.

② 详见 Sekretariat der Kulturministerkonferenz(Hrsg.) ,*Zur Geschichte der Kultusministerkonferenz* 1948 – 1998, *Einheit in der Vielfalt.* 50 *Jahre Kulturministerkonferenz* 1948 – 1998 , Neuwied u. a. ;Luchterhand 1998 ,S. 177 – 227.

③ 详见 http://www. kmk. org/kunst – kultur. html.

入与跨文化对话、环境与气候保护紧张关系下的纪念碑保护、保障德国文物不流失国外、文化与中小学教育等。所有这些，对于各州相关文化政策的出台和联邦层面的协调起到了推动作用。

2. 联邦各州文化基金会

近25年来，联邦德国的博物馆、图书馆和档案馆等机构的工作得到了联邦各州文化基金会的大力支持。这一联邦州层面的文化基金会的成立可追溯至20世纪70年代初。为了使联邦政府能进一步加强对国家文化事业的资助与促进工作，时任联邦总理的社民党人士维利·勃兰特在一次政府工作宣言中首次提出要建立一个国家基金会的设想①，这一倡议在1976年也获得了新任总理施密特的公开支持。1978年，纳粹德国时期移居瑞士的犹太商人罗伯特·冯·赫尔希（Robert von Hirsch，1883－1977）一度计划将自己收藏的众多国家级艺术珍品交付伦敦交易所拍卖。鉴于这些艺术品面临流失全球各地的危险，法兰克福银行家赫尔曼·J.阿博斯（Hermann J. Abs，1901－1994）积极努力，在国家、州和博物馆的支持下募集到大量资金，将这些珍贵文物收藏保留了下来。这一举措也使得创建一个独立的文化基金会的重要性和迫切性更加得到突显。

1984年4月，在当时11个西部联邦州的倡议下，"联邦州文化基金会"在西柏林正式成立。根据1987年6月签署的《关于设立联邦州文化基金会条约》，各州在财政上参与对基金会的资助。同时，联邦政府也通过签署《联邦参与州文化基金会工作的协议》支持州文化基金会的工作，其中包括将原属于联邦负责的近30个文化机构与项目转让由基金会负责，并为此提供资金。1990年两德统一后，五个新联邦州也加入了该基金会。

各州文化基金会的主要宗旨在于促进和保护具有国家级意义的艺术与文化，其中包括：（1）保护对德国文化具有特殊和值得保护价值的物品，尤其重视应防止流失到国外或应从国外追回的艺术文化作品；（2）促进并参与对德国艺术和文化资料的收集与整理及展示工

---

① Armin Klein, *Kulturpolitik*: *eine Einführung*, Wiesbden: Verlag für Sozialwissenschaften, 2009, S. 120; http://www. kulturstiftung. de/stiftung/geschichte/.

作；（3）对于艺术和文化领域具有特殊意义的现代艺术和文化表现形式的促进与发展；（4）为具有跨地区和国际意义的艺术和文化项目及相关机构的工作提供资助。① 迄今为止，基金会总计参与资助150 多件价值 2.3 亿欧元艺术作品的重新找回工作，其中包括著名行为艺术家约瑟夫·博伊于斯的作品、联合国教科文组织世界文化遗产小镇奎德林堡大教堂珍藏（Quedlingburger Domschatz）以及贝多芬手稿等。

随着文化事业的发展和对文化事业重视程度的提升，各州文化基金会涉及的工作范围越来越广泛，不仅参与文化政策事务的讨论，还具体参与诸多具体项目工作，如自 1997 年以来每年在柏林举行一次专业研讨会，探讨德国文化政策及与文化有关的热门话题；自 2003 年以来，基金会创办鼓励"儿童参与奥运！"（KINDER ZUM OLYMP！）的文化教育活动；2003 年至 2008 年期间，基金会着手创建了"德国文化资助信息中心"（Das Deutsche Informations Zentrum Kulturförderung / DIZK）；2004 年底至 2005 年初，基金会在各州文化部长常设会议的委托下负责前期选拔 2010 年德国的"欧洲文化之都"的工作；2005 年以来基金会还负责"德国博物馆与俄罗斯博物馆的对话活动"办事处建设工作，参与此项活动的双方博物馆多达 80 多家。2005 年底，因各州文化基金会与 2002 年新成立的联邦文化基金会合并计划告吹，联邦政府曾一度解除参与支持联邦州文化基金会工作的合同，从而使基金会财政出现瓶颈，被迫暂停对具有跨地区和国家意义的艺术与文化历史展览活动的资助。这项工作在 2009 年基金会再度获得各州财政资助后，才得到恢复。② 目前，基金会主要资助国际戏剧学院联邦德国中心（Zentrum Bundesrepublik Deutschland des Internationalen Theaterinstituts e. V.，Berlin）、国际绘画艺术协会联邦德国分会（Sektion Bundesrepublik Deutschland der internationalen Gesellschaft der bildenden Künste e. V.，Berlin）、德国音乐理事会（Deutscher Musikrat，Bonn）、德国翻译家基金会

---

① Armin Klein, *Kulturpolitik*：*eine Einführung*, Wiesbden：Verlag für Sozialwissenschaften, 2009, S. 122；更多详情见 http://www. kulturstiftung. de/aufgaben/.

② 参见 http://www. kulturstiftung. de/aufgaben/.

（Deutscher übersetzerfonds e. V. ，Berlin）等七大机构的工作①。

在对外宣传方面，基金会通过自办定期刊物，向读者和广大市民定期介绍各州文化事务发展及基金会的工作，从而为募集资金提供了有力支持。目前，基金会自办杂志有两种，一是 2005 年 5 月创办的艺术和文化史类免费季刊 *Arsprototo*，通过精彩的报道与图片文章，定期介绍各州文化事务工作及基金会工作。2008 年起，该刊物还定期出版有关基金会的三年度工作报告。② 二是自 1988 年以来定期出版专业性学术系列文献 *PATRIMONIA*，邀请专业人士撰文介绍受到各州文化基金会资助、被博物馆和图书馆或档案馆收藏的艺术作品、名人遗物和收藏品等。③

三　社区层面的文化政策实施平台

有学者曾指出，"从本质上讲，德国的文化政策过去是、现在也还是社区文化政策"。更有学者直截了当地认为，"在德国，就公共领域有组织的文化而言，完全就是城市和乡村文化"④。当然，从文化政策角度而言，德国的社区也有其明确的法律地位。《基本法》第 28 条第 2 款规定，乡镇⑤的权利必须得到保障，在基本法的框架内的地方乡镇的所有事务都要由其自行负责调整；乡镇各种组织在其法律规定的任务范围内也有自治的权利。这就是《基本法》规定的所谓"自治保障"（Selbstverwaltungsgarantie）。这种"自治保障"成了联邦德国社区文化政策的稳固法律基础。确切地说，在联邦德国，以城市和乡村为单位的社区，本质上是一种人的共同体，一种由许多个体组成的地方共同体，有其自己的认同。因此，各社区在文化上也呈现出各种差异性和自己的特性。他们在自己的传统、历史和现实基础上形成了共同体认同，并且由此形成了各自的文化。社区在文化领域的主

---

① 参见 http：//www. kulturstiftung. de/aufgaben/.

② 2007 年前基金会每三年定期出版一期工作报告，详见 http：//www. kulturstiftung. de/pub-likationen/arsprototo/.

③ 参见 http：//www. kulturstiftung. de/publikationen/patrimonia/.

④ Armin Klein, *Kulturpolitik*：*eine Einführung*，Wiesbden：Verlag für Sozialwissenschaften，2009，S. 151，152.

⑤ 乡镇（Gemeinde）是德国法定行政区划的最低级别。2013 年 9 月底，德国共有 11418 个乡镇。参见 http：//www. gemeindeverzeichnis. de/dtland/dtland. htm.

要任务是保护传统文化并促进文化发展。

从社区文化活动的主要负责机构看，其最顶层为乡镇议会（Gemein-derat）或城市代表大会（Stadtverordnetenversammlung）。它们是乡镇和城市主要机构，也是公民的政治代表和乡镇、城市的政治领导机构。其中作为德国最基层单位，乡镇议会统揽包括管理事务在内的所有乡镇重要事务。具体负责乡镇文化事务的文化委员会（Kulturausschuss）与咨询委员会（beratender Ausschuss）、决策委员会（beschlieβender Ausschuss）等委员会不同，它由乡镇议会构成，而咨询委员会通常是由有经验的市民构成，决策委员会成员通常都不是乡镇议会的成员。

在具体分管社区文化政策的实施和贯彻方面，主要有两类官员：一类是选举产生的负责文化部门的政务官员，或叫文化政务官（Kul-tudezernent），即主管文化部门所辖制的官员。在联邦德国各州，负责文化事务的这类官员并不统一，在巴登－符腾堡，市长是主管者，在巴伐利亚，则设有专门的文化部门负责人（Kulturreferent）。还有一类是联系文化领域相关人员和处理相关文化问题的文化局主管（Kultur-amtsleiter），他们通常拥有人文、文化学和文化管理方面的专业知识背景。由于各社区大小规模不一，对于文化事务的管理模式也不尽统一，有的设有专门的文化局，有的则在局下设文化处，与教育、体育等事务综合在一起①。从乡镇层面的具体文化管理看，其职责范围包括文化节目和文化机构的管理，如地方戏院、图书馆、博物馆和音乐学校等。

根据《基本法》第28条第2款，德国地方政府享有自主行政管理权。基于权责一体的原则，地方政府在财政支持文化发展方面投入甚多。统计数字显示，联邦德国用于文化事业方面的费用近一半来自市县一级的地方政府，其中在部分联邦中，市县一级政府用于文化事业的经费甚至远超州政府一级。②

---

① Armin Klein, *Kulturpolitik：eine Einführungg*, Wiesbden：Verlag für Sozialwissenschaften, 2009, S. 154－155.

② 参见德国城市议会2013年11月7日就"文化环境要素"出台的意见书：Standort-faktor. Positionspapier des deutschen Städtetages.（Beschlossen vom Hauptausschuss in seiner 208. Sitzung am 7. November 2013 in Berlin）. http://www. staedtetag. de/imperia/md/content/dst/internet/presse/2013/popa_standortfaktor_kultur_2013. pdf.

　　成立于 1905 年的德国最大的城市和乡镇联合会"德国城市议会"（Deutscher Städtetag，DST）在社区文化发展中扮演了引领和协调性的重要角色。到目前为止，德国城市议会拥有约 3400 个会员。与政府不同的是，作为德国社区自治的代表，德国城市议会代表了城市和乡镇的利益。① 从组织结构来看，"德国城市议会文化委员会"（Kulturausschuss des Deutschen Städtetages）构成德国城市议会七大工作板块之一。近 50 年来，德国城市议会通过会议、出版物和决议及表明自己的立场，对德国地方文化政策产生了巨大的影响。迄今为止，德国城市议会就文化政策先后出台了多项重要意见稿，其中包括题为《文化作为环境要素》（2014 年 1 月 13 日）、《保障和进一步发展世界文化遗产城市》（2013 年 8 月 1 日）、《从城市角度看德国文化》（2010 年 1 月 12 日）、《经济和金融危机对德国文化的影响》（2009 年 3 月 4 日）以及《城市社会中的文化多元化》（2004 年 10 月 1 日）等意见稿。②

　　需要提及的是，除了上述国际层面、国家层面、各州层面和社区层面的文化政策实施平台外，基于"文化空间地区"（Region als Kulturraum；Kulturraum Region）③ 的"地区性文化政策"（Regionale Kulturpolitik）及其实施平台也日益受到关注。自 20 世纪八九十年代以来，在"家乡"观念的驱使下，人们对地区文化政策的兴趣日益浓

---

　　① http://www.staedtetag.de/.

　　② 详见 http://www.staedtetag.de/fachinformationen/kultur/index.html.

　　③ "文化空间地区"通常指基于文化因素传播形成的相同文化区域，它有别于基于人种因素划定的"文化区域"（Ethnologisches Kulturareal）。文化空间区划分的主要因素涉及共同的历史、传统、语言（方言）以及性格和生活方式等。有关德国文化空间地区的构成研究，参见 Wolfgang Flügel，*HT2004：Räume und Grenzen. Traditionen und Konzepte der Landesgeschichte*. In：*H - Soz - u - Kult*. Clio - online - Historisches Fachinformationssystem e. V. ,17. September 2004. (Tagungsbericht zur Kulturraumforschung). http://www.hsozkult.de/conferencereport/id/tagungsberichte - 441；PDF 文件见：http://hsozkult.geschichte.hu - berlin.de/index.asp? id = 441&view = pdf&pn = tagungsberichte&type = tagungsberichte；以萨克森为例，该州专门通过了《萨克森文化空间法》（*Sächsisches Kulturraumgesetz - SächsKRG*），将全州划分成 5 个乡村文化空间区和 3 个城市文化空间区。*Gesetz über die Kulturräume in Sachsen（Sächsisches Kulturraumgesetz - SächsKRG）*. SächsGVBl. Jg. 2008 Bl. - Nr. 13 S. 539 Fsn - Nr. ;70 - 4. Fassung gültig ab:01. 01. 2011. http://revosax.sachsen.de/Details.do? sid = 4251214177582&jlink = x999&jabs = 2.

厚，形成了一种特别的地区意识，诸如"斯图加特文化区"（Kultur-region Stuttgart）、"卡尔斯鲁厄技术区"（Technologieregion Karlsruhe）等；也形成了一种地区性文化合作的趋势，如"石勒苏益格－荷尔斯泰因音乐节"（Schleswig－Holstein Musik－Festival）、"莱茵－普法尔茨文化之夏"（Kultursommer Rheinland－Pfalz）、"中黑森文化之夏"（Mittelhessischer Kultursommer）等。"地区性文化政策"及其实施正在成为"文化政策的一个新领域"①。

第二节　社会层面的文化政策贯彻平台

除了国家和各级政府层面的文化政策贯彻平台外，非国家的或者说社会的因素在贯彻和实施联邦德国的文化政策方面也扮演着重要角色。这些社会因素包括政党、教会、各类协会和联合会等。根据《基本法》第9条"所有德国人都有集会和结社的自由"。正是基于这样一种法定权利，许多政党和社会类组织和群体成为影响德国文化政策的重要因素。

一　各类协会

在德国，协会非常多，有所谓的"三人成会"之说，因此，德国又被称为"协会的国度"（Verbändestaat）②，各种协会不仅数量多，而且五花八门。按照杜登在线词典的解释，所谓"协会的国度"，就是指"强有力的利益协会拥有太大影响力的国家"③。据统计，1996年，在德国议会指派有代表的顶级协会就有1538个，较之1974年增加了140%。④这些顶级协会与立法及政府各管理部门保持着接触，

---

① Armin Klein, *Kulturpolitik*: *eine Einführungg*, Wiesbaden: VS Verlag für Sozialwissen-schaften, 2009, S. 148 – 149.

② "Vor 60 Jahren: Der Verbändestaat entsteht". in: *Die Welt*, 04. 10. 09. http://www. welt. de/welt _ print/wirtschaft/article4727256/Vor – 60 – Jahren – Der – Verbaendestaat – entsteht. html.

③ http://www. duden. de/rechtschreibung/Verbaendestaat.

④ Armin Klein, *Kulturpolitik*: *eine Einführungg*, Wiesbaden: VS Verlag für Sozialwissen-schaften, 2009, S. 162.

通过在议会各党团、委员会和政府各部专业咨询委员会的游说、听证等，施加自己的影响。从规模上看，在这些协会中，许多是跨地区、跨州甚至是联邦层面的。各种协会的影响力自然也渗透到文化领域。到目前为止，联邦德国涉及文化领域的主要协会有：德国城市议会文化委员会、德国文化理事会（Deutscher Kulturrat）、文化政策协会等。

1. 德国城市议会文化委员会

在联邦德国的文化组织中，德国城市议会下属的德国城市议会文化委员会（Kulturausschuss des deutschen Städtetages）是德国规模最大的社会性协会组织。德国城市议会代表包括柏林、汉堡和不莱梅等直辖市在内的 3400 个德国城市与乡镇共计近 5100 万公民的权益。[①] 它最早创建于 1905 年，1933 年 12 月在纳粹一体化法令之下解散，并入"德国乡镇议会"（Deutscher Gemeindetag），1945 年 10 月，德国乡镇议会作为纳粹组织遭到盟国管制委员会解散，德国城市议会在当时的科隆市长康拉德·阿登纳倡议下开始在西占区重建。这是一个由德国独立市和县属城市组成的自愿性地方自治管理机构，目前主要以成员城市及其公民的诉求和利益为导向，针对联邦政府、联邦议会、联邦参议院、欧盟等国家和非政府机构与协会代表德国城市的权益，通过对法律草案发表自己观点、与议会和政府会谈以及通过新闻和公共舆论工作来对国家与地方文化事务的立法工作施加影响，并为成员城市提供咨询及就对地方发展具有重大意义的各领域进展提供信息。此外，德国城市议会也重在促进成员城市间的经验交流以及以公民需求为导向的现代行政管理，并与城市一起制订应对地方文化政策发展新挑战的方案。

德国城市议会文化委员会主要是通过城市议会的众多成员、各种会议和出版物等对联邦德国的社区文化政策和文化生活施加影响。而德国城市议会文化委员会对有关文化政策和文化事务的观点可以从其相关文件中得到了解。2009 年，德国城市议会主委会为了回应并支持联邦德国议会"德国文化"调查委员会的报告，做出了"城市视

---

① http://www. staedtetag. de/imperia/md/content/dst/veroeffentlichungen/sonstige/dst_faltblatt_deutsch_sept_2014. pdf.

阈下的德国文化"的决议。根据该决议，德国城市议会"主委会赞成'德国文化'调查委员会的报告是一次对德国文化的全面清点"，指出"文化是社会管理的综合性组成部分"，"支持将作为国家目标的文化纳入基本法中"，认为文化教育具有"高度的意义"①。与此同时，该报告基于对联邦德国是"民主联邦意义上的文化民族和文化国家"的看法，突出强调了"社区的文化责任"，明确提出"德国文化是由各类艺术家、公共文化机构和私营文化企业、私人和公民社会的活动、各类教会和宗教团体以及各类联合会和协会等创造出来的"，而德国的城市义不容辞地要"在基本法对社区自治管理的保障之上，促进艺术和文化"②。此外，该报告还表明了德国城市议会在发展文化方面的态度，提出了10点看法，其中包括强调"文化的多样性"，认为"城市的任务是，要承认多样性特别是文化的多样性，使城市生活受益并得到丰富"；"所有的社区文化机构都应该关注城市的文化多样性，并且在分配和制定预算时予以顾及"；要加强文化遗产的保护维护以及档案的留传；等等。③

2. 德国文化理事会

德国文化理事会是一个政治上独立的、由德国境内各类文化和媒体政策组织和机构组建的共同体，是德国各类文化协会的最高层协会，1981年建立，协会总部设在柏林。"在德国文化理事会涉及的文化政策事务的每个领域内，它都是联邦、联邦各州以及欧盟政策和管理的对口合作者"。其目标是"把联邦范围内各领域的相关问题带到

---

① Deutscher Städtetag, *Kultur in Deutschland aus Sicht der Städte. Positionsbestimmung zum Bericht der Enquete – Kommission „Kultur in Deutschland" des Deutschen Bundestages*. Beschluss des Hauptausschusses des Deutschen Städtetages in der 196. Sitzung am 05. November 2009 in Berlin. S. 1. http://www. staedtetag. de/imperia/md/content/dst/kultur_in_deutschland. pdf.

② Deutscher Städtetag, *Kultur in Deutschland aus Sicht der Städte. Positionsbestimmung zum Bericht der Enquete – Kommission „Kultur in Deutschland" des Deutschen Bundestages*. Beschluss des Hauptausschusses des Deutschen Städtetages in der 196. Sitzung am 05. November 2009 in Berlin. S. 3. http://www. staedtetag. de/imperia/md/content/dst/kultur_in_deutschland. pdf.

③ Deutscher Städtetag, *Kultur in Deutschland aus Sicht der Städte. Positionsbestimmung zum Bericht der Enquete – Kommission „Kultur in Deutschland" des Deutschen Bundestages*. Beschluss des Hauptausschusses des Deutschen Städtetages in der 196. Sitzung am 05. November 2009 in Berlin. S. 9,10,11. http://www. staedtetag. de/imperia/md/content/dst/kultur_in_deutschland. pdf.

所有层面的文化政策讨论中"。目前有 236 个文化协会和组织加入了
该委员会的 8 个分会中①。就德国文化理事会的特点来看，它不像一
般的工会或雇主协会，不代表某一方的利益，而是代表整个文化领域
的所有阶层的利益。因此，就其任务而言，就是要考虑到各类众多文
化协会的利益，寻找共识，并且作为代表与联邦议会各委员会、联邦
政府、各州机关、公共部门和其他社团等寻找妥协。

　　作为德国文化领域各专业协会的顶层协会，下设 8 个专业分会。它
们分别是：德国音乐理事会，有 91 个会员组织；表演艺术理事会（Rat
für Darstellende Kunst），共有 26 个会员组织；德国文学大会（Deutsche
Literaturkonferenz），共有 23 个会员组织；艺术理事会（Kunstrat），共
有 24 个会员组织；建筑文化理事会（Rat für Baukulltur），有 8 个会员
组织；设计分会（Sektion Design），有 8 个会员组织；影视分会（Sek-
tion Film/Audiovision），有 4 个会员组织；社会文化理事会（Rat für So-
zialkultur），有 13 个会员组织。每个分会都在德国文化理事会中和代表
大会中有自己的代表。为了强化自己的影响力，德国文化理事会还出
版发行自己的报纸《政策和文化》（Politik und Kultur），每年六期②。

　　3. 文化政策协会

　　根据《文化政策协会基本原则纲领》的规定，文化政策协会是联
邦德国文化工作、艺术、政治、学术、新闻和文化管理等各领域中所
有对文化政策有兴趣以及从事文化政策的相关人员构成的全国性联
合③。该协会于 1976 年在汉堡成立，协会会址先后设在波恩、科隆和
哈根，1996 年以后重新迁回波恩。创立这一全国性文化政策协会的
主要动机，是因为德国联邦主义的职责分工和分离机制使得德国在整
体上缺乏一种相互的经验交流和能够在整体上给予制定德国的文化政
策提供草图的讨论平台。基于这样一种不足，建立一个独立的论坛作

① Was ist der Deutsche Kulturrat e. V. ? http://www. kulturrat. de/pdf/170. pdf.
② http://www. kulturrat. de/pdf/1296. pdf.
③ Grundsatzprogramm der Kulturpolitischen Gesellschaft. Am 21. September 2012 in Berlin von
außerordentlicher Mitgliederversammlung einstimmig beschlossen. S. 1. http://www. kupoge. de/dok/
programm_kupoge. pdf.

为涉及各文化领域的中立平台就显得很有必要①。所以，文化政策协会不是一个职业性的利益联合会，与政党、教会和工会等也没有任何关系，它"独立于政党政治，在世界观和宗教方面保持中立"。协会的目标很明确："广泛发展文化民主，保护艺术自由。"②

从文化政策协会开展的相关活动看，"多样化"是其最明显的特征。根据1998年的《基本原则纲领》，文化政策协会的主要任务在于"对于来自文化及文化政策实践各个不同领域的成员们的看法和经验进一步讨论"③。具体说来，其重点主要置于以下方面。（1）加强文化政策讨论。即通过专家讲座，学术讨论等，服务于文化政策、文化实践等方面的问题。据统计，在1976到1997年间，文化政策协会举办的大会达200场之多，参会人数达2.5万。（2）向大众传播和介绍各种信息和思想。协会为此出版有专门的《文化政策通讯》杂志（Kulturpolitische Mitteilungen），另外出版有《文献汇编》杂志（Dokumentationen）、《编辑变革》杂志（Edition Umbruch）、《资料》杂志（Materialien）等系列杂志。（3）制定有关学术鉴定和学术研究任务等。近年来，文化政策协会接到越来越多的鉴定、调查、培训等项目，为此，文化政策协会专门成立了"文化政策研究所"（Institut für Kuturpolitik），其任务是研究未来的文化政策和政策咨询问题，并出版《文化政策年鉴》（Jahrbuch für Kulturpoltik）。④

从文化政策协会的成员构成看，到目前为止，有1400个来自文化政策、文化管理和文化实践，科学和艺术，文化教育和培训，新闻学等诸多领域的个人和集体会员，其地域分布遍布整个德国，有些还来自其他欧洲国家。文化政策协会的许多会员本身就是文化管理人员，且担任着主要领导职务。德国主要大城市的文化部门负责人都是

---

① http://www.kupoge.de/verband.html.

② Grundsatzprogramm der Kulturpolitischen Gesellschaft. Am 21. September 2012 in Berlin von außerordentlicher Mitgliederversammlung einstimmig beschlossen. S. 1. http://www.kupoge.de/dok/programm_kupoge.pdf.

③ http://www.kupoge.de/mitglieder.html.

④ Armin Klein, Kulturpolitik：eine Einführungg, Wiesbaden：VS Verlag für Sozialwissenschaften,2009,S.167；有关杂志情况，详见http://www.kupoge.de/index.html.

它的会员，甚至在联邦和各州的政府部门及议会中也有许多它的会员。因此该协会拥有较大的影响力。

二 各类基金会

各类基金会对于贯彻联邦德国的文化政策和丰富人们的文化生活也扮演着特别重要的角色。在联邦德国，基金会通常是以从事公益事业为目的，利用自然人、法人或组织捐赠的财产而建立的非营利性机构。每个基金会都会根据捐助者的目的设定有自己的任务，并为此进行相关资助。目前在德国存在多类基金会，有公法基金会、教会基金会、家庭基金会、企业基金会、政党基金会，等等。据统计，从2000年到2010年的十年间，德国的基金会数量由9674个增加到了18162个①。它们通过各种方式对德国的文化发展产生影响。

在联邦德国，文化基金会既有全国性的，也有地方性的。全国性的基金会，如"德国纪念物保护基金会"（Deutsche Stiftung Denkmal-schutz），就以保护濒危的德国文化纪念物为主要目标，其口号是："我们需要文化"（Wir bauen auf Kultur）②。在这类基金会中，"艺术和文化基金会"（Stiftung für Kunst und Kultur）需要特别予以介绍。该基金会成立于1986年，总部在波恩。该基金会的主要目标是要成为文化艺术的"创意工厂"（kreative Ideenfabrik），即鼓励文化创意，提出"思想固然重要，交换思想更重要"，举办各种文化艺术展览。值得指出的是，该基金会在推动中国和德国的文化交流特别是介绍中国文化艺术方面做出了重要贡献，先后于1996年举办"中国！"展览和2002年"中国艺术"展览，成为向欧洲介绍当代中国艺术的先锋③。

具体到地区而言，许多地区都设立有旨在促进本地文化发展和保护当地文化设施的基金会。在汉堡、柏林等大城市，就有许多支持和促进文化事业发展和文化设施维护和建设的基金会。在汉堡有：致力于促进文化、艺术和科学研究的"汉堡艺术馆促进基金会"（Förderstiftung Ham-

---

① Statistisches Bundesamt（Hrsg.），*Statistisches Jahrbuch 2011*，Wiesbaden：Statistisches Bundesamt，2011，S. 187.

② http://www.denkmalschutz.de/.

③ http://www.stiftungkunst.de/.

burger Kunsthalle），支持文化发展特别是青少年音乐发展的"汉堡青少年音乐基金会"（Hamburger Jugendmusikstiftung）等；在柏林则有更多支持和促进博物馆、图书馆、纪念馆和剧院等维护和发展的文化基金会，其中有诸如"柏林大教堂基金会"（Berliner – Dom – Stiftung）等①。在巴伐利亚则有"Art 131——艺术文化教育基金会"（Art 131 – Stiftung für künstlerisch – kulturelle Bildung），它根据巴伐利亚宪法第 131 款致力于促进该州中小学校中艺术与文化综合转换的强化与实践，支持领域涉及艺术、音乐、文学、戏剧、电影和新媒体等②。

企业基金会在德国文化事业的发展中也占有重要的一席之地。重要的企业基金会有罗伯特·博施基金会、施特拉勒曼基金会（Strahlemann Stiftung）等。通常这些企业都带着一种社会责任感支持文化事业的发展。以罗伯特·博施基金会为例，该基金会支持领域包括教育、科学和文化等，涉及内容相当广泛③。

在各类基金会中，政党基金会在支持和推动文化事业的发展方面扮演着重要角色。政党基金会的主要任务和目的是对民众进行政治教育，文化政策教育也是其中的重要内容。各政党都有自己的文化政策主张，它们所属的各基金会通常也是其文化主张的贯彻和执行者，在促进德国国内文化事业发展以及对外文化交流方面也发挥了极其重要的作用。以基督教民主联盟的康拉德·阿登纳基金会为例，其任务就是"促进文化创造者与公民之间、文化与政治之间以及不同的文化领域的对话"④。而社民党的弗里德里希·艾伯特基金会的目标之一就是"本着民主和多元主义精神，促进生活各领域对人的政治和社会教育"⑤。政党基金会带有明显的政治倾向，其资金来源主要是联邦内政部、外交部、经济部和环境部的拨款。

---

① 德国目前的基金会数量超过 2 万个，致力于文化事业的基金会相当多。详情参见 http://www. stiftungen. org/.

② http://www. art131. bayern. de/content/stiftung/stiftung. html.

③ http://www. bosch – stiftung. de/content/language1/html.

④ Kunst und Kultur. Den Dialog zwischen Kulturschaffenden und Bürgern fördern. http://www. kas. de/wf/de/21. 13/.

⑤ http://www. fes. de/sets/s_stif. htm.

目前德国主要有 6 个政党基金会。它们分别是：基督教民主联盟的康拉德·阿登纳基金会①；社会民主党的弗里德里希·艾伯特基金会②；自由民主党的弗里德里希·瑙曼自由基金会（Friedrich - Naumann - Stiftung für Freiheit）③；绿党的海因里希·伯尔基金会④；基督教社会联盟的汉斯·赛德尔基金会⑤；左翼党（Die Linke）⑥ 的罗莎·卢森堡基金会（Rosa - Luxemburg - Stiftung）⑦ 等。

除了上述大的全国性的政党基金会外，还有一些较小的基于州层面的数十个政党基金会，诸如基民盟在北莱茵 - 威斯特伐伦的卡尔·阿诺德基金会（Karl - Anorld - Stiftung）、在石勒苏益格 - 荷尔斯泰因的赫尔曼·埃勒斯基金会（Hermann - Ehlers - Stiftung），社民党在柏林的奥古斯特·倍倍尔研究所（August - Bebel - Institut）、在巴伐利亚的格奥尔格·冯·福尔马尔学院（Georg - von - Vollmar - Akademie），自由民主党在巴登 - 符腾堡州的赖因霍尔德·迈耶尔基金会（Reinhold - Maier - Stiftung），绿党在巴伐利亚的佩特拉·凯利基金会（Petra - Kelly - Stiftung）等。所有这些政党基金会对于贯彻落实各政党的文化政策都起到了积极作用。

三　教会和大学

由于历史传统和现实需要的原因，教会和大学在联邦德国的文化生活中也扮演着十分重要的社会角色，德国文化政策的制定、文化事业的发展和日常文化生活等，与教会和大学有着密切的关系。

1. 教会对文化政策和文化生活的重大影响

有学者认为，"如果没有教会的教育事业传统，没有教会的资助，

---

① http://www. kas. de.

② http://www. fes. de/.

③ http://www. freiheit. org/Aktuell/11c/index. html.

④ http://www. boell. de/.

⑤ http://www. hss. de.

⑥ 左翼党（Die Linke）于 2007 年 6 月 16 日由 "劳动和社会平等选举抉择联合会"（Verein Wahlalternative Arbeit und soziale Gerechtigkeit / WASG）和前东德统一社会党的继承者民主社会主义党（Partei des Demokratischen Sozialismus / PDS）合并成立，也称 Linkspartei。

⑦ http://www. rosalux. de/.

没有基督教神学的艺术灵感的力量，那么今天的欧洲文化无论在精神上还是世俗生活方面，都将是贫瘠的"①。德国的情况强有力地证明了这一点。在这一国度里，教会的影响几乎无处不在。"在许多人的眼中，教会在文化生活领域，特别是在文化教育方面，都占有一席之地。"②根据 2006 年的一项估计，在德国，教会是除政府之外对文化领域投入最多者，每年投向文化领域的资金达 44 亿欧元，而联邦、各州和乡镇每年投入文化领域的资金约为 80 亿欧元。正因为如此，德国文化理事会执行主席奥拉夫·齐默曼认为，在促进文化发展方面，"教会在未来要承担更大的责任"③。从教会对文化领域的资金投入流向看，主要用于教育、科学，也有一部分用于日间托儿所和青年工作。因此，"文化是教会的核心领域。"

很显然，当今包括德国在内的欧洲文化都打上了深深的宗教文化烙印。鉴于教会在文化领域的悠久历史传统和巨大影响力，继续发扬这种传统和保持教会对文化生活的影响就成为各教会努力的目标。在新教教会方面，德国新教教会文化专员（Die Kulturbeauftragte der Evangelischen Kirche in Deutschland）佩德拉·巴尔（Petra Bahr，1966 - ）就认为，尽管资金压力大，教会的文化活动仍必须得到加强，即使不能覆盖每个乡镇，也应该在农村继续发展文化中心。她认为，"教会不仅必须保护其文物遗产，而且要重视当代文化"。而天主教德国主教会议（Deutsche Bischofskonferenz）文化部门负责人雅可布·约翰内斯·科赫（Jakob Johannes Koch，1969 - ）也认为，教会对文化的影响特别巨大，因为"每天有数以千百万计的基督教徒在从事文化活动"④。而且教会的影响并非仅限于其信众，教会塑造出的文化意识远远超出

① Karl Lehmann,„Kirche und Kultur - Kirche als Kultur". In: Olaf Zimmermann und Theo Geißler(Hrsg.), *Die Kirchen, die unbekannte kulturpolitische Macht*, Berlin: Deutscher Kulturrat e. V. ,2007,S. 12.

② Olaf Zimmermann und Theo Geißler(Hrsg.), *Die Kirchen, die unbekannte kulturpolitische Macht*,Berlin: Deutscher Kulturrat e. V. ,2007,S. 8.

③ Kulturrat: Kulturpolitische Macht der Kirchen wird unterschätzt. http://www. ekd. de/aktuell_presse/news_2006_08_24_1_kulturrat_kirchen. html.

④ Kulturrat: Kulturpolitische Macht der Kirchen wird unterschätzt. http://www. ekd. de/aktuell_presse/news_2006_08_24_1_kulturrat_kirchen. html.

了它们的教众范围。因此，继续加强教会在文化领域的影响力就成为不二的选择。

天主教会对德国的文化政策和文化生活具有重大影响。它自认为是"除国家和社区之外的德国第三大文化承载者"，其文化建议没有商业因素，因此具有参与性和价值导向性①。其一，教会是数以百万计的信徒们参与文化生活的凝聚点，尤其是在农村地区，教会在文化生活方面扮演了一种极具吸引力的角色，即促使广大信徒积极参与文化生活。其二，教会在负责接收和维护古老的文化遗产方面承担着重大责任。它们不仅关乎对于这些文化遗产的专业性保护，还具有一种精神性象征，实际上是对"文化记忆"的一种贡献，有益于丰富大众的文化生活。据统计，目前全德国有约 24500 个天主教堂，其中有23000 个已经被列入保护名单。如果加上牧师住宅、教会宿舍和女修道院等，天主教会所拥有的列入保护的建筑就达 60000 座。另外还有821 座受到保护的纪念性公墓。②

德国的音乐和绘画艺术也深受天主教文化的影响。在音乐文化领域，德国约有 42.4 万人组成了 18860 个天主教唱诗班和乐队。这些天主教唱诗班既可以在业余时间活动，也可以为教会的礼拜等活动服务。据统计，联邦德国在最盛时拥有 5000 个青少年天主教唱诗班，成员达10 万人。最大的天主教合唱团是 1868 年成立的"全德采齐利亚联合会"（Allgemeine Cäcilien – Verbands für Deutschland，简称 ACV）。它也是德国第二大合唱联合会，拥有 15000 个合唱团，35 万名会员③。

在绘画艺术方面，天主教会则是宗教艺术作品的重要保护者。据统计，德国拥有 43 个天主教博物馆，还有 100 多个博物馆受到天主教会的智力和资金支持，它们每年的访客达 150 万人次。20 个主教辖区都有主教聘任的艺术委员会，它们专门从美学角度向社区以及主

---

① Deutsche Bischofskonferenz: Kunst und Kultur. http://www. dbk. de/katholische – kirche/katholische – kirche – deutschland/aufgaben – kath – kirche/kunst – kultur/.

② Deutsche Bischofskonferenz: Kunst und Kultur. http://www. dbk. de/katholische – kirche/katholische – kirche – deutschland/aufgaben – kath – kirche/kunst – kultur/.

③ Allgemeine Cäcilien – Verbands für Deutschland: Grüß Gott und herzlich willkommen. http://www. acv – deutschland. de/start/.

教所在地的建筑管理局提供相关咨询。在整个德国，共有 12 个由绘画艺术家组成的天主教艺术家协会，有 11 个主教辖区有自己的艺术家神父。此外，天主教会每年还举行"艺术家圣灰星期三"（Ascher-mittwoch der Künstler），开展教会与艺术家之间的对话。

德国还有近 3900 座天主教会公共图书馆，主要提供宗教和娱乐文学方面的书籍，每年还举办 4 万场与教育有关的活动。这些图书馆每年的借阅者达 3100 万人次。为这些图书馆工作的是 33000 名荣誉职工。另外还有两大图书馆专业联合会专门负责为跨主教区的教育和继续教育服务，它们分别是位于巴伐利亚的"圣米夏埃尔联盟"（St. Michaelsbund）和德国其他天主教地区的"包罗莫伊斯协会"（Borromäusverein）。此外，德国天主教会在利用现代文化方式上也有着重要的影响力，其中包括影视领域。它有专门的"天主教电影委员会"（Katholische Filmkommission），对上演的电影发表相关看法。"教会与影院"行动则支持教会相关机构与公共影院的合作。在视听媒体领域，天主教会也设有"视听媒体处"，提供有关青年和成年人教育的各类电影、教义问答手册等。

天主教会还通过定期向各艺术领域授予文化奖项来强化自己的影响力。相关重要奖项有"德国天主教艺术文化奖"（Kunst – und Kulturpreis der deutschen Katholiken）、"天主教青少年儿童图书奖"（Katholische Kin-der – und Jugendbuchpreis）、"天主教媒体奖"（Katholische Medienpreis）。此外还有一些主教辖区奖项，如科隆大主教授予的"路德维希 – 缪尔海姆宗教戏剧奖"（Ludwig – Mülheims – Preis für religiöse Dramatik）等。

此外，天主教会还通过各类心灵治疗以及许多天主教协会、基金会和学术机构等，向人们施加各种文化影响。[①]

新教在德国文化生活中同样有着重要的影响力。各新教教会也把文化视为自己最需要关注的领域，认为，"只有在文化形态中才有信仰。除了音乐和各种艺术，传道和礼拜仪式也是活生生的文化的表达形式。

---

① http：//www. dbk. de/katholische – kirche/katholische – kirche – deutschland/aufgaben – kath – kirche/kunst – kultur/.

因此，文化领域也属于基督教会最关注的事情"①。1999—2002 年，在一次有关"新教教派与文化"的咨询协商过程中，德国基督教会（Evangelische Kirche）与基督教独立教会联盟（Vereinigung Evangelischer Freikirchen）已经就新教与文化的关系达成了共识，形成了《相会的空间：福音派视野下的宗教与文化》备忘录，明确指出"教会是交会的空间，也是宗教与文化间的相会"。与天主教会一样，基督教会作为德国的主要文化承载者之一，对于德国的文化政策和文化发展负有一种特别重要的责任，要"认识到艺术和文化发展的多样性"②。

关于新教对文化的认识，德国新教神学家迪特里希·博恩霍伊弗（Dietrich Bonhoeffer，1906 - 1945）说得很明白："文化是自由的游戏空间"（Kultur ist der Spielraum der Freiheit）。文化发展与自由紧密相关。这一观点也为当代德国新教教会人士所认同。③ "文化是一种可能的试验田。倘若艺术、音乐、文学和戏剧由另外的世界或这个世界的其他的人来讲述，那么它们就会辽阔无边。"而新教教会则提供这样一种开放的空间，让上帝的信徒、艺术家和所有的文化爱好者等共处、交流，以便促进文化多样性的发展。

基于以上原因，德国基督教教会不仅在农村和城市中有它自身的领地，同时也是实施德国多样性文化政策和文化生活的重要场所。换言之，一方面新教教会本身的历史发展就承载着德国的文化记忆，另一方面它也是德国当代文化生活的重要影响者。④ 因此，"艺术和文化深深嵌入了基督教会的生活之中。在多样性的表达和显现形式上，基督教会具有文化贡献，艺术就出现在它的社区和教会内部"。"基

---

① http://www.ekd.de/kultur/index.html.

② Landeskirchenamt der Evangelischen Kirche von Westfalen(Hrsg.): *Räume des Glaubens - Räume der Freiheit*: *Kulturpolitische Leitlinien der Evangelischen Kirche von Westfalen*, Bielefeld: Evangelischer Presseverband für Westfalen und Lippe e. V., 2004, S. 5; Johannes Friedrich: „Kultur ist der Spielraum der Freiheit - - Zum Verhältnis von Kultur und Christentum aus evangelischer Perspektive", in: Olaf Zimmermann und Theo Geißler(Hrsg.), *Die Kirchen, die unbekannte kulturpolitische Macht*, Berlin: Deutscher Kulturrat e. V., 2007, S. 17.

③ Johannes Friedrich: „Kultur ist der Spielraum der Freiheit - - Zum Verhältnis von Kultur und Christentum aus evangelischer Perspektive", in: Olaf Zimmermann und Theo Geißler(Hrsg.), *Die Kirchen, die unbekannte kulturpolitische Macht*, Berlin: Deutscher Kulturrat e. V., 2007, S. 17.

④ „Kultur ist der Spielraum der Freiheit" http://www.ekd.de/kultur/kulturbuero/.

督教会是艺术和文化领域的对话伙伴，在文化政策的讨论方面是开放的。"为了加强自己在这一对话中的地位，它将加强在艺术和文化领域的实际发展①。

事实上，新教教会也在德国的日常文化生活中扮演着特别重要的角色。以音乐生活为例，德国基督教会拥有的合唱团和长号乐队有26000个，成员达45万人之众，其中仅教会专业音乐工作者就有2300人之多。基督新教社区每年的教会音乐会就达35000场。② 此外，各新教教会也建有众多的公共图书馆，积极参与对文物的保护等，同时通过众多的项目促进德国文化生活的发展。

伊斯兰教则是基督教之外在德国拥有最多信徒的宗教，其影响力也不可忽视。根据2009年的统计数据，德国约有400万穆斯林，占总人口的5%，其中土耳其裔人数最多，约250万人，另有55万来自东南欧，33万来自近东，余者来自南亚、东南亚、北非、伊朗和中亚等地。在这些穆斯林中，约180万人拥有德国国籍，余者以外籍移民身份生活在德国。③ 从信仰派别看，前三位分别是：逊尼派74.1%，阿列维派12.7%，什叶派7.1%④。

德国显然无法忽视存在大量穆斯林的这样一个现实状况，2006年，根据当时德国内政部长沃尔夫冈·朔伊布勒（Wolfgang Schäuble，1942 - ）的建议，在柏林举行了第一届德国伊斯兰会议（Deutsche Islamkonferenz，简称 DIK），呼吁德国的非穆斯林与穆斯林之间展开对

---

① „Kunst und Kultur im Leben unserer Kirche". Landeskirchenamt der Evangelischen Kirche von Westfalen(Hrsg.),*Räume des Glaubens - Räume der Freiheit*:*Kulturpolitische Leitlinien der Evangelischen Kirche von Westfalen*,Bielefeld:Evangelischer Presseverband für Westfalen und Lippe e. V., 2004,S. 7,27.

② Thomas Sternberg, „Die Kirchen als kulturpolitische Akteure. Zum Beitrag eines Vertreters der Kirchen in der Enquete - Kommission Kultur in Deutschland", in:Olaf Zimmermann und Theo Geißler(Hrsg.), *Die Kirchen*, *die unbekannte kulturpolitische Macht*, Berlin: Deutscher Kulturrat e. V.,2007,S. 31,32.

③ Deutsche Islam Konferenz,Magazin „Muslime in Deutschland":Etwa 4 Millionen Muslime in Deutschland. http://www. deutsche - islam - konferenz. de/DIK/DE/Magazin/Lebenswelten/ ZahlMLD/zahl - mld - node. html.

④ Muslime nach Glaubensrichtung (in Prozent). http://www. deutsche - islam - konferenz. de/SharedDocs/Bilder/DIK/DE/Bilderpool/mld - abbildung11. jpg? __blob = poster&v = 1.

话，以便实现德国的穆斯林人口的宗教和社会政治融入。沃尔夫冈·朔伊布勒在关于 2006 年第一届德国伊斯兰会议的政府声明中指出，"伊斯兰教是德国的一部分，欧洲的一部分，它是我们的现实的一部分，也是我们未来的一部分。德国欢迎穆斯林。他们会发展他们的才干，把我们的国家进一步推向前进"①。现任德国总理默克尔也认同这样一种看法，她在 2015 年 1 月指出："前联邦总统克里斯提安·武尔夫（Christian Wulff，1959 – ）说过：伊斯兰教属于德国。的确如此。我也持相同观点。"② 当然，并非所有的德国人都对伊斯兰教和穆斯林抱正面态度。一项研究表明，在德国，仍有超过半数的民众认为伊斯兰教是一种"不宽容的宗教"③。

　　无论如何，伊斯兰教已经渗入德国的社会和文化生活领域。到目前为止，德国已经建立了许多伊斯兰协会和联合会。全国性的组织有 1973 年成立的"伊斯兰文化中心联盟"（Verband der Islamischen Kulturzentren，简称 VIKZ），1984 年成立的"土耳其伊斯兰宗教机构联盟"（Türkisch – Islamische Union der Anstalt für Religion，简称 DITIB），1986 年成立于柏林的"联邦德国伊斯兰理事会"（Islamrat für die Bundesrepublik Deutschlan，简称 IRD），1994 年成立的"德国穆斯林中央理事会"（Zentralrat der Muslime in Deutschland，简称 ZMD）等。除了这些全国性的伊斯兰组织外，还存在诸多的地方性伊斯兰教组织。2007 年德国召开新一届伊斯兰会议。在此期间，上述四大穆斯林组织进行整合，成立了合作平台"德国穆斯林协调理事会"（Koordinationsrat der Muslime in Deutschland，简称 KRM），该组织对伊斯兰内部所有派

---

　　① Wolfgang Schäuble：Deutsche Islam Konferenz – Perspektiven für eine gemeinsame Zukunft. 54. Sitzung des Deutschen Bundestages. 28. 09. 2006. Berlin. http://www. bmi. bund. de/SharedDocs/Reden/DE/2006/09/bm_bt_regierungserklaerung_zur_islamkonferenz. html.

　　② Kanzlerin Merkel："Der Islam gehört zu Deutschland". in：*Spiegel Online*，vom 12. Januar 2015. http://www. spiegel. de/politik/deutschland/angela – merkel – islam – gehoert – zu – deutschland – a – 1012578. html.

　　③ Bundeszentral für politische Bildung(Hrsg.)，„ Islam in Deutschland"，in：*Aus Politik und Zeitgeschichte*，13 – 14/2011，S. 2.

别开放，目标是"促进联邦德国境内穆斯林的统一代表架构"。①

此外，作为伊斯兰教象征的清真寺在德国的发展也特别迅速。根据《世界报》（*Die Welt*）在 2007 年 5 月的统计，德国已经有 159 个开放的清真寺，在建和计划修建的清真寺还有 184 个。此外还有约 2600 个穆斯林祷告和集会场所。②

2. 大学作为文化政策的教育平台和研究、落实平台

各类大学也是联邦德国实施文化政策和文化多样性发展的重要平台。这主要表现在两个方面：第一，各大学是联邦德国文化政策的教育平台，许多德国大学设立有专门的文化研究机构和文化专业，致力于培养文化类人才；第二，各大学也是研究、宣讲、落实和推动联邦德国文化政策的实施平台，不少大学设有专门的文化机构，通过项目形式驱动实现有关的文化目标。

首先，各大学是联邦德国文化政策的重要教育平台。许多大学都设有文化学专业或文化研究机构，进行文化教育和研究工作。例如，科布伦茨－兰道大学（Universität Koblenz－Landau）设有专门的"文化学研究所"，从历史和现实的角度研究并分析"文化进程及其现象"，同时通过针对性极强的项目研讨、职业培训、各种媒体实践和文化管理项目等，开展本科教育。③ 柏林洪堡大学也设置有"文化学研究所"，不仅从事文化的相关研究工作，还开设有文化学专业的教学。④ 其他一些大学，包括莱比锡大学（Universität Leipzig）、多特蒙德工业大学（Technische Universität Dortmund）、波茨坦大学（Universität Potsdam）、不莱梅大学（Universität Bremen）、慕尼黑大学、柏林自由大学（Freie Universität Berlin）、帕德博恩大学（Universität Paderborn）、波恩大学、希尔德斯海姆大学（Universität Hildesheim）等著名大学在内

---

① Geschäftsordnung des Koordinationsrates der Muslime in Deutschland. http://www. religion－recht. de/2010/08/geschaftsordnung－des－koordinationsrates－der－muslime－in－deutschland/.

② Hintergrund：In Deutschland gibt es bereits 159 Moscheen. in：*Die Welt*. http://www. welt. de/politik/deutschland/article907312/In － Deutschland － gibt － es － bereits － 159 － Moscheen. html.

③ http://www. uni－koblenz－landau. de/de/koblenz/fb2/ik.

④ http://www. culture. hu－berlin. de/de.

的绝大部分德国大学都设有文化（学）研究所或文化学学院（系），进行从本科、研究生到博士生的文化学人才的培养教育。①

其次，大学也是研究、宣讲、落实和推动联邦德国文化政策的实施平台。以希尔德斯海姆大学为例，该大学设立有专门的文化政策研究所，除了从事文化政策、文化经营和文化管理等人才的培养外，还特别重视文化研究以及与各文化机构和组织的合作，承担相关文化类项目等。目前该研究所承担的文化类研究项目有"劳务市场文化""文化发展规划""文化利用""文化教育""文化与发展""联邦音乐促进研究""戏剧政策"以及2012年获得的联合国教科文组织讲座"发展中的艺术文化政策"等。该研究所还于2006年成为欧盟相关文化项目在联邦德国的合作伙伴，现在则承担着联合国在坦桑尼亚的文化项目"艺术教育文化政策——音乐艺术和教育战略"。其中，2006年该研究所承担的"欧盟莱昂纳多项目"（EU Programm Leonardo）的目标是评估现存教育方案，确认未来文化管理方面的人才需求以及欧洲文化管理人才规划的发展，探究新的教学方式和方法等。这是一个全欧性的文化类研究项目，希尔德斯海姆大学是牵头单位，参加者还有英国、芬兰、立陶宛、波兰、保加利亚、法国和意大利等国的大学。此外，该研究所还与包括文化政策协会、德国文化理事会、歌德学院、联邦外交部等在内的许多文化机构、组织以及政府部门有合作关系②。著名的波恩大学则举办有专门的"波恩大学文化论坛"（Kulturforum der Universität Bonn），内容涉及文学、戏剧、绘画艺术、音乐和舞蹈等领域③。

---

① http://www.sozphil.uni-leipzig.de/cm/kuwi/；http://www.kulturwissenschaften.tu-dortmund.de/cms/de/01_Fakultaet/；http://www.uni-potsdam.de/studium/studienangebot/bachelor/zwei-fach-bachelor/kulturwissenschaft.html；http://www.kultur.uni-bremen.de/；http://www.kulturwissenschaften.uni-muenchen.de/index.html；http://www.fu-berlin.de/einrichtungen/fachbereiche/fb/gesch-kultur/index.html；http://kw.uni-paderborn.de/studium/；http://www.uni-hildesheim.de/fb2/.

② http://www.uni-hildesheim.de/fb2/institute/kulturpolitik/；http://www.uni-protokolle.de/nachrichten/text/126865/.

③ Kulturforum der Universität Bonn：Das Kulturforum bildet das gemeinsame Dach über kulturelle Aktivitäten der Universität Bonn. http://www3.uni-bonn.de/einrichtungen/kulturforum.

作为国际文化交流的主要园地，德国的大学在贯彻联邦德国的对外文化政策方面也扮演着特别重要的角色。2009 年 10 月，联邦德国前总统赫尔佐克曾在柏林自由大学做了"文化交流对于对外文化政策的重要性"的报告，突出强调了学术交流在对外文化政策中的重要地位，认为学术交流是对外政策的重要工具。与此相呼应，柏林自由大学与莫斯科罗蒙诺索夫大学（Lomonossow – Universität Moskau）共同启动了"传播与新闻"双语硕士培养项目，旨在加强双方的文化交流。承担这一交流项目的是柏林自由大学国际新闻学院①。班贝格大学（Universität Bamberg）更是打出了"文化政策——班贝格定制"（Kulturpolitik – made in Bamberg）的口号，以凸显班贝格大学在推动文化政策发展以及实施对外文化交流方面的角色。班贝格大学打出这一口号，有两点意图：其一，"国家政策不能包揽一切"，大学在贯彻和落实国际文化政策方面应该有所作为。它们要积极参与对外文化交流，是"国家政策的必要补充"。其二，大学"需要来自世界各地的高品质的生源"。班贝格大学在参与对外文化交流方面也是成果斐然，已经处于"德国顶尖大学行列"。该校约 1/3 的学生都会出国进行一到两个学期的学习交流，同时也吸引着大量的国外学生前来学习。许多专业都与国外大学建立了学术联系，其中像"英美研究"等硕士生课程，合作对象涉及英国、美国、奥地利、匈牙利、意大利等多国的大学。②

大学也是贯彻联邦德国的多样性文化政策的重要场所。在这一方面，伊斯兰文化教育是最突出的事例。在德国，随着穆斯林人数的增长，伊斯兰教课程进入教育领域成为不可避免的趋势，因此开设伊斯兰宗教课程的问题早在 20 世纪 70 年代末就已经提了出来，但是由于诸种原因，落实进程相当缓慢。直到 2010 年第一本有关伊斯兰教的

---

① Die Bedeutung kulturellen Austauschs für die auswärtige Kulturpolitik. News Wintersemester 2006/2007 vom 30. 11. 06. http：//www. fu – berlin. de/campusleben/campus/2009/091026 _ win-fried – fest – lecture/index. html.

② Monica Fröhlich：Kulturpolitik – made in Bamberg. Wie Stadt und Universität auswärtige Kulturpolitik mitgestalten. http：//www. uni – bamberg. de/kommunikation/news/artikel/kulturpoli/.

教材 Saphir① 在北莱茵 - 威斯特伐伦州的学校投入使用，才真正成为伊斯兰教课程进入德国课堂的起点，从而实现了"德国的穆斯林儿童学习宗教课程的权利"②。大学在推动伊斯兰宗教文化进入教育领域方面则丝毫不落后于中小学校。2010 年，德国最具权威的学术政策咨询委员会"德国科学委员会"（Wissenschaftsrat）决定在德国大学成立"伊斯兰中心"，目的是进行伊斯兰教研究，同时对阿訇进行培训③。同年，奥斯纳布吕克大学（Universität Osnabrück）成为第一所向阿訇提供进修课程的德国大学④。此后，蒂宾根大学（Universität Tübingen）也成立"伊斯兰教神学中心"，开设有关伊斯兰教方面的神学课程，培训阿訇和伊斯兰教方面的学者。该中心首任主任是以色列阿拉伯裔古兰经学者奥马尔·哈马丹（Omar Hamdan，1963 - ）。最后，联邦德国政府计划共投入 2000 万欧元，建立四个这样的中心⑤。

第三节　促进文化繁荣和多样性发展的路径

　　与文化多元主义的政策相对应，联邦德国不仅文化政策和文化活动的实施平台类别众多，而且贯彻路径也是多元和多样的。具体而言，它涉及法律环境、相关的机构建设和文化活动以及为保障相关机

---

① Saphir 是阿拉伯语，意为"消息""福音"。

② Julia Bönisch：„Erste Stunde：Islam. In Nordrhein-Westfalen unterrichten Lehrer in diesem Schuljahr mit dem ersten Schulbuch für islamischen Glauben. Der Band ist ein Schritt auf dem Weg zu staatlichem Religionsunterricht für junge Muslime."in：*Süddeutsche Zeitung*. 17. Mai 2010. Islamunterricht in Deutschland. http://www. sueddeutsche. de/karriere/islamunterricht - in - deutschland - erste - stunde - islam - 1. 578932.

③ R. Preuβ und T. Schultz：„Deutsche Universitäten sollen Imame ausbilden. Der Wissenschaftsrat dringt darauf，künftig Imame und islamische Religionslehrer analog zur christlichen Theologie auszubilden". in：*Süddeutsche Zeitung*. 17. Mai 2010. http://www. sueddeutsche. de/karriere/islam - institute - deutsche - universitaeten - sollen - imame - ausbilden - 1. 66406.

④ Universität Osnabrück：Imame als Studenten in Deutschland. http://www. tagesschau. de/inland/imamausbildung100. html.

⑤ Universität Tübingen：Erstes Zentrum für Islamische Theologie eingeweiht. In Tübingen ist das erste von vier geplanten Islam - Zentren in Deutschland eröffnet worden. Dort werden Imame und islamische Religionslehrer ausgebildet. *Zeit online*，17. Januar 2012. http://www. zeit. de/studium/hochschule/2012 - 01/zentrum - islamische - theologie - 2.

构运行和活动的开展而给予的资金支持等。

一 文化繁荣和多样性发展的具体法律保障

有德国画家在谈到国家与艺术家在艺术创作方面扮演的不同角色时曾指出，"国家提供框架，艺术家们来创造世界"①。换言之，国家要为文化艺术的创作提供必要的法律保障和规范。正是基于这样一种考虑，除了《基本法》规定的顶层法律框架外，联邦德国还制定了一系列法律规章，用以保障、促进文化的繁荣和文化多样性的发展。具体内容体现在以下几个方面。

著作权法的确认和保护。尊重文化艺术创造者的劳动成果，保护他们的合法权益和创作积极性，是实现文化繁荣的基本前提条件。因此有必要对其提供法律保护。基于此，联邦德国于 1965 年 9 月 9 日通过了《著作权及相关保护权法》(*Gesetz über Urheberrecht und verwandte Schutzrechte*)，简称《著作权法》(*Urheberrechtsgesetz – UrhG*)②。该法律第一条开宗明义地指出："文学、科学、艺术著作的著作人对其著作依本法享有保护。"根据该法律，受到保护的著作包括语言著作、音乐著作，包括舞蹈艺术在内的哑剧著作，包括建筑艺术和实用艺术在内的造型艺术著作及其草图、摄影著作、电影著作，科技类的绘图、设计图、地图、草图和表格等。著作人有以复制、传播、展览等实体形式使用其著作的专有权，也有以朗诵、表演、放映、广播等非实体形式再现其著作的专有权。2007 年 10 月 26 日，为了适应信息化社会高速发展的新变化，联邦德国又公布了《信息社会规范著作权第二部法律》(*Zweite Gesetz zur Regelung des Urheberrechts in der Informationsgesellschaft*)③，对原有的《著作权法》做了若干修订，并于 2008 年 1 月 1 日生效。

---

① Armin Klein, *Kulturpolitik : Einführung*, Wiesbaden : VS für Sozialwissenschaften, 2009, S. 219.

② 关于该法律的具体内容见：*Gesetz über Urheberrecht und verwandte Schutzrechte* (*Urheberrechtsgesetz*), Vom 9. September 1965. Bundesgesetzblatt Teil I, Ausgegeben zu Bonn am 16. September 1965, Nr. 51, S. 1273 – 1293.

③ *Zweite Gesetz zur Regelung des Urheberrechts in der Informationsgesellschaft*. Vom 26. Oktober 2007. Bundesegesetzblatt Jahrgang 2007 Teil I Nr. 54, ausgegeben zu Bonn am 31. Oktober 2007. S. 2513 – 2522.

对艺术家社会生活条件的法律保护。为了使文化艺术工作者能够安心从事创作，在遭受生老病死等意外时免于生活无保障之忧，联邦德国除了对著作权、利用权和成果保护权予以立法保障外，还于 20 世纪 80 年代初通过了关于艺术家社会保障的法律。1981 年 7 月，联邦德国议会通过《自主艺术家和新闻工作者社会保险法》（*Gesetz über die Sozial-versicherung der selbständigen Künstler und Publizisten*），并于 1983 年 1 月开始生效，简称《艺术家社会保险法》（*Künstlersozialversich-erungsgesetz – KSVG*）①。据此，"自主艺术家和新闻工作者将享受职员退休保险和法定疾病保险"（第一条）。不仅如此，根据相关规定，艺术家和新闻工作者在缴纳社会保险费用方面也享受一定的优惠。他们只需缴纳一半的费用，另一半由联邦补贴（20%）和企业税收（30%）负担②。当然，德国国内对是否继续实行这种优惠政策存在不同看法。"纳税者联盟"（Bund der Steuerzahler）等团体表示反对③，而包括德国文化理事会、德国音乐家协会（Deutscher Tonkünstlerverband）等在内的许多团体则支持并呼吁保持这种政策④。

此外，包括黑森、北莱茵 – 威斯特伐伦、不莱梅等在内一些州也出台了相关法律法规，对公立高校中的文化教育，诸如职业教育、音乐创作教育等，进行包括财政手段在内的支持。以北莱茵 – 威斯特伐伦州为例，其《继续教育法》（Weiterbildungsgesetz – WbG）就明确规定，继续教育包括"普遍、政治、职业和文化继续教育领域"（第 3

---

① *Gesetz über die Sozialversicherung der selbständigen Künstler und Publizisten*（*Künstlerso-zialver-sicherungsgesetz – KSVG*）. Vom 27. Juli 1981. Bundesgesetzblatt Teil I, Ausgegeben zu Bonn am 1. August 1981, Nr. 31, S. 705 – 716.

② Künstlersozialkass: Künstler Sozialkasse – Kurzcharakteristik. http://kuenstlersozialkasse. de/wDeutsch/Kuenstlersozialkasse – Kurzcharakteristik. pdf.

③ Bund der Steuerzahler Deutschland e. V. : Künstlersozialabgabe bleibt trotz Verbesserung in der Kritik. Bund der Steuerzahler bleibt bei Forderung: abschaffen statt fortführen. http:// www. steuerzahler. de/Kuenstlersozialabgabe – bleibt – trotz – Verbesserung – in – der – Kritik/ 28163c34249i1p529/index. html.

④ Deutscher Bundestag: Petition 43188. Sozialversicherung – Prüfung der Abgabepflicht zur Künstlersozialversicherung durch Rentenversicherung vom 10. 06. 2013. https://epetitionen. bund-estag. de/petitionen/_2013/_06/_10/Petition_43188. nc. html.

条），要对其进行包括资金等方面的支持。①

　　除了上述直接保护文化艺术发展繁荣的法律外，还有一些法律也间接地促进了德国文化艺术的发展，最典型的就是有利于文化艺术的税收法律，即通过特别的税收政策来持续调节和影响文化艺术的发展，其中包括通过扩大对书籍、音像电子产品等税收优惠来鼓励文化制品市场的可持续发展，通过降低文化艺术工作者的所得税等来促进文化的发展等。2007 年联邦财政部提出了对文化制品实行税收优惠的问题，得到德国文化理事会的热烈响应②。德国社会民主党在 2010 年给联邦政府的相关建议中明确指出，"要保持给文化制品的税收优惠！"基民盟、基社盟和自由民主党也有同样的看法。他们认为，"文化促进不是一种补贴，而是一种对于我们社会的未来的一种不可放弃的投资"。换言之，在文化领域的直接财政支持和税收优惠是公共文化促进方面不可或缺的组成部分。③ 近年来，基民盟和基社盟组成的联盟党、社会民主党利用其在议会中的强势地位，不断将这种文化领域的税收优惠加以扩大和强化。2014 年他们又联合提出将相关的税收优惠扩大到有声读物和电子图书，并且将税率从规定的 19%降至 7%。④ 此外，联邦德国还对用于支持和促进文化发展为目标的捐助进行所得税减免等，以示鼓励。

---

　　① Erstes Gesetz zur Ordnung und Förderung der Weiterbildung im Lande Nordrhein – Westfalen（Weiterbildungsgesetz – WbG）in der Fassung der Bekanntmachung. Vom 14. April 2000 geändert durch Gesetz vom 15. Februar 2005（SGV. NRW. 223）.

　　② Deutscher Kulturrat: Ermäβigter Mehrwertsteuersatz für Kulturgüter muss bleiben. http://www. kulturrat. de/pdf/1175. pdf.

　　③ SPD: Ermäβigter Mehrwertsteuersatz für Kulturgüter muss erhalten bleiben. http://www. nmz. de/kiz/nachrichten/spd – ermaessigter – mehrwertsteuersatz – fuer – kulturgueter – muss – erhalten – bleiben.

　　④ CDU&CSU Fraktion im Deutschen Bundestag, SPD Bundestagsfraktion: Beschluss der Geschäftsführenden Vorstände vom 29. April 2014: Ermäβigter Mehrwertsteuersatz für E-Books und Hörbücher. http://www. spdfraktion. de/sites/default/files/top6 – mwst_e – books_hoerbuch. pdf; Koalition will Mehrwertsteuer für E – Books und Hörbücher senken. *Süddeutsche Zeitung*, 29. April 2014. http://www. sueddeutsche. de/wirtschaft/ermaessigter – satz – fuer – kulturprodukte – koalition – will – mehrwertsteuer – fuer – e – books – und – hoerbuecher – senken – 1. 1946997.

二　各级文化机构建设和种类丰富多彩的文化活动

除了制定各种法律为文化发展保驾护航外，联邦德国还采取种种措施来落实其文化政策目标。这些措施归纳起来主要包括两大类内容：一是建立从联邦、州到社区的各种文化机构；二是举办各个层次和各种类型的文化活动。

在联邦德国，文化机构主要有剧院、图书馆、博物馆、社区画廊、档案馆、社区电影院、公立高校、社会文化中心、音乐学校等，它们在国家文化生活中承担着不同的任务和角色。这些机构成为落实联邦德国文化政策目标的基本载体。

在联邦层面，重要的文化机构有：位于波恩的联邦德国艺术展览馆（Kunst-und Ausstellungshalle der Bundesrepublik Deutschland），简称联邦艺术馆（Bundeskunsthalle），集艺术、文化和科学于一体，呈现的内容包括从古至今各个时期的艺术、文化史和考古学以及科学技术，其主要任务是以可视的方式，从造型艺术、文化史以及科学技术等领域来展示民族和国际性的精神和文化发展，即"不仅面对西方文化，还要呈献一种全球性的视野"①。德意志历史博物馆（Deutsches Historisches Museum）是联邦层面的又一重要文化机构，也是德国的国家历史博物馆。其目标是，通过收藏的约90万件展品展示从公元10世纪初德意志国家建立直到当代的整个德意志国家历史。② 联邦层面的相关文化机构还有前文已经提到的德国国家图书馆、联邦档案馆、普鲁士文化财产基金会等。

州层面上的文化机构则更多。每个州都有特色鲜明的博物馆、陈列馆和剧院等。以巴登－符腾堡为例，相关州立博物馆有：曼海姆州立技术和劳动博物馆（Landesmuseum für Technik und Arbeit in Mannheim）等。该馆是德国三大技术博物馆之一，相关展览展示了200年来的技术和社会发展史。③ 卡尔斯鲁厄巴登州立博物馆（Badisches

① http://www.bundeskunsthalle.de/ueber-uns/die-bundeskunsthalle.html.

② https://www.dhm.de/ueber-uns/.

③ http://www.technoseum.de/.

Landesmuseum Karlsruhe）则属于大型的文化史博物馆，主要向人们展示从远古时期直到 21 世纪的人类艺术、文化和生活历史。① 其他一些州也有大量州级文化机构。

众多的社区、乡镇文化机构、文化基金会和各种文化协会等构成了德国的基层文化机构。相关机构都带有明显的地方属性，诸如城市剧院、城市图书馆、音乐学校、音乐礼堂、社区电影院等，构成了德国文化生活的基本活动单位。

博物馆的承办者分布状况在很大程度上可以让我们窥斑见豹，向我们展示联邦德国文化事业布局的社会性特征。据统计，2010 年联邦德国共有博物馆 4823 家（不含那些没有提供参访人数和已经关闭的博物馆），其中地方各级政府机构开办的博物馆 2006 家，社团开办的博物馆 1304 家，国家级博物馆 406 家，私人博物馆 258 家，其他类型的 849 家。②

如果说相关的法律和文化机构为联邦德国的文化发展繁荣提供了基本的制度保障和运行载体，那么丰富多彩的文化活动则是联邦德国文化发展和繁荣的具体体现。相关文化活动或由社区文化机构举办，或由一些得到官方支持的自由承办者举行。这些文化活动包括各种各样的音乐会或音乐会系列，各类戏剧演出和表演，五花八门的各种节庆和节日，还有各种展览会、读书会、小型艺术讲座和报告等③。

各类文化活动不仅丰富了当地的文化生活，也成为各地乃至各州彰显自己文化特色和传统的重要举措，是德国文化多样性的重要体现。以巴登－符腾堡州首府斯图加特为例，几乎全年都有各种各样的文化节庆。仅在音乐领域，春季有"斯图加特巴赫周""斯图加特巴洛克""国际剧院爵士节""弦乐节"，夏季有"斯图加特文化之夏""斯图加特国际管风琴节""斯图加特之夏——新音乐节""国际管风

---

① http：//www. landesmuseum. de/website/Deutsch/Museum. htm.

② Statistisches Bundesamt：Museen und Zahl der Besuche nach Arten und Trägerschaft. https：//www. destatis. de/DE/ZahlenFakten/GesellschaftStaat/BildungForschungKultur/Kultur/Tabellen/MuseenBesucheTraegerschaft. html.

③ Armin Klein, *Kulturpolitik*：*Einführung*, Wiesbaden：VS für Sozialwissenschaften, 2009，S. 231.

琴之夏""斯图加特音乐节"等，秋天有"国际歌曲艺术大赛""斯图加特国际声乐节""少年儿童音乐节"等，冬季有属于艺术节系列的"音乐空间""维斯帕尔教堂文化节""ECLAT——新音乐节""首府斯图加特作曲家奖"等。此外还有文学、舞蹈、戏剧等诸多的文化艺术节日。①

在黑森州，每年一度的"黑森节"（Hessentag）始于 1961 年，由时任黑森州总理格奥尔格·奥古斯特·齐恩（Georg – August Zinn，1901 – 1976）倡议设立，由黑森各地轮流举办。其目的在于通过这样一个节日，安慰那些在第二次世界大战之后被驱逐出家园的众多东欧难民，为他们寻找一种新的家乡情感寄托，"把传统的和新的市民们撮合到一起，为所有的黑森人营造一个家乡"②。齐恩的名言是："想成为黑森人，就是黑森人。"如今，"黑森节"已经成为连接传统与现代的纽带，成为展示黑森各种文化的契机，也成为德国最大的州级范围内的文化节日。"黑森节"的举办时间也已经由起初的三天延长到现在的十天。整个节日的中心内容是呈现"风俗传统"，特别是黑森地区各式各样的服装，以示黑森地区文化的多样性。盛大的节日吸引了众多的参访者。1999 年在博纳塔尔（Baunatal）举办的"黑森节"访客首次达到 100 万人，2013 年在卡塞尔举办的第 53 届"黑森节"上，游客更是达到 183 万人之多。而 2014 年最新一届"黑森节"的举办地是贝恩斯海姆（Bensheim），访客也达到了 132.5 万人。③

三 促进文化发展和落实文化活动的资金来源

各类文化机构的运行和各种丰富多彩的文化活动的举办都离不开资金的投入支持。在联邦德国，促进文化发展的资金来源也是多样化

---

① 详情见：http://www.stuttgart.de/kultur – festivals.

② Armin Klein, *Kulturpolitik*：*Einführung*，Wiesbaden：VS für Sozialwissenschaften，2009，S. 231.

③ Hessentag endet mit Rekord：1.83 Millionen Gäste kamen nach Kassel. In HNA. de 23. Juni 2013. Abgerufen am 24. Juni 2013. http://www.hna.de/kassel/hessentag – endet – rekord – 2969973. html；1.325.000 Besucher feiern sonnigsten Hessentage aller Zeiten. Vom 15.06.2014. http://www.hessentag2014.de/presse/pressemitteilungen/details/artikel/1325000 – besucher – feiern – sonnigsten – hessentag – aller – zeiten. html.

的，既有联邦层面的财政拨款，也有各州和地方社区层面的财政支持，还有企业和私人的赞助。总体上看，近年来联邦德国促进文化繁荣和多样性发展的资金投入可归纳出两大特点：一是联邦、各州、社区、企业和私人大力支持；二是投入文化事业的资金不断增加。

从联邦层面看，对于文化领域的投入总体上呈持续增长的趋势。近年来，尽管经济发展相对缓慢，联邦德国在文化教育科技领域的投入并未减少。2012 年到 2014 年，联邦政府在教育、科学和文化领域的公共支出分别达到 174.22 亿欧元、188.23 亿欧元和 191.76 亿欧元[①]。

联邦德国各州也积极投入财政资金促进本州文化的发展和繁荣。以梅克伦堡－前波莫瑞为例，该州不仅制订了详细而思路清晰的文化促进计划，而且以项目驱动形式设立了大量文化类资助项目。首先，该州制定了所谓的"文化促进三大支柱模式"（Drei‐Säulen‐Modell der Kulturförderung）。第一促进支柱是涵盖文化基本服务项目和机构，包括对地方和跨地区的文化艺术基本职能机构的重要支持，如图书馆、电影和媒体宣传工程、青少年儿童艺术学校、文学之家、音乐学校和社会文化机构等；第二促进支柱是对具有跨地区意义的重要文化项目和机构的支持，包括各类州级社团等；第三促进支柱包括一些其他的重要项目，特别是每年选拔出来的各流派的一些具有创意的项目。为了实施文化促进项目，该州还专门制定了具体标准和措施。[②]相关财政支持情况可以根据梅克伦堡－前波莫瑞州 2013 年列入文化促进计划的项目情况有一个清晰的了解。根据相关数据，2013 年该州列入文化促进计划的项目达 249 项，涉及领域有音乐学校、青年艺术学校、图书馆、表演艺术、造型艺术、博物馆、文学、电影和媒体、社会文化、国际文化项目、特殊文化项目、档案馆、文化青年教

---

① Statistisches Bundesamt: Ausgaben der öffentlichen Haushalte für Bildung, Wissenschaft und Kultur. https://www. destatis. de/DE/ZahlenFakten/GesellschaftStaat/BildungForschungKultur/BildungKulturfinanzen/Tabellen/AusgabenOeffentlicheHaushalte. html.

② Ministerium für Bildung, Wissenschaft und Kultur Mecklenburg‐Vorpommern, *Kulturförderung*. http://www. regierung‐mv. de/cms2/Regierungsportal_prod/Regierungsportal/de/bm/Themen/Kultur/Kulturfoerderung/index. jsp. 相关具体说明见 Ministerium für Bildung, Wissenschaft und Kultur Mecklenburg‐Vorpommern, *Die neue Kulturförderrichtlinie: Hinweise für Zuwendungsempfänger*, Schwerin, 27. 1. 2015.

育等；2014 年该州列入文化促进计划的项目也多达 239 项，每个项目投入数万到数十万欧元的资金。①

在社区促进文化发展的投入方面，可以以巴伐利亚西南部阿尔高（Allgäu）的小城考夫博伊伦（Kaufbeuren）为个案说明。该城市虽只有 4 万居民，却制订了周详的文化促进计划，在发展文化方面不遗余力。

考夫博伊伦定位为"文化城市"（Kulturstadt），因此对于城市的文化发展特别重视，为此出台了一系列促进文化发展的政策，并制订了具体的财政支持计划。根据规划，考夫博伊伦的文化促进领域包括对各种文化创意社团、协会、机构和个人等给予财政支持。具体而言，对文化机构的支持包括以下方面：在考夫博伊伦的吹奏乐协会中对年轻人进行器乐培训；支持业余音乐、业余表演或文化展示等领域的社团和研究所；支持学生戏剧团体或相似的团体利用城市剧院；支持经过考夫博伊伦的主办者临时性租用城市剧院的大钢琴等。而项目性支持则主要包括给予个人以奖学金和补贴；在音乐、表演和绘画艺术等领域设立艺术项目，进行相关的进修和继续教育培训。②

相关社团也为促进文化发展提供力所能及的支持。以"下萨克森州南部地方联合会"（Landschaftsverband Südniedersachsen e. V.）为例，该联合会在推动文化发展方面不仅有明确的目标和规划，而且通过立项和补贴形式给予许多文化社团和组织以一定的资金支持。在 2009—2011 年间，该联合会实施了"下萨克森南部文化研究"（Kulturforschung Südniedersachsen）工程的文化促进政策，其目标是不仅要传承文化，改善文化供给，而且要为相关文化促进目标提供基本数据。在资金投入方面，仅 2012 年列入该联合会财政支持的文化项目和补贴就达 50 余项，资助额度从 1000 欧元到 10000 欧元不等。给予

---

① Kulturförderung 2013 – Gesamtaufstellung gegliedert nach Förderbereichen；Kulturförderung 2014 – Gesamtaufstellung gegliedert nach Förderbereichen；Ministerium für Bildung, Wissenschaft und Kultur Mecklenburg-Vorpommern, *Liste der geförderten Projekte*. http：//www. regierung – mv. de/cms2/Regierungsportal_prod/Regierungsportal/de/bm/Themen/Kultur/Kulturfoerderung/Liste_der_gefoerderten_Projekte/index. jsp.

② http：//www. kaufbeuren. de/Stadtleben/Kultur　－　Kunst/Foerdern/Finanzielle　－ Foerderung. aspx.

财政支持的形式分为补贴、签订合同和投入基本建设等。①

在联邦德国，不仅从联邦、各州到社区乃至社团和私人都从资金上支持文化事业的发展，而且联邦德国对于文化事业的财政投入在总体上也呈不断增长的趋势。根据联邦统计局提供的数据，2000 年到2009 年间，用于文化基础建设的预算总支出基本情况是：2000 年为82.06 亿欧元，2005 年为 80.03 亿欧元，2007 年为 84.59 亿欧元，2008 年为 88.81 亿欧元，2009 年为 91.27 亿欧元，涉及剧院和乐队、图书馆、博物馆、收藏和展览、纪念碑保护和维护、涉外文化事务、艺术类高校、其他文化维护、文化管理等。除了上述支出外，与文化相关的领域，诸如公立高校、相关继续教育、教会事务、广播电视等也有大笔支出：2000 年为 14.61 亿欧元，2005 年为 15.99 亿欧元，2007 年为 15.76 亿欧元，2008 年为 15.97 亿欧元，2009 年为 15.89亿欧元。② 由联邦和各州统计局共同推出的《2012 年文化财政报告》(*Kulturfinanzbericht* 2012) 则为 1995 年以来德国文化及与文化相近领域的财政投入情况提供了更详尽的统计数据。具体见表 3 – 1。

表 3 – 1　　　1995—2009 年联邦德国文化及文化相近领域

公共支出——固定资产③　　　　　单位：百万欧元

	文化	文化相近领域	总计
1995	7467.8	1437.6	8905.4
2000	8206.4	1460.7	9667.1
2005	8002.8	1598.9	9601.7
2006	8113.3	1596.4	9709.7

① Finanzielle Kulturförderung des Landschaftsverbandes 2012 (bisherige Zusagen). http://www. landschaftsverband. org/premi/foerderprojekte2012. pdf；Olaf Martin：Die neue Förderpolitik des Landschaftsverbandes Südniedersachsen ab 2013. http://www. landschaftsverband. org/dokumente/foerderpolitik2013_erlaeuterg. pdf.

② Statistisches Bundesamt, *Ausgaben der öffentlichen Haushalte für Kultur.* https://www. destatis. de/DE/ZahlenFakten/GesellschaftStaat/BildungForschungKultur/BildungKulturfi-nanzen/Tabellen/AusgabenKunstKulturpflege. html.

③ Statistische Ämter des Bundes und der Länder, *Kulturfinanzbericht 2012*, S. 27.

续表

	文化	文化相近领域	总计
2007	8459.5	1576.4	10035.9
2008	8881.2	1596.7	10477.9
2009	9127.3	1589.5	10716.8
2009 年各州支出情况（包括乡镇社区和文化社团）			
巴登－符腾堡	1046.0	158.4	1204.4
巴伐利亚	1194.3	190.8	1385.1
柏林	604.0	86.1	690.1
勃兰登堡	219.4	21.8	241.2
不莱梅	97.4	4.9	102.3
汉堡	301.0	10.3	311.3
黑森	588.2	95.5	683.7
梅克伦堡－前波莫瑞	147.5	24.0	171.5
下萨克森	488.0	103.0	591.0
北莱茵－威斯特伐伦	1460.5	122.9	1583.4
莱茵－普法尔茨	243.6	70.5	314.1
萨尔	75.6	6.1	81.7
萨克森	706.5	29.5	736.0
萨克森－安哈尔特	275.8	37.0	312.8
石勒苏益格－ 荷尔斯泰因	174.8	27.4	202.2
图林根	280.2	41.8	322.0
各州总计	7902.6	1030.0	8932.6
2009 年根据组织团体分类支出情况			
联邦	1224.7	559.4	1784.1
各州	3849.8	761.3	4610.3
乡镇社区和文化社团	4052.8	268.7	4321.5

　　从联邦到各州乃至社团和私人对文化事业的资金投入，为联邦德国文化政策的落实提供了稳定而充足的财政保障，促进了联邦德国文化事业的发展和繁荣。

第四章 联邦德国文化多样性
社会的历史发展

20 世纪六七十年代，联邦德国的经济和社会发展出现了从工业社会向后工业社会的转型，联邦德国文化多样性社会的发展也可分前后两个阶段。第一阶段，以 1968—1969 年青年大学生发动的"文化革命"为"拐点"，即 1970 年以前，联邦德国经济上经历了战后重建和繁荣时期，与此相对应，在文化领域，联邦德国不仅恢复了纳粹上台之前的各种文化活动，还发展出一些新的文学艺术流派，并在西方核心价值观的指导下初步重建了文化多样性社会。第二阶段，即 1970 年以后，联邦德国的经济和社会发展迈入后工业社会，文化领域也出现了重大转向。"文化革命"期间，在联邦德国文化生活中居主导地位的左翼知识分子开始积极介入政治，要求打破一切规则和束缚，通过反权威、反传统、反体制的审美观革命，实现了文化生活的"民主化"；"文化革命"之后，虽然知识分子的政治激情消退，但"文化民主精神"却促使联邦德国的文化依旧向着多元化、个性化、民主化的方向发展；与此同时，文化界也在激烈的争论中积极构建以西方核心价值理念为基础的新的德意志民族文化。

第一节 重建和繁荣时期文化多样性
社会的形成与特征

一 重建和繁荣时期文化多样性社会形成的条件
1. 文化多样性发展的法制基础
历史经验表明，正常的文化生活必须有健全的法律制度做保障。

在联邦德国，保障文化多样性社会发展的最重要的是 1949 年制定的
联邦《基本法》。

首先，《基本法》给予了公民自由从事文化创作活动的权利，从
而为联邦德国摆脱纳粹时代的文化专制，实现文化复兴和文化多元发
展奠定了宪法基础。从纳粹时代的文化专制吸取教训，《基本法》第
5 条第三款规定，"艺术与科学、研究与讲学均属自由"。该条所规定
的文化自由，是联邦德国文学艺术、大众传媒、学术思想等领域能够
保持百家争鸣、繁荣多样状态的根本法律依据。

其次，《基本法》还明确规定联邦德国在联邦与州之间实行分权
原则，这也是联邦德国文化多元主义社会形成的重要条件之一。在美
国的干预下，右翼党派所坚持的合作性联邦主义原则最终被写入了
《基本法》。在这一制度下，联邦和州共享立法权，州单独立法限于
教育事业和地方性事务方面，外交政策、货币金融、国籍、迁移自由
及全联邦社会经济事务由联邦立法。在此基础上，联邦德国形成了所
谓的"文化联邦主义"——由于《基本法》并未明确规定文化权力
归联邦所有，所以依照《基本法》第 28、30 条，联邦各州至今仍然
是国家文化权力的主要承担者。"国家权力之行使及国家职责之履行，
为各州之事，但以本《基本法》未另有规定或许可者为限。"

再次，由《基本法》第 9 条"结社自由"原则还衍生出了文化宪法
中的"代表多元主义"，使各社会群体能够积极进入文化领域，从事文化
活动。"以国家为一方，以社会公共部门为另一方的竞争，保证了文化的
公共性、创造力和活力。宪法按照多元主义在国家与社会间分配权力，
在决策层面上国家与社会形成了代表多元主义原则，即在宪法国家和社
会团体之间分配文化管理权。文化多样性和文化自由就是这些宪法国家
和社会共同担负责任的明证。"合作性文化宪法权是国家代表主义和保护
个人文化权利的必不可少的补充：教会、宗教团体、福利组织，以及私
人文化团体承担了大量的文化工作，这些工作既不是国家也不是公民个
人所能完成的。"① 文化联邦主义保证了联邦德国第三种社会力量，即民
间团体在文化事务方面拥有与国家基本对等的地位和发言权。

---

① Armin Klein, *Kulturpolitik*：*eine Einführung*，Wiesbaden：VS Verlag für Sozialwissenschaften，
2009，S. 82.

最后，《基本法》第 20 条所规定"德意志联邦共和国为民主、社会之联邦国家"，即所谓的"社会国家"（Sozialstaat）原则也有利于联邦德国文化多样性社会的形成。联邦德国的社会国家原则是通过"社会市场经济制度"来贯彻的。20 世纪早期，以瓦尔根·欧根（Walter Eucken，1891－1950）等为代表的德国弗莱堡学派（Freiburger Schule），就提出了不同于西方古典自由主义的秩序自由主义，即在强调自由市场经济的前提下，也强调市场秩序的重要性。二战之后，深受秩序自由主义影响的路德维希·艾哈德先后担任英美双占区经济委员会主任、联邦首任经济部部长和联邦总理，并将弗莱堡学派的思想一步一步地应用到联邦德国经济的重建当中。在当时整个欧洲深受社会主义思潮影响的情况下，联邦德国所建立的社会市场经济制度，并不完全是秩序自由主义经济政策的体现，也包含了当时盛行于西欧、并为德国社会民主党所尊崇的民主社会主义。因此，植根于社会市场经济制度中的"社会国家"原则，是一种较为灵活的福利国家原则，它在保证国家调节社会分配的能力的同时，也使社会弱势群体可以享受到必要的社会公共产品，并依据"市场原则"尽量不妨碍企业和个人的自由活动空间，充分体现出市场在资源配置过程中的基础性作用。因此，在社会市场经济制度下，民众获得公共文化产品的途径（文化民主）和文化精英、文化企业的自由（文化自由）都可得到一定程度的保证。这是联邦德国文化多样性社会能够形成的重要制度条件。

与此同时，战后初期各州制定的宪法也为联邦德国文化多样性社会的形成奠定了重要的法律和制度基础。各州宪法大都明确规定国家负有促进文化发展和保证文化自由之责。如不莱梅州宪法第 11 条就规定："艺术、科学及讲学自由。国家承诺保护它们并参与对它们的扶植。"萨克森州宪法则规定本州是一个民主的、保护自然生活基础的、负有文化义务的社会法治国家。该宪法第 11 条还明确要求"本州推动文化、艺术、科学创造，推动体育运动及上述这些领域的交流。实现全体人民对文化多样性的参与和对体育运动的参与"①。"在

---

① Verfassung des Freistaates Sachsen vom 27. Mai 1992. https://www.landtag.sachsen.de/dokumente/Verfassung.pdf.

德国，有数量众多的州宪法条款规定了对文化的保护与推动。"①《基本法》和各州宪法中有关文化事务的各种规定共同组成了联邦德国的文化宪法。而文化宪法中的文化自由原则正是保证联邦德国文化多样性社会发展的基本条件之一。

此外，欧洲一体化组织所制定的法律、法规或公约，也为联邦德国文化多样性社会的发展起到了一定的指导作用。以 1949 年即已成立的、在战后欧洲联合进程中起过重要作用的"欧洲理事会"为例。作为独立于欧盟的欧洲组织，欧洲理事会在 1949 年成立大会时就提出了具有初步文化多元主义特征的目标："保护和加强民主、人权和法制原则；寻求解决欧洲社会的主要问题，如种族主义、偏见、歧视少数民族、吸毒等；加强欧洲认同，寻求不同文化圈民族之间的相互理解。"② 1954 年 12 月 19 日在巴黎通过的"欧洲文化公约"，也希望推动欧洲文化认同，保护欧洲文化遗产。

2. 文化多样性发展和繁荣的经济基础

联邦德国在法律和制度逐步完成重建的同时，经济也进入了高速发展时期，出现了所谓的经济奇迹。美国实施欧洲复兴的"马歇尔计划"的援助，以及 1948 年开始的德国西占区币制改革等举措，使战后西德经济迅速走上了稳定和恢复的道路。联邦德国建立后，西方三盟国再次放宽对德国经济发展的限制，同时提供种种帮助，使联邦德国经济迅速恢复和发展起来。1948 年币制改革前的第二季度，德国西占区的工业生产指数只有 1936 年的 57%。但此后直至 20 世纪 60 年代中期，联邦德国工业一直保持快速发展势头。1949 年第四季度工业生产指数已经恢复到 1936 年的 100%。1950—1953 年，工业生产指数分别为 1936 年的 134%、146%、158% 和 174%。③ 1949 建国时，联邦德国家用小客车年产量已从战争刚结束时的 1200 多辆提高

---

① Statistische Ämter des Bundes und der Länder(Hrsg.), *Kulturfinanzbericht 2012*, Wiesbaden: Statistisches Bundesamt, 2012, S. 14.

② Armin Klein, *Kulturpolitik: eine Einführung*, Wiesbaden: VS Verlag für Sozialwissenschaften, 2009, S. 101.

③ Wolfram Fischer(ed.), *The Economic Development of Germany since 1879*, Vol II, Cheltenham: Edward Elgar Publishing Limited, 1997, p. 46.

到 10 万余辆。到 1955 年时为 76.2205 万辆，1959 年时则高达
150.3424 万辆。出口比例也从 1948 年的不足 12% 上升至 1959 年的
50% 以上。① 随着工业的快速扩张，1950—1960 年国民生产总值年增
长率达 7.6%。② 1965 年时，联邦德国国民生产总值已接近 1950 年的
三倍。③ "经济奇迹" 所创造的财富为联邦德国文化重建与繁荣奠定
了不可或缺的物质基础。

在经济高速发展的推动下，联邦德国居民的收入和消费水平都有
了巨大的提高。1953 年底，职工平均每小时工资比 1950 年增长了
66%。④ 到 1958 年时，职工收入已比 1950 年翻了一番还多。⑤ 而
1965 年联邦德国的人均国民收入是 1950 的近四倍。⑥ 在家庭消费方
面，随着居民收入的增长，尤其是以工人为代表的劳动阶层收入的增
长，逐渐改变了联邦德国普通民众家庭的消费观念与结构。1955 年前，
尽管工人的收入不算低，但他们很少去购买奢侈品。但从 50 年代中期
开始，电视机、汽车等原本属于上层家庭的消费品开始进入千家万
户，从而使联邦德国进入了所谓的 "大众消费"（Mass Consumption）
时代。例如，联邦德国的家用小客车消费量，从 1948 年的 23856 辆，
上升至 1959 年的 745721 辆。⑦

在生活水平提高的同时，包括文化产业在内的第三产业也有了相
对较快的发展。1952—1957 年间，联邦德国农业国内生产总值的年

①　Alan Kramer, *The West German Economy*, *1945 – 1955*, New York and London: Berg, 1991, p. 188.

②　［德］格罗塞尔等：《德意志联邦共和国经济政策及实践》，晏小宝译，上海翻译出版公司 1992 年版，第 8 页。

③　［德］卡尔·哈达赫：《二十世纪德国经济史》，扬绪译，商务印书馆 1984 年版，第 168 页。

④　Wolfram Fischer(ed.), *The Economic Development of Germany since 1879*, Vol II, Cheltenham: Edward Elgar Publishing Limited, 1997, p. 46.

⑤　［德］格罗塞尔等：《德意志联邦共和国经济政策及实践》，晏小宝译，上海翻译出版公司 1992 年版，第 8 页。

⑥　［德］卡尔·哈达赫：《二十世纪德国经济史》，扬绪译，商务印书馆 1984 年版，第 168 页。

⑦　Alan Kramer, *The West German Economy*, *1945 – 1955*, New York and London: Berg, 1991, p. 188.

增长率最高只有 3% （1957），其余年份都在 1. 5% 以下，其中有两年（1955 年和 1956 年）甚至是负增长。制造业国内生产总值的年增长率也从 1952 年的 12. 7% 下降到 1957 年的 6. 4% 。但与此同时，第三产业国内生产总值的年增长率则呈总体上升态势。其中，流通业在1955 年和 1956 年的增长率均超过 10% 。到 1957 年时，不仅流通业，连公共服务业的增长率也超过了农业和制造业。①

经济的普遍繁荣、财富的快速增加和第三产业的持续发展，既为知识分子从事思想文化活动提供了必要的基础和平台，也使民众有了更多的闲暇和途径去享受多样的文化生活。这在一定程度上有利于联邦德国早期社会生活和价值观的变迁。

3. 以美国文化为代表的外来文化的影响

外来文化的大量引入，尤其是美国文化及其他欧洲国家文化产品的流行，也促进了联邦德国文化多样性社会的形成与发展。

二战之后，基于美国对西德的占领以及联邦德国成立后美国在西德的长期驻军，加之美国作为超级大国的巨大影响力，联邦德国的文化生活也打上了深刻的美国印记。对当时迷茫无助的德国年轻人来说，美国大兵的言行装束所代表的就是所谓的自由、个性的"美国生活方式"（American Way of Life）。于是，战后初期德国西占区和联邦德国曾出现过一股美国文化热，牛仔裤、可口可乐、好莱坞大片随处可见；德美文化交流机构，如德美学会（Deutsch – Amerikanischen Institute）等纷纷建立；1948—1953 年，有大约 10 万名西德各界精英通过交流计划访问美国②，并在此基础上建立了促进两国知识分子交流的文化自由大会（Kongress für Kulturelle Freiheit）。战后美国文化的大规模"入侵"，不仅使大洋彼岸的新大陆文化真正扎根西德，还给向来较为刻板、严肃的德意志传统文化注入了自由多元的气息。

此外，在占领时期以及联邦德国建立初期，法国方面也特别重视针对德国的文化政策，通过与联邦德国加强青年交流等举措，施加对

---

① Alan Kramer, *The West German Economy*, *1945 – 1955*, New York and London: Berg, 1991, p. 179.

② Axel Schildt, *Moderne Zeiten: Freizeit*, *Massenmedien und „Zeitgeist" in der Bundesrepublik der 50er Jahre*, Hamburg: Hans Christian Verlag, 1995, S. 416 f.

德国的文化影响力，以促进德国文化生活的民主化和两国之间的相互理解①。

欧洲先锋艺术（Avantgarden）也对联邦德国文化多样性社会的发展起到了一定的推动作用。二战结束之后，美国文化霸权激起欧洲的反抗。法国出现了亲美派和反美派激烈斗争的"两个法国的分裂"，并形成了所谓的"文化马克思主义"（Kultureller Maxismus）先锋思潮。受法国文化界的影响，联邦德国也出现了反美的艺术情绪。欧洲邻国先锋派思想的传入，不仅推动了联邦德国本土先锋派的发展，也在很大程度上为20世纪六七十年代联邦德国"文化革命"的出现奠定了激进的思想基础。

二 重建和繁荣时期文化多样性社会的形成与特征

1. 1945—1949年西占区文化活动的恢复

战后初期，西德文化精英们逐渐恢复了纳粹时代遭到取缔的各种文化创作活动，一些新的思想和艺术流派也崭露头角。

在文学方面，坚持传统的老一辈作家和新一辈作家的"废墟文学"（Trümmerliteratur）或"砍光伐尽"文学对联邦德国的文化重建起到了极其重要的推动作用。老一辈作家大都在二战前就已成名。二战之后，他们凭借自身高超的艺术造诣，坚持用传统价值观和手法写作包括战争题材在内的文学作品，并深受广大读者欢迎。例如，德国著名作家恩斯特·荣格（Ernst Jünger，1895 – 1998）关于一战和二战的多部战争日记和长篇乌托邦小说《赫利奥波里斯：一座城市的历史》（*Heliopolis*：*Rückblick auf eine Stadt*，1948）就深受当时众多读者的喜爱。这些作品和纳粹时期其他"海外流亡"和"国内流亡"的传统作家的作品一样，都以或多或少的超现实主义手法，帮助人们寻找新的生存意义。

与此同时，在第二次世界大战后成长起来的年轻作家们，对德国的

---

① 有关这一时期法国对联邦德国的文化政策参见 Jacqueline Plum，*Französische Kultur-politik in Deutschland 1945 – 1955：Jugendpolitik und internationale Begegnungen als Impulse für Demokratisierung und Verständigung*，Wiesbaden：Deutsche Universitäts – Verlag，2007.

失败表现出一种强烈的愤懑和迷茫情绪。这些人此时主要在以汉斯·里希特（Hans Richter，1888－1976）为召集人的"四七社"（Die Gruppe 47）① 中展开活动，要求以战败为契机，从零开始，重新审视德国既往的价值观与文化，开辟出一条不同于传统的新的文学创作道路。里希特在战后初期曾创办具有明显左倾思想的文化杂志《呐喊：年轻一代独立刊物》（ *Der Ruf – Unabhängige Blätter der jungen Generation* ）②。由于该杂志刊登了一些为美国占领当局所无法容忍的作品而最终被停刊。但里希特却继续坚持自己的主张，发起成立了松散的文学沙龙式团体"四七社"。在"四七社"的活动中，里希特和许多新一代作家都发表了自己具有开拓意义的作品，企图用平淡的语言净化纳粹的矫揉造作，还给文学世界一片清净与真实。由于这些文学诞生于战后初期瓦砾堆积、哀鸿遍野的德国，并且试图在一片荆棘中找寻崭新的出发点，因此被后人称为"废墟文学"或"砍光伐尽"文学。文学创作的恢复有利于战后初期德国文化出版市场的繁荣。1945—1948 年间，德国西占区共有 850 家出版机构出版了 5000 本书和 1000 种杂志。③

在音乐方面，二战之后，长期被纳粹禁止的德国流行音乐（Popmusik）也出现了复兴的迹象。如尤普·施米茨（Jupp Schmitz，1901－1991）的《我乘车带着丽萨，前往比萨斜塔》（ *Ich fahr mit meiner Lisa, zum schiefen Turm von Pisa* ，1949）就以轻松简单的主题受到了人们的欢迎。而卡尔·贝尔布埃尔（Karl Berbuer，1900－1977）创作的狂欢节歌曲《我们是三占区本地人》（ *Wir sind die Eingeborenen von Trizonesien* ，1948）甚至一度成为西德国歌的代替品。与此同时，出于对纳粹时期非理性主义音乐的反感，年轻一代音乐家们试图恢复被玷污的德国优秀音乐创作传统，发展起了音色、节奏都高度理性化的控制主义音乐，形成了所谓的"达姆施塔特学派"。在该学派的努力下，新

① "四七社"是指在 1947—1967 年间由汉斯·里希特邀请的一些德语作家构成的聚会群体，它没有固定的组织，没有固定的成员和纲领。

② Kurt Böttcher, *Kurze Geschichte der deutschen Literatur: von einem Autorenkollektiv Leitung und Gesamtbearbeitung* , Berlin: Volk und Wissen Verlag, 1983, S. 641.

③ Hans – Ulrich Wehler, *Deutsche Gesellschaftsgeschichte* , Band V, *Bundesrepublik und DDR, 1949 – 1990* , München: Verlag C. H. Beck, 2008, S. 386.

古典主义音乐又出现了强劲的复苏势头。实际上，无论是战后新兴的控制主义音乐，还是坚持传统的新古典主义及新浪漫主义音乐，或是源自美国的流行音乐，都能在联邦德国早期的音乐复兴中找到自己的一席之地。

在造型艺术方面，随着博物馆、美术馆等文化设施的重建，许多艺术家也在企业和当局的支持下恢复了创作活动。通过"内心流亡"而经受过战争与独裁洗礼的老一辈艺术家重新登场，发表了一系列重要作品。柏林美术馆在废墟中涅槃而生之后，汉斯·乌尔曼（Hans Uhlmann，1900－1975）二战期间所创作的"三维绘画"雕塑作品最终得以展出。这种继承了结构主义传统的艺术作品，既可以从某个角度被看成是一个人的头像，也可以从另外一个角度被看成一些杂乱无章的线的组合。1941年后画作展览遭到纳粹当局禁止的维利·鲍麦斯特（Willi Baumeister，1889－1955）也在战后重新开始了活动。1947年他出版了《艺术之谜》（Das Unbekannte in der Kunst），收录其在1943至1944年的手稿。他和弗里茨·温特（Fritz Winter，1905－1976）等艺术家均认为，战后德国艺术应有一个全新的开始，并应积极参与世界艺术发展。1950年，鲍麦斯特在"当今人类形象"（Das Menschenbild in unserer Zeit）展览中参与了"第一次达姆施塔特对话"（Erstes Darmstädter Gespräch）。战争期间流亡海外的艺术家也对西德艺术的复兴起到了重要的推动作用，如战前达达主义的代表人物马克斯·恩斯特（Max Ernst，1891－1976）等。

在电影和戏剧方面，战后初期的德国并没有实现所谓的"涅槃"。德国电影和戏剧战前曾创造过举世瞩目的成就。但第二次世界大战后，大量充斥于德国电影院和剧院的作品却大都是舶来品。好莱坞大片、瑞士戏剧、莎士比亚戏剧的吸引力要远远超过为数不多的本土作品。出现这种状况的原因在于，一方面当时西方盟国出于扫除纳粹余孽和输出本国电影的目的而限制德国西占区电影工业的发展，另一方面许多德国影视、戏剧工作者由于与纳粹关系密切而遭到了限制。当时德国本土的电影和戏剧演员大都是1945年之前就已经成名的一些人，如因饰演浮士德而出名的古斯塔夫·格伦德根司（Gustaf Gründgens，1899－1963）；电影摄制人员也差不多都是纳粹时期的。在盟国的严格限制下，西德人更多的是翻拍以前的名作，而这类作品也最受当时民众的欢迎。除了极个别战争题材的作品，如著名剧作家卡尔·楚克迈耶表现第三帝国空军将领的新剧《魔鬼的将军》（*Des Teufels General*，1947）曾引起很大争议[①]外，盟国所推广的政治教育型电影和戏剧很难能引起观众的兴趣。

2. 重建和繁荣时期文化多样性社会的形成及特征

总体上看，在战后经济繁荣时期，联邦德国更多地倾向于从保护和弘扬文化传统和促进文化艺术繁荣的角度来实现文化多样性社会的发展。按照著名文化学学者奥拉夫·齐默曼的说法，是把"改善艺术和文化的框架条件"当作主要方向，促使1949—1970年间联邦德国的文化生活和价值取向在官方意识形态许可的范围内实现了一定程度的多元化。与此同时，新的社会主流文化也在西方核心价值理念和德意志传统文化结合的过程中酝酿初生。

首先，这一时期重建和创办了大量博物馆、艺术馆、社区画廊、档案馆、图书馆、社会文化中心、剧院、电影院、报社、杂志社、电台、电视台等文化及大众传媒机构。

遍布各地的博物馆、艺术馆等艺术品展览机构是近代以来德国文化发达的重要标志之一。尽管在二战之中曾遭受重创，但这些机构在战后的恢复速度却是惊人的。如国家层面的"德国历史博物馆"，地方层面的"不莱梅艺术馆"、巴登-符腾堡的"席勒民族博物馆"等都迅速实现了重建。1956—1957年间，著名的"日耳曼民族历史博物馆"也在著名建筑师赛普·鲁夫（Sep Ruf，1908-1982）的设计下完成了基于原址的扩建工作。时任联邦总统的特奥多尔·豪斯（Theodor Heuss，1884-1963）在1952年明确指出："这座博物馆的意义不仅是保存了历史记忆，也保存了这种记忆的精神内涵"，它"是一座城市及其人文主义、人性精神的自我展示"[②]。

---

① Wilfried Barner，*Deutsche Literatur von 1945 bis zur Gegenwart*，München：C. H. Beck，2006，S. 107 - 108.

② Landschaftsverband Rheinland Rheinisches Museumsamt（Hrsg.），*Vom Elfenbeinturm zur Fußgängerzone：Schriften des Rheinischen Museumsamtes Volume* 61，Wiesbaden：VS Verlag für Sozialwissenschaften，1996，S. 13 - 14.

　　档案馆、图书馆、文化基金会等文献搜集、利用机构也出现了勃兴态势。1950 年，联邦德国最大的公立档案馆——联邦档案馆建立。与此同时，因冷战分裂而部分流亡至马尔堡大学（Universität Marburg）的柏林国家图书馆，在占领时期以"黑森图书馆"的名义重新开放，1949 年之后被重新命名为"西德图书馆"（Westdeutsche Bibliothek）。而位于东占区莱比锡的德意志书库也被复制到美因河畔法兰克福。1957 年成立的普鲁士财产基金会则是联邦德国搜集历史文献的又一重要机构。此外，在这一时期，众多州立、私立、教会、大学及军事档案馆、图书馆也纷纷完成了重建或新建工作。

　　剧院、电影院等大众剧目观赏机构也恢复迅速。在 20 世纪 50 年代联邦德国城市重建的过程中，剧院这一传统建筑是不可或缺的。很多市政当局都将剧院看作是重建城市文化生活的标志。1958 年一位联邦德国文学史学家明确指出："谁要是对剧院生活感兴趣，并在最近几年游历了德国各地的城市，谁就会满意地看到，在为显示我们的教养和排场而开展的活跃的文化活动中，剧院占有重要的地位并获得精心的保护。没有一个国家——甚至包括美国在内——像德国那样，出于即使一切都毁坏了也要保护传统不受损害的心态，连小镇都精心地保护剧院。"[1] 与此同时，联邦德国电影公司和电影院也发展迅速。在 1949 年电影业利益代表组织"电影经济界领导组织（Spitzenorganiation der Filmwirtschaft. E. V.）和 1950 年联邦政府"电影鉴定署"（Filmbewertungsstelle）成立后，公立和私人电影公司得到了较快的发展，影院也由 1956 年的 6438 家增至 1960 年的 7085 家。[2]

　　各种文化传媒机构也相继成立。逐渐摆脱盟国监管后，联邦德国出版发行业迎来了发展的春天。1949 年 11 月和 1952 年 6 月，《法兰克福汇报》（Frankfurter Allgemeine Zeitung）和《图片报》（Bild - Zeitung）相继创刊，并迅速跻身于联邦德国发行量最大的报纸之列。仅 1950 年

---

　　① ［德］贝恩特·巴泽尔等编著：《联邦德国文学史》，范大灿等译，北京大学出版社 1989 年版，第 199 页。

　　② 李伯杰：《德国文化史》，对外经济贸易大学出版社 2002 年版，第 471 页。

一年，联邦德国就新发行了 80 种报纸。① 到 1954 年时，联邦德国共有 849 个报纸编辑发行机构。报纸种类从 1950 年的 429 种上升至 1960 年的 498 种，发行量从 1950 年的 1100 万份上升至 1954 年的 1300 多份。② 另外，传统上中小出版社比较发达的德国。到 1965 年时，共计有 280 多家出版社，其中 56 家新建于 1950—1965 年间。

联邦德国早期的广播电台和电视台主要是受政府资助的非营利性的"公法广播机构"（Die öffentlich - rechitliche Rundfunkanstalten）。1950 年，各州公法广播电台和电视台组成"德国公法广播联盟"，并于 1952 年底开始向全国播出联合制作的节目。50 年代时，阿登纳政府还先后筹建了专事对外宣传的"德国之声"和位于西柏林的长波电台。随着公立电台的复兴，广播成为联邦德国早期文化和信息传播的重要手段。仅 1951 年，收音机销量就高达 230 万台。③ 1961 年 6 月，在德国公法广播联盟倡议下，各州又签署一项州际协定，决定组建一家新的公法广播电视台——德国电视二台，并于 1963 年正式开播。

1949 年 8 月 18 日，由原西方三个占领区的官方通讯社合并组成的德意志新闻社正式成立。这一由民间资本运作的机构不仅是联邦德国最大的新闻通讯社，也是西方最大的新闻通讯社之一。除德意志新闻社外，还有两家教会通讯社也在联邦德国成立初期有着重要的影响：一是 1910 年成立、战后重建的福音新闻社（Evangelischer Pressedienst / EPD）；二是 1952 年成立的天主教通讯社（Katholische Nachrichtenagentur / KDA）。

上述通讯社与新闻报刊、广播电视机构共同构成了 20 世纪 50—60 年代联邦德国多元化的文化、信息传播网络。

其次，举办各种文化活动，包括各类音乐会、剧院演出、节日庆

---

① Hans - Ulrich Wehler, *Deutsche Gesellschaftsgeschichte*, *Band V*, *Bundesrepublik und DDR*, *1949 - 1990*, München：Verlag C. H. Beck, 2008, S. 390.

② Bundesverband Deutscher Zeitungsverleger e. V. (Hrsg.), *Die deutschen Zeitungen in Zahlen und Daten*, *Auszug aus dem Jahrbuch „Zeitungen 2011/12"*, Berlin：Haus der Presse, S. 8 - 9.

③ Hans - Ulrich Wehler, *Deutsche Gesellschaftsgeschichte*, *Band V*, *Bundesrepublik und DDR*, *1949 - 1990*, München：Verlag C. H. Beck, 2008, S. 395.

典、展览会、小型艺术展、读书会和报告会等，各类文化成果也随之不断涌现。

在 20 世纪 50 年代，主要由私人唱片公司发行的流行音乐逐渐超过传统的艺术音乐（Kunstmusik）①，成为乐坛主流。知名乐手、乐队和优秀的作品不断涌现，演唱会也逐渐增多。其中追求战后新世界的《整个巴黎梦想爱》（*Ganz Paris träumt von der Liebe*，1954）、《哦，我的父亲》（*Oh mein Papa*，1954）、充满意大利风情的《对，驶向地中海》（*Ja, für eine Fahrt ans Mittelmeer*，1953）、表现航海生活的《水手，大海就是你故乡》（*Seemann, deine Heimat ist das Meer*，1960）和《吉他与大海》（*Die Gitarre und das Meer*，1959）等都曾风靡一时。以 The Rattles 为代表的摇滚乐队也深受具有反叛精神的年轻一代的喜爱。

当然，受官方支持的艺术音乐此时也在继续发展。各种具有鲜明地方和主题特色的乐团、专业及业余音乐学校对保护和传承古典传统音乐起到了重要的作用。在 20 世纪五六十年代的联邦德国，不仅有反映年轻人新潮要求的流行音乐节，也有以传统艺术为主要表演形式的"高雅"音乐艺术节和兼顾各种音乐风格的多元文化艺术节。如创办于 1921 年的多瑙厄申根音乐节（Donaueschinger Musiktage），本来只是"振兴现代音乐室内乐演奏会"，但 1951 年改为现名后，其表演作品日渐多元化，其中不少参演乐曲成为各类现代音乐流派的名作。

与此同时，德国另一传统艺术形式——戏剧，也随着剧院重建的完成，获得了较为快速的发展。20 世纪 50 年代演出的剧本主要是古典作家和外来作家的一些成名作品，而本土新生力量的贡献却非常有限。"演出计划中，占主导地位的是古典作家的剧本、20 世纪最初 30 年（的剧本）以及外国作家的剧本。"② 如果按主题及形式来分，此时的戏剧主要有三类：一是由瑞士传入的社会批判性戏剧，主要是受著名戏剧家贝尔托·布莱希特影响的弗里德里希·迪伦马特（Friedrich

---

① 又称严肃音乐（Ernste Musik），在德国文化史上主要指传统的德意志古典音乐。
② ［德］贝恩特·巴泽尔等编著：《联邦德国文学史》，范大灿等译，北京大学出版社1989 年版，第 200 页。

Dürrenmatt，1921 – 1990）和马克斯·弗里施（Max Frisch，1911 – 1991）等人所创作的戏剧，如《老妇还乡》（*Der Besuch der alten Dame*，1956）、《天使来到巴比伦》（*Ein Engel kommt nach Babylon*，1953）、《物理学家》（*Die Physiker*，1962）、《安多拉》（*Andorra*，1961）等。[①] 二是马丁·瓦尔泽（Martin Walser，1927 – ）等本土剧作家所创作的批判现实主义戏剧。瓦尔泽也深受布莱希特戏剧理论的影响，注重描写重大社会问题及其产生的社会经济条件，但他又不像布莱希特那样锐意改革，企图创造一种全新的戏剧展现给观众。其代表性著作有《橡树与安哥拉兔》（*Eiche und Angora*，1962）等。三是荒诞剧（Theatre of the Absurd），代表性作品有君特·格拉斯（Günter Grass，1927 – 2015）的《洪水》（*Hochwasser. Ein Stück in zwei Akten*，1957）、《恶厨师》（*Die bösen Köche*，1956）和《还有十分钟到达布法罗》（*Noch zehn Minuten bis Buffalo*，1958）和沃尔夫冈·希尔德施海默（Wolfgang Hildesheimer，1916 – 1991）的《误点》（*Die Verspätung*，1961）等。[②]

联邦德国早期，各种音乐和戏剧表演依旧是节日庆典的主要内容。但与此同时，一些新式的节日庆典，如电影节也被开创出来。为了鼓励电影业的发展，同时对东方阵营展开文化宣传攻势，联邦德国在美国的支持下于1951年起开始举办柏林国际电影节（Internationale Filmfestspiele Berlin）。首届电影节举办时虽然规模不大，但却因西柏林特殊的政治环境而吸引了诸多西方电影大腕参加。在前几届主办人阿尔弗雷德·鲍尔（Alfred Bauer，1911 – 1986）的积极努力下，柏林国际电影节的影片评选机制成功地由群众投票改为了专业评审委员会制。1956年，柏林电影节被承认为A类国际电影节。不过，与联邦德国的另一个电影节——奥博豪森国际短片电影节（Die Internationalen Kurzfilmtage Oberhausen）及欧洲的戛纳、威尼斯电影节相比，柏林电影节政治色彩太浓，所选出的获奖影片大都具有反共宣传色彩。这种情况直到60年代才有所改变。

---

① Wilfried Barner，*Deutsche Literatur von 1945 bis zur Gegenwart*，München：C. H. Beck，2006，S. 260 – 273.

② Kurt Böttcher，*Kurze Geschichte der deutschen Literatur：von einem Autorenkollektiv Leitung und Gesamtbearbeitung*，Berlin：Volk und Wissen Verlag，1983，S. 665.

在柏林电影节逐渐为世人所接受的同时，联邦德国的电影业也随着电影公司和影院的发展出现过短暂的快速增长时期。不仅故事片产量由 1949 年的 62 部，上升至 1955 年的 128 部，还出现了以《茜茜公主》（*Sissi*，1954 – 1957）为代表的经典德语本土电影（Heimatfilm）。1956 年时，联邦德国共有 6438 家登记在册的电影院，观影人次达 8 亿以上①。但总的来说，那时联邦德国电影市场依旧多被好莱坞影片占领，本土电影因大都缺乏独创精神而很难与美国大片一争高下。再加上电视的异军突起，西德电影业很快便陷入了举步维艰的境地。1962 年 2 月，一批联邦德国电影人在奥伯豪森举行的第八届国际短片电影节上，签署"奥伯豪森宣言"（Oberhausener Manifest），决心以所谓的"新德意志电影"（Neuer Deutscher Film／Junge Deutsche Film）来重振德国电影业。在新电影创作思想的影响下，联邦德国电影业又进入了一个快速发展时期，并造就了一批日后著名的编剧、制片和导演。

以"四七社"为代表的新文学活动此时也进入了一个新的阶段。尽管仍不能取代老一辈作家在民众心中的传统威望，但"四七社"的作家们还是对联邦德国文学的发展起到了极其重要的推动作用。20 世纪 50 年代初，君特·艾希（Günter Eich，1907 – 1972）和英格伯格·巴赫曼（Ingeborg Bachmann，1926 – 1973）成了"四七社"中走出来的著名诗人。二人所写的新型诗歌，均具有规避现实社会关系的自然诗的特点。君特·艾希的自然诗，如《夏日的终结》（*Ende eines Sommers*，1950）具有符号文学的特征；而巴赫曼《延期付款时间》（*Die gestundete Zeit*，1953）以暗喻的形式表现出生活受到侵入和威胁之感。"四七社"的作家们还将当时比较流行的广播剧（Hörspiel）作为宣传自己作品的舞台。随着广播电台的快速发展，"最晚从 50 年代中期起，广播剧在大多数人的意识中已经确立了它作为独立文学形式的地位"②。1951 年 4 月首次在电台中播出的君特·艾希的《梦》（*Träume*，1950），是当时最受欢迎的新式广播剧之一。"四七社"的作家们在长篇小说创

---

① Hans – Ulrich Wehler，*Deutsche Gesellschaftsgeschichte*，*Band V*，*Bundesrepublik und DDR*，*1949 – 1990*，München：Verlag C. H. Beck，2008，S. 394.

② ［德］贝恩特·巴泽尔等编著：《联邦德国文学史》，范大灿等译，北京大学出版社 1989 年版，第 186 页。

作方面也开了一代风气之先。1959—1960 年，君特·格拉斯的《铁皮鼓》（*Blechtrommel*）、海因里希·伯尔（Heinrich Böll，1917 – 1985）的《九点半钟打台球》（*Billard um Halbzehn*）、马丁·瓦尔泽的《间歇》（*Halbzeit*）等"新小说"相继问世。这些小说虽然分别继承了德意志文学的不同传统，但它们都有一个共同点，那就是通过一种全新的叙事视角展现联邦德国早期的社会危机。

再次，我们必须看到，到 20 世纪六七十年代，联邦德国主流社会文化通过在西方核心价值理念与德国传统文化之间寻找新的契合点，完成了它的初步重构。

联邦德国建立后，尽管文化生活和价值取向出现了一定的多元化趋势，但在官方意识形态和文化政策的影响下，各种文艺活动仍然具有相对稳定而统一的总体价值取向。这其中最重要的一个表现就是，传统德意志文化正在与西方核心价值理念寻找新的契合点，在客观上为重构联邦德国文化多样性社会的主流文化创造了必要的条件。

二战之后，伴随美国士兵和商品传入西德的不仅有形形色色的文化产品，还有美国式的价值观和生活方式。西德文化界虽然无法全盘接受像洪水一样涌入的美国文化，但他们对美国的核心价值理念却是基本认同的。在联邦德国官方的大力推动下，自由、平等、民主等西方核心价值理念不仅被写入《基本法》，更被贯彻到各种制度和国民教育之中。原先以严谨、顺从为特点的西德人，包括战前深受马克思主义世界观影响的工人阶级群众，大多数都逐渐接受了西方的核心价值观，从而为传统德意志文化与西方文化价值观的融合奠定了基础。具体而言，联邦德国在文化领域实现德国传统文化与西方文化价值观融合的努力主要体现在以下三个方面。

其一，对近代以来德意志所走过的"特殊道路"，尤其是纳粹时期德意志民族的集体罪责进行初步反思，正逐渐成为当时一些知识分子的主要关注方向之一。著名文学家托马斯·曼在流亡期间创作的小说《浮士德博士》（*Doctor Faustus*，1947），便以宣告"德意志文化的堕落"而闻名于德语文坛。以"四七社"为代表的作家群体，则通过诗歌、小说、广播剧、戏剧等多种文学形式警醒大众，改造德意志民族文化，防止二战悲剧重演。君特·艾希的《梦》，便以五个可怕的梦境为主题内容，提醒人们勿忘历史，重获良知。这五个噩梦的发生地分别设定在 1948—1950 年的欧洲、中国、澳大利亚、非洲和美国，其场景则包括没有窗户的"闷罐子"车厢、儿童遭亲人贩卖、房屋遭白蚁侵蚀等，通过唤醒战后西德人内心中深藏的可怕记忆，使世人的灵魂受到震慑和洗濯。[①] 君特·格拉斯的著名小说《铁皮鼓》是一部自述体小说。小说主人公在精神病院敲响铁皮鼓回忆往事，写下他在 1930—1950 年间的生活经历。由于主人公是一名拒绝"成人"的侏儒，他用铁皮鼓所进行的演出可以唤起人们儿时的恐惧和欢乐。这实际上是在讽刺当时联邦德国社会对历史的遗忘。[②] 与此同时，诗人保罗·策兰（Paul Celan，1920 – 1970）也在自己的诗作中对法西斯的黑暗统治进行了无情的揭露。[③]

其二，在反思的同时，还通过丑化共产主义、彻底否定马克思、恩格斯的无产阶级革命学说，促进德意志传统文化的"西化"，使之成为联邦德国与东方社会主义阵营进行文化斗争的有力工具。在阿登纳时期的保守主义倾向引领之下，揭露所谓社会主义国家"阴暗面"的文化活动和文化作品相继出现。1959 年，乌韦·约翰逊（Uwe Johnson，1934 – 1984）的长篇小说《关于雅各布的种种猜测》（*Mutmassungen über Jakob*）出版，并在"四七社"内外受到广泛好评。这部小说讲的是一名民主德国火车调度员丧命于车轮下之后，他周围的人对其死因所做的种种推测。小说不仅展现了民主德国复杂的人际关系网和政治权术的运作过程，还对苏联镇压匈牙利的事件进行了反思。与此同时，联邦德国的各类传媒，尤其是半官方的德国之声在很长一段时间内一直将针砭东德时弊、大搞冷战宣传作为自身主要的任务。

其三，在接受西方文化价值观的同时，复兴剔除糟粕后的德意志

---

① Anonym, *Zur Bedeutung des Hörspiels „Träume" von Günther Eich – Eine exemplarische*, Nordestedt: GRIN Verlag, 2003, S. 9 – 15.

② Hannelore Köhler, *Die Blechtrommel von Günter Grass: Bedeutung, Erzähltecknik und Zeitgeschichte. Strukturanalyse eines Bestsellers der literarische Moderne*, Berlin: Frank & Timme, 2009, S. 365 – 381.

③ Kurt Böttcher, *Kurze Geschichte der deutschen Literatur: von einem Autorenkollektiv Leitung und Gesamtbearbeitung*, Berlin: Volk und Wissen Verlag, 1983, S. 662 – 663.

传统文化，也是当时联邦德国文化活动的一个重要发展方向。优秀文化产品最重要的社会职能之一就是传播正能量，陶冶人们的情操。因此，一些左翼知识分子开始在作品中认真审视德意志传统文化中以普鲁士精神和纳粹主义为代表的专制主义、军国主义和民族沙文主义。但遗憾的是，这些作品对普通民众的影响却十分有限。德国战败投降后，西德普通人先是经历了极度的物质匮乏，然后又忙于在经济奇迹中追求和享受美好的物质生活，对深刻反省纳粹历史和"集体罪责"的兴趣不大。因此，在这一时期，那些与西方核心价值理念不存在明显冲突的德意志传统名著经典又开始受到热捧，成为当时文化复兴活动的另一个主要发展方向。不仅伟大的古典音乐家、戏剧家、文学家、哲学家的作品得以发扬光大，许多新作品也取材于传统的德意志文化，或明显受传统文化及其创作手法的影响。包括纳粹时期被禁止的许多犹太艺术家的作品，如雅科布·门德尔松（Jakob Mendelssohn，1809－1847）等人的传统艺术音乐等，再次得到肯定和承认。通过重新拾起战前上千年德意志文化精华，尤其是许多纳粹时期遭到禁止的犹太裔德国人所创作的文化成果，德意志传统文化得到了一定程度的承袭和发扬。

总之，到 20 世纪 60 年代末，联邦德国通过接受西方核心价值理念，初步对战前德意志文化进行了必要的改造和传承，从而为日后新德意志文化的形成创造了一定的条件。

第二节 后工业时代联邦德国文化多样性社会的发展

一 后工业时代联邦德国文化多样性社会发展的条件

1. 20 世纪六七十年代以后联邦德国的经济及社会结构变迁

20 世纪六七十年代以后，联邦德国的经济产业结构出现了根本性的变化。这种变化主要体现在两个方面：第一，在生产领域，主导性经济部门开始从物质生产向社会服务领域转移，以服务为主要特征的第三产业逐渐超越加工和制造为特征的第二产业以及农、林、渔等第一产业，成为主导性产业；第二，在就业结构方面，第三产业领域的就业人数比重显著上升，成为三大产业领域最大的就业群体。

　　从生产领域看，20 世纪 70 年代前后，联邦德国三大产业的结构比重有明显的差异。1960 年，联邦德国三大产业结构比重分别为 5.5%、53.5%、40.9%，第二产业在三大产业中占有明显的优势地位，这是典型的工业社会产业结构特征。1970 年，三大产业在国内生产总值中所占的比重分别为 3.9%、57.6% 和 38.7%。第二产业在国内生产总值中所占比重进一步增加，在国内生产总值中的比重已经大大超过了第一和第三产业的产值总和，达到最高值。此后，联邦德国三大产业结构出现了转折性变化。第二产业比重开始下降，第三产业迅猛扩张并超过第二产业。1975 年联邦德国国内生产总值为：第一产业 2.9%，第二产业 47.7%，第三产业 49.4%。第三产业比重开始超过第二产业。1980 年，三大产业在联邦德国国内生产总值中的比重分别为 2.2%、44.8% 和 53%。第三产业所占比重不仅超过了第二产业，而且超过了第一产业和第二产业的总和。1993 年三大产业在（重新统一前的联邦德国各州）国内生产中所占比重分别为 1.1%、36.4% 和 62.5%，进一步向第三产业倾斜[①]。这些统计数据清楚地反映了 20 世纪 60 年代到 90 年代联邦德国产业结构的发展趋势：第一产业在国民生产总值中的比重持续下降；第二产业在经历了六七十年代的黄金发展时期后，比重也出现了下降；第三产业的比重则不断上升，最终取得了在国民经济中的主导地位。[②]

　　20 世纪六七十年代，特别是 70 年代中期以后，联邦德国的就业结构也出现了不同于工业社会的发展趋势。根据有关统计，1950 年，第一产业的就业人数占就业总人数的 23.2%，第二产业占 42.3%，

---

　　① Bernhard Schäfers, *Gesellschaftlicher Wandel in Deutschland : Ein Studienbuch zur Sozialstruktur und Sozialgeschichte der Bundesrepublik*, Stuttgart : Ferdinand Enke Verlag, 1995, S. 184 ; Dieter Claessens, *Sozialkunde der Bundesrepublik Deutschland*, Düsseldorf : Dieterichs, 1973, S. 192 ; Institut der deutschen Wirtschaft Köln, *Zahlen zur wirtschaftlichen Entwicklung der Bundesrepublik Deutschland*, Köln : Deutscher Instituts – Verlag, 2000, Tabelle 82.

　　② 邢来顺、韦红：《联邦德国阶级结构的变化及其影响》，《浙江学刊》2009 年第 3 期。

第三产业占 32.3% ，另有 2.2% 无法分类；1960 年三大产业就业人数的比重相应为 13.7% 、48% 和 38.3% ；1970 年三大产业就业人数的比重相应为 8.5% 、48.9% 和 42.6% 。到 70 年代中期，上述状况出现了根本性变化。1975 年，三大产业的就业比重为：第一产业 7.2% ，第二产业 45.6% ，第三产业 47.2% ；1980 年，三大产业就业比重分别为 5.5% 、44.1% 和 50.4% ；1990 年三大产业就业人数比重进一步调整为 3.6% 、40.6% 和 55.8% 。上述统计数据表明，20 世纪 70 年代中期以前，联邦德国仍然是典型的工业社会就业结构。以工业为主体的第二产业就业人数一直是最大的就业群体。此后，联邦德国的就业结构出现了转型迹象，第三产业就业人数比重超过了第二产业，成为最大的就业群体。到 1980 年，第三产业就业人数甚至已经超过第二产业和第一产业的就业人数之和[①]。

与之相对应，联邦德国的阶级分布状况也出现了结构性改变。第一个显著变化是，曾经作为德国社会最大阶级群体的工人阶级，在 20 世纪六七十年代以后出现了剧烈收缩，失去了最大阶级群体的地位。据统计，1950 年联邦德国有工人 1196.7 万人，占从业总人数的 50.9% ，1980 年下降到 1137.2 万人，占从业总人数的 42.3% ，1990 年下降到 1097.4 万人，占从业总数的 37.4 % ，1999 年进一步下降到 975.8 万人，占就业总人数的 32.9 % 。[②] 基于这样一种发展趋势和现状，有德国历史学家宣布，传统意义上的工人阶级已经变成德国社会的 "少数"[③]。

联邦德国社会阶级结构的第二个巨大变化在于，原先处于上层资产阶级与下层工人阶级之间的中间阶层迅速发展壮大，超越下层工人阶级群体，成为德国社会的主体人群。所谓的中间阶层，实际上是指

---

① 许璇、邢来顺：《联邦德国产业结构转型与中间阶层的变化》，《华中科技大学学报》（社会科学版）2008 年第 1 期。

② Bernhard Schäfers, *Gesellschaftlicher Wandel in Deutschland : ein Studienbuch zur Sozialstruktur und Sozialgeschichte der Bundesrepublik*, Stuttgart : Ferdinand Enke Verlag, 1995, S. 193；Institut der deutschen Wirtschaft Köln, *Zahlen zur wirtschaftlichen Entwicklung der Bundesrepublik Deutschland*, Köln : Deutscher Instituts – Verlag, 2000, Tabelle 18.

③ Robert Schlosser, Vom Aufstieg und (Ver-) Fall der industriellen Arbeiterklasse. http://www.rs002.de/Soziale_Emanzipation/_private/Aufstieg%20und%20Fall.pdf.

在收入、职业、生活方式等方面整体上低于资产阶级，但高于下层体力劳动者的社会"中层"群体。从社会覆盖面看，它包括小业主、手工业者、小商人、小农场主等"老中间阶层"和主要由科技人员、管理人员等组成的"新中间阶层"①。从 20 世纪六七十年代以来的发展趋势看，联邦德国中间阶层的变化呈现两大特点。第一个发展特点是，中间阶层规模迅速膨胀，成为社会的主体人群。收入和职业分布状况的变化鲜明地反映了这一趋势。就收入结构看，20 世纪 70 年代后，中、高收入者已经成为社会就业群体的多数。据统计，1970 年工人之中月收入 800 马克以下的低收入者占 57.1%，职员之中占 21.7%，官员之中占 13.3%，独立经营者之中占 17.9%；800 马克到 1800 马克的中等收入者在工人之中约占 42.7%，职员之中占 67.5%，官员之中占 72%，独立经营者之中占 48.9%。1980 年，中高收入阶层人数进一步增加，以男性为例，在工人之中月收入在 2000 马克以下者占 21.24%，2000—4000 马克者则占 77% 以上；在职员之中月收入 2000 马克以下者占 8.63%，2000—5000 马克者则超过了 83%。到 20 世纪末，西德地区税后净收入在 1800 马克以上者已经占 70% 以上，原东德地区净收入在 1800 马克以上者也接近 57%。② 德国社会已经进入普遍富裕的发展阶段，拥有较高收入的中层人群已经成为社会的主体人群。在一些学者的眼中，收入和生活水平差距的缩小正在使德国趋向于"单一阶级的社会"③。在职业分布方面，具有中间阶层职业特点的就业群体成为主导性就业群体。1960 年，在联邦德国的就业职位中，官员和职员占 28.1%，独立经营者占 12.4%；

---

① 传统中间阶层与新中间阶层的区别在于，前者大多拥有自己的财产，且主要从事一些独立性经营和体力劳动，后者则大多作为雇员为国家和企业工作，依赖工资为生，从事的主要是脑力劳动和专业技术工作，也被称为"雇佣的中间阶层"。

② V . R. Berghahn, *Modern Germany*: *Society*, *Economy and Politics in the Twentieth Century*, Cambridge: Cambridge University Press, 1987, p. 273；朱正圻、晏小宝：《联邦德国的工资和社会福利制度》，人民出版社 1987 年版，第 14—19 页；Institut der deutschen Wirtschaft Köln, *Zahlen zur wirtschaftlichen Entwicklung der Bundesrepublik Deutschland*, Köln: Deutscher Instituts - Verlag, 2000, Tabelle 19.

③ Frank B. Tipton and Robert Aldrich, *Economic and Social History of Europe from 1939 to the Present*, Baltimore: Johns Hopkins University Press, 1987, p . 176.

1970 年为 36.2 %、10.4%；1980 年为 45.7%、8.6%；1991 年为 51.6%、8.1%。[①] 从以上数据统计中不难看出，在 70 年代以后，官员、职员、独立经营者等"中层"管理和服务人员已经发展成为联邦德国的主导性从业群体。[②]

基于上述社会阶级结构的变化，联邦德国 60 年代后逐渐形成了高收入阶层和低收入阶层占少数、以中等收入阶层为主体的"纺锤形"社会。这种"纺锤形"社会的形成，成为德国文化政策取向和文化生活发生转变的社会阶级基础。

2. 传统政治领域的变革与国家文化治理政策的调整

1949 年 8 月 14 日，德国西占区举行第一届联邦议院选举，基督教民主联盟、基督教社会联盟组成的联盟党成为第一大党；社会民主党 131 席紧随其后；自由民主党 52 席位居第三。9 月 15 日，来自联盟党的保守主义亲西方政治家康拉德·阿登纳以一票的微弱多数被选为联邦政府总理。在阿登纳的领导下，1949—1965 年间联邦德国在传统政治领域体现出一定的保守主义威权统治的特点。

首先，在政党政治方面，弱化左、右翼政党之间的意识形态分歧，在两党结构基础上形成了稳定的议会民主制度。为限制进入联邦议院的政党数量，防止出现魏玛议会中多党混乱局面，1953 年修改的选举法规定，只有取得 5% 以上选票的政党才有资格进入联邦议院。因此，1949—1965 年间，联邦德国不仅在政党政治实践中发展出一种准入门槛很高的游戏规则，还使右翼保守的联盟党一直把持着国家政权。

其次，在院外政治方面，联邦德国形成了以强势工会为特点的制度化利益集团协调共决机制。二战之后，联邦德国不仅重建了魏玛时期的企业代表会，还建立了强大的工会组织，即以德意志工会联合会（Deutscher Gewerkschaftsbund）为首的各行业工会联合组织。联邦德国以立法及集体合同的形式，确立了工人代表组织与企业主利益集团

---

① Bernhard Schäfers, *Gesellschaftlicher Wandel in Deutschland：ein Studienbuch zur Sozialstruktur und Sozialgeschichte der Bundesrepublik*, Stuttgart：Ferdinand Enke Verlag, 1995, S. 192.

② 邢来顺、韦红：《联邦德国阶级结构的变化及其影响》，《浙江学刊》2009 年第 3 期。

平等协商的劳资共决机制（Mitbestimmung）。工会的官僚化和院外政治的制度化，增加了其他弱势利益集团影响传统政治的难度。

此外，形成了意识形态色彩浓厚的反共政治氛围。以马克思主义为指导，以根本改变资本主义制度为宗旨的德国共产党（Kommunistische Partei Deutschlands）在西德曾一度遭受毁灭性打击。德国共产党在1949年的第一届联邦议院选举中获得5.7%的选票，15个议席。但是，阿登纳政府实行强烈反共的政策，在1951年11月向联邦宪法法院上诉，要求根据《基本法》第21条"必须取缔反宪法、企图颠覆或取消民主制度的政党的活动"的规定，宣布德国共产党非法。1956年，联邦宪法法院正式决定取缔德国共产党。① 除德国共产党外，还有一些左翼人士也在阿登纳统治时期遭受过政治迫害。

但20世纪60年代中期以后，随着国内外形势的变化，右翼保守派逐渐失去了选民的支持。面对困境的联盟党先是拉拢左翼第一反对党——社民党入阁，之后又完全被社民党赶下了台。1969年社民党人古斯塔夫·海涅曼（Gustav Heinemann，1899-1976）和维利·勃兰特别成为联邦总统和总理，这标志着联邦德国传统政治领域出现了重大变革。海涅曼在就职演说中宣布："毋庸置疑的是，人类不仅要能够不受约束地获得工作和消费品，更要能够作为公民成为真正的民主协商制度的一部分……不能减少民主，而是要更多的民主——这就是我们的要求，就是我们大家，尤其是年轻人，应该为之献身的伟大的目标。"② 勃兰特在10月28日的政府声明中则提出了"敢于发扬更多民主"的口号，呼应海涅曼的民主改革思想。③ 勃兰特时期雄心勃勃的经济、社会民主化改革方案，就是这一口号的具体体现。自勃

---

① "Federal Constitutional Court Verdict Banning the Communist Party of Germany(KPD) and the Concluding Justification(August 17,1956)", in: Uta Poiger(ed.), *German History in Documents and Images*, Vol. 8, *Occupation and the Emergence of Two States*, 1945 – 1961. http://germanhistorydocs. ghi – dc. org/.

② Deutscher Bundestag, 5. Wahlperiode – 245. Sitzung zugleich 341, *Sitzung des Bundesrates*, Bonn, den 1. Juli 1969 (*Stenografischer Bericht*), S. 13664 – 13667. http://www. ag – friedensforschung. de/regionen/Deutschland1/heinemann. html.

③ Willy Brandt, „ Mehr Demokratie wagen ". https://www. radio – utopie. de/wp – content/uploads/2010/10/mehr_demokratie_wagen. pdf.

兰特时期开始，联邦德国逐渐突破了阿登纳时期所形成的保守主义威权统治，实现了传统政治领域的"左转"：其一，绿党崛起，改变了传统的政党政治结构；其二，各政党的结构和政策都出现了明显的民主化趋势；其三，大量新型的利益集团、非政府组织加入到院外政治当中；其四，对外政策中的反共意识形态也有了一定程度的削弱。

随着保守主义威权统治全面退出传统政治领域，以文化联邦主义和代表多元主义为基础的联邦德国国家文化政策也出现了相应的调整。在对外文化政策方面，联邦德国逐步确立了通过文化对话与交流来推广西方核心价值理念和传统德意志文化的战略，试图在世界上构建新的德意志文化民族国家的形象；在对内文化政策方面，20世纪70年代后重心从保护和促进各种文化艺术的多样性繁荣转向促进"文化民主"，强调文化的社会性，提出了"文化为人人"的口号，主张提供广泛的文化设施和文化产品来满足一切人的需要。文化民主化不仅促使各州及地方文化政策更加多元化，也进一步提高了西方核心价值观在国家文化治理政策中的地位，有利于联邦德国加强文化凝聚力，构建新的文化民族国家。这种"和而不同、一体多元"的文化多元主义政策对后工业时代联邦德国文化多样性社会的发展起到了重要的推动作用。

3. "抗议政治"的形成与社会价值取向的变迁

随着向后工业社会的转型和新中间阶层成为最大的社会群体，德国社会的价值取向也出现了根本性变化。新中间阶层大多来自非体力劳动部门，基本上没有衣食之忧，他们的兴趣不是工业社会时期工人们所追求的劳动权利和公平的物质分配，不是贪婪的物欲，而是更高的生活质量和生存环境。此外，他们普遍受过良好的教育，"忧国忧民"，具有较强的政治参与意识。他们进入社会政治领域，必然会对德国的政治生活产生巨大影响。

20世纪60年代中期之后国内外政治形势的变化，促使新中间阶层中的许多人开始批判联邦德国国家制度和政治生活，强烈要求改善社会状况，在非传统政治领域掀起了捍卫人权、民主及和平的斗争。60年代美国在越南的军事行动，以及1967年4月21日和1968年8月20日先后发生的希腊极右政变和华约入侵捷克斯洛伐克事件等，是促使新中间阶层发起抗争的主要国际政治事件；而 1965 年轰动一时的"奥斯维辛"审判、1969 年极右政党在联邦德国大选中的崛起则在更大程度上动摇了新中间阶层对保守主义威权统治的信任和归属感。许多人不仅充分认识到纳粹政权的残暴和罪恶，更看到了新右翼夺取国家政权的危险。于是，人们走上街头，决心用自己的行动纠正威权统治的错误，推进民主、反对战争、维护人权、追求公正。这就是 60 年代中期之后由新中间阶层在联邦德国非传统政治领域所掀起的"抗议政治"（Protest Politik）浪潮。

以法兰克福学派为代表的联邦德国文化精英也支持新中间阶层对传统威权统治的反抗。20 世纪 60 年代后期，法兰克福学派的特奥多尔·阿多诺（Theodor Adorno，1903－1969）、尤尔根·哈贝马斯等多次通过公开演讲和辩论的形式声援联邦德国法兰克福大学、柏林自由大学、美国加州大学学生的抗议活动。他们对自己支持的左翼社民党与右翼联盟党在大联合政府中的"合流"也表示了强烈不满。

在法兰克福学派等左翼知识分子的支持下，以青年学生为代表的新中间阶层激进派，试图弥补大联合政府时期传统政治领域的反对派力量真空，以院外抗议组织（Auβerparlamentarische Opposition／ApO）的形式掀起了针对当权者的斗争，要求"把西德社会变成非官僚主义的自由的社会主义国家，它将创建出公正的、由大家共同管理的新型富强国家。"① 1968 年以后，大学生们的院外抗议活动达到了顶峰，同时他们也因抗议过程中的暴力倾向而失去了文化精英和民众的支持。但并不能就此认定联邦德国"六八学生运动"是失败的。因为在这场运动中，孕育出了七八十年声势更为浩大、但行为趋于理性和制度化的"新社会运动"（Neue Soziale Bewegungen）。而正是这一系列社会运动，促进了联邦德国"公民社会"的形成，并使"参与式民主"这一直接民主形式成为联邦德国代议制民主的重要补充。

随着 20 世纪 60 年代后期至 70 年代"抗议政治"的发展，联邦德国在文化领域也出现了一场民主化"革命"。战后初期，强调个人

---

① ［德］贝恩特·巴泽尔等编著：《联邦德国文学史》，范大灿等译，北京大学出版社 1989 年版，第 261 页。

独立与自由的存在主义哲学一度在德国西占区和联邦德国十分流行。法国著名存在主义哲学家让－保罗·萨特（Jean－Paul Sartre，1905－1980）在戏剧《群蝇》（*Les Mouches*，1943）中提出忘记过去、"向前看"的观点，填补了当时西德民众空虚的心灵。那些经历过战争创伤的西德人不希望在娱乐时还去拷问自己的良心，因此，在60年代中期以前，虽然各种流派的文化活动、文化产品和文化机构已在国家的保护和支持下重新繁荣起来，但德意志文化经典或改编自这些战前经典的文化产品一直比叩问良知的反思性作品更受民众的欢迎。

但是，民众的疏离并不能阻止左翼文化精英们批判社会现实。进入后工业社会后，新中间阶层的激进分子将法兰克福学派、先锋派和"四七社"的观点当作自己斗争的武器，而这些学者、艺术家和文学家也积极参与政治，以期用自己的理论推动联邦德国的民主化。院外抗议运动沉寂后，"六八一代"开始在分散的小规模组织或群体中提出具体的政治改革建议，倡导环境保护、社会公正、男女平等和世界和平等。这些新社会运动中产生的小组织和群体往往利用各种文化艺术形式作为表达政治见解、发起政治宣传的工具。正是在"抗议政治"发展的过程中，新中间阶层与文化精英的价值观逐渐结合起来。他们所倡导的"后现代主义"（Postmodernismus）或称"后物质主义"（Postmaterialismus）价值观，即反对经济和科技无限发展、反对僵化官僚体制和权威、注重生活质量、提倡价值多元等也随之流行。虽然"后现代主义"和存在主义都反对意识形态和制度对人的束缚，但与存在主义相比，后现代主义不仅"消弭了高雅文化与通俗文化界限"，还更加强调对权威、规则和理性的反叛。随着信奉后现代主义价值观的群体越来越多，联邦德国文化多样性社会的发展也进入到了一个新的阶段。

二 "文化革命"与联邦德国文化领域的民主化

1. 法兰克福学派的批判理论与"文化革命"

在1968—1969年青年大学生运动兴起前后，联邦德国文化界通过积极介入政治，推动文化风气的转变和文化民主（kulturelle Demokratie）的发展，促进文化生活的民主化。在这一被称为"文化革命"的浪潮中，联邦德国文化多样性社会获得了进一步的发展。具体从文化政策层面而言，人们在促进和保护传统意义上的文化艺术的同时，更加关注文化对社会的民主化所产生的积极作用。

法兰克福学派在推动文化政策的转向方面发挥了重要作用。它凭借其著名的"批判理论"，在文化批判领域取得了卓越的成就。在法兰克福学派看来，艺术既不应是纯粹的审美、欣赏活动，也不应是纯粹的娱乐、感观刺激活动，而应该是批判社会、唤醒良知、揭示真理、改造人性的活动。作为西方马克思主义的主要代表流派，法兰克福学派秉承了马克思批判资本主义的传统，并试图通过文化和艺术批判来消除资本社会的异化。法兰克福学派对德意志传统文化和大众流行文化都进行了严厉的批判，在他们看来，这两种文化都已经成为联邦德国威权社会的卫道士，无法从根本上探究真理的本质。

阿多诺、马克斯·霍克海默尔等法兰克福学派学者就认为，大众文化是资产阶级欺骗和统治民众的工具。"宏观世界和微观世界显而易见的统一，通过共性和个性的虚假统一反映了人类的文化模式。一切垄断之下的大众文化都是统一的，并且其基于各种概念的人造框架也开始显现出来。统治者不再对掩饰垄断有很大兴趣，这导致权力膨胀，暴力增多。"[1] 阿多诺推崇黑格尔的艺术哲学，将艺术创作的本质看作追求真理和精神自由。他对德意志古典音乐和一战后的大众流行音乐持否定态度。因为在他看来，这些音乐都难逃某种范式的窠臼。而"在审美客体中揭示真理的种种要求，只是与官方文化断绝往来的先锋派的事情"[2]。他还认为，非有机性的原则自身具有解放性，因为它使得日益凝固成一个体系的意识形态得以分离。[3] 因此，有学者指出，"阿多诺不仅将晚期资本主义看成是非常稳定的，而且感到，历史经验显示，那种对于社会主义所寄托的希望是靠不住的。对于他

① Theodor W. Adorno, Max Horkheimer, *Dialektik der Aufklärung*: *Philosophische Fragmente*, Frankfurt am Main: Fischer Verlag GmbH, 1988(1944), S. 128 – 129.

② Theodor W. Adorno, *Gesammelte Schriften*, *Band 12*: *Philosophie der neuen Musik*, Frankfurt am Main: Suhrkamp Verlag, 1986, S. 10002 – 10003(vgl. GS 12, S. 20).

③ [德] 彼得·比格尔：《先锋派理论》，高建平译，商务印书馆 2002 年版，第 171 页。

来说，先锋主义艺术是一种彻底的抗议，它反对与现存一切的任何妥协，因此是仅有的一种具有历史合法性的艺术形式"①。

法兰克福学派不仅从一开始就积极介入政治，指导和推动 20 世纪 60 年代中期以来的院外抗议运动及其之后的新社会运动，还通过推崇各种先锋艺术的价值观，促进联邦德国文化多样性社会的民主化。赫伯特·马尔库塞（Herbert Marcuse，1898－1979）将人的解放看作是审美的感性解放。因此，要拯救文明，就要废除那些强加于感性上的压抑和控制。只有少数特权者才能享受的"高级文化"，必须为"真正的文化"所代替。"艺术可以在几种意义上被称为革命。狭义上的艺术风格和技巧的根本性变化即可被称为革命。这就是预示着整个社会根本性变革的真先锋派的艺术成就。因此，表现主义和超现实主义都预示着垄断资本主义的灭亡，预示着全新的激进变革目标的显现……此外，假如让艺术品借助审美形式的转变，以个人命运为例展现出一种普遍的不自由和反抗的力量，去揭示巨变（和解放）的社会现实，也可使其具有革命性。照此来看，每件真正的艺术品都是革命的。"②

通过在报纸及传单上发表"评论文"和公共演讲等形式，法兰克福学派将自己反对权威、追求自由与民主的革命审美观传递给民众。在阿多诺、霍克海默尔等法兰克福学派学者的影响下，"文化民主化"（Demokratisierung der Kultur）日益成为人们关注的重点。

2."艺术、政治与生活的统一"：先锋派与"文化革命"

德国"先锋"艺术家与传统艺术家不同，从一开始就是以反政府的面貌出现的。早在魏玛共和国时期，这些艺术家们就具有鲜明的政治立场，大多支持社民党和德国共产党，带有明显的反传统、反体制的色彩③。1945 年之后，他们转向议会民主制和市场经济制度，但两者之间的冲突不断。

20 世纪 50 年代，各种新兴的先锋艺术派别保持并发扬了战前的

---

① ［德］彼得·比格尔：《先锋派理论》，高建平译，商务印书馆 2002 年版，第 167—168 页。

② Herbert Marcuse, *The Aesthetic Dimension*, Boston: Beacon Press, 1978, p. ix.

③ 参见第一章第三节："德国近现代各时期文化政策的历史素描与反思"。

"反叛"风格，其对传统社会文化的破坏力也更加明显。来自对超现实主义失望的欧洲艺术家群体 COBRA（Copenhagen – Brussels – Amsterdam）的卡尔·格茨（Karl Goetz，1875 – 1950），就因其"亲共"观点遭到排斥而不断对西方社会发泄不满。1958 年在比利时召开的艺术批评家国际大会上，波普艺术（Pop – Kunst）和新达达主义者（Neo – Dada）甚至以"毁灭与堕落"的口号代替了原先达达主义等先锋艺术派所要求的"革命"。1959 年，汉堡造型艺术学院将偶然主义列入教学。50 年代初在西德兴起的"新音乐"，也因被传统文化体制"招安"而为更新的先锋派"电子实验音乐"所代替。这种音乐以各种非理性的"声音"为创作素材，从根本上动摇了德意志古典音乐的传统。"创新艺术与革命政治的共同点是偏离常规……只有在行为艺术中，对艺术、政治、生活的统一性要求才能实现。"①

　　先锋派与"六八学生运动"及公民动议等新社会运动组织关系密切。如要求教会也要多举办新形式节日庆典的批评家、学者迪特尔·孔茨曼（Dieter Kunzelmann，1939 – ）就是社会主义德意志学生联盟（Sozialistische Deutsche Studentenbund）的成员。他反对传统的马克思主义观点，认为不可将工作与快乐完全对立，主张没有快乐的革命不是真正的革命。艺术家约瑟夫·博伊于斯则在 1971 年的作品《我们就是革命》（Die Revolution sind Wir）中，表现出 1963 年以来的革命者群像。作者以达达主义代表人物马塞尔·杜尚（Marcel Duchamp，1887 – 1968）为榜样，提出所谓的"人类学艺术"（anthropologischer Kunst）和艺术为"自由科学"（Freiheitswissenschaft）的理念，寻求将传统的艺术概念与杜尚的"反艺术"结合起来途径，并在政治上提出建立超越东西方对峙的欧亚国家的梦想。在组织社会主义学生党失败后，他又于 1972 年在杜塞尔多夫倡导"摆脱政党专制"，但其后却又加入了反官僚体制的"绿党"。博伊于斯毫不顾忌同事的批判和文化当局的警告，并在第五届德国文献（Documenta）展之后和一群不被邀请参加活动的人占领了活动的秘书处。"六八学生运动"中产生的"批判现实

---

①　Klaus von Beyme，*Kulturpolitik in Deutschland von der Staatsförderung zur Kreativwirtschaft*，Wiesbaden：Springer Fachmedien，2012，S. 90.

主义"（kritischer Realismus）作品，如 1972 年的"自由之意"（Darstellung der Freiheit）等也表现出明显的社会革命思想。1973 年，激进的先锋艺术家们还创办了"创造力与跨学科研究自由国际大学"（Freie Internationale Hochschule für Kreativität und Interdisziplinäre Forschung）。

尽管联邦德国重新在《基本法》中确立了"文化自由"原则，但"六八一代"人的文化活动还是不断遭到国家的审查和禁止。根据司法机关和法学家们的观点，超出审美目的的文化活动，如果明显带有侮辱国家、宗教等政治目的，就应当受到相应的规制。这一提法遭到了主张"艺术自由"的六八一代艺术家的坚决反对。经过这些艺术家们的不懈斗争，联邦德国的"文化自由"原则终于在"文化革命"之后得到了比魏玛时期更好的贯彻。著名艺术家克劳斯·施泰克（Klaus Staeck，1938 - ）20 世纪 70 年代时创作了许多攻击联盟党的讽刺画，但他却依旧能被邀请参加德国文献展。1982 年时，他因政治宣传而被指控 32 次，但只有一次败诉。"最迟至 1968 年五月事件起，超现实主义（先锋派）的活力就倍受关注。这是由于自 20 世纪 20 年代以来，超现实主义所体现的激情中可发现民众的诉求，并引起对作为强权的可感知社会秩序的反抗。"①

先锋派的诉求对联邦德国的文化生活和文化政策产生了巨大影响。它试图消除艺术与政治之间的界限，使得政治的与非政治的"母题"在同一个作品中共存。先锋派的作品也由于将个性从共性中解放出来，促使了"生活实践革命化"②。

3. 文学领域的政治革命

在文学领域，随着 20 世纪 60 年代生活状态和创作方式的改变，联邦德国作家群体也变得越来越政治化。如"四七社"原本只是作家聚会、畅谈文学作品的"沙龙"。但随着这一组织名气的增大，参与其中的作家个人所发表的时政评论也开始具有更大的影响，并被看作是"四七社"作家群体的一种声音。"四七社"中成功的作家，如

---

① Christine Magerski, *Theorien der Avantgarde, Gehlen – Bürger – Bourdieu – Luhmann*, Wiesbaden：Springer Fachmedien, 2011, S. 45.

② ［德］彼得·比格尔：《先锋派理论》，高建平译，商务印书馆 2002 年版，第 171 页。

君特·格拉斯，由于过上了富足的生活，可以有更多的时间和精力对社会展开批判并参与政治活动；而那些不太出名的作家，也在与出版商交涉的过程中逐渐团结起来，通过参与政治维护自身利益。

20世纪60年代后联邦德国的作家群体主要是支持左翼的社民党进行民主化改革。1965年时，25名作家接受君特·格拉斯的建议，选举社民党执政。有一些年轻作家甚至参加了当时社民党的竞选活动。"四七社"自成立后的20年间一直扮演着左翼反对者和政治先锋派（politische Avantgarde）的角色，"四七社"的成员一直以个人身份积极参与政治活动，将自己视作为"院外反对派"。汉斯·恩岑斯贝格认为，"政党和政府在1962年的《明镜》周刊事件①时所认识到的作家的社会力量已经消失。在联盟党和社民党的大联合中，一个加强版的权力卡特尔已经明显让这种文人的参与难于成功，并使他们那些模糊不清的社会批判理由变得更加清晰。从内部改革后资本主义的计划只是一个幻想。最迟至1965年选举发生时，表明西德通过议会方式实现政府更迭不再有效。'联邦政治制度要么被接受，要么被替换，别无他法。'"② 1967年，由于与会作家在是否支持"院外抗议运动"的问题上斗争激烈，背离了里希特发起这一组织的初衷，"四七社"的活动宣告结束。两年后，德国作家协会成立，并在长期曲折的讨论之后决定加入印刷与造纸工业工会，以利益集团的身份参与传统院外政治活动。

尽管"四七社"被迫解散，但"四七社"成员和其他主张文学推动民主化变革的左翼激进作家，如海因里希·伯尔、彼得·魏斯（Peter Weiss，1916 – 1982）等却在联邦德国文学世界发动了一场

---

① 1962年，《明镜》周刊引用北约秘密文件，报道了代号为"Fallex62"的军事演习，并批评联邦国防军战备低劣，无法应对东欧威胁。该报道引发阿登纳政府震怒。10月，在国防部长弗朗茨·约瑟夫·施特劳斯策划下，警方突然查抄《明镜》编辑部，以"特嫌"罪名逮捕相关人员。汉堡民众随之上街游行，声援《明镜》，阿登纳内阁中也有五位部长辞职，抗议政府滥权。次年联邦宪法法院裁定《明镜》无罪。该事件最终导致施特劳斯因侵犯新闻自由而辞职，阿登纳本人也受牵连于1963年下台。"明镜事件"是战后德国新闻史上最重要的事件之一。

② Ingrid Gileher – Holtey, „Was kann Literatur und wozu schreiben? Das Ende der Gruppe 47", in: *Berliner Journal für Soziologie*, Volume 14, Issue 2, p. 209.

"革命"。这些作家积极参与政治，并在自己的作品中将政治使命感和高超艺术技巧结合在一起，引领 20 世纪六七十年代的文学风气向"民主化"的方向发展。在 1971 年的一本文集中，一些作家明确表示，"要把（在工作场所和社会中）发生了的一些卑鄙行为写下来并予以发表"，"把看到时代的血手作为作家的任务"，要让"几百个人……写一首政治性集体诗"。次年，又有作家表示，"作为批评家，破坏者，不合作分子和道德家"的作家的目的在于"改变资产阶级——资本主义社会"①。

"文化革命"时期，左翼作家群体通过创作大量政治性评论文、小说、诗歌、戏剧等，来批判社会现实、表达变革诉求、推动实现"文化民主化"。恩岑斯贝格在 1974 年结集出版的评论文集《废话：1967—1973 年政治思考》（*Palaver：Politische Überlegungen* 1967 – 1973）中，通过总结几年来自己在"最新文学"（Neueste Literatur）、媒体和政党等方面的观点，明确表达出一种激进的革命主义理念。② 在小说方面，君特·格拉斯的《蜗牛日记》（*Aus dem Tagebuch einer Schnecke*，1972）、马丁·瓦尔泽的《加里斯特尔的疾病》（*Die Gallistl'sche Krankheit*，1972）等先锋小说，以及"六一社"（Die Gruppe 61）的劳工小说，都在针砭时弊的同时表达了犹豫不决的变革思想。例如，作为勃兰特坚定支持者的君特·格拉斯，在《蜗牛日记》中将当时社民党渐进改革路线看作缓慢而终有成效的蜗牛路线。格拉斯认为自己是一个负责任的公民，也是革命的反对者。在戏剧方面，表现纳粹和大屠杀的文献剧、表现德意志民族和国家苦难命运的政治剧、表现劳动人民和弱势群体生活的工人剧、大众剧等政治性戏剧也大量出现。在诗歌方面，则伴随着院外抗议运动涌现出一系列"抗议诗""呼吁诗"，如埃里希·弗里德（Erich Fried，1921 – 1988）的《越南啊，越南》（*und Vietnam und*，1966），霍尔斯特·宾格（Horst Bingel，1933 – 2008）的《我们寻找希特勒》（*Wir Suchen Hitler*，1965）等；以及"六

---

①　［德］贝恩特·巴泽尔等编著：《联邦德国文学史》，范大灿等译，北京大学出版社 1989 年版，第 266—267 页。

②　Hans Enzensberger，*Palaver：politische Überlegungen*（*1967 – 1973*），Frankfurt am Main：Suhrkamp，1974.

八一代"青年诗人在新社会运动蓬勃发展的背景下所发表的政治诗，如弗里德里希·德利乌斯（Friedrich Delius，1943 - ）的《遭遇红色》（*Wenn Wir bei Rot*，1969）等。

总之，"文化革命"期间，涌现出大量具有社会革新思想的政治性文化作品，要求打破威权统治，实现联邦德国的"文化民主"。左派的革命文化固然政治性很强，但也是反映真实社会政治状况的作品，其中还不乏水平很高的先锋派精品。这对于联邦德国突破既有文化创作范式，促进其文化多样性社会的民主化具有重要推动作用。

三　"文化革命"后文化多样性社会的演变及特点

1. "文化革命"后联邦德国文化多样性的演变及特点

20 世纪 70 年代中期后，文化活动中的革命精神伴随着抗议政治的制度化而逐渐消退，但作为"文化革命"遗产的"文化民主"精神却在其后保留下来，并使多元化、个性化、民主化成为后工业时代联邦德国文化生活的基本特征之一。

所谓文化民主精神，就是锐意创新、打破既有规则与权威、反对文化垄断与特权、实现文化自由与民主的审美观。作为后现代主义价值观的重要组成部分，文化民主精神的实质就是要满足人超越物欲之上的更高层次的需求，使人摆脱技术和僵化制度的束缚，全面实现人的解放。"文化革命"之后，文化生活中"进步"与"反动""传统"与"现代""精英文化"与"大众文化"之间的界限愈加模糊，文化探索的方向也呈现出自然主义、存在主义、基督教主义、后现代主义、多元文化主义（Multikulturalismus）等各种流派并行发展、相互渗透的"新常态"。两德统一后，文化民主精神又被推广到原东德地区，创作出一些具有东德特色的新型反思作品，从而在整体上推动了联邦德国文化生活的多元化、个性化、民主化。

首先，在文化民主精神的影响下，后工业社会的各种先锋派纷纷登场，它们的作品与其他类型的作品相互交融，使这一时期联邦德国的文化生活呈现出异常复杂多元的局面。

作为后现代主义价值观在审美领域的分支，文化民主精神集中体现了这一时期先锋派的要求和特色。因此，后工业社会的先锋派大多被冠之以"后现代"的称谓。尽管后现代主义先锋派从一开始就遭到了严厉的批判,但它仍然在20世纪80年代后渐成气候,并对其他文化流派产生了重大的影响。

在文学领域,帕特里克·聚斯金德(Patrick Süskind, 1949 –)的畅销小说《香水》(*Das Parfüm*, 1985)被看作是联邦德国众多后现代文学中作品的代表作。这部小说采用了后现代的"互文"(Inter – Text)写作手法,但总体上却又属于传统意义上的小说。与此同时,在严肃文学(纯文学)和通俗文学之间奇幻式的自由穿梭的文学作品,如米歇尔·恩德(Micheal Ende, 1929 – 1995)的《无尽的故事》(*Die unendliche Geschichte*, 1979)、彼得·吕姆尔科夫(Peter Rühmkorf, 1929 – 2008)的《粪堆看守者》(*Die Hüter des Mistaufens*, 1983)等也受到了读者的欢迎。不过,后现代主义文学作品的繁荣并不意味其他作品的衰微。作为一种价值观的后现代主义只是变工业时代的单一价值思维为后工业时代的多元价值思维,并没有彻底否定工业社会的主流价值取向,如追求富足安定的生活等。因此,许多曾经久负盛名的老作家在借鉴后现代主义表现手法的同时,仍在继续创作传统类型的作品。这其中最著名的当属彼得·魏斯(Peter Weiss, 1916 – 1982)的《抵抗美学》(*Die Ästhetik des Widerstandes*, 1975 – 1981)和乌韦·约翰逊的《周年纪念日》(*Jahrestage*, 1970 – 1983)这两部历史资料丰富、艺术水平高超的现实主义巨著。

在造型艺术领域,"新野兽派"(Neue Wilde),包括"新野性派"(Junge Wilde)、"新表现主义"(Neo – Expressionismus)、"新具象艺术"(Neo – Figurative Art)、"新德意志艺术"(Das neue Deutsche)、"新几何"(Neo – Geometrie)和"新概念主义艺术"(Die neue Konzeptionskunst)等后现代派别,和以著名"古典"雕塑家乌尔里希·吕克里姆(Ulrich Rückriem, 1938 –)为代表的怀旧返古创作浪潮一起,共同构成了后工业时代联邦德国绘画和雕塑创作的绚丽多彩的图景。

其次,在后现代主义价值观的影响下,文化民主精神为文化生活注入被忽略、被排挤、被批判的"非主流文化"提供了适宜的氛围,促进了联邦德国文化多样性社会的个性化发展,使文学艺术中原本不为主流所接受的"另类""异质"文化逐渐成为联邦德国文化生活的重要组成部分。

　　文艺界的奇思怪想可以在法律的保护下自由发展，这正是新时期联邦德国文化多样性社会包容性的重要体现之一。文化民主是对后工业社会中人的自由受技术、官僚体制束缚的一种对抗，是后现代主义价值观在文化方面的一种体现。因此，当文学从政治批判回归到新的"文学主体性"之后，试图追求主体情感、内心感受的文学家们仍在文学创作中延续着自主、自由的精神，只是他们的变革思想比"文化革命"时期更加开放、包容。1978 年创刊的《赫尔曼街 14 号》（*Hermannstraße 14*）创刊词明确指出"不要审美的、题材的、思想的确定性，而是防止确定性"[①]。

　　进入 20 世纪 80 年代之后，联邦德国的文学创作越来越个人化，一切外在束缚，如政治秩序、道德伦理等都被打破，表现个人情绪、经验和自然欲求的主题越来越被主流社会文化所接受。一切过去的写作规范和创作模式都可以被打破，没有情节的小说、没有场次的戏剧、没有意境的诗歌都在自由自在地发展。在高度个性化的创作环境中，形形色色的文学作品喧闹共生，没有哪一家可以独领风骚。同样的情况在音乐世界也体现得非常明显。20 世纪八九十年代时，朋克摇滚（Punkrock）、DJ、RAP 等比普通流行音乐更具挑衅性、突破性的音乐在年轻人中流行起来，并由此造就了一批奇装怪服、配饰前卫的"粉丝"。在统一后的联邦德国，无论是着正装参加室内古典音乐会，还是扮相奇特地到露天流行音乐会上疯狂一把，都只是个人的自由选择，大多数情况下不会招来别人的另眼看待。某种音乐风格长期一统精神生活的状况已难觅踪迹。

　　在后工业社会中，年轻一代的文化精英们还逐渐开始按照来自不同阶级、处于不同经济地位、但却具有某些相同特征和偏好的"亚文化群体"的需求进行创作。如"父亲小说"和"妇女小说"在很大程度上就是分别以反抗父辈的"六八一代"人和 20 世纪 70 年代以来形成的新妇女群体为主要受众的。这类小说大都揭露德国父权主义或男权主义与主人公之间的隔阂与冲突，以便能够引起相应读者群体的

----

　　① „Halbjahresschrift für Literatur Broschiert", in：*Hermannstraße 14*，I.

共鸣和反思。再如 80 年代初开始在联邦德国流行的"朋克摇滚"也主要反映的是青年失业群体的心声。通过机械的节奏，刺耳的声音，单调的旋律，充满嘲弄的歌词更直接、更坦白地道出了青年人对未来的恐惧、对现实的无力以及在失去理想时的绝望。后工业社会中这种数不胜数、聚散不定的亚文化群体的文化需求，加速了各种文化之间的融合与异化，也使统一的大众舆论难以形成。①

两德统一后，随着外来移民的快速增加，异文化群体，尤其是土耳其穆斯林群体成长迅速。在文化多元主义的积极引导下，具有移民背景的文人，如来自俄罗斯的瓦尔德迈尔·卡米纳（Waldimir Kaminer，1967 – ）、来自土耳其的萨利哈·沙因哈特（Saliha Scheinhart，1946 – ）及费里顿·蔡莫录（Feridun Zaimolu，1964 – ）等越来越受到主流文化界的关注。② 随着移民群体的文化活跃程度不断增加，以前被边缘化的外来文化正逐渐取得与德意志主流文化平等交流的地位。

最后，联邦德国文化生活中的民主精神也得到了进一步的巩固与发扬。进入后工业社会后，普通民众通过抗议政治在国家生活中获得了更大的发言权。不仅文化精英们越来越注重满足不同亚文化群体的文化需求，联邦德国文化政策的制定者和执行者也特别重视保持和加强大众文化活动的积极性和多元性。

两德统一后，联邦加大了对公共文化设施和民间文化组织的资助。1988 年时，联邦给予了州文化基金会 2000 万马克的启动资金。而对普鲁士文化遗产基金会，联邦则承担了 75% 的运行费用和 50% 的文化遗产修缮费用。③ 与"文化民主"的要求相适应，联邦德国旨在推进"文化民主化"的民间组织也在国家的支持下纷纷成立，如 1976 年成立的文化政策协会、1981 年成立的德国文化理事会等。

---

① Hans – Ulrich Wehler, *Deutsche Gesellschaftsgeschichte*, Band V, *Bundesrepublik und DDR*, *1949 – 1990*, München: Verlag C. H. Beck, 2008, S. 397 – 400.

② ［德］吴涵志（Karl – Heinz Wust）:《德国文学简史》（*Geschichte der deutschen Literatur*），外语教学与研究出版社 1998 年版，第 263 页。

③ Klaus von Beyme, *Kulturpolitik in Deutschland von der Staatsförderung zur Kreativwirtschaft*, Wiesbaden: Springer Fachmedien, 2012, S. 114 – 115.

　　更多文化设施面向民众开放，消除社会、经济和心理对人参与文化活动的束缚，真正实现"文化为人人"的目标。例如，在联邦德国的剧院中，受政府资助的公立剧院扮演着举足轻重的角色。1990年时，西德公立剧院在所有剧院的收入中所占比重高达85%以上，其中99%来自政府补贴。两德统一后，原东德文化部被勒令解散。由于当时东部新联邦州的文化设施几乎没有私人投资，联邦不得不对这些州的剧院给予大笔财政补贴。2000年之后，政府补贴在公立剧院收入中所占比重一直维持在80%以上。[①] 而在德意志帝国时期，1911—1912年度政府补贴则只占剧院收入的27%。进入21世纪后，在文化产业部门日趋商业化的背景下，国家对各公立剧院依旧给予高额的财政补贴，以便使票价大众化，降低普通人的文化活动成本。在2002—2006年的四个财务年度中，公立剧院的营业性收入分别只占总收入的15.1%、15.2%、15.6%、16.0%，而其中售票收入占总收入的比例只有11.0%、11.2%、11.5%。11.2%。[②] 如德绍剧院的演出收入只占总收入的8%—12%，演出票价一般5—16欧元一张。公立歌剧院工作人员一般享受公务员待遇，虽然没有盈利的压力，但必须经常演出，以满足普通大众的文化需求。

　　文化设施的形式也更加灵活，出现了流动图书馆、流动放映厅、社区电影院等，更易于文化在大众中的传播。如首先出现于1970年杜伊斯堡的社区电影院在后工业社会中发展就十分迅速。1975年成立联邦社区电影工作联合会（Bundesverband kommunale Filmarbeit），包括120多个社区、大学生和其他非商业性电影院。社区电影院以"不同的电影，不同的放映"（Andere Filme，anders zeigen）为口号，主要播放先锋派电影、非西方国家电影、纪录片、无声电影和微电影等不会在商业电影院播放的电影作品，并且注重所播电影的原创性，有时还会将电影的相关背景介绍给观众。社区电影院对于丰富德国民众文化生活、促进电影事业的发展起到了重要的作用。不仅联邦社区

---

　　① Klaus von Beyme, *Kulturpolitik in Deutschland von der Staatsförderung zur Kreativwirtschaft*, Wiesbaden：Springer Fachmedien，2012，S. 112 – 114.

　　② Rita Gerlach – March，*"Gutes" Theater：Theaterfinanzierung und Theaterangebot in Großbritannien und Deutschland im Vergleich*，Wiesbaden：Springer Fachmedien，2011，S. 75 – 76.

电影工作联合会积极参与联邦德国《电影制作法》的修改①，为德国电影业的发展出谋划策，社区影院本身也越来越得到各界的承认。2012 年，美因河畔法兰克福地方法院宣布市政当局对五家社区电影院的禁令无效，并认为社区电影院对提高民众精神和艺术生活有着重要的意义。

后工业社会的文化活动也有大众化、民主化的趋势。这其中最典型的代表当属露天音乐会（Freiluftkonzert）的快速发展。露天音乐会虽然在工业社会就已经出现，但在 1945 年之前，这种艺术形式在德国的影响却一直比较小。进入后工业社会后，随着摇滚、街舞、DJ、RAP 等对青年人的吸引力越来越大，各城市便将露天音乐会与节日庆典结合起来，形成了以流行音乐和摇滚乐为主要表演内容的、参加者甚众的城市露天音乐节。比较著名的有巴林根（Balingen）的"敲响你的头"（Bang Your Head，1996 - ）、波恩的"莱茵文化"（Rheinkultur，1983 - ）、德累斯顿的"易北河畔电影之夜"（Filmnächte am Elbufer，1991 - ）、埃施韦格（Eschwege）的"目光远大"（Open Flair，1985 - ）、格尔森基辛（Gelsenkirchen）的"重摇滚之节"（Rock Hard Festival，1990 - ）等。

此外，这一时期出版业、广播电视业及互联网业的大众化也促进了联邦德国的文化民主化。战后新出现的袖珍图书价格低廉，携带方便，很适合大众阅读。1970 年时，联邦德国共出版 3500 种袖珍图书，1980 年上升至 7800 种，80 年代平均年销量高达 1 亿本。② 歌德等文学巨匠的著作藉此为千万个普通人所熟悉。60 年代后期彩色电视机发明后，家庭保有量以每年平均 200 万台的速度递增。到 1983 年时，联邦德国的彩电保有量已高达 2200 万台。③ 随着电视机的普及，普通大众的业

---

① Bundesverbandes kommunale Filmarbeite. V. , *Der Bundesverband Kommunale Filmarbeit nimmt Stellung zur Novellierung des FFG*, Berlin, 17. 1. 2012；Bundesverband kommunale Filmarbeit e. V. , *Stellungnahme des Bundesverbandes kommunale Filmarbeit e. V. zur Novellierung des Filmfördergesetzes 2017*, Berlin, 2. 3. 2015.

② Hans - Ulrich Wehler, *Deutsche Gesellschaftsgeschichte*, Band V, *Bundesrepublik und DDR*, *1949 - 1990*, München：Verlag C. H. Beck, 2008, S. 386.

③ Hans - Ulrich Wehler, *Deutsche Gesellschaftsgeschichte*, Band V, *Bundesrepublik und DDR*, *1949 - 1990*, München：Verlag C. H. Beck, 2008, S. 396.

余文化生活变得更加丰富，各种文化的传播也变得更加快捷有效。两德统一后，互联网在德国的发展也十分迅速。身处信息时代的普通德国人只要轻点鼠标就可随时获得过去遥不可及的"高雅"文化知识。精英和大众在文化生活中的差别随着科技和观念的进步被进一步缩小。

20世纪80年代以来文化生活的民主化，在联邦德国造就了一种所谓的"社会文化"（Soziokultur），并使其成为德国文化多样性社会的新特征。"社会文化"不仅突出文化的美育和交流意义，更强调文化的社会意义，视之为一种生活方式、一种群体系统。因此，由文化民主化所形成的社会文化，在影响文化多样性社会发展的同时，也对联邦德国的社会民主化产生了积极的影响。

2."文化革命"后联邦德国文化多样性社会的主流文化特征

在联邦德国，由于受文化联邦主义的影响，柏林不像巴黎那样具有全国或民族文化中心的位置。不同地域文化之间的鸿沟在两德统一之后依旧没有完全消除。因此，德国不可能像法国那样，民族文化与民族国家权力高度融合。整体而言，德国只在对外文化领域发展出统一的联邦政策，对内文化政策仍然是奉行文化联邦主义和代表多元主义。两德统一之后，德意志国家在政治上重获新生，德国各界，尤其是文化界开始为德意志民族在文化上的复兴各抒己见，推波助力。

近代德国知识分子，如歌德、席勒等，都将"文化民族"（Kulturnation）看作是德国无法实现政治统一时的"替代品"。两德分裂时期，民主德国强调"阶级民族"（Klass – Nation）的概念，认为东西德是分属不同"阶级民族"的两个国家；而联邦德国则和歌德、席勒一样，强调"文化民族"，强调东西德是"一个民族、两个国家"，两国人民在文化上具有同质性，以为将来德国的再次统一奠定基础。两德统一后，原民主德国的"阶级民族"理论很快便消逝了，而联邦德国在文化多元主义中构建新的德意志"文化民族"的努力，却逐渐得到了各界不同程度的认同。①

---

① Klaus von Beyme, *Kulturpolitik in Deutschland von der Staatsförderung zur Kreativwirtschaft*, Wiesbaden: Springer Fachmedien, 2012, S. 107.

　　著名左翼作家、原"四七社"的核心成员君特·格拉斯就试图以宪法爱国主义为基础，构建新的德意志文化，以求在实现德国政治统一的同时捍卫公民的自由。在 20 世纪五六十年代他曾激烈批判阿登纳和东德领导人瓦尔特·乌布利希（Walter Ulbricht，1893 – 1973）为了政治私利分裂民族和祖国的行径。到 1989 年两德统一即将实现时，他又从自己向来奉行的社会改良主义出发，反对德国的快速统一，认为两个德国应该先构建一个邦联，"去实现德国内部的一致化（Einigung）——包括文化统一、个体和解及最重要的互相理解。最终这样一个邦联将会走向联邦"①。格拉斯强调，应以《基本法》精神为基础，让共同的民族文化延续并促进东西德之间的相互理解，然后才能真正实现德意志国家和民族的统一。作为一名宪法爱国主义者，格拉斯和许多左翼文人一样，认为在政治家为一己私利分裂国家的时候，往往是文人们在努力从文化上保持德意志民族的认同的时候，因此只有德国知识分子才是文化民族主义的中流砥柱。1995 年，格拉斯发表了以两德统一为背景的小说《旷野》（Ein weites Feld，又译《说来话长》），在德国引起了广泛的争议。许多文学批评家和政治家都无法接受小说中对德国统一大业的冷嘲热讽，认为他过度批判了统一导致德意志文化中民主精神的缺失。然而，格拉斯毫不退缩，并让他那以宪法爱国主义为基础的文化民族国家理论，伴随着自己在世界文学界的赫赫威名而传播于世。1999 年获诺贝尔文学奖时，他还坚称，自己站在统一的对立面是因为热爱自己的国家。②

　　统一前后法兰克福学派的领军人物、著名左派学者哈贝马斯也试图以宪法爱国主义为基础来改造德意志民族的文化认同。哈贝马斯是宪法爱国主义的集大成者。他担心科尔政府主导的快速统一会导致保守民族主义的抬头，从而对联邦德国的民主制度和公民社会构成威胁。在宪法爱国主义中，"生活世界"的多样性和经验、历史、文化认同形成方式的多样性，都是被允许的。哈贝马斯要求将文化同生

　　① Jan – Werner Müller, *Another Country : German Intellectuals , Unification and National Identity*, New Haven : Yale University Press ,2000 , p. 68.

　　② Jan – Werner Müller, *Another Country : German Intellectuals , Unification and National Identity*, New Haven : Yale University Press ,2000 , p. 80.

活、实践联系在一起，甚至可以通过宪法爱国主义改造德意志文化，把新统一的德国牢牢地与"公民"的爱国主义传统拴在一起。与格拉斯不同的是，哈贝马斯更多地看到的是德意志文化的断裂性，他对保守民族主义的批判既是基于文化的，更是基于政治的。在哈贝马斯的观点中，宪法爱国主义其实就是所谓的"后民族主义"，其主要目标是让统一后的德国从根本上转变政治民族主义，在更高的层面上实现欧洲一体化。

长期以来，联邦德国官方一直主张将欧盟改进为欧洲合众国，在欧洲一体化中贯彻联邦主义原则。但这并不意味着德国政府和民众已彻底否认传统的德意志民族主义。实际上，统一后的德国所奉行的文化多元主义政策，其根本目的之一就是以西方核心价值理念和德意志传统文化为基础构建新的德意志文化民族国家形象，以实现自己的大国复兴战略。因此，包括社民党总理格哈特·施罗德在内的一些政要，都和哈贝马斯的后民族主义论调保持着一定的距离。曾任社民党副主席、联邦议院主席的沃尔夫冈·蒂尔泽（Wolfgang Thierse，1943 - ）也表示，"左派不要单单下一个判决说一切民族性的东西都是过时的价值"①。但与此同时，文化多元主义所要造就的"文化民族"，又不同于18、19世纪德意志文化民族主义的目标，它是自由、平等、民主等西方核心价值与德意志传统文化结合的产物。因此，随着统一后联邦德国成为事实上的移民国家，左翼知识分子所推崇的宪法爱国主义正越来越成为构建新的德意志文化民族国家的重要工具。

相比之下，处于中间的自由派就和官方的论调更为接近。自由派知识分子也赞同宪法爱国主义，但他们却将所谓的"正常民族性"注入宪法爱国主义。如著名学者拉尔夫·达伦多夫认为，统一后的德国是一个可以孕育出宪法爱国主义的正常的民族国家。在这样一种民族国家中，既要反对排外主义，又要坚持西方核心价值理念。另一位学者迪特尔·亨利希（Dieter Henrich，1927 - ）也属于这一派。在他看来，通过《基本法》与"民族形象的生活实践相结合"，两德统一

---

① Jan - Werner Müller, *Another Country : German Intellectuals , Unification and National Identity*, New Haven : Yale University Press, 2000, p. 141.

就会促进东西德之间的团结。因此，统一后的《基本法》价值观将会造就一种新的德意志文化。①

　　坚决拥护统一、要求振兴德意志民族主义的右翼知识分子，虽然不认同宪法爱国主义，但也不敢公然否认西方核心价值理念。"四七社"另一位重要的成员马丁·瓦尔泽就是如此。进入后工业社会后，处于社会最底层的工人阶级日渐中产化，原本同情中下层劳动人民的瓦尔泽在进行文学创作时，开始接近小资产阶级的立场。不仅在"文化革命"时所表现出的革命精神日渐衰退，他的政治立场也趋向保守，成为新保守派的代言人。两德统一后，瓦尔泽在文化活动中公然强调德意志民族的振兴和传统民族文化的回归，但与此同时，他依然对纳粹主义持否定态度。瓦尔泽先后在 1995 年的文章《赞扬》(Laudatio) 和 1998 年在美因河畔法兰克福获奖致辞时，表达了国人应忘记过去、摆脱奥斯维辛阴影、重新向前看的观点，并因此而遭到了左派，尤其是犹太人团体的强烈批判。但在《赞扬》中，他拒绝承认纳粹主义是德意志精神的代表，还认为要使传统日耳曼文化重新获得承认并使之与犹太文化和谐共存。2002 年，瓦尔泽出版小说《批评家之死》(Tod eines Kritikers)，因其中的负面人物为犹太人而再次遭到非议。②

　　另一位右翼学者、文学批评家卡尔·波雷尔（Karl Bohrer, 1932 – ）不仅希望在文化上复兴德意志民族主义，甚至提出要改变被他斥责为地方主义的文化联邦主义和代表多元主义，超越、摒弃被他讥笑为"乌托邦"的宪法爱国主义，重建德意志民族的精神生活。在"文化革命"中，他相信艺术独立于政治的审美观，因此既反对"六八学生运动"，也反对在运动中抛弃了学生的左翼知识分子。两德统一后，波雷尔又指出，必须在德意志民族国家统一的基础上，通过构建民族的"共同记忆"，在文化上实现德意志民族的自我肯定，才能完成德意志民族复兴的重任。

---

　　① Jan – Werner Müller, *Another Country: German Intellectuals, Unification and National Identity*, New Haven: Yale University Press, 2000, pp. 143 – 144.

　　② ［德］马丁·瓦尔泽：《批评家之死》，黄燎宇译，人民文学出版社 2004 年版。

年轻的右翼知识分子观点则更为偏激。这些人成长于"文化革命"后的七八十年代。他们企图以两德统一为契机，通过打破战后占主流地位的左翼学界对纳粹及希特勒的盖棺定论，使整个德意志民族的历史"正常化"，并把自己描述成左翼主流学界"法西斯统治"的牺牲品，以争夺统一后联邦德国的文化领导权。1993 年，博托·施特劳斯（Botho Strauβ，1944 - ）在著名时政杂志《明镜》周刊上发表了《日渐响亮的山羊之歌》（*Aschwellender Hocksgesang*），成为这一派观点的代表。① 不过这种带有为法西斯主义翻案的论调很快就在官方和民众的声讨下消寂下来。

格拉斯的《旷野》、瓦尔泽的《批评家之死》和施特劳斯《日渐响亮的山羊之歌》所引起的巨大争论，反映出统一后联邦德国文化界在重新认识和定位德意志文化的问题上，仍未形成统一的观点。各派知识分子从各自的人生经历和价值取向出发，在他们的作品中阐释了自己对统一后联邦德国文化发展方向的看法。然而，无论是否接受宪法爱国主义、是否支持科尔政府的统一政策，文学家们都在不同程度上承认文化多元主义是统一后联邦德国文学创作的基本导向之一。构建新的德意志文化正日渐成为这一时期联邦德国文化多样性社会的主要发展方向。

---

① Botho Strauss, "Anschwellender Bocksgesang", in *Der Spiegel*, 6/1993, S. 202 - 207.

第五章　外来移民与联邦德国的
多元文化生态

　　1990 年两德统一之后，由于大量外来移民的涌入，德国已成为事实上的移民国家。大量外来移民以及基于其上的外来族群文化也使德国的文化生态出现了新的变化，过去在非移民社会中实行的专注于德意志文化的传统文化政策已无法解决日益严重的族际文化整合问题。面对这一新的形势，联邦德国迅速调整并制定新的文化政策，逐渐形成了针对"非典型移民社会"的、以"存异求同、多元一体"为主要特征的文化多元主义理念与政策。在这种新的文化多元主义理念和政策之下，一方面承认德国已成为移民社会的事实，尊重和保护少数族裔的语言、文化和宗教，为非主流文化的延续和发展创造必要的法律框架条件和教育支持条件；另一方面，要求所有外来移民必须融入德国主流社会，必须学习和了解德语和主流文化，接受德国社会的主流价值观，如人权、民主、法制及正确的爱国主义。而文化多元主义在文化及文化传播领域、教育领域和宗教领域的贯彻，也有助于联邦德国文化多样性的发展，同时也为外来移民与主流社会的文化整合创造了条件。

第一节　外来移民与联邦德国移民
融入政策的变迁

一　移民问题和联邦德国移民融入政策的缺失

　　二战之后，大量外来移民进入到欧美发达国家。这些移民大都来自非西方文化圈，且本身经济和受教育水平较差，他们的到来给西方社会带来了严重的文化碎裂和文化冲突，进而使包括联邦德国在内的西方移民国家面临着迫切的文化整合问题。文化整合是与经济（就业）整合、社会（福利）整合、政治整合等问题并列的移民社会整合问题之一，它包括移民在文化上融入主流社会和主流社会承认移民带来的外来文化两个方面，其本质是如何在保持社会文化多元性和统一性之间寻求一种平衡，以达到整体社会文化的和谐发展。

自 20 世纪 70 年代以来，联邦德国的移民问题日益严重，这是两德统一后"文化多元主义"形成的主要国内背景。19 世纪 90 年代后，德国逐渐从一个"出境移民国家"变为"入境移民国家"[1]。当时德国强劲发展的工业不仅阻止了国民移居国外，还吸引了大量的外来劳工。1900—1910 年间，迁入德国的移民达 50 万之众。1913 年，来自俄国和意大利的季节性工人有 100 万左右。[2] 二战后，联邦德国地区先后经历了三次大规模的移民迁入浪潮：一是战后初期逃离或被迫离开家园的、来自苏占区和东欧的德国难民。二是为弥补战后劳动力缺乏而引进的土耳其和意大利等国的外来务工人员，如今很多人都已经有了第三、第四代子孙。自 20 世纪 70 年代经济危机开始后，联邦德国像西欧其他国家一样收紧劳工准入政策，禁止外国人在德自谋职业，劳工移民数量遂大大减少。三是东欧剧变之后来自原社会主义国家、包括俄罗斯车臣地区的政治避难者和难民，以及根据德国政府允许从苏东地区返回母国定居的、几乎不具备任何德国文化背景的德意志侨民。[3] 到 21 世纪初，在德国 8500 多万人口中，共有外国人 700 多万，占总人口的 8.9%。庞大的移民群体的存在使统一后的德国成为一个事实上的移民国家。如何解决因大量移民涌入而带来的各种问题成为德国政府和社会必须面对的问题。

大量外来移民在融入德国主流社会方面存在着严重的障碍，此即所谓的移民"融入问题"（Eingliederungsproblem）。一方面是意识形

---

① Gerhard A. Ritter, *Das Deutsche Kaiserreich 1871 – 1914*, Goettingen：Hubert Co. ，1992，S. 29.

② ［德］卡尔·艾利希·伯恩：《德意志史：法国大革命到第一次世界大战》，张载扬等译，商务印书馆 1991 年版，第 485 页。

③ 宋全成：《简论德国移民的历史进程》，《文史哲》2005 年第 3 期，第 89—92 页。

态上的融入障碍。对来自东欧原社会主义国家的德国侨民和难民来说，资本主义的生活方式和思维模式是完全陌生的，半个多世纪以来形成的政治、经济和文化习惯很难在短期内被根本改变。另一方面是语言文化上的融入障碍。在西德侨居的外国人，以及几乎没有德意志文化痕迹的"返回家园者"，都存在着严重的语言障碍和文化认同障碍；而来自土耳其等落后国家的移民，则常常因为文化教育水平的低下而无法找到工作并融入主流社会。据统计，外来移民的失业率是德国平均失业率的两倍左右。① 与英、法、荷兰等西欧国家相比，外来移民融入德国主流社会的一体化率明显偏低。②

除"融入问题"外，庞大的外来移民带来的另一个严重问题是滋生了少数德国人狭隘的民族主义和排外主义。19 世纪民族主义的发展，为德国摆脱中世纪以来四分五裂的局面，实现国家统一，发挥了积极作用。但是从 19 世纪末到 20 世纪上半期，德意志民族主义发展为极端民族主义和种族主义，给欧洲和全世界带来了深重的灾难。从19 世纪末期的德意志帝国政府到臭名昭著的纳粹政权，德国曾多次对外来移民采取限制、歧视、驱逐乃至清洗的政策。尽管战后联邦德国对纳粹在二战中所犯下的种族主义罪行进行了深刻的忏悔和赎罪，但直到 20 世纪末，德国还一直不承认自己是一个移民国家。两德统一之后，由于大量原社会主义国家的难民的涌入和失业率的居高不下，德国接连发生多起排外事件。施罗德上台后，这些暴力排外不仅没有消失，反而愈演愈烈。1993 年，一名土耳其妇女和她的四个孩子被杀害在德国的家中。2000 年德国的排外暴力犯罪案甚至达到了创纪录的 15651 起。③ 极右政党——如德意志人民联盟（Deutsche Volksunion / DVU）等——则抓住民众的恐慌性排外情绪，纷纷突破选举门槛，进入州议会。暴力排外事件和极右政党的崛起勾起了世人对法西斯反犹暴行的回忆，严重损害了统一后联邦德国的国家形象。

---

① 陈志强：《德国移民问题的形成与治理》，《上海商学院学报》2010 年第 2 期，第 61 页。

② Ruud Koopmans, *Contested Citizenship, Immigration and Culture Diversity in Europe*, London: University of Minisota Press, 2005, p. 39.

③ 姚宝等：《当代德国社会与文化》，上海外语教育出版社 2002 年版，第 249 页。

　　移民问题已经从一个社会问题演变成为一个政治和文化的问题。但是从德意志帝国以来，德国一直不承认自己是一个移民国家，也对此缺乏心理准备。① 它在移民政策方面一直采取被动的隔离政策和"福利融入"政策，只有少数的德裔难民、被驱逐者才能享受到全面的社会融合待遇。②

　　移民隔离政策主要针对的是尚未获得难民身份的政治避难者。1982 年，联邦政府决定如无特殊情况，不再为这些避难者提供救济金，而改成直接发放基本生活品和集中提供居住地。1993 年，联邦政府又颁布寻求庇护者福利法，剥夺了这些避难者受社会救济法律保护的权利。法律规定，在这些人的避难请求得到法院认可，即获得正式难民身份之前，他们既不能获得任何的国家福利，也不能工作和参与任何社会融合进程。

　　"福利融入"政策则主要针对的是非德裔的外籍劳工及其后代。为弥补战后劳动力不足而来的外籍劳工，可在德国享受与本国人基本相同的福利待遇，如教育、医疗、养老等。自 20 世纪 70 年代起，这些长期生活在德国的外籍劳工开始在西德政府的允许下建立自己的互助组织，并逐渐获得永久居留权。但直到统一之后，这些人依旧被强调血统的德国视作外国人而不是移民，他们在就业等方面仍遭到严重的歧视。③ 联邦德国采取的这种只给予外来劳工社会经济福利而不在语言文化和身份认同方面进行融合的做法，被称作移民融入政策的"福利模式"④。在这种模式下，主流社会为移民文化融入设置了非常严格的障碍。⑤

―――――――――

　　① Ruud Koopmans, *Contested Citizenship*, *Immigration and Culture Diversity in Europe*, London: University of Minisota Press, 2005, p. 1.

　　② 岳伟、邢来顺：《移民社会的文化整合问题与统一后联邦德国文化多元主义的形成》，《史学集刊》2012 年第 3 期。

　　③ 宋全成：《论二战后德国的合法移民及社会融合政策》，《厦门大学学报（哲学社会科学版）》2008 年第 3 期，第 119—121 页。

　　④ 伍慧萍、郑朗：《欧洲各国移民融入政策之比较》，《上海商学院学报》2011 年第 1 期，第 39 页。

　　⑤ Ruud Koopmans, *Contested Citizenship*, *Immigration and Culture Diversity in Europe*, London: University of Minisota Press, 2005, p. 8.

所有这些政策和举措显然具有暂时性特征，不是应对大量外来移民的长久之计。联邦德国之所以在移民融入政策方面处于消极被动状态，既有历史的因素也有现实体制的制约。

因素之一是德国有按照血统界定民族的传统。根据 1913 年 7 月 22 日颁布的、并为联邦德国所继承的《帝国国籍法》（*Reichs-und Staatsangehörigkeitsgesetz*），只有拥有日耳曼民族血统的人才可能拥有德国国籍。① 结果就出现了"从小居住在德国，通晓德语和德国文化、但不拥有德国国籍的土耳其人和从小居住在外国、不懂得德语和德国文化、但拥有德国国籍的德国人"②。受血统原则的影响，德国民众和政府都不愿将不具有德国血统的人视作可以获得德国国籍的移民，而一直将他们当作客居德国的外国人。

因素之二是文化联邦主义的消极作用。在联邦德国，与移民融入密切相关的文化教育事务都属于州政府的管辖范围，联邦政府只能起协调指导作用。受这一体制影响，联邦政府难以对移民融入问题做出快速有效的反应。

因素之三是德国人长期以来对移民国家的错误理解和认识。长期以来，德国人认为，从历史的经验看，移民国家的内涵应该是外来移民通过和平或战争的方式，驱赶或同化了土著民族，并最终在原民族居住的土地上，建立的国家。③ 显然，只有美国、加拿大这样的国家才符合这一标准，而德国则不是一个典型的移民国家。直到 20 世纪末，这种观念还一直在德国民众和政府中根深蒂固，严重阻碍了移民问题的政治解决。由于缺少相关移民政策，尤其是相关移民融合课程的不健全，移民社区日益边缘化，造成了严重的社会和文化问题。④

---

① *Reichs-und Staatsangehörigkeitsgesetz Vom 22 Juli 1913*, *RGBl 1913*, Reichs-Gesetzblatt 1913, S. 583 – 593. http://www.documentarchiv.de/ksr/1913/reichs – staatsangehoerigkeitsgesetz. html.

② 宋全成：《简论德国移民的历史进程》，《文史哲》2005 年第 3 期，第 90 页。

③ 宋全成：《论德国移民的社会一体化进程》，《德国研究》2006 年第 2 期，第 46 页。

④ 岳伟、邢来顺：《移民社会的文化整合问题与统一后联邦德国文化多元主义的形成》，《史学集刊》2012 年第 3 期。

二　他山之石：其他西方国家和国际组织对移民融入问题的应对

外来移民问题不仅困扰着德国，也困扰着其他欧美发达国家。但相对德国来说，无论是美国、加拿大、澳大利亚等典型移民国家，还是英国、法国、荷兰等西欧非典型移民国家，都已较早地形成了移民融入政策。

西方各国的移民融入模式可大体归结为三种：一是多元文化主义（Multiculturalism）模式。此模式最早由瑞士提出，以加拿大、澳大利亚、荷兰、瑞典等国为典型代表，要求"对不同民族、文化群体得到承认的要求给予充分肯定"①。这种模式通常会造成多元文化的平行发展和鸿沟，进而引发文化冲突。二是与"多元文化主义"模式相反的法国等国采取的"共和模式"。它要求外来移民放弃本民族的文化习惯、生活方式，融入法国主流社会，接受法国的文化认同和价值观。三是在"多元文化主义模式"和"共和模式"之间，还存在一种以英国为代表的中间模式。在这种中间模式下，外来移民可以比在共和模式下拥有更多在公共场合保留自己文化传统的权利，但并不是来自每一种族群和宗教信仰的移民都可以像多元文化主义模式那样获得文化支持。显然，与多元文化主义模式相比，这种中间模式大大降低了产生"文化鸿沟和社会碎片化（Fragmentierung）"的危险。② 这些国家的移民文化整合政策为联邦德国文化多元主义政策的形成提供了宝贵的经验和教训。

与此同时，随着移民社会文化融合问题的日益突出，联合国、欧盟等国际组织也提出了积极的应对措施，这些措施对统一后德国文化多元主义政策的发展起到了重要的指导作用。

1982 年，联合国教科文组织在墨西哥城召开文化政策大会，要求扩展文化的涵盖范围，即未来文化不仅应包括文学和艺术，还应包括人民的生活方式。针对全球化给文化多样性带来的挑战。③ 1996

---

① 杨洪贵：《澳大利亚多元文化主义研究》，西南交通大学出版社 2007 年版，第 49—51 页。

② Ruud Koopmans（ed.），*Contested Citizenship, Immigration and Culture Diversity in Europe*, London: University of Minisota Press, 2005, p. 142 – 145.

③ *Mexico City Declaration on Cultural Policies*, World Conference on Cultural Policies Mexico City, 26 July – 6 August 1982.

年，联合国世界文化与发展委员会发表了题为《我们创造性的多样性》（*Our Creative Diversity*）的报告，强调在全球化背景下，各民族的多样性文化受到了严峻的挑战，试图用容忍和互相尊重来维持不同文化间的和平相处。"在少数民族文化权利方面，委员会认为少数种群的成员应该和多数种群的成员拥有平等的人权。"[1] 这份报告用专门的一章讨论文化政策，要求各国扩展文化政策的概念，使文化政策不再仅仅局限于艺术与文化遗产领域，而要将接受个人多样化的文化选择和团体的各种文化实践也包含其中。报告还明确表示，全球化时代的政府在提供文化产品过程中所起的作用已变得越来越有限，政府政策的重心应转向为文化发展进一步创造有利条件、纠正对文化艺术发展的不当影响和保护文艺工作者的权益。[2] 在最近出版的名为《文化的发展动力》（*The Power of Culture for Development*）的报告中，联合国教科文组织又重申 2005 年"保护和促进文化表达多样性大会"的一句口号："文化多样性创造了一个丰富多彩的世界，它扩展了人们选择的范围，培育了人类的能力和价值观，因此，它是社区、民族和国家可持续发展的主流"，将文化多样性作为了促进人类社会良性发展的必不可少的条件。[3] 这些思想对包括德国在内的欧盟诸国的文化政策产生了重要影响。

作为欧盟的重要一员，联邦德国的文化政策也受到欧盟的文化政策的影响。欧盟文化政策的目标是强调保护欧洲各国共同的文化遗产，提高共同社会归属感，承认和尊重文化、民族国家和地区的多样性，促进各种文化的发展和传播。[4] 该目标集中体现在欧盟所推崇的、以"多样性中的一致性"（Unity in Diversity）为特点的"欧洲文化模式"，实际上就是要在文化的统一性与多样性之间找到一个衔接点，要维持多样性与同一性的平衡。

---

[1] *Our Creative Diversity*, the Report of the World Commission on Culture and Development, Paris: UNESCO Publishing, 1996, pp. 19 – 20.

[2] *Our Creative Diversity*, the Report of the World Commission on Culture and Development, Paris: UNESCO Publishing, 1996, pp. 40 – 42.

[3] *The Power of Culture for Development*, Paris: UNESCO Publishing, 2010, p. 9.

[4] European Commission, *A Community of Cultures: The European Union and the Arts*, European Communities, 2002, p. 3.

欧盟采取了一系列措施贯彻上述文化政策目标，以求建立共同的欧洲文化区，促进来自不同文化圈的欧洲居民参与欧洲一体化进程。其一，欧盟教育文化总体指导委员会（The Education and Culture Directorate – General）和文化部长理事会推出了一系列文化项目，如鼓励不同城市、乡镇结成友好关系的"欧盟兄弟城镇计划"项目，以音乐会、展览会等形式吸引多国艺术家互相交流学习的"欧洲文化城市"项目：向民众展现欧洲共同历史文物和遗迹的"欧洲文化遗产日"项目等。其二，欧盟还实施了一系列人才交流项目，如苏格拉底计划、伊拉斯谟计划、青年项目资助计划等，鼓励世界各国的人员往来，促进不同文化之间的学习和融合。其三，欧盟长期鼓励欧洲各国人民掌握两门外语，同时通过资助翻译和语言培训来保存方言和少数民族语言，积极保护欧洲文化的多样性。其四，运用电子信息技术，促进文化传播。如将新型媒体技术运用于教育和文化交流的"网络时代的欧洲创意"（The Netdays Europe Initiative）计划等。

与上述积极关注文化多样性和文化交融整合的情况相比较，在联邦德国，由于缺少相关移民政策，尤其是相关移民融入教育课程的不健全和对外来移民文化的漠视，移民社区（Einwanderer – Communities）日益边缘化，造成了严重的社会和文化问题。显然，仅仅依靠所谓的"福利国家"模式来解决移民问题，范围只能限于物质生活领域，是远远不够的。如何适当地将传统的国家文化教育政策扩展到移民群体，实现主流文化与外来移民文化的有效沟通，成为摆在人们面前的重要问题。这里不仅涉及保护多元文化的问题，也涉及重新构建社会主流文化，防止整个国家的文化生态因主流文化与外来移民文化冲突而碎片化的问题。就此而言，"移民问题不仅是社会机构和就业部门的问题，也是公共教育与文化政策的核心议题"[①]。而"多元化和整合首先取决于如何对待移民的'异质'宗教和文化，社会、经济和政治因素在此都显得不足"[②]。因此，面对新的形势，联邦德国

---

① Institut für Kulturpolitik der kulturpolitischen Gesellschaft, *Jahrbericht 2002*, Bonn：Institut für Kulturpolitik der kulturpolitischen Gesellschaft, 2002, S. 5.

② Thorsten Gerald Schneiders（Hrsg.）, *Islamfeindlichkeit：Wenn die Grenzen der Kritik verschwimmen*, Wiesbaden：VS Verlag für Sozialwissenschaften, 2010, S. 179.

必须调整其相关移民政策和文化政策，以应对日益突出的外来移民和文化融入问题。

三 统一后联邦德国移民法律的调整及其对文化多元主义的影响

面对日益严重的移民融入问题，统一后的联邦德国决定与联合国和欧盟的相关要求相向而行，在吸收其他西方移民国家经验的基础上，结合本国实际，通过制定和修正移民准入、居留和入籍政策，调整移民融入规范。

长期以来，与英、法、荷兰等西欧国家相比，移民在德国的国籍获得率是非常低的。① 两德统一之后，面对大量移民的涌入的现实压力，社民党、绿党、联盟党、自民党等主要政党的相关观念也发生了转变，德国方面也逐渐降低了外来移民准入、居留和加入德国国籍的难度，承认了德国"已成为一个非典型移民国家"的事实。1990 年，联邦德国通过《外国人法》（ *Gesetz zur Neuregelung des Ausländerrechts/ Ausländergesetz* ），降低了外国人加入德国国籍的困难。② 1999 年 7 月，联邦议会修订了 1913 年颁布的《帝国国籍法》，即所谓的《国籍法改革法案》(*Gesetz zur Reform des Staatsangehörigkeitsrechts*)，在一定程度上打破了德国一直以来坚持的血统原则而引入了出生地国籍原则。法律规定从 2000 年 1 月 1 日起，凡是在德出生的外籍人子女，只要其外籍父母中一方在德已连续且合法居留 8 年以上，并已获得在德永久居留权至少三年，其自出生之日起自动享有德国国籍；待其 23 岁后，必须在德国国籍和其外籍父母国籍中选择其一；如果选择德国国籍，必须放弃其他国籍，只有当其拥有的非德国国籍不可能放弃的前提下，才允许其拥有双重或多重国籍。此外，目前 10 岁以下的在德

---

① Ruud Koopmans, *Contested Citizenship*, *Immigration and Culture Diversity in Europe*, London: University of Minisota Press, 2005, p. 40.

② *Gesetz zur Neuregelung des Ausländerrechts*, Bundesgesetzblatt Teil I, 1990, Nr. 34 vom 14. 07. 1990, Bonn, S. 1354 – 1387; Ruud Koopmans, *Contested Citizenship*, *Immigration and Culture Diversity in Europe*, London: University of Minisota Press, 2005, p. 36.

外籍人子女自 2000 年 1 月 1 日起可享受与上述新生儿同等的入籍标准。[①] 之后，红绿联盟政府又于 2000 年任命了以前议长丽塔·聚斯穆特（Rita Suessmuth，1937 – ）为首的的移民委员会，审查德国的外国人政策。2001 年，聚斯穆特领导的委员会发布《塑造移民，促进融入》报告，不仅承认了德国是一个移民国家的事实，而且对新世纪德国移民政策调整提出了完整理念和措施建议。在经历了 2002 年的挫败之后，新《移民法》（Zuwanderungsgesetz）终于在 2005 年获得通过。该法案为德国移民准入、管理和入籍提供了法律基础，明确了德国各级政府，尤其是联邦政府在移民问题上的权利，为移民管理机构和移民救助机构的设立奠定了基础。

《移民法》由居留法、欧盟公民自由移民基本法和修正附加条款组成。该法案在移民准入和居留政策方面采取了更为灵活的制度，主要表现在：（1）简化准入的手续和种类。不再区别居住和工作两种签证，由德国地方政府就业部门根据移民部门提供的信息来决定是否给予工作许可，同时将以前五种居留许可简化为临时居留和永久定居（绿卡）两种。[②]（2）实行投资移民政策。如果在德国设立注册资金 100 万欧元、提供 10 个就业岗位以上的公司，且公司正常经营三年以上，经营者及家属即可获得三年居留权并可继续延期。（3）放宽高科技人才、留学生和难民的居留条件，如允许高科技人才进入德国后申请永久居留权，外国学生在其顺利完成学业后居住许可可顺延到下一年，以使他们有机会找到与其教育相匹配的工作；规定符合《日内瓦条约》难民条款的移民及其家庭成员、因性别受迫害者可以颁发居住许可。三年后，他们就可以申请定居许可。[③]

统一后相关移民法律的调整，为联邦德国文化多元主义在"非典

① Bundesministerium der Justiz（Hrsg.），*Staatsangehörigkeitsgesetz（StAG），Bundesgesetzblatt（BGBl），*Teil I，1999，Nr. 38，Bonn，1999，S. 1618 – 1633.

② Bundesministerium der Justiz（Hrsg.），*Gesetz zur Steuerung und Begrenzung der Zuwanderung und zur Regelung der Aufeenthalts und Integration von Unionbürgern und Ausländern，Bundesgesetzblatt（BGBl），*Teil I，2004，Nr. 41，Bonn，2004，S. 1953 – 1954.

③ Bundesministerium der Justiz（Hrsg.），*Gesetz zur Steuerung und Begrenzung der Zuwanderung und zur Regelung der Aufeenthalts und Integration von Unionbürgern und Ausländern，Bundesgesetzblatt（BGBl）*Teil I，2004，Nr. 41，Bonn，S. 1957 – 1960.

型移民社会"的推广创造了必要的法律框架条件。放宽移民准入和入籍条件，促进移民融入主流社会，在客观上促进了对移民文化的保护。外国人只有在获得移民身份乃至德国国籍后，才能受到相关跨文化教育和文化政策的保护，从而使本民族文化传统得以保护。"融合包括对文化多样性的承认。成功的融合要求将文化包容及和谐作为基于《基本法》价值观的日耳曼裔和移民的互相面对的基础。"①

与此同时，德国也强调外来移民有义务与德国主流社会保持协调，在进入、居留德国和获得德国国籍时必须满足相应的前提条件，不能无缘无故地为德国主流社会增加负担。这也在客观上为外来移民在文化上融入德国主流社会创造了条件。《移民法》要求申请进入德国的签证并在德国居留时，一般必须要有：（1）合法的目的，如教育、就业、随迁眷属、政治避难等；（2）稳定的收入，如相关部门开具的工作合同、奖学金证明、在德存款证明等；（3）对主流文化的认同成为必备条件。必须具备一定的德语水平，如规定移民有参加融入课程学习的义务，拒绝参加融入课程或者在初始阶段就放弃学习的新移民，将面临拒绝延长居留许可、减少社会福利给付等惩罚措施。《移民法修正案》则规定土耳其妇女如申请赴德与丈夫团聚，必须掌握至少200至300个德语单词。

改善支持文化发展的框架条件是德国文化政策的首要任务。而规范移民文化发展的法律框架条件则是这一政策的重要扩展。移民和国籍政策的放宽意味着德国将接受更多的来自其他国家和文化圈的移民，并为其进入德国和在德国生活提供各种便利，保障他们应有的文化权利。"只有通过互相理解，以及建立将移民作为国家群体合法组成部分并赋予其平等权利、而不将其视作只适用于外国法律的'外国人'或客籍人这样的法律框架，移民对政治、社会和文化上的要求才能被有效地勾勒出来。"② 与此同时，有关移民的文化条件的预设也使德国的主流文化生活得到保障。德国通过加强外来移民进入德国、

---

① Press – und Informationsamt der Bundesregierung, *Der Nationale Integrationsplan*; *Neue Weg – Neue Chancen*, Berlin; MEDIA CONSULTA Deutschland GmbH, 2007, S. 125.

② Ruud Koopmans, *Contested Citizenship*, *Immigration and Culture Diversity in Europe*, London; University of Minisota Press, 2005, p. 138.

在德国居留和加入德国国籍的条件，努力引导他们在经济、社会、文化等方面融入德国主流社会。因此，《国籍法》的修订和新《移民法》的通过是"存异求同，多元一体"的文化多元主义在德国非典型移民社会中兴起的重要法律基础。①

第二节　"非典型移民社会"背景下文化多元主义的思想与实践

一　"非典型移民社会"背景下文化多元主义价值观的嬗变

为了解决前文提及的日益严重的移民融入整合问题，德国在重新统一之后逐渐形成了专门针对"非典型移民社会的"、以"存异求同、多元一体"为主要特征的文化多元主义政策。所谓"存异求同、多元一体"，就是一方面承认德国已成为移民社会的事实，尊重和保护少数族裔的语言、文化和宗教，为非主流文化的延续和发展创造必要的法律框架条件和教育支持条件；另一方面，要求所有外来移民必须融入德国主流社会，必须学习德语和接受德国社会的主流价值观，如人权、民主、法制及正确的爱国主义。因此，文化多元主义的本质是要在保持德国文化多元性和统一性之间寻求一种平衡，使具有不同文化背景的人们能在德国和谐相处。正如联邦总理默克尔在 2007 年制定的"国家融入计划"（Der Nationale Integrationsplan）中所说："共同融合是不可避免的，这必须包括承认由宪法所保卫的德国立法制度和各种价值观。那些想在我国成为永久居民的人必须掌握足够的德语……通过我们社会内部的包容和开放性思维，我们的社会将变得更富有、更人性化。"② 在德国人看来，相对其他国家所奉行的"多元文化主义"和"文化同化"政策来说，这种坚持主流文化之下的文化包容政策理念可以更好地避免移民社会中所出现的文化断裂与文化冲突问题，实现全社会的文化整合。

---

① 岳伟、邢来顺：《移民社会的文化整合问题与统一后联邦德国文化多元主义的形成》，《史学集刊》2012 年第 3 期。

② Press – und Informationsamt der Bundesregierung, *Der Nationale Integrationsplan: Neue Weg – Neue Chancen*, Berlin: MEDIA CONSULTA Deutschland GmbH, 2007, S. 7.

如前所述，实际上在两德统一和移民融入问题恶化之前，以"存异求同、多元一体"为特点的文化多元主义价值观就已经在联邦德国出现。这主要体现在：（1）联邦一级对内对外文化政策的多样化趋势越来越明显，各州和地方也越来越强调多元文化之间的对话与交流；（2）注重以西方核心价值理念为参照改造传统德意志文化，通过摒弃与西方核心价值理念相冲突的"糟粕"及继承、宣传和推广对人类文化产生过积极影响的德意志传统文化"精华"，来加强文化政策思想的内在统一性，构建新的德意志文化民族国家。倡导包容、多元、自由、平等、民主等价值理念的文化多元主义价值观，也是当今联邦德国和其他西方国家主流价值理念的重要组成部分。

从纵向发展看，文化多元主义价值观在联邦德国的发展经历了三个阶段：第一阶段（二战结束到 60 年代中后期）：主要是在《基本法》中引入西方核心价值理念，清除以普鲁士精神和纳粹主义为代表的德意志传统文化中的"糟粕"对德国民众及德国形象的不良影响，并在纳粹时代以前的德国文化中寻求不与西方核心价值理念相冲突的价值理念加以继承和推广。第二阶段（60 年代末到 80 年代中后期）：文化多元主义价值观初步形成期。一方面，文化研究者希尔马·霍夫曼和赫尔曼·格拉泽提出"文化民主化"思想，以及联邦外交部提出"扩展性文化概念"等，都强调文化的多样性和包容性；另一方面，联邦德国学术界和官方也都将维护自由、平等和民主等西方核心价值观及保护、宣传和推广德意志文化作为文化政策的基本原则和主要任务之一。第三阶段（两德统一后）：文化多元主义价值观进一步发展时期。随着后现代社会理论的发展，尊重和包容异文化、促进不同文化间的交流与对话等文化多样性思想已广泛渗透入联邦德国各级各类文化政策之中，并作为德国主流价值观的重要组成部分得到了绝大多数民众的认可。与此同时，联邦德国已将西方核心价值观与德意志传统文化结合起来，通过向国内外推广这种具有典型西方意识形态的德意志文化，构建全新的德意志文化民族国家。

但是，联邦德国在非典型移民社会中推广文化多元主义价值观时却遇到了很大的问题。具有西方核心价值理念的德意志文化，固然可以接受德国地方文化的多元化和德意志民族成员文化需求的个性化，但却难以与非西方文化的众多价值理念相容。西方核心价值理念本身就是西方文化的产物，因此，对某些外来移民来说，接受联邦德国所宣扬的核心价值观就意味着不能再信仰与西方核心价值理念不兼容的本族特有的价值理念，这当然会引起他们的强烈不满。在这种情况下，一方面为了解决日益严重的移民问题，另一方面也是为了防止德国主流社会中排外情绪的蔓延和极右势力的抬头，联邦德国学者借鉴其他西方国家学者的多元文化整合学说，如美国学者约翰·罗尔斯（John Rawls，1921－2002）的"公共理性"（öffentlichen Vernunft），加拿大学者查尔斯·泰勒（Charles Taylor，1931－）的"共同善"等，根据德国文化传统和现实状况，提出了一些自己的理论和对策。其中以下几种比较有代表性。

首先是德国哲学家沃尔夫冈·韦尔施的交融文化理论。韦尔施在其名著《我们后现代的现代》一书中，虽然明确地将"多元化"作为"后现代的现代"，即后工业化时代的西方的本质特征之一，但他同时也指出，后现代社会的"多元性"，并不像某些学者所认为的是各种话语之间存在不可逾越的鸿沟的"并列"式多元，而是"跨代码"（Überkodiert）的、超越并列式多元的"交融"（Verkreuzung）式多元。① 当今世界上存在的多种文化显然就属于韦尔施这里所说的不同"话语"和"代码"。因此，主张"跨代码""交融"为后现代多元性主要特征之一的韦尔施认为，当今世界各种文化之间的界限已变得模糊，不能再以原来界定某某文化的标准来定义文化，各种文化话语由于其具有部分的相通性而可以整合为一种"交融文化"（Transkultur）。这种"交融文化"既承认和维护文化的多样性，又可以更好地促进文化间的整合。韦尔施还主张用"交融文化理念"（Transkulturalitätskonzept）代替跨文化（Interkultur/Interculture）和多元文化（Multikultur/Multiculture）理念。② 因为在他看来，"多元文化主义认为社会内部各个文化

---

① Wolfgang Welsch, *Unser postmoderne Modern*, Berlin: Akademische Verlag, 2008, S. 4 – 6, S. 323 – 325.

② 多元文化教育突出文化差异性、要求不同文化平等相处。而德国的跨文化教育则要求关注不同文化之间的相互作用，在尊重文化差异性的基础上实现各种文化的和谐相处。国内一般将 Transkultur 和 Interkultur 都译为"跨文化"，笔者将 Transkultur 翻译为交融文化，是为了突出其作为文化多元主义价值观代表之一的"存异求同"的特点。

是封闭的和孤立的，并由此而进一步将这些文化看作是彼此隔绝的"。而跨文化理念也仍然拘泥于传统的文化分类观念，它虽然强调了各文化之间的互动，但却忽略了文化之间的整合。只有交融文化理念才是德国乃至全世界的多元文化整合发展的正确方向。① 作为一种多元文化整合理念，韦尔施的交融文化理论对统一后德国的文化多元主义理论与实践，尤其是"存异求同、多元一体"的非典型移民社会的教育政策产生了重要的影响。②

　　法兰克福学派思想家尤尔根·哈贝马斯的"宪法爱国主义"（Verfassungspatriotismus）③ 也是对非典型移民社会的文化多元主义产生重要影响的多元文化整合理论。哈贝马斯虽然多次对"后现代"这一概念进行批判，但承认后现代的多元性。④ 他认为，不属于传统移民国家和殖民国家的联邦德国也受到了移民浪潮的冲击，"所有欧洲国家都处在向多元文化社会过渡的过程之中"。多元文化差异使得人类的政治共同体不能再以传统的民族国家认同来维系。"一种政治如果追求的是不同种族共同体、语言共同体以及宗派等的生活方式之间的平等共存，那它在具有一定历史背景的民族国家当中也就开启了一个既棘手又痛苦的过程。"哈贝马斯指出，西方民主价值和制度的包容性及平等性为超越民族国家认同、解决移民社会的文化整合问题提供了一种可能性。"所谓包容，就是指政治共同体对所有公民都保持开放状态……因此在必要的时候民主过程可以填补社会一体化的空白，并在民众的文化结构发生变化的情况下提供一种共同的政治文化"；"在多元文化社会（Multikulturelle Gesellschaft）中，承认的政治是必需的，因为任何一个公民的认同都和集团的认同紧密地联系在一起，并建立在相互承认的稳固的基础之上"。哈贝马斯希望"后民族

---

① Wolfgang Welsch, *Was ist eigentlich Transkulturalität?* S. 7. http://www2. uni - jena. de/welsch/tk - 1. pdf.

② 陈正等：《德国"跨文化教育"的发展及其对中国的启示》，《高校教育管理》2011 年第 2 期，第 55 页。

③ "宪法爱国主义"是一种国家公民理念，它与种族性的国家概念有根本性区别。前者突出民主、思想自由等共同的政治价值观，后者注重出身和语言共同体特性。

④ Wolfgang Welsch, *Unser postmoderne Modern*, Berlin, Akademische Verlag, 2008, S. 160.

国家"能用"共同的政治文化取代"基于民族文化而形成的主流文化，使"公民团结转移到宪法爱国主义这个更加抽象的基础之上"①。简单地说，哈贝马斯试图以一种道义上更具包容性和普世性的宪法爱国主义理念来替代建立在狭隘、排他的民族性基础上的种族爱国主义理念，并把它变成公民认同的新形式和维系社会一体化的精神力量。②而且在他看来，如果这种代替未能成功，"那么就会使政治共同体分裂出许多亚文化，它们彼此不相往来"③。

"宪法爱国主义"为其他学者构筑德国非典型移民社会共同价值基础提供了理论依据。基尔大学政治学教授蒂内·施泰因（Tine Stein，1965 - ）认为，"哈贝马斯从宪法的视角考虑深度整合要求……在哈贝马斯的理论中，统一的身份认同可以被政治共同体的法律框架所构建，因此他对德国多元文化社会和跨国整合的前途均持谨慎乐观的态度"④。在她看来，"宪法爱国主义"、主流文化和多元文化主义不是互相排斥、对立的概念，"宪法爱国主义"可以成为德国多元文化社会的主流文化。"这样的主流文化，不是以主流群体所固有的文化为基础，而是要在宪法中承认人权，从而为多元文化社会正确地解决问题提供框架。"在这一模式下，一方面新来的移民必须接受移民接纳国的准则和宪法，另一方面，移民接纳国也必须接受外来移民宗教、文化的相异性，并为移民融入提供便利。⑤政治学者埃格伯特·雅恩（Egbert Jahn，1941 - ）也认为应该将宪法价值观作为德国移民社会的共同价值基础。但是他反对将其作为德国的主流文化，"德国在种族和文化上应该首先是德意志的"，否则会引起主流群体的不满和反对。在

---

　　① ［德］尤尔根·哈贝马斯：《后民族结构》，曹卫东译，上海人民出版社 2002 年版，第 85—87 页。

　　② ［德］尤尔根·哈贝马斯：《包容他者》，曹卫东译，上海人民出版社 2002 年版，第 125—180 页。

　　③ ［德］尤尔根·哈贝马斯：《后民族结构》，曹卫东译，上海人民出版社 2002 年版，第 87 页。

　　④ Tine Stein, „Gibt es eine multikulturelle Leitkultur als Verfassungspatriotismus? Zur Integrationsdebatte in Deutschland", in: *Leviathan*, 2008, Volume 36, Number 1, S. 50.

　　⑤ Tine Stein, „Gibt es eine multikulturelle Leitkultur als Verfassungspatriotismus? Zur Integrationsdebatte in Deutschland", in *Leviathan*, 2008, Volume 36, Number 1, S. 51 - 52.

总结了各种对多元文化主义的批判之后，他明确表示，宪法爱国主义只能作为一种超越种族和文化的社会共同价值观。"这种民族意识不应该是种族的，而应该是公民的；它必须是德国公民而不是德国种族的利益和要求，当然也不应该是基督教的或非宗教的。"① 因此在他看来，宪法爱国主义只是一种价值观，不能取代德意志主流文化。

　　卡塞尔大学的鲁道夫·施佩特（Rudolf Speth，1957 - ）等学者则认为，《基本法》中的自由、民主、平等、法制、公平等原则，只能作为价值观的框架，而不能作为一种伦理学上的价值观。因为《基本法》提供的只是一种客观的价值秩序，它并不能判断社会道德中的"善"与"恶"，也不能在日常生活中劝人向善。"宪法的基本规定应该是价值中立的。""如此理解的'宪法爱国主义'可以为民主提供一个基础，但在其中价值观就不能被当作是决策的出发点。""现代社会价值多元化。但民主秩序却需要一个价值基础。民主的基本价值观不是泛化的道德理念，而是社会政治认同的问题。它形成稳定的、最小限度的政治妥协，以便不同群体能够和谐共存。作为自由的基本价值观的'自由'和'人权'必须以'竞争'和'参与'这些特殊的民主价值观为补充。这些价值观并不是来自上层建筑、国家或宪法的'客观的'给予，而是必须成为一种政治道德且为公民所承认。因此民主的稳定依赖于政治文化，在此之中这些基本价值必须受到保护并被薪火相传。"②

　　确实，"宪法爱国主义"绕过了最为棘手的、不同文化在伦理层面的冲突，而只是在法律层面上为多元文化社会整合提供了一种路径。因此，"宪法爱国主义"之下所构建的文化多元主义价值观，其实就是一方面允许不同文化在社会道德方面拥有多元化的价值标准，另一方面又要求这些文化在政治方面保持统一的价值标准。既然西方核心价值理念是联邦德国赖以存在的政治价值基础，只要不反对《基

　　① Egbert Jahn, "Multikulturalismus" oder „deutsche Leitkultur" als Maximen der "Integration" von Ausländern, 2011, S. 14. http://fkks. uni - mannheim. de/montagsvorlesung/leitkultur/mamomi05 _ net _ leitkultur. pdf.

　　② Gotthard Breit, Siegfried Schiele(Hrsg.), Werte in der politischen Bildung, Didaktische Reihe Band 22, Schwalbach am Taunus: Wochenschau Verlag, 2000, S. 10 - 12, S. 15.

本法》中的这些价值理念，来自非西方文化圈的移民即可以保留本民族的道德价值标准、文化宗教信仰和日常生活习惯。

　　还有一些德国学者提出在伦理层面上整合联邦德国非典型移民社会的共同价值观。例如 2001 年起接任法兰克福学派新"掌门"的德国社会哲学家阿克塞尔·霍内特（Axel Honneth，1949 - ）就发扬了所谓的"承认理论"（Anerkennungstheorie），主张通过主体间承认的三种模式"爱、法律和团结"来构建一种多元正义论，规范社会冲突。霍内特认为，三种模式的多元正义论反映出个体的个性化和社会化两种不同发展趋势。多元正义增加了个体从不同层次实现个性化正义目标的可能，而个体参与三种承认模式获得社会承认、实现社会化的机会也大大增加。而实现社会正义的关键就在于三种承认模式的形成。因此，霍内特的承认理论，既注重维护个体个性化的价值观，又促进了社会统一价值观的形成。① 霍内特的承认理论，也是对德国非典型移民社会的文化整合探索的又一条道路。他在德国政治教育中心所编的丛书《政治和当代史选刊》之《后民主论》中分析承认理论在 21 世纪德国民主制度中贯彻的情况时，专门对文化少数派和"移民、难民、非法移民"的问题进行了论述。他指出，虽然每个感到受到歧视的社会群体，都会提出广泛的承认要求，但这些群体的平等要求却不能乱用，否则会影响德国民主秩序按照承认理论不断向前发展的进程，阻碍多元文化社会的整合。② 由此可见，霍内特也承认理论亦同样秉持"存异求同、多元一体"的原则。

　　总之，德国学界对伊斯兰教等异文化大量涌入后所带来的社会文化多样性都有了更加深刻的理解。在许多德国学者看来，非典型移民社会中的文化冲突和价值观碎片化的问题，已不能通过强行推广德意志文化的"一元性"思维来解决。联邦德国必须尊重和包容异文化，促进异文化与主流文化之间的交流与融合，进而培养外来移民对德意志主流文化的兴趣，引导他们接受和融入主流文化。与此同时，外来移民又必须在

---

　　① Axel Honneth, "Recognition and Justice Outline of a Plural Theory of Justice", in *Acta Sociologica*, 2004, Vol 47(4), S. 358 - 359, 360 - 362.

　　② Axel Honneth, „Kampf um Anerkennung im frühen 21. Jahrhundert ", in: Bpb(Hrsg.), *Postdemokratie? Aus Poltik und Zeigeschichte*, 1 - 2/2011, 2001, S. 42.

政治上接受西方核心价值理念，遵守《基本法》和其他法律中所体现的政治价值观，维护民主秩序。尽管自由、平等、民主、公平、包容等价值观之间多有自相矛盾之处，且这些价值观主要是"西方"的，但它们依然是一般德国学者心中联邦德国奉行多元文化政策的"最后底线"。

联邦德国针对"非典型移民社会"的文化多元主义不仅体现在文化政策领域，也体现在教育政策领域。诚如一些学者所言，"文化与教育之间有着极为密切的关系，从教育中抽走文化，教育就成了无本之木；从文化中抽走教育，文化就成了无源之水。而在文化中，居核心地位的恰恰是价值观念。价值观的嬗变，势必引发教育理念和行为的一系列变革；而教育的变革又会带来价值观或稳定或离散的变化"①。基于"文、教一家"的历史传统和解决移民融入问题的现实需要，非典型移民社会中文化多元主义价值观的嬗变，也必然会对联邦德国的文化—教育政策产生较大的影响。

二 联邦德国"非典型移民社会"教育政策中的文化多元主义思想与实践②

移民融入问题的解决，离不开相关教育政策的支撑。文化多元主义价值观之下的联邦德国非典型移民社会教育是文化多样性教育的一个组成部分。

文化多样性教育政策最初出现于 20 世纪六七十年代的美国民权运动中。其后，随着全球化的发展、国际文化交流的频繁和国际移民日益增多，因移民问题带来的文化多样性教育政策逐渐扩展到世界其他国家和地区。1977 年 6 月欧洲共同体发布指导纲要，要求欧共体国家劳动者的子女有权在学校学习本民族的语言和文化。这一要求也适用于欧共体缔约国，如西班牙、葡萄牙、土耳其。1992 年，联合国教科文组织发布《教育对文化发展的贡献》建议书，关注跨文化教育问题并试图推动各国跨文化教育的发展。该建议书中对"跨文化性"和"多元文

---

① 余维武：《冲突与和谐——价值多元背景下的西方德育改革》，江苏教育出版社2009 年版，第 1 页。

② 本节请参阅岳伟、邢来顺《文化多元主义与联邦德国的移民教育政策》，《华中师范大学学报（人文社会科学版）》2012 年第 5 期。

化教育"等作了初步的说明："文化教育承认各种文化具有同等的尊严，文化遗产与现代文化之间具有牢不可破的联系"，"跨文化性或多元文化主义（interculturality／multiculturalism）意指关于不同文化的知识和理解以及在一国内部各种文化成分之间和世界各国不同文化之间建立积极的交流与相互充实的关系"①。进入新千年之后，虽然西方国家的移民政策出现了普遍收紧的趋势，但多元文化教育依然有着顽强的生命力。2003 年，联合国教科文组织又发表《多元语言文化世界中的教育》（*Educational Multilingual World*）一文，要求在设计跨文化教育课程时应包含有关语言、历史和非主流社会文化的学习。

随着大量外来移民的涌入和长期定居，移民教育也成为联邦德国必须面对的问题。德国著名跨文化教育专家沃尔夫冈·尼凯（Wolfgang Nieke，1948 -）将德国移民教育政策的发展划分为六个阶段。②

从 1949 年联邦德国建立到 20 世纪 60 年代是第一阶段，即"德国中小学中的客籍劳工子女教育阶段"。在这一阶段中，联邦德国对外国劳工子女采取的是一种同化教育政策。即通过开设外语补习班、配备专门对外教学老师等措施来使其顺利进入德国学校学习，以便将来能够在德国获得经济自立。

从 20 世纪 60 年代到两德统一是外国人教育批判阶段、批判后的分化阶段和对少数族群的扩展关注等三个阶段。在这三个阶段中，随着移民问题的政治化，联邦德国移民教育政策开始逐步从同化主义向跨文化主义转变。1964 年 5 月，各州文化部长常设会议建议，在义务教育期间，对外国儿童教授德语的同时，应保障他们的母语教育。1971 年 12 月，文教部长联席会议再次提出类似方针。但是，由于当时的联邦德国没有形成明确的移民政策，只将外来劳工子女看作是临时客居在德国的人，这些建议并未被付诸实施。

1979 年 9 月，随着欧共体相关要求的出台，联邦德国政府首次提出了专门针对外国劳工子女的综合教育计划。此后，联邦德国各州开始进

① 赵中建：《全球教育发展的历史轨迹：国际教育大会 60 年建议书》，教育科学出版社 1999 年版，第 498—499 页。

② Wolfgang Nieke，*Interkulturelle Erziehung und Bildung：Wertorientierungen im Alltag*，Wiesbaden：VS Verlag für Sozialwissenschaften，2008，S. 13 - 21.

一步为来自非西方文化圈的移民制定相应的教育政策和课程计划。北莱茵－威斯特伐伦州就率先向穆斯林学生提供了伊斯兰教义课。在汉堡州，为了给信仰不同宗教的孩子提供平等的宗教教育机会，促进各种宗教之间的交流与融合，政府将不同宗教信仰结合起来设立一门宗教课。80 年代中期，西柏林开始允许土耳其学生接受传统的伊斯兰文化教育。[①] 1987年，联邦及州教育和研究促进委员会（Bund－Länder－Kommission für Bildungsplanung und Forschungsföderung，简称 BLK）还发起了一系列以"推动外国儿童和青少年融入德国教育制度"为主题的教育模式推广活动，对移民子女"入学正常化"起到了一定的促进作用。[②]

　　从统一后到 21 世纪初为第五阶段"跨文化教育纳入整体教育政策阶段"。20 世纪 90 年代初，尼凯先后提出了自己的十大跨文化教育目标，内容涉及文化理解、个人切身体验、宽容、认同少数族群、强调全球责任等诸多方面。1996 年，各州文化部长联席会议公布《关于中小学跨文化教育的建议》，终于将跨文化主义纳入了一般教育政策，并且从"跨文化教育的出发点""跨文化教育的目标""跨文化教育的实践""今后发展的建议"等方面，概括了"跨文化教育"的外延和内涵。

　　911 事件之后，西方国家的移民政策出现了普遍收紧的趋势，联邦德国的移民教育进入了第六个阶段，即"新同化主义阶段"。这一阶段"实际上是要求强制性文化融入（Zwangsakkulturation），外来移民要放弃本身的文化，努力全面适应本土文化。那些不愿或不能做到者会受到惩罚，直至被永久驱逐出境"[③]。换言之，这一时期德国移民教育的重心出现了向融入教育转移的趋势。但是在实际上，此时以尊重差异、强调对话为特征的跨文化教育已经广泛渗透到德国社会的各个角落，尤其是在各级教育机构中，而推崇不同文化之间相互融合

---

　　①　Georg Tomas(ed.), *The New Islamic Presence in Western Europe*, London: Mansell Publishing Limited, 1998, p. 86.

　　②　Ingrid Gogolin(Hrsg.), *Förderung von Kindern und Jugendlichen mit Migrationshintergrund*, *Materialien zur Bildungsplanung und zur Forschungsförderung*, Bonn: Bund－Länder－Kommission für Bildungsplanung und Forschungsförderung(BLK), 2003, S. 2.

　　③　Wolfgang Nieke, *Interkulturelle Erziehung und Bildung: Wertorientierungen im Alltag*, Wiesbaden: VS Verlag für Sozialwissenschaften, 2008, S. 21.

的"交融文化"教育也"已经成为所有中小学中开放的、对学习具
有决定性意义的教学领域"①。因此，在跨文化和"交融文化"理念
的影响下，强调移民文化融入、要求移民适应德国主流文化生活的移
民融入教育，只是联邦德国以《基本法》为基础重新构建国家共同
文化的一种途径，它并不意味着就是要移民放弃母国文化，也并不意
味着同化主义教育的再次出现。融入教育和跨文化教育、融合文化教
育的并行实际上也是德国文化多元主义价值观的一种体现。

　　在文化多元主义价值观的影响下，当今德国非典型移民社会的教
育政策和理念呈现出"存异求同、一体多元"的特点。一方面要尊
重和保护外来移民文化，另一方面特别强调融入主流文化。

　　其一，要求尊重和保护移民文化，反对种族主义，促进跨文化交
流与对话。德国支持移民传承自己的语言和文化。而且在实践中这往
往是跨文化移民教育的重点。早在统一前，联邦德国一些州就开设了
移民母语课程。1996 年公布的《关于中小学跨文化教育的建议》明
确要求加强双语中小学生的母语能力，从而进一步促进了学校中"母
语课程"（后改为"原属国家语言课程"）的发展②。进入 21 世纪后，
在很多州，移民母语作为第一语言的教学计划都已付诸实施。移民宗
教教育在德国也进一步受到重视。继各州开始在中小学开设伊斯兰课
程之后，负责就大学发展向政府提供建议的德国科学委员会于 2010
年初完成题为《在德国高校进一步发展神学与宗教学的建议》的报
告，要求在公立大学中建立伊斯兰神学教学研究体系。2010 年 5 月
17 日，第二届德国伊斯兰会议第一次全体会议召开，系统地提出了
在各级各类教育系统中设置伊斯兰宗教课程的问题。与此同时，德国
联邦政治教育中心（Die Bundeszentrale für politische Bildung）也启动
了一系列保护移民文化的教育工程，如 2008 年 5—8 月间的"移民青

---

① Katrin Hauenschild, *Transkulturalität – eine Herausforderung für Schule und Lehrerbildung*, S. 3. www. widerstreit - sachunterricht. de/Ausgabe Nr. 5/Oktober 2005 ; http://www. widerstreit - sachunterricht. de/ebeneI/didaktiker/hauen/transkult. pdf.

② Sekretariat der Ständigen Konferenz der Kultusminister der Länder in der Bundesrepublik Deutschland(Hrsg.), *Empfehlung „Interkulturelle Biuldung und Erziehung in der Schule"*, *Beschluß der KMK*, *vom 25. 10. 1996*, Berlin, 1996, S. 7.

少年亚文化工程"等。①

　　在联邦德国多元化的移民教育中，不仅允许和鼓励移民学习自己母国的语言和文化，还积极促进跨文化交流与对话，并且与一贯受到重视的反种族主义教育结合起来。有学者明确提出，跨文化教育要"避免自我种族中心主义"，要"以宽容为基础、认同少数族群、反种族主义和警惕种族主义的危险、在主流和非主流间搭建桥梁、克服文化差异"②，也有学者提出"不论出身的公平性、跨文化理解、跨文化对话"等目标。③ 1996 年《关于中小学跨文化教育的建议》也提出跨文化教育要以"认识异文化的社会性及其与生活的关联性、掌握异文化知识……尊重他人的不同特点、反省自身立场、发展对他人立场的理解"等为目标，并建议围绕着"自然空间、经济、社会、民生等方面不平等的背景及后果、现代及过去移民拥戴的原因和影响、国际社会所作出的努力、多元文化社会中少数族群及其共生的可能"等四大主题，将反种族主义教育作为学校基础教育的重点。④

　　相关政策也落实到了实践层面。2004 年 5 月，德国"文化政策协会文化政策研究所"（Institut für Kulturpolitik der Kulturpolitischen Gesellschaft）受联邦教育科研部委托启动了一项跨文化教育工程。这项工程的核心是让德国的德裔年轻人和移民中的年轻人通过艺术和文化活动互相了解，增强跨文化交往能力。在柏林工业大学（Technische Universität Berlin）开设的跨文化交流课程中，该校大学生就与外国留学生及外国合作大学的学生一起学习、体验和实践跨文化交际。联邦政治教育中心也将跨文化对话与包容作为民主政治教育的主要内容之

① Bundeszentrale für politische Bildung（Hrsg.），*Jahresberieht 2008/2009*，Paderborn：M. P. Media – Print Informationstechnologie GmbH，2010，S. 28.

② Wolfgang Nieke，*Interkulturelle Erziehung und Bildung：Wertorientierungen im Alltag*，Wiesbaden：VS Verlag für Sozialwissenschaften，2008，S. 73 – 89.

③ Xuan Gao，*Interkulturelles Verstehen durch Kunst im Zeitalter der Globalisierung*，Dissertation an der Fakultät für Psychologie und Pädagogik der Ludwig – Maximilians – Universität München，2009，S. 18.

④ Sekretariat der Ständigen Konferenz der Kultusminister der Länder in der Bundesrepublik Deutschland（Hrsg.），*Empfehlung „Interkulturelle Biuldung und Erziehung in der Schule"*，*Beschluβ der KMK，vom 25. 10. 1996*，Berlin，1996，S. 4 – 6.

一。"联邦政治教育中心与许多政党一起……发动并促进来自不同母国的人——尤其是与非德裔青少年之间的对话。"① 在反种族主义教育方面，联邦政治教育中心不仅密切关注保护外来移民的反极右主义、反新纳粹主义教育，还大力在移民中开展反伊斯兰原教旨主义教育，甚至深入监狱，对极端主义穆斯林青年进行跨文化宽容教育，帮助他们"跨越意识形态上的鸿沟"②。

其二，特别重视移民融入主流文化的教育，这是统一后德国社会能否成功实现文化整合的关键。如果只关注保障移民带来的域外文化而忽视移民的文化融入，必然会影响德国社会文化生活的健康发展。有鉴于此，负责领导《移民法》制定的联邦议院前议长丽塔·聚斯穆特曾表示，"在事实上的移民社会中，承认移民存在和融入政策是一个硬币的两个面……过去耽搁而没能完成的首要工作和融入的基本前提是第二、第三代移民子女的教育问题。"③

基于以上考虑，德国非典型移民社会的教育理念特别强调构建社会共同价值观、实现社会文化整合的重要性，这使它又区别于一般意义上的跨文化教育。韦尔施的"交融文化"理论受到德国部分跨文化教育专家的热捧。有学者甚至明确认为，所谓的多元文化和跨文化都已经不再适合社会发展需要，德国跨文化教育应实现向交融文化教育的转变。④

德国官方教育政策也强调以《基本法》为核心构建非典型移民社会的共同价值观基础。它要求移民及其子女通过学习德语和德国文化接受这一共同价值观，融入德国主流社会。为了实现这一目标，德国官方还提供了种种便利和条件。1996 年文教部长联席会议《关于中

① Bundeszentrale für politische Bildung (Hrsg.), *Jahresbericht 2008/2009*, Paderborn：M. P. Media – Print Informationstechnologie GmbH,2010,S. 26.

② Bundeszentrale für politische Bildung (Hrsg.), *Jahresbericht 2008/2009*, Paderborn：M. P. Media – Print Informationstechnologie GmbH,2010,S. 3,S. 37.

③ Jan Schneider, *Modernes Regieren und Konsens Kommissionen und Beratungsregime in der deutschen Migrationspolitik*, Wiesbaden：VS Verlag für Sozialwissenschaften,2010,S. 22.

④ Katrin Hauenschild, *Transkulturalität：eine Herausforderung für Schule und Lehrerbildung*, http://deposit. ddb. de/ep/netpub/55/77/20/971207755/_data_dyna/_snap_stand_2005_09_24/su/ebeneL/didaktiker/hauen/transkult. pdf,S. 2,S. 5 – 7.

小学跨文化教育的建议》的"目标"部分指出，"跨文化教育首先是认真贯彻中小学整体教育任务的体现。它要求所有中小学生转变思维和行为方式，接受人性伦理基础以及自由与负责、民族团结与谅解、民主、容忍等原则……学生应对一国内共同生活的总体基础达成共识"①。换言之，在德国这样一个非典型移民社会里，主流文化和价值观应当为大家共同遵守。

因此，2005年生效的《移民法》专门在《居住法案》列入了第三章"融入要求"，其中设立了专门针对移民的融入课程，要求参加者熟悉德国的语言、历史、人文和法律制度，使外来移民在经济、文化、社会等各方面全面融入德国②。2007年联邦政府通过的《国家融入计划》则对移民融入课程进行了评估与完善，要求德语课应该以德国法律、历史和文化为核心③。2010年9月，联邦政府又出台《联邦全境融入方案》（*Bundesweites Integrationsprogramm*），对《国家融入计划》中的移民融入教育目标进行了细化和拓深。方案将移民融入教育的目标定位于"让所有具有移民背景的人平等地参与经济、社会、文化和政治生活"，并强调只有"所有社会成员有共同的意愿、准备承认《基本法》价值观并承担起社会责任"时，才能实现融入④。德国政府将《基本法》中所体现的西方核心价值理念纳入移民母国语言和文化教育中，试图在不伤害移民宗教感情的前提下，帮助移民理解和接受德国的社会文化、价值和道德规范，以解决由于宗教信仰、风俗习惯和道德原则差异所带来的社会紧张等问题，促进社会文化

---

① Sekretariat der Ständigen Konferenz der Kultusminister der Länder in der Bundesrepublik Deutschland, *Empfehlung „Interkulturelle Biuldung und Erziehung in der Schule"Beschluß der KMK*, Berlin, 1996, S. 3 - 4.

② *Gesetz zur Steuerung und Begrenzung der Zuwanderung und zur Regelung der Aufeenthalts und Integration von Unionbürgern und Ausländern*, BGBl, Teil I, 2004, Nr. 41, Bonn, 2004, S. 1964 - 1965.

③ Press - und Informationsamt der Bundesregierung(Hrsg.), *Der Nationale Integrationsplan*: *Neune Weg - Neue Chancen*, Berlin: MEDIA CONSULTA Deutschland GmbH, 2007, S. 39.

④ Bundesamt für Migration und Flüchtlinge(Hrsg.), *Bundesweites Integrationsprogramm*: *Angebote der Integrationsförderung in Deutschland*, *Empfehlungen zu ihrer Weiterentwicklung*, Berlin: 2010, S. 5 - 6, S. 9 - 19. http://www. bmi. bund. de/SharedDocs/Downloads/DE/Broschueren/2010/integrationsprogramm. pdf; jsessionid = C384BB860A4FF67602844269E579A243. 2_cid364? __blo b = publicationFile.

整合。

三　联邦德国"非典型移民社会"文化政策中的"存异求同、多元一体"实践

在"存异求同、多元一体"教育政策的支撑下，德国文化多元主义还逐步扩散至文化及文化传播领域，形成了针对"非典型移民社会"的文化政策。其特点是，在文化艺术、新闻出版、广播影视、文物博物等领域尊重、包容、保护、传播移民文化传统、文化遗产和宗教信仰的同时，特别强调文化、宗教及文化出版机构和组织在移民文化融入和社会文化整合方面的作用。

在文化多元主义的指导下，联邦德国政府将调整移民文化与主流文化之间的关系摆在了重要的位置，并希望文化在移民社会整合中发挥重要作用。就其处理移民文化与主流文化关系的原则而言，主要归结为两点：一是充分尊重和保护少数族裔的平等文化权利，进而丰富和充实德国社会的文化多样性。除了传统的日耳曼文化和基督教文化外，犹太文化和伊斯兰文化等已经成为德国多样性文化社会的重要组成部分。二是既强调"平等权利"也强调义务，既提倡和保护文化的平等和多样性，同时也强调基于共同价值观之上的"融入"，亦即在一个呈现多样性文化的移民社会中，明确某些能够表达共同生活的集体规则，包括人权、民主和法制等核心价值、共同的管理和交流语言以及宪法国家（Verfassungsstaat）基础上的爱国主义等。

1999 年施罗德政府在联邦总理府内设立由国务秘书领导的文化与媒体专署，开始对联邦各州的文化政策给予统一指导。文化与媒体专署将自己的职责定位于"改善和促进艺术文化的法律、社会、经济发展条件"，积极与各州文教部门协调工作。2002 年文化与媒体专署出版了以"跨文化的文化工作"（Interkulturelle Kulturarbeit）为主题的《文化政策年鉴》，关注移民社会的文化多元性和文化整合问题。2003 年 6 月 26 日、27 日，德国召开了每两年一次的文化政策联邦大会。围绕着"跨文化政策"的主题，这次大会明确承认了德国是一个移民国家以及多元文化并存的事实，并且把移民的文化融入作为整个社会整合的一部分提上了日程。"移民以前一直被看作是德国社会

之外所遇到的问题或威胁，而没有注意到其给予的机遇，例如移民的技能和才华或他们对文化生活所做出的贡献……尽管作为交流和理解的媒介来讲，文化的重要性是不言而喻的。但实际上，整合政策并没有在各种文化之间架起一座桥梁，因为它一直仅仅被看作是移民就业和社会管理问题……因此，将文化政策作为整合的重点考虑、并把它当作整合的要素来对待，是未来的一个任务。"① 在文化政策联邦大会看来，移民多元化的文化背景将为德国文化带来新的血液。大会要求全面检查德国的文化政策，以便把"存异求同、多元一体"的文化多元主义纳入其中。联邦政府还在积极筹划设立由文化与媒体专署、联邦教育部、联邦青年部参与的"文化整合工作组"，加强文化整合工作的部际间合作。

此后，根据 2005 年《移民法》，联邦政府成立了由国务秘书领导的联邦移民、难民与融入专署（Beauftragte für Migration, Flüchtlinge und Integration），在全国范围内协调融入措施的具体执行。在专署的支持下，默克尔政府于 2006 年和 2007 年先后召开两次"融入峰会"（Integrationsgipfel），并在第二次融入峰会上通过了《国家融入计划》，动员政治、文化、宗教、经济、媒体等力量，在尊重文化多元性的基础上，为移民融入德国社会而努力。《国家融入计划》将移民的文化多元性背景看作是推动德国经济和社会进一步向前发展的潜在推动力。② 它要求政府和民众接受和包容德国社会文化多元性的事实。但与此同时，《国家融入计划》也强调了移民在文化上融入德国主流社会的必要性。"移民社会现状同样也意味着文化挑战——只有对话才有宽容。因此，对我们整个社会来说，以宽容平等的态度对待文化多元性是一种非常重要的能力。融合包括对文化多样性的承认。而成功的融入要求将文化包容与合作作为德意志人和移民坦诚相对形成宪法

---

① Institut für Kulturpolitik der kulturpolitischen Gesellschaft, *Jahrbericht 2002*, S. 5. http://www. kupoge. de/jahresberichte/jahresbericht2002. pdf.

② Press – und Informationsamt der Bundesregierung（Hrsg. ）, *Der Nationale Integrationsplan: Neue Weg – Neue Chancen*, Berlin: MEDIA CONSULTA Deutschland GmbH, 2007, S. 96.

价值观的基础。"①

《国家融入计划》还专门提出了针对文化传播领域的文化多元主义发展目标：在承认文化多元性的基础上，文化传媒必须考虑不同族群的需求，并在主流文化与移民文化之间架起一座桥梁；要培养训练有素且熟悉移民文化的传媒人才，例如吸纳具有移民背景的记者和编辑，对传媒工作人员进行移民文化培训等；开展关于媒体社会整合功能的研究；促进不同媒体之间的交流，尤其是德语媒体和外语媒体之间；鼓励不同族群的个人参与媒体节目和产品等。②

《国家融入计划》也注意到了宗教在跨文化整合中的问题。"在所有的联邦州中，大众越来越察觉到在宗教多元性基础上所产生的与融入相关的政治问题。联邦各州意识到因其文化自治权而产生的特别的责任，因此，它们寻求系统而持久的对话，尤其是与伊斯兰组织。"③ 毕竟"多元化问题（的解决）和整合任务（的实现）首先受制于如何对待移民的'异质'宗教和文化。社会、经济和政治手段对此常常都束手无策"④。

2010 年 9 月的《联邦全境融入方案》对《国家融入计划》中提出的文化政策目标加以进一步细化，再次强调要使具有移民背景的人们能够在德国拥有参与各类文化活动的平等机会。⑤

受文化联邦主义的影响，文化多元主义在文化政策上的实施主体主要是各州和各地方政府。但由于财力有限，大多数州和地方政府并没有真正负担起这项任务。已经开始的一些项目，如移民博物馆等，主要是设在大城市中，它们主要是社会、经济和教育政策领域的附属品。为了

---

① Press – und Informationsamt der Bundesregierung（Hrsg. ），*Der Nationale Integrationsplan：Neue Weg – Neue Chancen*，Berlin：MEDIA CONSULTA Deutschland GmbH，2007，S. 127.

② Press – und Informationsamt der Bundesregierung（Hrsg. ），*Der Nationale Integrationsplan：Neue Weg – Neue Chancen*，Berlin：MEDIA CONSULTA Deutschland GmbH，2007，S. 159 – 160.

③ Press – und Informationsamt der Bundesregierung（Hrsg. ），*Der Nationale Integrationsplan：Neue Weg – Neue Chancen*，Berlin：MEDIA CONSULTA Deutschland GmbH，2007，S. 24.

④ Thorsten Gerald Schneiders（Hrsg. ），*Islamfeindlichkeit：Wenn die Grenzen der Kritik verschwimmen*，Wiesbaden：VS Verlag für Sozialwissenschaften，2010，S. 178.

⑤ Bundesamt für Migration und Flüchtlinge（Hrsg. ），*Bundesweites Integrationsprogramm：Angebote der Integrationsförderung in Deutschland，Empfehlungen zu ihrer Weiterentwicklung*，Berlin，2010，S. 5.

改变这种状况，德国各级政府也采取了一些措施。其中以北莱茵－威斯特伐伦州表现最为突出。2007 年，北莱茵－威斯特伐伦州六个城市阿恩斯贝格（Arnsberg）、卡斯特罗普－劳克塞尔（Castrop－Rauxel）、多特蒙德（Dortmund）、埃森（Essen）、哈根（Hagen）和哈姆（Hamm）联合进行了"跨文化社区概念行动"，目的是促进有移民背景的人通过参与项目，实现文化和艺术上的融合。北莱茵－威斯特伐伦州州长府特别局还推出了"跨文化对话中的艺术文化管理"项目。《北莱茵－威斯特伐伦州2011 年文化报告》也明确指出，"当询问居住在现代城市社会中的人们未来将在何种条件下、依照何种秩序共同生活时，跨原则交流、不同维度、参与性发展新战略成为必须。在此背景下，文化艺术具有特殊的潜力，它在视野和批评性方面充满活力且将不同的合作者——不同职业、背景——联系在一起，无论是否有移民背景。"报告计划由州跨文化文艺工作主管部门会同波鸿剧院、墨卡托基金会（Stiftung Mercator）① 和波鸿市（Bochum）一起建立北莱茵－威斯特伐伦州的跨文化学术研究机构"未来学术研究所（Zukunftsakade-mie）"② 作为"鲁尔文化首都"工程的组成部分，该研究所将跨文化理解为分化后的社会的自我理解的进程。在"文化为人人"的口号下，北莱茵－威斯特伐伦州还决定针对跨文化人群全面开放文化设施，帮助具有移民文化背景的人参与文化企业的工作。

另外，教堂、工会、志愿服务协会等民间社会团体也都在积极推动文化多元主义在文化领域的发展，如"德国文化委员会（Deutscher Kulturrat）"属下的"文化政治社会文化政策研究所"就曾策划推出了"跨文化支持"项目、"跨文化素质与概念发展"项目等一系列文化整合项目。③ 文化政策协会 2012 年公布的指导纲领中，也将"文

---

① 墨卡托基金会是德国一个私人非营利基金会，出资人是麦德龙集团的主要股东施密特家族。墨卡托基金会已经把中国作为国际事务中心的三个重点国家之一，在德、中两国间资助了一系列活动。

② 该研究所主要"致力于文化教育和跨文化领域"，关注"文化多样性和多元性"（kultureller Diversität sowie Pluralität）。http://www. bochum. de/C12571A3001D56CE/vwContentByKey/W28DUJLS470BOLDDE/ $ FILE/zukunftsakademie_1. pdf.

③ Press – und Informationsamt der Bundesregierung（Hrsg.）, *Der Nationale Integrationsplan*: *Neue Weg – Neue Chancen*, Berlin: MEDIA CONSULTA Deutschland GmbH,2007, S. 135 – 136.

化多样性和参与公平性列为实现文化政策手段的首要目标"，要"支持跨文化的、包容的、性别平等的文化政策"①。2010 年的《联邦全境融入方案》也希望包括文化、宗教组织在内的各种移民组织能够在社会整合中发挥更大的作用，要求德国青少年组织对具有移民背景的青少年开放，为他们长大后全面融入德国社会做准备。

　　2004 年德意志城市议会文化委员会也在《城市社会中的文化多样性——地方政策和地方文化政策的机遇与要求》中提出了几个实现跨文化包容与融合的观点，包括"一个城市，多样生活"的口号，"城市生活是高度流动的"，"个人的地方和区域理念对德国文化多样性是必需的"，"对多样性的容忍、不歧视和尊重是我们无价的财富"，"整合是一个社会整体的多面性任务"等等。文件还提出了城市跨文化工作的主要实现手段，如通过博物馆、高校、图书馆、剧院等培养少数族群的自我族群和地区意识，同时通过城市合作社、跨文化中心等促发跨文化对话与交流。② 2007 年联邦议院"德国文化"调查委员会最终报告出台后，德意志城市议会还计划贯彻报告提出的文化多样性要求。"在认识、使用城市生活形成和扩展的种族起源和信仰归属并为之做出贡献的时候，多样化便是城市政策的任务并能在开放的氛围中形成。"③

　　在强调尊重、包容文化多元性的同时，对新世纪的德国来讲，如何将传统的文化政策扩展到移民群体，将"存异求同、多元一体"的文化多元主义价值观包含其中，也是一个重要的问题。这里不仅涉及保护多元文化的问题，也涉及重新构建社会主流文化，防止整个国家文化碎片化问题。因此，为了避免移民社会造成的严重文化断裂，联邦德国按照非典型移民社会的要求，发展出"存异求同、多元一

---

　　① Kulturpolitischen Gesellschaft(Hrsg.) , *Grundsatzprogramm der Kulturpolitischen Gesellschaft von der außerordentlichen Mitgliederversammlung am 21. September in Berlin einstimmig beschlossen* , Berlin ,2012 ,S. 1.

　　② Kulturausschusses des Deutschen Städtetages(Hrsg.) , *Kulturelle Vielfalt in der Stadtgesellschaft – Chance und Herausforderung für die kommunale Politik und kommunale Kulturpolitik* ,2004 , S. 1 – 4 ,S. 9. http://www. staedtetag. de/imperia/md/content/dst/kulturelle_vielfalt. pdf.

　　③ Deutsche Städtetag, „ Kultur in Deutschland aus Sicht der Städte" , in: *Kulturpolitische Mitteilungen* , Nr. 127 ,IV/2009 ,S. 8 – 9.

体"的文化多元主义，以此来辩证治理移民社会可能引起的文化冲突。正是基于这种看法，人们非常肯定德国政府对移民文化融入的关注和努力。有学者指出，2000 年通过新国籍法之后，"福利和失业问题在一定程度上就不再是一体化的阻碍"①。但是，"移民不仅是社会机构和就业部门的问题，也是公共教育与文化政策的核心议题"②。因此，恰当的文化政策对于社会整合的成功与否非常重要。

第三节　外来移民与联邦德国文化多样性社会的发展③

一　外来移民与联邦德国文化及文化传播领域的多样化

文化多元主义在图书馆、博物馆、少年科技馆、歌剧院等文化机构中的贯彻推行，有助于德国文化多样性社会的良性发展。一方面，它可以帮助保护移民的宗教文化传统和文化遗产；另一方面，它也有助于增进德国主流文化和移民文化的对话与交流，从客观上促进德国社会的文化整合。

由于历史的原因，长期以来，联邦德国对移民文化传统和文化遗产的保护的关注度不足，最典型的一个例子就是，联邦国土上的大小博物馆都是表现德意志文化的，而绝少有专门的移民文化博物馆。如今，在文化多元主义政策之下，对移民文化传统和文化遗产的保护日益受到关注。为了从制度上保证移民历史与文化的传承，在国家及社会团体，尤其是移民团体的支持下，人们开始广泛搜集一切有关移民的档案、文献、艺术品等。移民博物馆的建立也越来越受到重视。

1990 年，"土耳其移民文献中心和博物馆（Dokumentationszentrum und Museum über die Migration aus der Türkei）"在科隆建立。该机

---

① Ruud Koopmans, *Contested Citizenship*, *Immigration and Culture Diversity in Europe*, London：University of Minisota Press，2005，p. 35.

② Institut für Kulturpolitik der kulturpolitischen Gesellschaft, *Jahrbericht 2002*, Bonn：Institut für Kulturpolitik der kulturpolitischen Gesellschaft，2002，S. 5.

③ 本节请参阅岳伟、邢来顺《移民社会的文化整合问题与统一后联邦德国文化多元主义的形成》，《史学集刊》2012 年第 3 期。

构的主要工作是搜集与土耳其劳工相关的历史资料。2002 年以后，该机构的关注视野进一步拓宽，开始收集来自其他国家，如意大利、西班牙、葡萄牙、希腊、前南斯拉夫、摩洛哥、突尼斯、韩国、越南、莫桑比克和安哥拉的移民的资料和文化遗产，并更名为"在德移民文献中心和博物馆（Dokumentationszentrum und Museum über die Migration in Deutschland／DOMiD）"。而该机构的努力目标就是为移民后裔保存文化遗产并使其为德国公众所接受。为了弥补过去纳粹所犯下的罪行，德国对犹太文化也采取了特殊的保护政策。2001 年，由犹太建筑师设计的纪念柏林犹太人历史与文化的博物馆向公众开放，并成为原柏林国家博物馆的组成部分之一。2002 年 10 月，德国召开了"移民历史遗产保护：德意志联邦共和国需要移民博物馆"论坛。2007 年，联邦政府委托隶属于普鲁士文化财产基金会的博物馆研究所对全国 6000 多家博物馆，包括移民博物馆进行了详细的调查。2008 年 8 月 8 日，欧洲最大的移民主题博物馆在不莱梅哈芬（Bremerhaven）成立。该博物馆主要有三个功能，一是移民史展览；二是有关当今各地区移民状况的展示，以联邦德国为核心；三是"移民论坛"，收藏有大量数据，为每个想了解自己家族移民经历的人提供帮助。① 此外，还有相当多的博物馆也都对移民文化进行了保存和展示，如波恩的德国历史博物馆、柏林的世界文化博物馆、奥博豪森的莱茵工业文化博物馆等。其中，世界文化博物馆还曾经组织过德国主流文化和各移民文化之间的"多元对话"。普鲁士文化财产基金会的博物馆则注重移民起源的研究。

　　建立移民博物馆既体现了德国主流社会对移民文化权利的尊重与肯定，也增进了德国主流群体对移民文化的了解，为移民融入德国主流社会创造了条件。"文化上的认同，亦即主流社会在文化多元性（kulturelle Pluralität）方面的开放，为有效的、平等的融入提供了前提。这种认同超越了狭隘的、单方面的包容概念，而是站在了不同群

---

　　① 岳伟、邢来顺：《移民社会的文化整合问题与统一后联邦德国文化多元主义的形成》，《史学集刊》2012 年第 3 期。

体互相支持的、平等的角度上。"①

各类移民博物馆的建立在很大程度上也成为德国在文化机构中贯彻文化多元主义的缩影。《国家融入计划》要求文化机构在"各个层次"上开展所谓的"跨文化对话"，联邦和各级地方政府要在制度上和财政上采取措施提高文化机构的跨文化能力，鼓励移民文化团体参与，实现社会文化整合。

除文化机构外，广播、电视、电影、报刊、出版社、互联网等德国大众文化传播媒体也受到了文化多元主义的影响，把传播和介绍非主流文化作为自己的职责，成为跨文化对话的重要平台。这些媒体的举措既体现了当代德国"非典型移民社会"的文化多样性，推动了移民文化的保护和传播，也促进了德国文化的整合。正是出于这种看法，联邦文化与媒体专署在2008年的媒体发展报告中明确指出，鉴于媒体对大众思维方式的影响，在其中贯彻多元文化融合取向的意义重大。这种取向会对德国人的文化观点和欧洲意识"产生影响"，也将影响"跨文化传播和对待外国价值观、生活方式及思维模式的态度"②。德国媒体贯彻文化多元主义的政策主要反映在以下几个方面。

其一，德国主流媒体关注移民问题，制作了大量的反映移民生活的节目，为了照顾移民情绪，在报道其母国负面新闻有时会加以斟酌。

在广播电视领域，德国公法广播电视联盟（Arbeitsgemeinschaft der öffentlich-rechtlichen Rundfunkanstalten der Bundesrepublik Deutschland / ARD）③ 在所有节目中都把文化多样性看作反映移民社会现实的主要内容之一。该联盟下辖的广播公司把表现移民家庭成员日常生活和文化多样性社会当作自己的责任。西德广播电视公司（Westdeut-

① 岳伟、邢来顺：《移民社会的文化整合问题与统一后联邦德国文化多元主义的形成》，《史学集刊》2012年第3期。

② Der Beauftragte der Bundesregierung für Kultur und Medien(Hrsg.), *Zur Entwicklung der Medien in Deutschland zwischen 1998 und 2007*, *Wissenschaftliches Gutachten zum Kommunikations- und Medienbericht der Bundesregierung*, Bonn: Statistisches Bundesamt, 2008, S. 375.

③ 德国公法广播电视联盟是德国公共广播电台所组成的一个合作组织。德国电视一台（Ersters Deutsches Fernsehen）、德国对外广播电台"德国之声"（Deutsche Welle）都是该联盟的组成部分。

scher Rundfunk / WDR）也陆续制作了反映移民生活的电影《愿望时代》《愤怒》等。有关伊斯兰文化的内容已经不仅仅出现在时事杂志上，也出现在教育和文化节目里。2006 年，联邦政府还专门要求德国媒体巨头制订移民融合类节目的发展计划，支持德国与土耳其媒体的合作。西南德广播电视公司（Südwestrundfunk / SWD）自 2007 年 4 月 20 日起开始在互联网上发布有关伊斯兰文化的演讲。其他一些媒体也制作了大量有关移民文化和有移民背景的人参与制作的节目。

在报刊等平面媒体领域，从 20 世纪 60 年代开始，有关移民的报道就开始见诸报端。与德国公法广播电视联盟并列的德国电视二台（Zweites Deutsches Fernsehen / ZDF）在制作节目和产品时也采取许多促进移民融合的措施，包括：增加接受移民及融合观点的制片人，增加对移民的关注度；制作节目时增加有移民背景的主人公等；1988 年西德广播电视公司与弗罗伊登贝格基金会（Freudenberg Foundation）和联邦移民、难民与融入专署设立了 CIVIS 媒体融入奖，专门表彰欧洲反映文化多样性的媒体作品。[①] 德国杂志出版商联盟（Verband deutscher Zeitschriftenverleger）也鼓励出版商们关注移民问题，并准备为融合类出版项目设立专项奖金。

其二，不仅接受具有移民背景的人创办各类文化传媒，还允许主要移民来源国在德国宣传本国文化。具有移民背景的德国人并不仅仅是积极参与德国媒体节目和影视剧作品，还可以自己创建具有本民族特色的文化传播平台。其中有犹太人创办的报纸《犹太汇报》（Jüdische Allgemeine）、《犹太日报》（Jüdische Zeitung）和出版社。[②] 而土耳其人作为在德国的最大的移民群体，不仅拥有多种文化类报刊，还可以收看来自土耳其的电视节目。自 1970 年以来土耳其的主要报纸就在德国印刷和发行，其中包括具有民族自由倾向的《自由报》、关注社会民主的《国民报》、坚持伊斯兰立场的《民族报》和具有强烈民族主义色彩的《翻译家报》等。土耳其的中央电视台和私立电台如 Euro-

① Press – und Informationsamt der Bundesregierung（Hrsg.），*Der Nationale Integrationsplan*：*Neue Weg – Neue Chancen*，Berlin：MEDIA CONSULTA Deutschland GmbH，2007，S. 157 – 158.

② Thorsten Gerald Schneiders（Hrsg.），*Islamfeindlichkeit*：*Wenn die Grenzen der Kritik verschwimmen*，Wiesbaden：VS Verlag für Sozialwissenschaften，2010，S. 223.

show、Eurostar、EuroD、EuroATV、TGRT、Kanal7、HBB 等都通过光缆和卫星向海外的土耳其移民传送节目，从而强化移民的祖国认同感和民族意识。① 由土耳其多甘出版集团（Dogan Verlagsgroup）旗下的《自由报》（Hürriyet）所推动的反德国暴力排外运动也得到了越来越多的德国人的响应和支持。在联邦移民、难民及融合专署的支持下，德国与土耳其媒体合作制作了大量的移民融合类节目。②

其三，在移民群体中培训媒体工作者。德国公法广播电视联盟通过特殊政策，为移民出身的编辑、记者、制片提供特别支持，如西德广播电视公司的土耳其裔编辑毕兰德·宾顾尔（Birand Bingül，1974 – ）就被邀请参加德国公法广播电视联盟每日新闻时事节目的记者团队。还有相当数量的移民出身的工作人员被安排进入电视节目。2005 年，西德广播电视公司职位招聘广告中出现了如下词语："西德广播电视公司在公司内支持文化多样性并因此而欢迎具有移民背景的人申请职位。"③ 2008 年时，西南德广播电视公司大约有三分之一的雇员有移民背景。西德广播电视公司更是为年轻的移民记者开设了"无界限"（WDR Grenzlos）培训工程。德国电视二台也是在人员招聘和训练方面贯彻文化多元主义原则，自 2007 年起安排一些有移民背景的年轻记者参加编辑训练，还在准备涉及基督教的文化节目中安排非基督教出身的人员担任编辑。德国之声也为具有移民背景的年轻记者的训练提供了大量的机会。作为对外宣传媒体，德国之声的学术机构在跨国和跨文化领域有着丰富经验。它专门对学术机构做出相应的调整，以加强对记者的跨文化训练。各主要公共媒体还参加了 1000 多家德国企业签署的"多样化宪章"（Charta der Vielfalt），承诺在记者培训方面贯彻多样性措施。

外来移民也大量进入私营广播公司包括记者、编辑、导播等在内的众多岗位，他们在很大程度上代表了当今德国的文化多样性特征。私营广播及电子媒体联合会（Verband Privater Rundfunkund Telemedi-

---

① 李艳枝：《德国的土耳其移民》，《国际信息资料》2008 年第 10 期。

② Press – und Informationsamt der Bundesregierung（Hrsg.），*Der Nationale Integrationsplan：Neue Weg – Neue Chancen*，Berlin：MEDIA CONSULTA Deutschland GmbH，2007，S. 159 – 160.

③ Press – und Informationsamt der Bundesregierung（Hrsg.），*Der Nationale Integrationsplan：Neue Weg – Neue Chancen*，Berlin：MEDIA CONSULTA Deutschland GmbH，2007，S. 163.

ene. V. ，简称 VPRT）表示，不论是否具有移民背景，所有年轻人都将获得平等的受训机会。除了广播电视媒体外，德国杂志出版商联盟也开设课程对新闻专业学生和记者进行跨文化培训，并设立了专门的"融入德国基金会"（Deutschlandstiftung Integration），强调在"教育、工作和社会分享方面的同等机会"①。德国记者联合会（Deutschen Journalisten Verband）也在计划建立自己的"跨文化网络"。

其四，通过媒体开展专门针对非典型移民社会的教育。各公立、私立电视台和电台也都设有不少外语类广播节目。② 还有一些媒体拥有反映多元性社会的多元语言（Multilingual）类节目。"这些节目不仅伴随着整个移民过程，还可以通过提供符合移民母国习惯的信息帮助其学习所欠缺的德语……它还可以在包括日耳曼人在内的不同族群之间架设一道连接的桥梁。因此，多元语言媒体不仅帮助移民，还能成为德国多样性管理的动因之一。"③ 进入新千年后，巴伐利亚和北德广播电视公司（Norddeutscher Rundfunk／NDR）共同制作的《初级土耳其语》陆续在电视频道中播出。德国电视二台也为学前教育的移民儿童开设相关语言类节目。维尔纳传媒集团（Werner Media Group）、柏林的犹太人社团和土耳其人社团等则联合向柏林的犹太人、俄罗斯人和土耳其人推出立法、语言和计算培训与服务。其他一些传媒集团也陆续推出多语言类节目，帮助不同文化背景的人互相了解和融入德国主流社会。德国之声甚至计划在一些主要对德移民国家开设地方化的德语课程，帮助未来的移民融入德国社会。

其五，在新兴媒体中推行文化多元主义。互联网作为最重要的新兴媒体，可以为许多移民群体提供多元的文化产品。根据北莱茵－威斯特伐伦州媒体专署（Landesanstalt für Medien Nordrhein－Westfalen）最新的调查显示，年轻的土耳其移民和12—19岁的俄罗斯移民已经开始大量使用因特网、手机、电脑和其他数字新兴媒体，新兴媒体已

① http：//stiftung. geh－deinen－weg. org/.

② Ruud Koopmans, *Contested Citizenship*, *Immigration and Culture Diversity in Europe*, London：University of Minisota Press,2005,p. 61.

③ Press－und Informationsamt der Bundesregierung(Hrsg.), *Der Nationale Integrationsplan*：*Neue Weg－Neue Chancen*, Berlin：MEDIA CONSULTA Deutschland GmbH,2007,S. 159.

成为对年轻移民群体影响最大的媒体。① 因此，德国传媒界迅速跟进。德国电视二台等就在互联网上开办跨文化对话平台。斯图加特数字化政府将与慕尼黑理工大学联合推出"斯图加特多元语言事务服务"（Multilingual Business Services Stuttgart）项目，在互联网上推广多元化语言信息服务。德国还于 1999 年制订了欧洲最大的信息化社会构建计划"创意 D21"（Initiative D21），重点考虑移民，促进其身份融合。德国的网络信息安全中心也将关注保护移民信息安全问题。

必须指出，虽然文化多元主义在德国的文化传播领域得到了一定的贯彻，但是德国媒体在移民文化融入方面所发挥的作用有限，仍有提升的空间。一方面，媒体工作者中具有移民文化背景的人的比例依旧很低。德国研究学会（Deutsche Forschungsgemeinschaft／DFG）的"少数族群媒体融入"（DFG – Forschungsprojekts„Mediale Integration von ethnischen Minderheiten"）项目研究证明，德国记者中有移民背景的只有1.2%，84% 的日报记者是没有任何移民背景的"本土货"②。另一方面，这些媒体对移民的影响力也需要进一步提高。在德国，很多媒体的外语类节目水平甚至还不如一些欧洲小国，很少有移民完全不看母国的媒体，这从一个侧面说明了其跨文化广播能力的不足。③ 2007 年，为了了解媒体在主要移民群体中的影响力和移民对各个媒体形式的期望，两大公立媒体德国公法广播电视联盟和德国电视二台进行一次全国范围内的科学调查。这次调查共抽取了约 3000 人作为被试对象，涵盖土耳其、前南斯拉夫、波兰、意大利、希腊和苏联等六个移民群体。调查结果显

---

① Die Beauftragte der Bundesregierung für Migration, Flüchtlinge und Integration (Hrsg.), *Bericht der Beauftragten der Bundesregierung für Migration , Flüchtlinge und Integration über die Lage der Ausländerinnen und Ausländer in Deutschland* , Paderborn : Bonifatius GmbH, Druck Buch Verlag, 2010 , S , 235.

② Die Beauftragte der Bundesregierung für Migration, Flüchtlinge und Integration (Hrsg.), *Bericht der Beauftragten der Bundesregierung für Migration , Flüchtlinge und Integration über die Lage der Ausländerinnen und Ausländer in Deutschland* , Paderborn : Bonifatius GmbH, Druck Buch Verlag, 2010 , S. 236.

③ Der Beauftragte der Bundesregierung für Kultur und Medien (Hrsg.), *Zur Entwicklung der Medien in Deutschland zwischen 1998 und 2007* , *Wissenschaftliches Gutachten zum Kommunikations – und Medienbericht der Bundesregierung* , Bonn : Statistisches Bundesamt, 2008 , S. 300 , 298.

示，移民在电视和互联网的应用方面与日耳曼裔德国人并无二致，但他们在广播和报纸的应用方面却明显不足。①

二 外来移民与教育领域的文化多元主义实践——以中学历史教育改革为核心

面对日益严重的移民社会文化整合问题，联邦德国结合本国的实际，承认当今德国和世界多元文化并存的事实，逐渐形成了以"存异求同、一体多元"为主要特征的非典型移民社会教育理念，一方面教育学生尊重、包容异文化，学会与拥有不同文化背景的人和谐相处，保护移民非主流文化和社会文化多样性；另一方面构建以《基本法》为核心的社会共同文化价值观，引导所有学生热爱德国，接受《基本法》所规定的人权、民主、法制等西方核心价值理念，同时通过鼓励学习德语和德国文化等，促进移民融入主流文化。

非典型移民社会的教育理念从入学要求、课程设置与标准、毕业资格考试、师资培养等方面对德国传统学校教育构成了冲击。各州为在中学教育中努力融入文化多样性的教育理念进行了改革和探索。以下以历史教育为例，就联邦德国各州完全中学历史课程标准及相关考试说明中的文化多元主义教育理念的贯彻情况进行分析。②

首先，文化多元主义的跨文化教育思想已成为完全中学历史课标的重要组成部分。梅克伦堡"历史与政治教育课标"要求学生扩展跨文化能力，融入跨文化对话，以便使具有不同文化背景的人在民主

---

① Die Beauftragte der Bundesregierung für Migration, Flüchtlinge und Integration (Hrsg.), *Bericht der Beauftragten der Bundesregierung für Migration, Flüchtlinge und Integration über die Lage der Ausländerinnen und Ausländer in Deutschland*, Paderborn: Bonifatius GmbH, Druck Buch Verlag, 2010, S. 233 – 234.

② 联邦德国在教育上实行的是"合作性联邦主义"。课程、考试、对学校的监督等都由各州自己安排，但各州在学校类别、学制和毕业资格考试方面又有统一的一面。德国各类中学都设有与历史相关课程。参见 Sekretariat der Ständigen Konferenz der Kultusminister der Länder in der Bundesrepublik Deutschland (Hrsg.), *Statistische Veröffentlichungen der Kultusministerkonferenz, Dokumentation Nr.* 190, *Schüler, Klassen, Lehrer und Absolventen der Schulen 2000 bis 2009*, Berlin, 2009, S. 22.

社会中共同生活与合作，实现各民族和平共处。① 历史教学需要回答
的基本问题之一，就是"不同文化、宗教和社会形态的人和平共
处"。② 在最新修订的课标草案中，图林根将"多视角/差异性/多元
性"（Multiperspektivität / Kontroversität / Pluralität）作为历史教学的基
本出发点之一。③ 石勒苏益格－荷尔斯泰因州完全中学高级阶段历史
课标指出，"高中生的发展受到不同文化传统，宗教观念，科学规律
和政治利益的影响……开放社会的多元化使学生感到其生活的丰富，
但也使他们感到迷茫"。因此，在开放性学校中，学生要有不同的语
言和文化经历。④ 萨克森州的课标也将跨文化能力作为学生的培养目
标。⑤ 德国《高中毕业考试统一说明·历史》中也主张，"本专业特
别为多元社会中的包容性文化做出贡献，有利于保持、形成多元主义
和民主的法律、社会秩序"⑥。

在中学历史课标中增加跨文化教育目标后，课标原有的内容也随
之做出了相应的调整。

其一，反种族主义教育得到了深化和发展。作为联邦德国政治教
育主要阵地的历史课程向来关注反纳粹主义和反种族主义教育。德国
统一后，历史课标又将跨文化教育与反种族主义教育结合起来。萨克
森－安尔哈特州的课标明确指出："当今社会在文化方面是复杂的和
多样的……在危机形势下，民族主义的滋生和种族主义的论调首先是

① Ministerium für Bildung, Wissenschaft und Kultur(Hrsg.), *Kerncurriculum für die Qualifika-tionsphase der gymnasialen Oberstufe, Geschichte und Politische Bildung*, Mecklenburg - Vorpommern, 2006, S. 3.

② Thüringer Kultusministerium (Hrsg.), *Lehrplan für das Gymnasium, Geschichte*, Saalfeld: SATZ + DRUCK Centrum, 1999, S. 1.

③ Thüringer Ministerium für Bildung(Hrsg.), *Lehrplan für den Erwerb der allgemeinen Hoch-schulreife Wissenschaft und Kultur, Geschichte Entwurfsfassung*, Thüringer, 1999, S. 7.

④ Ministerium für Bildung, Wissenschaft, Forschung und Kultur des Landes Schleswig - Hol-stein(Hrsg.), *Lehrplan für die Sekundarstufe II Gymnasium, Gesamtschuel, Geschichte*, Glückstadt: Werkstätten, 2002, S. 9 - 10.

⑤ Sächsisches Staatsministerium für Kultus und Sport(Hrsg.), *Lehrplan Gymnasium Geschich-te*, Dresden: Saxoprint GmbH, 2004/2007/2009/2011, S. IX.

⑥ Ständigen Konferenz der Kultusminister der Länder in der Bundesrepublik Deutschland (Hrsg.), *Einheitliche Prüfungsanforderungen in der Abitueprüfung, Geschichte, Beschlüsse der KMK*, Berlin, 2005, S. 43.

公开和进一步反对少数群体及种族主义迫害的温床。"为了使多数族群的学生和少数族裔的学生"建设性地共同生存","跨文化学习显得必不可少。对一个文化间联系日益增长的时代来说,承认不同文化的异质性是不可避免的"①。

其二,加大了对移民史的关注力度,使学生了解移民社会的形成及影响。萨克森－安尔哈特州课标通过开设专门的移民史,引导学生承认德国是移民国家的事实。石勒苏益格－荷尔斯泰因州的课程标准则指出,"我们当今世界的生活方式和思维结构都发生了巨大的变化,移民进程和对待陌生世界的方式深深地影响着人们的日常思维"②。由于移民社会的普遍出现,人们必须改变对待异文化的态度。

其三,进一步加强了对全球性责任感的培养。在跨文化思想的影响下,各州课标致力于激发学生为世界发展做贡献的情感,要让学生认识人类在历史转折时期的基本生活形态和面临的问题,克服民族偏见,加深对世界其他国家与民族的理解。莱茵－普尔法茨州将"欧洲和全世界视野下的明确的跨文化教育"作为历史课标的基本原则和目标之一。③ 不莱梅州在完全中学高级阶段则设有双语历史课,其课标明确指出要"用专门手段为跨文化能力的发展做出贡献,限制民族和欧洲中心观……双语历史教育的根本原则是在多因果性、多面性和异文化理解三个具有内在联系的范畴内坚持问题导向性"④。该州完全中学初级阶段甚至还设有专门的欧洲研究课,采用英德双语教学,目的是为学生在全欧范围内的进一步深造及就业做准备。"课程对于在

① Kultusministerium des Landes Sachsen－Anhalt(Hrsg.),*Rahmenrichtlinien Gymnasium Geschichte Schuljahrgänge 5－12*,Sachsen－Anhalt,2003,S. 5－13.

② Ministerium für Bildung,Wissenschaft,Forschung und Kultur des Landes Schleswig－Holstein(Hrsg.),*Lehrplan für die Sekundarstufe II Gymnasium*,*Gesamtschule*,*Geschichte*,Glückstadt:Werkstätten,2002,S. 30.

③ Ministerium für Bildung,Wissenschaft und Weiterbildung(Hrsg.),*Lehrplan Geschichte*(*Klassen 7－9/10*)*Hauptschule*,*Realschule*,*Gymnasium*,*Regionale Schule*,Rheinland－Pfalz,1998/99,S. 3.

④ Die Senatorin für Bildung und Wissenschaft(Hrsg.),*Geschichte－bilingual Bildungsplan für die Gymnasiale Oberstufe*,*Qualifikationsphase*,Bremen,2009,S. 5.

语言和文化多样性的欧洲谋生是十分重要的。"①

上述可见，在移民社会教育理念的影响下，德国完全中学历史课标十分注重培养学生对异文化的理解与包容，反对狭隘民族主义和种族主义。

其次，需要看到的是，引入跨文化教育理念，与主流文化的教育并不冲突。以主流文化为基础的"多元一体"的理念始终得到坚持。换言之，历史课标及考试说明始终以德语等主流文化教育为基础，坚持以《基本法》和正确的爱国主义为基本价值导向，要求学生热爱祖国，接受自由平等、保护人权、民主法治等西方核心价值理念。

在教学内容分配上，课标依然将德国历史作为重要内容，重视德意志文化传承。"德意志民族发展史"一直是德国中学历史教育的重点。即使是在承认移民社会现实的今天，整个中学阶段的历史教学还是紧紧围绕这一主题展开。德国文教部长联席会议制定的《高中毕业考试统一说明·历史》将德国（包括地区及地方史）规定为高中历史空间教学的主要内容。② 事实上，在各州的历史课程标准中，德国史（含地方史）的比重都是最大的。图林根州课标中欧洲史占绝对比重，欧洲史中又以德国史为主。"由此而使学生成为德国国家公民"③。石勒苏益格－荷尔斯泰因州则明确规定，"德国……近现代文化、社会和政治发展是历史课的主要时空范畴"④。萨克森－安尔哈特州的课标在关注德国中部及本州的历史发展的同时，将19世纪德意志民族与民族意识、魏玛共和国、纳粹和两大阵营中的德国作为近

① Die Senatorin für Bildung und Wissenschaft(Hrsg.), *European Studies Bildungsplan für das Gymnasium Jahrgangsstufe 8 - 9*, Bremen, 2007, S. 5.

② Ständigen Konferenz der Kultusminister der Länder in der Bundesrepublik Deutschland (Hrsg.), *Einheitliche Prüfungsanforderungen in der Abitueprüfung*, *Geschichte*, *Beschlüsse der KMK*, Berlin, 2005, S. 4.

③ Thüringer Kultusministerium (Hrsg.), *Lehrplan für das Gymnasium*, *Geschichte*, Saalfeld, SATZ + DRUCK Centrum, 1999, S. 12.

④ Ministerium für Bildung, Wissenschaft, Forschung und Kultur des Landes Schleswig - Holstein(Hrsg.), *Lehrplan für die Sekundarstufe II Gymnasium*, *Gesamtschuel*, *Geschichte*, Glückstadt: Werkstätten, 2002, S. 31.

现代史教学的典型案例。①

　　在价值判断上，突出《基本法》所强调的自由、民主、平等、人权等西方核心价值理念。历史是国家进行公民政治教育的主要阵地。1960 年 2 月在汉堡召开的德国文教部长联席会议曾明确提出了历史教师的政治教育职责，还对各阶段历史课的政治目标进行了规定。②进入移民社会后，各州一边适应历史潮流，在完全中学历史课标中引入跨文化教育理念，一边却又坚持将《基本法》所标明的西方核心价值理念作为多元文化社会基本政治价值观写入课标。进而使跨文化教育与《基本法》价值观教育互为补充，互相促进。石勒苏益格－荷尔斯泰因州课标就将自由和人权作为"与不同文化、宗教、社会形态、民族和国家在一个世界上的共同生活"同等重要的基本价值观之一。③勃兰登堡州的课标也将民主教育与跨文化教育并列为主要教育目标。④汉堡州课标则规定，"负有人权及民主价值观等一般原则教育义务的历史课为多元社会中的中小学生提供指导性帮助"⑤。而萨克森州课标也是将《基本法》所蕴含的西方核心价值理念作为多元文化社会政治教育的主要指导思想："在具有不同认同和价值取向的多元社会中，必须确保接受并认同以宪法为基础的价值观。"⑥

三　外来移民与联邦德国的多样化宗教文化

　　联邦德国的宗教政策也在很大程度上反映了德国文化多元主义的

　　① Kultusministerium des Landes Sachsen – Anhalt(Hrsg.) , *Rahmenrichtlinien Gymnasium Geschichte Schuljahrgänge 5 – 12* , Sachsen – Anhalt , 2003 , S. 5 – 12 , 24 – 36.

　　② Hans – Werner Kuhn , *Politische Bildung in Deutschland : Entwicklung , Stand , Perspektiven* , Opladen : Leske + Budrich , 1993 , S. 184 , 188 , 230.

　　③ Ministerium für Bildung , Wissenschaft , Forschung und Kultur des Landes Schleswig – Holstein(Hrsg.) , *Lehrplan für die Sekundarstufe II Gymnasium , Gesamtschuel , Geschichte* , Glückstadt : Werkstätten , 2002 , S. 10.

　　④ Ministerium für Bildung , Jugend und Sport Land Brandenburg(Hrsg.) , *Rahmenlehrplan für die Sekundarstufe I Jahrgangsstufen 7 – 10 , Geschichte* , Potsdam : GS Druck und Medien GmbH , 2010 , S. 5.

　　⑤ Behörde für Schule und Berufsbildung(Hrsg.) , *Rahmenplan Geschichte Bidungsplan , Gymnasium Oberstufe* , Hamburg : Behörde für Schule und Berufsbildung , 2009 , S. 10.

　　⑥ Sächsisches Staatsministerium für Kultus und Sport(Hrsg.) , *Lehrplan Gymnasium Geschichte* , Dresden : Saxoprint GmbH , 2004/2007/2009/2011 , S. 2.

价值取向。两德统一之后，德国逐渐承认了多种移民宗教文化在国内共生共存的现状，在一定程度上允许移民群体保持本民族的风俗习惯和宗教信仰，甚至在特定教育机构内可以开设非基督教宗教课程。

出于历史的原因，德国对犹太移民和犹太教给予了特殊的包容地位。20 世纪 90 年代初，由于大量东欧和苏联地区犹太人的涌入，德国曾一度成为犹太移民的主要目的国。德国的犹太教区的发展一度快于世界上任何地方。1989 年，德国政府通过一项法令，规定苏联国家的所有犹太人都可以获得德国国籍，并自动享受政府福利。这虽然是德国的一种赎罪表示，却因此吸引了大量犹太人。据统计，在 20 世纪的最后 10 年中，德国的犹太教徒翻了一番，达到 85000 人，犹太教区发展到 78 个，仅柏林就生活着 11200 名犹太人。2002 年，德国接纳了 19262 名犹太人，超过以色列的 1888 人，而美国接纳的犹太人不到一万人。在国家的积极支持下，犹太教文化发展迅速。犹太教教堂和文化组织在德国纷纷成立，其中以柏林最为集中。"德国犹太人中央委员会"（Der Zentralrat der Juden in Deutschland）和一些犹太教牧师在全德范围内得到了政治上的认可。犹太人还有权开办自己的宗教学校。德国犹太人中央委员会主席施皮格尔（Paul Spiegel，1937 – 2006）曾感慨地称"这是一个奇迹"。"如果 1945 年时有人对我们说，德国在 50 年后将有一个欧洲名列第三的犹太人群体，那么不相信这话的肯定不只是我们。"另一位柏林犹太人社区的负责人也感慨地表示："在大屠杀发生 60 年之后，这里的犹太人社区再次变得欣欣向荣，这实在出乎我们的意料"[①]。

对最大的非基督教宗教——伊斯兰教，德国也采取了适度的接纳和包容态度。20 世纪 80 年代之后，大量清真寺和伊斯兰活动中心在联邦德国得以建立，许多伊玛目（Imam）从土耳其等国来到德国主持一般性宗教事务。土耳其移民中间还出现了私人设立的伊斯兰组织，它们代表移民中某一阶层的利益，在住宿、招工、种族主义和歧视等问题方面积极与德国当局交涉。这些伊斯兰组织有利于保护和稳

---

① 邢来顺：《德国文化解读——人类文化苍穹的双子星座》，济南出版社 2005 年版，第 100 页。

定穆斯林社区，维持和传承伊斯兰本土文化。此外，土耳其民众伊斯兰复兴运动代表也在德国设立了大量学校，传播该运动的基本思想。著名的纳格希班底教团的苏莱曼斯勒（Suleymancilar）分支也在德国成立了上百所伊斯兰文化中心①。

德国人也逐渐认识到了土耳其宗教文化的特殊性，不再将其所信奉的伊斯兰教看作"客籍工人宗教"。德国原先不允许穆斯林按照伊斯兰教风俗屠宰活牲畜，而且国家对伊斯兰文化的认同很有限。② 但这些做法现在逐渐都被允许了。1987 年，联邦德国城市迪伦（Düren）成为西欧最早允许穆斯林通过广播等公开祈祷的城市之一。德国许多城市的公共墓地也开始对穆斯林开放。联邦内政部长沃尔夫冈·朔伊布勒在 2006 年接受《明镜》周刊采访时表示，"在我们的国家生活着三百万穆斯林，我们不是多样化的穆斯林共同体，但它肯定是我们社会的一个组成部分"③。

两德统一之后，伊斯兰教育在德国各州也进一步受到重视。1995 年，位于柏林的专设穆斯林小学开始在国家的支持下招收学生。④ 到 2006 年为止，16 个联邦州中有 8 个允许佩戴头巾的穆斯林妇女成为教师。2010 年 5 月 17 日，第二届德国伊斯兰会议第一次全体会议召开，重点解决在各级各类教育系统中设置伊斯兰宗教课程的问题。各州、地方代表，德国伊斯兰宗教组织和土耳其移民组织也参加了这届大会，大大提高了德国伊斯兰会议的代表性与权威性，为日后进一步处理穆斯林与德国国家关系奠定了基础。负责就大学发展向政府提供建议的德国科学委员会于 2010 年初完成题为《在德国高校进一步发

① 关有伊斯兰教及其组织在德国的发展状况，见：Thomas Lemmen, *Islamische Organisationen in Deutschland*. http://library. fes. de/fulltext/asfo/00803toc. htm; Ursula Spuler – Stegemann, „Muslime in Deutschland ", in: Landeszentrale der politischen Bildung Baden – Württemberg（Hrsg. ）, *Der Bürger im Staat: Islam in Deutschland*, Heft 4/ 2001, S. 221 – 225.

② Ruud Koopmans, *Contested Citizenship*, *Immigration and Culture Diversity in Europe*, London: University of Minisota Press, 2005, p. 115.

③ Thorsten Gerald Schneiders（Hrsg. ）, *Islamfeindlichkeit*, *Wenn die Grenzen der Kritik verschwimmen*, Wiesbaden: VS Verlag für Sozialwissenschaften, 2010, S. 198.

④ Ruud Koopmans, *Contested Citizenship*, *Immigration and Culture Diversity in Europe*, London: University of Minisota Press, 2005, p. 59.

展神学与宗教学的建议》的报告，要求在公立大学中建立伊斯兰神学研究体系。科学委员会提出这一建议的首要理由就是"学术体系对德国日益增长的宗教知识多元化的长期的制度化的反应"。报告认为，"通过两到三个具有不同特点的伊斯兰神学研究基地所实现的制度化条件，将足以应对联邦德国的多元化伊斯兰信仰问题"①。在委员会看来，大学引入伊斯兰神学专业可以为中小学伊斯兰宗教教育、清真寺、伊斯兰教社会工作和神学研究等培养高级专门人才。委员会还希望建立"伊斯兰宗教研究神学家顾问委员会"，以保证伊斯兰宗教团体在大学伊斯兰神学教育中的共决权。

与此同时，需要看到的是，大量非基督教徒，尤其是穆斯林的涌入，使得西欧主要国家面临着巨大的文化融合挑战。穆斯林依然是德国社会中相对贫困和知识文化水平低下的群体，并受到主流社会的歧视。许多穆斯林习俗，如男权主义、包办婚姻等都与西方男女平等的人权观念格格不入。人们经常把家庭暴力和歧视妇女事件与伊斯兰文化联系起来。在德国，穆斯林礼拜的时间和形式也受到严格限制。除汉堡等少数城市外，大多数地区都不允许穆斯林按照自己的习俗不带棺材进行土葬。911事件之后，穆斯林在西方国家普遍遭到敌视，在德国的土耳其人也不例外。为此，德国的土耳其人在"柏林－勃兰登堡土耳其人联盟"（Türkische Bund Berlin－Brandenburg）等领导下展开了一系列维护自身权益的斗争。"柏林－勃兰登堡土耳其人联盟"不仅要求建立涵盖面更广的土耳其移民组织，还希望按照犹太人的模式在德国建立经济、文化功能齐全的土耳其人聚居区。土耳其人的抗议得到了同样在德国遭到过不公正待遇的犹太人的大力支持。②

显然，仅仅接受和包容伊斯兰教，无法解决伊斯兰教和德国主流社会及其文化之间的矛盾。实际上，如前所述，德国虽然强调尊重和包容不同文化，但并不认同让不同文化背景的人一起快乐生活的"多元文化"理念，而是强调移民融入主流文化、接受主流社会价值观和

---

① Wissenschaftsrat(Hrsg.)，*Empfehlungen zur Weiterentwicklung von Theologien und religionsbezogenen*，Berlin：Wissenschaften an deutschen Hochschulen，2010，S. 4－5.

② Thorsten Gerald Schneiders（ Hrsg. ），*Islamfeindlichkeit，Wenn die Grenzen der Kritik verschwimmen*，Wiesbaden：VS Verlag für Sozialwissenschaften，2010，S. 226－229.

实现社会整合的文化多元主义才是其解决宗教矛盾的指导思想。

基于以上思想，为了帮助穆斯林移民融入德国主流社会及其文化，移民宗教组织和德国政府都进行了不懈的努力。伊斯兰组织和机构为促进土耳其穆斯林融入德国社会而提供一系列社会服务，如举办夏令营、开展职业培训等。这些伊斯兰宗教组织通过为其成员融入主流社会提供帮助，在某种意义上充当了沟通穆斯林社区和德国社会的桥梁。德国联邦内政部则于 2006 年 9 月 28 日召开了以"穆斯林在德国——德国穆斯林"为主题的德国首届伊斯兰会议，试图"改善德国国家与穆斯林关系的对话，为穆斯林的宗教与社会融合做出贡献，促进德国社会整合，避免社会极端化和碎片化"①。会议期间，三个工作组分别从"德国社会秩序与价值认同""德国《基本法》关系中的宗教问题""经济与媒体作为桥梁"等三个方面给大会提出相应的建议。2010 年 10 月，默克尔在波茨坦发表的一场演说中明确表示，在德国构建多元文化社会已经"彻底失败"，穆斯林社区是德国的一部分，穆斯林移民必须同时做出努力融入德国社会，学习德语。也就是说，在德国的文化发展方面，"存异"不忘"求同"，"多元"基于"一体"。

实事求是地说，文化多元主义政策的推行在一定程度上缓和了外来移民文化与主流文化之间的冲突，促进了相互之间的包容和整合，但在短期内还无法从根本上消除移民文化和德国主流文化之间的矛盾。德国社会依旧面临着巨大的文化整合挑战。要想全面贯彻文化多元主义，实现移民社会的文化整合和社会和谐，德国还有很长一段路要走。

---

① Die Beauftragte der Bundesregierung für Migration, Flüchtlinge und Integration (Hrsg.), *Bericht der Beauftragten der Bundesregierung für Migration*, *Flüchtlinge und Integration über die Lage der Ausländerinnen und Ausländer in Deutschland*, Paderborn: Bonifatius GmbH, Druck Buch Verlag, 2010, S. 271.

结语：联邦德国文化多元主义的 历史发展及其启示

一

综观联邦德国的文化政策，其文化多样性以及作为其现实政策体现的文化多元主义取向既有深厚的历史根源和悠久传统，也有稳固的法律基础，其贯彻平台和路径是多元性的，文化多样性社会和文化政策的发展也是动态的、多阶段的、与时俱进的，并因此而具有生命力，生机勃勃。

第一，联邦德国奉行多样性和多元主义的文化政策有其深厚的历史根源和悠久传统，也是深刻的历史教训的结果。

与世界上大多数国家的文化集权主义传统不同，由于中世纪以来长期政治分裂的缘故，从神圣罗马帝国时期开始就形成了以领地邦国为基础的联邦主义的传统，各邦政治上拥有巨大的独立性。在这种政治前提之下，各邦推行和贯彻各自的文化政策，发展各自的文化。德国的文化传统因此呈现地方化色彩，即所谓的"文化地区化"，形成了色彩斑斓、取向各异的多样性地区文化，出现了诸如慕尼黑、汉堡、科隆、美因茨、魏玛、德累斯顿等众多地方文化之都，且各具文化特色。1871 年德意志帝国建立以后，德国在政治上实现了统一，柏林因其作为首都的独特政治地位而在文化领域成就突出，但这丝毫没有影响到德国各个地方文化之都的发展和特色文化的呈献。这种状况直到魏玛共和国时期也没有丝毫改变。

20 世纪三四十年代，德国文化经历了一场劫难。纳粹统治时期的文化集权主义政策导致这一"诗人和思想家的国度"的文化发展出现了单一和荒漠化。这一惨痛的文化经历，给德国人留下了无法磨灭的可怕记忆，使他们痛感到，要实现文化的繁荣和多样性发展，就必须防止国家在文化发展领域的过度介入和影响，努力排除文化领域内管辖权的垄断化。所有这些经验和教训都成为联邦德国推行文化多元主义政策的历史基础。

第二，联邦德国的文化多元主义政策有其稳固的法律基础。其文化政策包括对内和对外两大部分，二者皆建立于文化多元主义理念之上，且都有一个变化演进的过程。

从法律层面看，联邦德国从联邦到各州都确立了联邦德国多样性文化政策和多元主义文化取向的法律基础。1949 年通过的《基本法》规定，联邦德国是"一个民主和社会的联邦国家"，在文化政策方面奉行"文化代表多元主义"；明确文化政策是各州的事务，由各州自己掌握，即所谓的各州"文化主权"。而各州的相关法律也带有明显的文化多样性和多元主义色彩。萨克森宪法强调文化的"多样性和全民参与性"，巴登－符腾堡州的文化政策则突出"多元性、非集权性、自由性和全民参与性"。在社区层面，《基本法》规定各社区和乡镇"文化自治"。因此联邦政府没有自己的具体对内文化政策。但是近年来联邦政府在对内文化政策方面的影响在增长。1999 年施罗德政府设立联邦层面的文化机构，开始涉足对内文化政策事务，积极参与联邦范围内的文化政策的制定和重要文化活动，联邦层面的对内文化政策逐渐凸显。

在对内文化政策方面，联邦德国奉行文化联邦主义和代表多元主义理念，并在此基础上逐渐形成了以"存异求同、多元一体"为主要特征的、具有一定集中性的"合作性文化联邦主义"，既允许不同地区、不同机构实行多样性的文化政策，又要求其所实行的文化政策必须符合《欧洲人权宪章》和联邦德国《基本法》等法律文件，并且接受联邦的调控。这种联邦特征的文化多元主义特征在联邦德国的文化体制中一目了然。在这一体制之下，各州及地方政府负责制定和实施文化政策，在社区和地方乡镇一级则实行"文化自治"。与此同时，包括联合国在内的各种国际组织、各非官方文化教育组织也积极参与其中。

联邦德国对内文化政策的多元主义理念与其目标是一致的，那就是奉行多样性的文化联邦主义，促成文化多样性社会的形成，丰富德国的文化生活。其内涵主要包括：反映民族和地方文化多样性的事实；体现民主意识，表明各民族和各地区有权选择自己的生活方式；有利于社会竞争和创造更丰富的文化；各种文化之间互相尊重和平等，共同履行对国家生活的义务和责任；促进对包括西方核心价值观和德意志优秀传统文化在内的"主流文化"认同。

在对外文化政策方面，联邦德国同样奉行"存异求同"的多元主义原则。《基本法》规定，对外文化政策属于联邦政府的事务。联邦德国对外文化政策的基本任务是在文化领域内的国际合作和文化交流，宣传德国文化。德国对外文化政策是其对内文化政策的延伸，两者理念一致。它承认世界各国不同文化的平等性；认为德国的对外文化传播必须照顾所在国的特点；德国在对待外来文化方面采取开放的态度，与外来文化进行自由而平等的交流；但是在奉行平等对话与交流为特征的对外文化政策的同时，联邦德国并没有忘记推介自己的文化价值观。联邦德国的对外文化政策中明确提出要坚持西方核心价值取向，宣传德国文化和核心价值观，促进非西方国家文化和价值观的"西化"。

联邦德国的对外文化政策经历了几个发展阶段。从建国到 20 世纪 60 年代末，是联邦德国对外文化交往的恢复时期。在这一时期，由于联邦德国对外政治和军事活动受到盟国的严格限制，同时也是通过文化交流改善因纳粹而受损的德国形象的需要以及与民主德国争夺德意志传统文化正统地位的需要，对外文化流交虽不受重视，却成为联邦德国对外交往的重头戏。就其效果而论，这一时期的对外文化交流，包括积极参加联合国教科文组织合作项目和参与发展中国家的扫盲合作等，不仅有利于改善德国因两次世界大战给世界带来的负面印象，而且成为西方"文化冷战"的重要组成部分，对推动苏东地区尤其是民主德国的"和平演变"起到了重要作用。

20 世纪 60 年代末社民党和德国自由党上台后，联邦德国对外文化政策无论在受重视程度还是在内容方面都出现了重大变化。其主要表现为：对外文化政策成为安全政策和对外经济政策之后的第三大支柱，成为联邦德国对外政策的核心组成部分之一；在对外文化交往方面，逐渐改变了原先的"文化输出"为主要手段的模式，转而采用一种多元化的文化合作模式，认为对外文化政策不仅是德意志文化的传递，更是交流和合作，强调德意志文化与其他文化的平等交流与合作，提倡以理解、包容和信任为基础的伙伴关系，以此服务于"国家间的理解和和平"。可见，这时联邦德国已经形成了系统的对外文化政策，并开始在对外文化政策中贯彻多元主义理念。

20世纪80年代后，联邦德国对外文化政策中的多元化趋势进一步加强。这一时期的联邦德国政府认识到，对外合作交流仅限于经济和技术领域是不够的，还必须理解和尊重合作对象国的文化传统和生活方式，只有这样，才能真正实现双方的相互理解和信任。鉴于各国的文化多样性和价值观差异，联邦德国在对外文化政策中于是进一步提出了"以文化平等为前提的文化双边关系"模式。

20世纪90年代后，联邦德国多元主义的对外文化政策进一步完善。这主要表现为：一方面，新统一的德国希望继续通过多元平等的文化交流与合作来改善本国形象，消除世人对重新统一后的德国的疑虑；另一方面，它也希望通过文化上的交流与合作来输出本国文化和核心价值观，影响他国的文化和价值观认同，促进非西方国家的文化、价值观的演变[①]。

第三，联邦德国文化多元主义政策的贯彻平台和路径也是多元性的。它体现为落实文化政策的组织平台的多元性和贯彻文化政策路径的多样性。

由于在文化领域奉行地方自治的合作性联邦主义原则，联邦德国文化政策的贯彻和实施也具有明确的权力区分，呈现多元特征。就公权力层面的文化政策贯彻平台而言，可分为国家和地方两大块，国家、州和社区乡镇等三个层级平台，即涉及联邦德国政府负责处理的国际国内文化事务的国家平台，涉及各州文化事务的各州平台和主要

---

① 笔者曾以欧盟对东盟政策和德国对东南亚政策为例，说明了欧盟和德国对外政策的这种取向。参见韦红、邢来顺《从居高临下施教到平等对话伙伴——冷战后欧盟对东盟政策评析》，《欧洲研究》2004年第4期；邢来顺、韦红：《新世纪德国对东南亚政策解读》，《世界经济与政治论坛》2005年第5期。

涉及乡镇、城市的文化事务的社区平台。

联邦政府层面的文化政策贯彻和实施分为国际和国内两部分，其平台也因政策涉及对象不同而有所区别。在对外文化政策部分，依据涉及全球、欧洲和联邦德国自身对外文化政策和事务的不同而有相应的贯彻和实施平台。其相应的组织平台分别有：联合国教科文组织及德国"联合国教科文组织"委员会；欧洲委员会以及欧盟的相关组织；联邦外交部文化交流处等。需要说明的是，在涉外部分，联邦德国外交部很少直接参与对外文化政策的落实，相关工作主要由歌德学院、德国学术交流中心等一些登记注册的协会、基金会和有限责任公司等中间机构组织承担落实。联邦德国外交部的职责则在于通过拨付资金以及与相关国家签订协定等，为这些文化中介机构在国外的活动提供保障。

在对内文化政策的落实方面，根据《基本法》有关"州文化主权"的规定，联邦层面不能设立文化部，因此国内文化政策只能由联邦内政部负责。但是这种状况并非一成不变。如前所述，施罗德政府时期，随着文化事务的重要性日益突出，首次设立了联邦层面的联邦政府文化与媒体事务专署，联邦议会也成立了文化与媒体委员会，从立法层面配合联邦文化与媒体事务专署的工作。此后，联邦政府文化与媒体事务专署接管了联邦各部的各项与文化有关的事务。它不仅直辖联邦档案馆等诸多文化机构，而且负责推进跨地区及国家层面的文化机构和文化工程的发展。

各州在文化政策的贯彻落实方面也有自己的组织平台。首先，各州政府都有负责文化教育等事务的管理部门，部分州（市）甚至直接由州（市）长直接负责文化事务。州议会也有相应的负责文化事务的委员会。与此同时，鉴于各州文化政策框架不尽相同，优势领域各有所异，在州层面上也建立了几大协作性组织机构，负责州与州之间文化工作的协调和管理，其中包括各州文化部长常设会议和各州文化基金会等。

依据《基本法》关于乡镇"自治保障"的原则，以城市和乡镇为单位的社区是联邦德国落实相关文化政策的基本单元。社区文化事务的主要负责机构是乡镇议会。具体分管社区文化政策实施和贯彻的官员则主要有通过选举产生的文化政务官和具有专业知识背景的文化局主管等两类。而由诸多城市和乡镇参加的德国城市议会则在社区文化发展中扮演了引领和协调性的重要角色。

除了公权力层面的贯彻平台外，还有诸多社会层面的文化政策贯彻平台，包括政党、教会、大学、各类协会和联合会等。它们成为影响德国文化政策的重要因素甚至是无法替代的因素。

联邦德国文化政策的贯彻路径也呈现多元和多样性。具体而言，它通过完善的法律为文化发展保驾护航；通过建立多种多样的文化机构建设和开展丰富多彩的文化活动来落实文化政策目标；通过多种途径的资金投入为保障相关文化机构运行和文化活动的开展而给予强有力的财政支持；等等。

在法律层面，联邦德国也通过各项法规保障、促进文化的繁荣和文化多样性发展。联邦德国不仅通过了《著作权法》以及根据信息化社会发展需要而颁布的《信息社会规范著作权第二部法律》等维护文化工作者的权利，而且通过《自主艺术家和新闻工作者社会保险法》等给予艺术家以社会生活条件的法律保护，通过扩大对书籍、音像电子产品等税收优惠等特别的税收政策来鼓励和促进文化艺术的发展，通过降低文化艺术工作者的所得税等来促进文化的发展。

联邦德国还建立从联邦、州乃至社区的各级各类文化机构，如剧院、图书馆、博物馆、社区画廊、档案馆、社区电影院、公立高校、社会文化中心、音乐学校等，作为落实文化政策目标的运行载体。它们构成了德国文化生活的基本活动单位。

丰富多彩的文化活动既是联邦德国实现文化政策目标的主要实践路径，也是文化发展和繁荣的具体体现。各类文化活动不仅丰富了当地的文化生活，也成为各地乃至各州彰显自己文化特色和传统的重要举措，是德国文化多样性的最鲜明表达。

各项文化政策的落实，各类文化机构的运行和各种丰富多彩的文化活动的举办都离不开资金的投入支持。总体上看，联邦德国对于文化领域的资金投入呈现两大特点。一是促进文化发展的资金来源是多样化和多元的，既有联邦层面的财政拨款，有各州和地方社区层面的财政支持，也有企业和私人的赞助。二是为促进文化事业发展而投放的资金量呈现不断增长的趋势。

第四，联邦德国的文化多样性社会和文化政策随着时代的进步而呈现鲜明的阶段性发展轮廓。

具体说来，以20世纪六七十年代从工业社会向后工业社会的转型为节点，联邦德国文化多样性社会的发展也可分前后两个阶段。第一阶段以1968—1969年青年大学生发动的"文化革命"为"拐点"，即从二战结束到20世纪70年代以前。这一时期的联邦德国在经济上经历了战后重建和繁荣，与此相对应，在文化领域则不仅恢复了纳粹上台之前的各种文化活动，还发展出了一些新的文学艺术流派，在西方核心价值观的指导下初步重建了文化多样性社会。从文化成果看，主要是重建和创办了大量博物馆、艺术馆、社区画廊、档案馆、图书馆、社会文化中心、剧院、电影院、报社、杂志社、电台、电视台等文化及大众传媒机构；同时举办多种多样的音乐会、剧院演出、节日庆典、展览会、小型艺术展、读书会和报告会等，丰富人们的多彩文化生活。

第二阶段，即20世纪70年代以后，联邦德国的经济和社会发展迈入后工业社会，文化领域的发展也出现了重大转向。"文化革命"期间，在联邦德国文化生活中居主导地位的左翼知识分子开始积极介入政治，要求打破一切规则和束缚，通过反权威、反传统、反体制的审美观革命，结果使"文化民主化"日益成为人们关注的重点，文化政策和文化生活都趋向"民主化"；"文化革命"之后，"文化民主精神"却促使联邦德国的文化依旧向着多元化、个性化、民主化的方向发展，并使多元化、个性化、民主化成为后工业时代联邦德国文化生活的基本特征。在"文化民主化"潮流下，联邦德国文化政策的多元主义特征更加明显。文化基础设施更加灵活，出现了流动图书馆、流动放映厅等，更易于文化的大众传播；文化主题更加丰富，如爵士乐、摇滚音乐会、街头剧、哑剧、街舞等，更加关注新的文化形式和人们的需要。与此同时，文化界也在激烈的争论中积极建构以西方核心价值理念为基础的新的德意志民族文化，自由、平等、民主等西方核心价值与德意志传统文化结合的德意志主流文化成为人们的文化"共识"。

第五，外来移民是影响联邦德国文化多样性社会发展的一个极其重要的因素，促使联邦德国在文化多元主义政策方面进一步做出调适。

二战结束以来，特别是1990年两德统一之后，随着大量外来移民的涌入，德国已成为事实上的非典型移民国家。大量外来移民以及以其为载体的外来文化也使德国的文化生态出现了新的变化。由于这些移民大多来自非西方文化圈，他们的到来给德国社会带来了严重的文化碎裂和文化冲突。在这种新形势下，往日专注于德意志传统文化的文化政策显然已无法解决日益严重的族际文化冲突和整合问题。

面对非典型移民国家这一事实，联邦德国结合本国实际，一方面通过制定和修正移民准入、居留和入籍政策等，调整移民融入规范；另一方面调整并制定新的文化政策，逐渐形成了针对"非典型移民社会"的、以"存异求同、多元一体"为主要特征的文化多元主义理念与政策。这种新的文化理念和政策包括移民在文化上融入主流社会和主流社会承认移民带来的外来文化两个方面。它既承认德国已成为移民社会的事实，尊重和保护少数族裔的语言、文化和宗教，为非主流文化的延续和发展创造必要的法律保障和教育支持条件；又要求所有外来移民必须融入德国主流社会，必须学习和了解德语等主流文化，接受德国社会的人权、民主、法制及爱国主义等主流价值观。这种新的文化多元主义政策的本质是要在保持社会文化多元性和统一性之间寻求一种平衡，以达到整体社会文化的和谐发展。

联邦德国还将这种新的文化多元主义理念和政策贯彻到教育和文化领域的实践之中。在教育领域，一方面要求尊重和保护移民文化，反对种族主义，促进跨文化交流与对话，另一方面又特别重视移民融入主流文化的教育，要求移民及其子女通过学习德语和德国文化，接受德国的主流价值观，融入德国主流社会，从而使它区别于一般意义上的跨文化教育，凸显了一种交融文化教育的特征。在文化艺术、新闻出版、广播影视等领域，则在尊重、包容、保护、传播移民文化传统、文化遗产和宗教信仰的同时，通过种种措施来强化新闻媒体、宗教及文化出版机构和组织等在移民文化融入和社会文化整合方面的作用。联邦德国还通过了专门的《国家融入计划》，动员政治、文化、宗教、经济、媒体等力量，在尊重文化多样性的基础上，为移民融入德国社会而努力。

文化多元主义在文化及文化传播领域、教育领域和宗教领域的贯彻，在一定程度上缓和了外来移民文化与主流文化之间的冲突，促进了相互之间的包容和交流，为外来移民与主流社会的文化整合创造了条件，有助于联邦德国文化多样性社会的发展。

<h1 style="text-align:center">二</h1>

联邦德国文化多元主义的理论和实践也给了我们一些有益的启示。

其一，当今的世界，人类社会的发展呈现两大明显的趋势：地区乃至全球趋同与民族国家内部文化生态多元化。

在当今的世界，一方面，随着跨界交通的日益增长和世界市场的自由化，民族国家时代最具差异性特征的民族认同意识正在受到削弱，特别是在欧盟各国，由于一体化的深入，各国之间的趋同性因素在不断增长，"欧洲认同"或"欧洲价值观"已经成为人们谈论得最多话题之一；另一方面，这种全球化进程带来的开放和流动性的增强，不仅使落后国家受到西方先进文明和文化的冲击，同时也使得大量落后国家和地区的移民涌入发达国家，带去了自己的文化和生活方式，形成了一股"异质文化"的"入侵"，使一些欧美发达国家内部日益呈现文化"多元化"生态。① 面对这样一种发展态势，从传统民族国家的角度出发，如何在顺应全球大势的同时，处理好内部传统文化与外来文化的关系，既能坚持民族主流文化又不排斥外来异质文化，在两者之间找到一个平衡点，形成传统主流文化与外来文化的共生而非冲突，显然是一个非常值得关注的问题。

在这一方面，联邦德国的做法不失为一种有益的探索。它在"存异求同、多元一体"的文化多元主义理念之下，辩证地处理多样性与

---

① Richard Münch, *Das Regime des Pluralismus: Zivilgesellschaft im Kontext der Globalisierung*, Frankfurt am Main: Campus Verlag, 2010, S. 8 – 9.

融入的关系，强调"和而不同"，在尊重文化多样性的同时，鼓励并促进各种外来文化融入主流文化社会，既尊重少数族裔的文化权利，又为外来移民融入主流社会提供各种政策方面的便利。这既有利于德国文化的多样性发展，又保证了德国文化发展进程中主流文化与其他文化和谐共存，进而形成互相促进的有序文化生态，形成各族群的和谐"共同生活"（Zusammen leben），有利于德国的社会团结和文化的和谐、平稳、健康发展。

其二，任何一种文化传统和成功的文化政策都有其历史的基础和延续性，无法割裂。

如今有关文化的研究已经成了一门学问，有关文化的定义有数百种之多。尽管学界对于文化的定义莫衷一是，但通常都将文化分为广义的文化和狭义的文化。广义的文化主要着眼于人与自然的本质区别，将人类有意识地作用于自然界和人类社会的一切活动和结果都视为文化。在这一定义之下，文化就是人类独特的生活方式。而狭义的文化主要是指人类精神创造活动及其结果，是包括知识、信仰、艺术、道德、法律、习俗和任何人作为一名社会成员而获得的能力和习惯在内的复杂整体。由此可见，无论广义的还是狭义的文化，不仅具有鲜活的动态性，处于不断发展变化之中，而且"具有传承性，是一个历史的过程，有一定的连续性"[①]。

联邦德国的文化多样性包容理念和文化多元主义政策可以视为传承历史的当然结果。如前所述，自公元十世纪以降，处于欧洲中部的德意志国家经历了一千多年的历史发展。在这一千多年的历史进程中，独特的历史因素造成了德国中央权力相对弱小、众多诸侯国长期并存的分裂割据状态，并因此铸就了它的多中心政治格局，奠定了德国尊重各邦自决和差异的联邦主义政治传统，这种传统成为德意志国家无法抹去的一道独特历史风景和价值取向。

与这种政治上的联邦主义传统相对应，德意志国家的文化发展也呈现一种与英、法等国截然不同的取向。在英、法等国，中央集权主

---

① 有关文化的定义和内涵，参见马敏、邢来顺主编《西方文化教程》，华中师范大学出版社 2011 年版，第 2—7 页。

义的政治发展为形成伦敦和巴黎这样的中心文化大都市奠定了政治基础。在德国则不然，政治上分裂的各邦在文化生活方面也都形成了自己相应的文化中心，各邦统治者在发展各自的文化和培育地方文化认同方面不遗余力，并由此形成了特色鲜明的地方文化和文化单元。正是这种以文化多中心格局为特征的"文化的地方化"造就了近代以来德国文化的繁荣和多样性局面，成为德国文化的多样性发展和推行文化多元主义政策的历史基础。因此，近代以来，直到德意志帝国时期，德国的宪法中都明文规定，各邦在发展自己的文化生活方面享有自主权，文化政策的立法和管理是各邦的事务。魏玛共和国宪法也规定各州文化政策要考虑到所在居民的意愿。而纳粹统治时期无视历史传统，推行极权主义文化政策的结果是，原有文化生态遭到破坏，德国文化生活出现了可怕的"荒漠化"。

德意志民族是一个特别强调历史认知的民族，认为以史为鉴，可以察往知来。联邦德国的文化政策正是奠基于上述深厚的历史传统之上，选择文化多元主义理念和政策也就成为一种当然之举。

其三，联邦德国文化政策关注重点的发展变化告诉我们，任何文化政策都具有其时代色彩，在文化政策总体取向不变的情况下，文化政策的侧重点可根据时代变化而有所调整。

诚如本书《前言》中所言，战后联邦德国的文化政策有一个发展演变过程，可划分为几个发展阶段。虽然每个阶段的文化多样性和多元主义取向从未发生改变，但其侧重点却有所不同。

在战后初期和繁荣年代，联邦德国的文化政策还是致力于继承和维护德国优秀的传统文化。但是进入 20 世纪 60 年代后期 70 年代初，随着民主制度的成熟和民主观念的普及，一些研究文化政策方面的学者以及文化政策协会等团体开始顺应社会的要求，试图促使资产阶级文化精英们竭力维护着的优秀传统文化圣殿面向普通民众，要求文化景点向所有人开放，并打出了"文化为人人"的旗帜，以此作为反对社会不平等的支点之一，从而将文化生活的民主化提上了议程。然而，文化圣殿的大门虽然已经敞开，却并非所有人都愿意迈入这一圣殿，许多人由于文化差异之故而仍然徘徊于这一圣殿之外。因此，文化的民主化只是得到部分实现。80 年代后，随着向后工业社会的转型和中等阶层的崛起，社会发展进一步多元化，生活方式也日益多样化，文化政策开始关注文化的差异性，打上所谓的"后现代新自由主义"烙印，人们开始提出"文化多样性"问题，即不同的生活背景和生活群体造就不同的文化和文化传统。关注因差异带来的"文化多样性"于是成为一种主流取向。

20世纪90年代，特别是迈入21世纪后，随着全球化和国际化进程的深入，大量外来移民涌入德国，由此带来的社会变化非常明显，族群文化差异和认同问题日渐突出，德国已经"变成多元族群和多元文化的社会"①。在这种新形势下，德国学界在关注文化多样性的同时，一些学者开始讨论凸显文化差异和独立的多元文化主义，提出了联邦德国是否要建立凸显族群差异的多元文化社会的问题。

很显然，如果德国要推行以保护和凸显文化差异为目标的多元文化主义，那么不仅德意志的传统主流文化将逐渐遭到冲淡甚至湮没，而且德国将会出现一些推行多元主义文化政策的西方国家已经面对的剧烈文化冲突。但是，如果排斥非主流文化，个人的文化自由得不到保护，又不符合《基本法》所规定的民主价值理念。为此，包括德国学界在内的整个德国社会掀起了一场辩论。为了在两者之间找到一个平衡点，最后"存异求同、多元一体"的"文化多元主义"成为多数人的"共识"。这种文化多元主义的核心理念是：充分尊重和保护少数族裔的平等文化权利，进而丰富和充实德国社会的文化多样性；强调"平等权利"也强调义务。在提倡和保护文化的平等和多样性的同时，也强调和倡导"融入"主流文化，使主流文化成为社会的"基本共识"（Grundkonsens）和"价值共识"（Wertekonsens）。② 简言之，所有人都有"平等的文化权利和自由"，也有义务融入"主流文化"，

---

① Dieter Oberndörfer,„Leitkultur und Berliner Republik：Die Hausordnung der multikulturellen Gesellschaft Deutschlands ist das Grundgesetz"，in：*Aus Politik und Zeitgeschichte*（*B1 - 2/2001*）. http：//www. bpb. de/apuz/26537/leitkultur - und - berliner - republik.

② Dorothea Kolland,„Kulturelle Vielfalt：Diversität und Differenz"，in：Norbert Sievers / Bernd Wagner（Hrsg.）*Jahrbuch für Kulturpolitik 2006*，Essen：Klartext 2006，S. 139 - 148；Bassam Tibi,„Leitkultur als Wertekonsens：Bilanz einer missglückten deutschen Debatte"，in：*Aus Politik und Zeitgeschichte*（*B1 - 2/2001*）. http：//www. bpb. de/apuz/26535/leitkultur - als - wertekonsens.

这既是主流居民群体文化传递的表达，也是"民主的多数原则"的体现。

其四，任何一个国家，其文化政策的成功都是与本国的具体国情紧密结合的结果。

一个国家实行什么样的文化政策，必须考虑到本国的具体国情。换言之，一个国家在制定其文化政策时必须考虑到本国的历史文化传统、社会发展水平、价值观念、社会制度等一系列因素的影响，并根据形势变化做出适时的调整。

以外来移民融入模式为例。如前文所述，随着全球化进程的加速，大量发展中国家移民涌入欧美发达国家，形成了所谓的外来移民问题。这种外来移民问题不仅体现为经济和社会方面的巨大压力，也表现为因文化差异而造成的文化冲突的困扰。在这种形势下，以美国、澳大利亚、加拿大等为代表的典型移民国家和以英国、法国等为代表的非典型移民国家都纷纷根据自己的国情制定相应的对策和措施，形成了各具特色的移民融入政策。目前看来，这些国家的移民融入政策大体可以分为三类，即以加拿大、澳大利亚等国为代表的"多元文化主义模式"，以法国为代表的"共和模式"和以英国为代表的介于两者之间的中间模式。其中，第一种模式肯定各个族群和文化群体之间的文化差异，突出多元文化的平行发展；第二种模式则要求外来移民必须放弃自己传统的文化传统、习惯和生活方式，彻底融入所在国主流社会，接受所在国的文化认同和价值观念；第三种模式则允许外来移民可以在公共场合拥有更多的保留自己文化传统的权利，但他们并非都可以像在多元文化主义模式之下那样获得文化上的包容和支持。客观而论，第一种模式显然容易导致形成文化间的鸿沟，进而引发文化冲突和社会的碎片化。第二种模式则过于专断，会造成非主流文化族群的强烈不满和抵抗，进而破坏社会的稳定和团结。第三种模式降低了因文化冲突导致非主流族群不满的危害，但缺乏一种积极应对的态度。

上述各国应对外来移民的对策和措施虽然提供了可资借鉴的经验，但联邦德国并没有贸然照搬照套。具体而言，多元文化主义模式不适合联邦德国的国情。澳大利亚、加拿大等国是典型的移民国家，从一开始就是一种多元文化的组合型社会构成，推行多元文化主义模式顺乎情理。与之相比，联邦德国属于非典型移民国家，一千多年的历史发展已经积淀了深厚的传统文化。倘若它也采取多元文化主义模式，势必带来传统主流文化与外来移民的非主流文化的冲突和对抗，造成社会的碎裂，同时也不利于传统主流文化的保持和发展。"共和模式"也不适合德国国情。正如所熟知的那样，法国在移民融入问题上推行"共和模式"的文化政策，是基于其文化集权主义的历史传统，而联邦德国却有着完全不同的历史基础，一贯秉持的是联邦主义的文化多样性传统。这种传统与"共和模式"的大一统要求无法兼容。至于英国式的"中间模式"，虽然降低了文化冲突的危险，却因缺乏积极的"融入"应对策略而终究无法解决主流文化与外来移民文化间的和谐发展。

基于以上认知，联邦德国根据德国的历史和现实状况，推出了适合本国国情的文化多元主义政策。如前所述，它在外来移民问题上采取了辩证的"存异求同、多元一体"的文化多元主义。一方面充分尊重和保护少数族裔的平等文化权利，进而丰富和充实德国社会的文化多样性。如今，除了传统的日耳曼文化和基督教文化外，伊斯兰文化等已经成为德国多样性文化社会的重要组成部分；另一方面这种文化多元主义既强调"平等权利"也强调义务，在提倡和保护文化的平等和多样性的同时，也强调基于共同价值观之上的"融入"，明确某些能够表达共同生活的集体规则，包括人权、民主和法制等核心价值、共同的管理和交流语言以及宪法国家基础上的爱国主义等。换言之，所有人都有"平等的文化权利和自由"，也有义务融入"主流文化"。

联邦德国"存异求同、多元一体"的文化多元主义并非只停留于理论和口头层面。近年来德国政府的移民政策充分反映了尊重多样性和强调融入主流社会的原则，既尊重少数族裔的文化权利，又为外来移民融入主流社会提供各种政策方面的便利。前文提到应对外来移民问题的几大步骤鲜明地反映了德国政府的这种取向：1990年通过的《外国人法》和2000年的《国籍法》减轻了加入德国国籍的困难；2005年的《移民法》规定通过语言考试等使移民德国者接受"融入预测"，则表达了德国政府对于移民融入德国社会的期望；2006年和

2007 年默克尔政府召开"融入峰会"（Integrationsgipfel），通过"国家融入计划"，全方位动员各种力量推动移民融入德国社会，也是这种政策的体现。

客观而论，联邦德国的多样性文化政策在总体上是成功的。文化多元主义和保护文化多样性的举措，不仅促进了德国文化的多样性发展，而且保证了德国文化发展进程中主流文化与其他文化和谐共存、互相促进的有序文化生态，对丰富本国的文化生活和加强世界各国间的文化交流起到了较好的促进作用。就此而言，联邦德国的文化政策和文化发展模式对于我们当今制定和谐而具活力的文化政策无疑具有参考价值。

但是，不可否认的是，相关政策并非尽善尽美，落实过程中也存在诸多问题。例如，在对待穆斯林等外来移民融入主流文化社会问题上，德国社会并非看法一致，有些观点相距甚远。德国社会甚至还时常出现针对外来移民的右翼极端主义①。在对外文化政策方面，德国政府一方面强调保护世界文化的多样性和基于平等之上的相互交流，另一方面却又打着人权、民主等旗帜，对发展中国家居高临下说教，强行输出西方价值观，甚至干涉他国内政，以至于激起他国的不满甚至抗议。这一切都应引发我们的关注和思考。

---

① 详情见 Armin Pfahl – Traughber, *Rechtsextremismus in Bundesrepublik*, München：C. H. Beck，1999。

附　录

一　人名、名词术语译名对照和索引

Art 131—艺术文化教育基金会（Art 131 – Stiftung für künstlerisch – kulturelle Bildung）

阿博斯，赫尔曼·J.（Abs, Hermann J., 1901 – 1994）

阿登纳，康拉德（Adenauer, Konrad, 1876 – 1967）

阿多诺，特奥多尔（Adorno, Theodor, 1903 – 1969）

阿尔布莱希特五世（Albrecht V., 1528 – 1579）

阿姆斯特丹条约（Vertrag von Amsterdam）

阿努尔夫一世（Arnulf I., 　？ – 937）

阿斯坎尼亚家族（Askanier）

埃克曼，奥托（Eckmann, Otto, 1865 – 1902）

艾哈德，路德维希（Erhard, Ludwig, 1897 – 1977）

艾希，君特（Eich, Günter, 1907 – 1972）

艾辛多夫，约瑟夫·冯（Eichendorf, Joseph von, 1788 – 1857）

爱尔福特分裂（Erfurter Teilung）

爱尔福特纲领（Erfurter Programm）

爱因斯坦，阿尔伯特（Einstein, Albert, 1879 – 1955）

安娜·阿玛丽亚公爵夫人（Anna Amalia von Braunschweig Wolfen-büttel, 1739 – 1807）

奥伯豪森宣言（Oberhausener Manifest）

奥博豪森国际短片电影节（Die Internationalen Kurzfilmtage Ober-hausen）

奥地利王位继承战争（Österreichischer Erbfolgekrieg）

奥尔登堡大学（Carl von Ossietzky Universität Oldenburg）

奥格斯堡联盟战争（Krieg der Augsburger Allianz）

奥格斯堡仲裁（Augusburger Schied）

奥格斯堡宗教和约（Der Augusburger Religionsfriede）

奥古斯特选帝侯（Kurfürst August, 1526 – 1586）

奥古斯特·倍倍尔研究所（August – Bebel – Institut）

奥林格，赖纳（Ohliger, Rainer, 1967 – ）

奥斯纳布吕克大学（Universität Osnabrück）

奥托（Otto von Freising, 1112 – 1158）

奥托一世（Otto I., der Große, 912 – 973）

巴尔，胡果（Ball, Hugo, 1886 – 1927）

巴尔，佩德拉（Bahr, Petra, 1966 – ）

巴伐利亚科学院（Bayerische Akademie der Wissenschaften）

巴伐利亚人路德维希（Ludwig IV. der Bayer, 1282 – 1347）

巴赫曼，英格伯格（Bachmann, Ingeborg, 1926 – 1973）

巴拉赫，恩斯特（Barlach, Ernst, 1870 – 1938）

巴洛克音乐（Barockmusik）

柏林大教堂基金会（Berliner – Dom – Stiftung）

柏林工业大学（Technische Universität Berlin）

柏林国际电影节（Internationale Filmfestspiele Berlin）

柏林洪堡大学（Humboldt – Universität zu Berlin）

柏林启蒙运动（Berliner Aufklärung）

柏林脱离派（Berliner Secession）

柏林晚报（Berliner Abendblätter）

柏林自由大学（Freie Universität Berlin）

班贝格大学（Universität Bamberg）

包豪斯（Bauhaus）

包罗莫伊斯协会（Borromäusverein）

保罗，雅恩（Paul, Jean, 1763 – 1825）

鲍尔，阿尔弗雷德（Bauer, Alfred, 1911 – 1986）

鲍麦斯特，维利（Baumeister, Willi, 1889 – 1955）

北德广播电视公司（Norddeutscher Rundfunk ／ NDR）

北德意志劳埃德公司（Norddeutscher Lioyd）

北德意志联邦宪法（Verfassung des Norddeutschen Bundes 1867）

北莱茵－威斯特伐伦州媒体专署（Landesanstalt für Medien Nordrhein－Westfalen）

贝多芬，路德维希·凡（Beethoven, Ludwig van, 1770－1827）

贝尔布埃尔，卡尔（Berbuer, Karl, 1900－1977）

贝尔特拉姆，汉斯－博多（Bertram, Hans－Bodo, 1941－）

贝尔图赫，弗里德里希·尤斯丁（Bertuch, Friedrich Justin, 1747－1822）

贝格，阿尔巴恩（Berg, Alban, 1885－1935）

贝加斯，莱因霍尔德（Begas, Reinhold, 1831－1911）

贝克，乌尔里希（Beck, Ulrich, 1944－2015）

贝克曼，马克斯（Beckmann, Max, 1884－1950）

贝伦斯，彼得（Behrens, Peter, 1868－1940）

贝特尔斯曼基金会（Bertelsmann－Stiftung）

倍倍尔，奥古斯特（Bebel, August, 1840－1913）

本土电影（Heimatfilm）

俾斯麦，奥托·冯（Otto von Bismarck, 1815－1898）

毕希纳，格奥尔格（Büchner, Georg, 1813－1837）

编辑变革杂志（Edition Umbruch）

表现主义（Expressionismus）

表演艺术理事会（Rat für Darstellende Kunst）

宾格，霍尔斯特（Bingel, Horst, 1933－2008）

宾顾尔，毕兰德（Bingül, Birand, 1974－）

波茨坦敕令（Edikt von Potsdam, 1685）

波茨坦大学（Universität Potsdam）

波雷尔，卡尔（Bohrer, Karl, 1932－）

波普艺术（Pop－Kunst）

伯恩斯坦，爱德华（Bernstein, Eduard, 1850－1932）

伯尔，海因里希（Böll, Heinrich, 1917－1985）

伯克林，阿诺尔德（Böcklin，Arnold，1827 – 1901）

勃兰特，维利（Brandt，Willy，1913 – 1992）

博德，阿莫尔德（Bode，Arnold，1900 – 1977）

博物馆岛（Museumsinsel）

博伊于斯，约瑟夫（Beuys，Joseph，1921 – 1986）

不莱梅大学（Universität Bremen）

布拉姆，奥托（Brahm，Otto，1856 – 1912）

布莱希特，贝尔托尔德（Brecht，Bertolt，1898 – 1956）

布伦塔诺，克莱门斯（Brentano，Clemens，1778 – 1842）

蔡莫录，费里顿（Zaimolu，Feridun，1964 – ）

策兰，保罗（Celan，Paul，1920 – 1970）

查理大帝（Karl I.，der Große，747/748 – 814）

查理五世（Karl V.，1500 – 1558）

承认理论（Anerkennungstheorie）

城市代表大会（Stadtverordnetenversammlung）

楚克迈尔，卡尔（Zuckmayer，Carl，1896 – 1977）

创意 D21（Initiative D21）

创意工厂（kreative Ideenfabrik）

创造力与跨学科研究自由国际大学（Freie Internationale Hochschule für Kreativität und Interdisziplinäre Forschung）

纯粹派（Purismus）

茨威格，阿诺尔德（Zweig，Arnold，1887 – 1968）

达达俱乐部（Club Dada）

达达派（Dadaismus）

达达派宣言（Dadaistisches Manifest）

达伦多夫，拉尔夫（Dahrendorf，Ralf，1929 – 2009）

大德意志方案（Großdeutsche Lösung）

大屠杀纪念碑（Denkmal für die ermordeten Juden Europas；Holocaust – Mahnmal）

大众消费（Mass Consumption）

代表多元主义（Trägerpluralismus）

戴姆勒·奔驰基金会（Daimler – Benz – Stiftung）

德布林，阿尔弗雷德（Doblin, Alfred, 1878 – 1957）

德俄历史委员会（Deutsch – Russische Historikerkommission）

德国"联合国教科文组织"委员会（Deutsche UNESCO – Kommission）

德国城市议会文化委员会（Der Kulturausschuss des Deutschen Städtetages）

德国城市议会（Deutscher Städtetag / DST）

德国电视二台（Zweites Deutsches Fernsehen / ZDF）

德国电视一台（Ersters Deutsches Fernsehen）

德国翻译家基金会（Deutscher übersetzerfonds e. V., Berlin）

德国革命（1848 年）（Deutsche Revolution 1848/1849）

德国公法广播电视联盟（Arbeitsgemeinschaft der öffentlich – rechtlichen Rundfunkanstalten der Bundesrepublik Deutschland / ARD）

德国国家书目（Deutsche Nationalbibliographie）

德国国家图书馆（Deutsche Nationalbibliothek / DNB）

德国航海博物馆（Deutsches Schiffartsmuseum）

德国基督教会（Evangelische Kirche）

德国记者联合会（Deutschen Journalisten Verband）

德国纪念物保护基金会（Deutsche Stiftung Denkmalschutz）

德国考古研究所（Deutsches Archäologisches Institut / DAI）

德国科学委员会（Wissenschaftsrat）

德国流亡文化（Deutsche Exilkultur; Deutsche Kultur im Exil）

德国穆斯林协调理事会（Koordinationsrat der Muslime in Deutschland / KRM）

德国穆斯林中央理事会（Zentralrat der Muslime in Deutschland / ZMD）

德国农民战争（Deutscher Bauernkrieg）

德国社会民主党（Sozialdemokratische Partei Deutschlands / SPD）

德国社会主义工人党（Sozialistische Arbeiterpartei Deutschlands）

德国天主教艺术文化奖（Kunst – und Kulturpreis der deutschen

Katholiken）

德国统一社会党独裁材料整理联邦基金会（Bundesstiftung zur Au-farbeitung der SED – Diktatur）

德国文化理事会（Deutscher Kulturrat）

德国文化调查委员会（Enquete – Kommission der „Kultur in Deutsch-land"）

德国文化资助信息中心（Das Deutsche Informations Zentrum Kultur-förderung / DIZK）

德国文学大会（Deutsche Literaturkonferenz）

德国乡镇议会（Deutscher Gemeindetag）

德国学术交流中心（Deutscher Akademischer Austauschdienst / DAAD）

德国研究学会（Deutsche Forschungsgemeinschaft / DFG）

德国伊斯兰会议（Deutsche Islamkonferenz / DIK）

德国音乐档案馆（Deutsches Musikarchiv）

德国音乐家协会（Deutscher Tonkünstlerverband）

德国音乐理事会（Deutscher Musikrat）

德国犹太人中央委员会（Der Zentralrat der Juden in Deutschland）

德国杂志出版商联盟（Verband deutscher Zeitschriftenverleger）

德国之声（Deutsche Welle）

德国中央档案馆（Deutsches Zentralarchiv）

德国主教会议（Deutsche Bischofskonferenz）

德国自由党（Freiheitliche Partei Deutschlands / FPD）

德利乌斯，弗里德里希（Delius，Friedrich，1943 – ）

德美学会（Deutsch – Amerikanischen Institute）

德意志邦联文件（Deutsche Bundesakte）

德意志帝国（Das deutsche Kaiserreich）

德意志帝国宪法（1849）（Verfassung des Deutschen Reichs 1849）

德意志剧院（Deutsches Schauspielhaus）

德意志历史博物馆（Deutsches Historisches Museum）

德意志人路德维希（Ludwig II. der Deutsche，um 806 – 876）

德意志人民联盟（Deutsche Volksunion / DVU）

德意志书库（Deutsche Bücherei）

德意志图书馆（Deutsche Bibliothek / DDB）

德意志新闻社（Deutsche Presse – Agentur / Die dpa）

德意志之歌（Lied der Deutschen）

迪伦马特，弗里德里希（Dürrenmatt，Friedrich，1921 – 1990）

迪特里希，玛雷娜（Dietrich，Marlene，1901 – 1992）

笛卡尔（Descartes，René，1596 – 1650）

地区性文化政策（Regionale Kulturpolitik）

地区主义（Regionalismus）

帝国代表会议总决议（Reichsdeputationshauptschluβ）

帝国改革（Reichsreform）

帝国国籍法（Reichs – und Staatsangehörigkeitsgesetz）

帝国文化委员会（Reichskulturkammer）

帝国议会大厦（Reichstagsgebäude，1894）

帝国直属领地归并（Mediatisierung）

帝国最高法院（Reichskammergericht）

第一次达姆施塔特对话（Erstes Darmstädter Gespräch）

蒂宾根大学（Universität Tübingen）

蒂尔泽，沃尔夫冈（Thierse，Wolfgang，1943 – ）

蒂克，路德维希（Tieck，Ludwig，1773 – 1853）

电影鉴定署（Filmbewertungsstelle）

电影经济界领导组织（Spitzenorganiation der Filmwirtschaft. E. V. ）

杜伦德，彼德（Duelund，Peter，1945 – ）

杜尚，马塞尔（Duchamp，Marcel，1887 – 1968）

对外关系研究所（Institut für Auslandsbeziehungen / ifa）

对外媒体政策（Auswärtige Medienpolitik）

对外文化 – 教育政策（Die Auswärtige Kultur – und Bildungspolitik / AKBP）

对外文化政策（Auswärtige Kulturpolitik）

对外文化政策——2000 年理念（Auswärtige Kulturpolitik – Konzeption 2000）

对外文化政策调查委员会（Enquete – Kommission Auswärtige Kulturpolitik）

多瑙厄申根音乐节（Donaueschinger Musiktage）

多特蒙德工业大学（Technische Universität Dortmund）

多样化宪章（Charta der Vielfalt）

多元文化（Multikultur / Multiculture）

恩茨斯贝格，汉斯（Enzensberger，Hans，1929 – ）

恩德，米歇尔（Ende，Micheal，1929 – 1995）

恩斯特（Ernst，1441 – 1486）

恩斯特，马克斯（Ernst，Max，1891 – 1976）

恩斯特·奥古斯特一世（Ernst August I.，1688 – 1748）

二十五条纲领（25 – Punkte – Programm）

法国大革命（Französische Revolution）

法兰克福帝国宪法（Frankfurter Reichsverfassung）

法兰克福全德国民议会（Frankfurter Nationalversammlung）

法兰克福汇报（Frankfurter Allgemeine Zeitung）

法兰肯豪森（Frankenhausen）

凡尔登条约（Vertrag vo Verdun）

斐迪南大公（Ferdinand II.，1578 – 1637）

废墟文学（Trümmerliteratur）

费迪南德·马利亚（Ferdinand Maria von Bayern，1636 – 1679）

费迪南德三世（Ferdinand III.，1608 – 1657）

费舍尔，约翰（Fischer von Erlach，Johann Bernhard，1656 – 1723）

费舍尔，约施卡（Fischer，Joschka，1948 – ）

费希特（Fichte，Johann Gottlieb，1762 – 1814）

风暴杂志（Der Sturm）

冯塔纳，特奥多尔（Fontane，Theodor，1819 – 1898）

弗格尔，伯恩哈德（Vogel，Bernhard，1932 – ）

弗莱堡学派（Freiburger Schule）

弗兰茨二世（Franz II.，1768 – 1835）

弗里德，埃里希（Fried，Erich，1921－1988）

弗里德里希·艾伯特基金会（Friedrich－Ebert－Stiftung）

弗里德里希·瑙曼基金会（Friedrich－Naumann－Stiftung）

弗里德里希·威廉四世（Friedrich Wilhelm IV.，1795－1861）

弗里德里希·瑙曼自由基金会（Friedrich－Naumann－Stiftung für Freiheit）

弗里德里希·威廉（Friedrich Wilhelm von Brandenburg，1620－1688）

弗里德里希二世（Friedrich II. der Groβe，1712－1786），普鲁士国王

弗里德里希二世（Friedrich II.，1194－1250），神圣罗马帝国皇帝

弗里德里希一世（Friedrich I. von Brandenburg）

弗里德里希一世·巴巴罗莎（Friedrich I. Barbarossa，1122－1190）

弗里施，马克斯（Frisch，Max，1911－1991）

弗罗伊登贝格基金会（Freudenberg Foundation）

弗洛伊德，西格蒙德（Freud，Sigmund，1856－1939）

符腾堡黑森林联合会（Württembergischer Schwarzwaldverein）

福克斯，马克斯（Fucks，Max，1948－ ）

福伊希特万格，利翁（Feuchtwanger，Lion，1884－1958）

福音新闻社（Evangelischer Pressedienst／EPD）

富格尔，约翰·雅可布（Fugger，Johann Jakob，1516－1575）

富有者路德维希九世（Ludwig IX. der Reiche，1417－1479）

高级文化（Hochkultur）

高克，约阿希姆（Gauck，Joachim，1940－ ）

戈培尔（Goebbels，Joseph，1897－1945）

哥达纲领（Gothaer Programm）

歌德学院（Goethe－Institut）

格奥尔格，施特凡（Georg，Stefan，1868－1933）

格奥尔格·冯·福尔马尔学院（Georg－von－Vollmar－Akademie）

格茨，卡尔（Goetz，Karl，1875－1950）

格尔恩豪森特权（Gelnhauser Privileg）

格拉塞尔，伊拉斯莫斯（Grasser, Erasmus, 1450 – 1515）

格拉斯，君特（Grass, Günter, 1927 – 2015）

格拉泽，赫尔曼（Glaser, Hermann, 1928 – ）

格利高里七世（Gregor VII. , zwischen 1025 und 1030 – 1085）

格林童话（Grimms Märchen）

格林兄弟（Jacob Grimm, 1785 – 1863；Wilhelm Grimm, 1786 – 1859）

格林，威廉（Grimm, Wilhelm, 1786 – 1859）

格林，雅可布（Grimm, Jacob, 1785 – 1863）

格伦德根司，古斯塔夫（Gründgens, Gustaf, 1899 – 963）

格罗茨，格奥尔格（Grosz, Georg, 1893 – 1959）

格罗皮乌斯，瓦尔特（Gropius, Walter, 1883 – 1969）

各州文化部长常设会议（Ständige Konferenz der Kulturminister der Länder in der Bundesrepublik Deutschland / Kultusministerkonferenz / KMK）

各州文化基金会（Kulturstiftung der Länder）

各州文化主权（Kulturhoheit der Länder）

公法广播机构（Die öffentlich – rechitliche Rundfunkanstalten）

公民文化权利（Bürgerrecht Kultur）

箍桶匠舞（Schäfflertanz）

古巴伐利亚人（Altbayern）

广播剧（Hörspiel）

广泛的文化概念（weiter Kulturbegriff）

国籍法改革法案（Gesetz zur Reform des Staatsangehörigkeitsrechts）

国际合作联合会（Vereinigung für internationale Zusammenarbeit / VIZ）

国际绘画艺术协会联邦德国分会（Sektion Bundesrepublik Deutschland der internationalen Gesellschaft der bildenden Künste e. V. , Berlin）

国际戏剧学院联邦德国中心（Zentrum Bundesrepublik Deutschland des Internationalen Theaterinstituts e. V. , Berlin）

国际协会（Inter Nationes）

国家融入计划（Der Nationale Integrationsplan）

国家文化（Staatskultur）

国内流亡（Innere Emigration）

国内文化政策（Innen – Kulturpolitik）

国外教育中心（Zentralstelle für Auslandsschulwesen／ZfA）

国外流亡（Äuβere Emigration）

哈贝马斯，尤尔根（Habermas，Jürgen，1929 – ）

哈布斯堡家族（Haus Habsburg）

哈登，马克西米连（Harden，Maximilian，1861 – 1927）

哈尔斯坦（Hallstein，Walter，1901 – 1982）

哈尔斯坦主义（Hallstein – Doktrin）

哈马丹，奥马尔（Hamdan，Omar，1963 – ）

哈姆 – 布吕歇尔，希尔德加德（Hamm – Brücher，Hildegard，1921 – ）

哈特费尔德，约翰（Heartfield，John，原名 Helmut Herzfeld，1891 – 1968）

哈特洛普，古斯塔夫·弗里德里希（Hartlaub，Gustav Friedrich，1884 – 1963）

孩子路德维希四世（Ludwig IV.，das Kind，893 – 911）

海德尔堡浪漫派（Heidelberger Romantik）

海德格尔（Heidegger，Martin，1889 – 1976）

海顿，约瑟夫（Haydn，Franz Joseph，1732 – 1809）

海克尔，埃里希（Heckel，Erich，1883 – 1970）

海因里希·伯尔基金会（Heinrich – Böll – Stiftung）

海泽，赫尔曼（Hesse，Hermann，1877 – 1962）

汉堡美洲航运股份公司（Hamburg – Amerikanische Paketfahrt – Aktien – Gesellschaft）

汉堡青少年音乐基金会（Hamburger Jugendmusikstiftung）

汉堡通信（Hamburgischer Correspondent）

汉堡艺术馆促进基金会（Förderstiftung Hamburger Kunsthalle）

汉堡鱼市（Hamburger Fischmarkt）

汉姆尼亚（Hammonia）

汉诺威建筑学派（Hannoversche Architekturschule）

汉斯·赛德尔基金会（Hanns – Seidel – Stiftung）

豪普特曼，格尔哈特（Hauptmann, Gerhart, 1862 – 1946）

豪森施泰因，威廉（Hausenstein, Wilhelm, 1882 – 1957）

豪斯，特奥多尔（Heuss, Theodor, 1884 – 1963）

豪斯曼，劳尔（Hausmann, Raoul, 1886 – 1971）

合作性联邦主义（kooperativer Föderalismus）

合作性文化联邦主义（Kooperativer Kulturföderalismus）

荷尔德林，弗里德里希（Hölderlin, Friedrich, 1770 – 1843）

赫尔德尔（Herder, Johann Gottfried, 1744 – 1803）

赫尔德尔学院（Herder – Institut）

赫尔曼·埃勒斯基金会（Hermann – Ehlers – Stiftung）

赫尔曼街 14 号（Hermannstraβe 14）

赫尔希，罗伯特·冯（Hirsch, Robert von, 1883 – 1977）

赫尔辛基最终决议（Helsinki Final Act）

赫尔佐克，罗曼（Herzog, Roman, 1934 – ）

黑格尔（Hegel, Georg, 1770 – 1831）

黑克尔，恩斯特（Haeckel, Ernst, 1834 – 1919）

黑森节（Hessentag）

亨利七世（Heinrich VII., 1211 – 1242）

亨利四世（Heinrich IV., 1050 – 1106）

亨利希，迪特尔（Henrich, Dieter, 1927 – ）

亨利一世（Heinrich I., 876 – 936）

红绿联盟（Rot – Grüne Koalition）

洪堡基金会（Alexander von Humboldt – Stiftung / AvH）

后物质主义（Postmaterialismus）

后现代哲学（Postmoderne Philosophie）

后现代主义（Postmodernismus）

胡尔森贝克，理夏德（Huelsenbeck, Richard, 1892 – 1974）

环球电影股份公司（Universum Film AG，简称 UFA）

黄金诏书（Goldene Bulle）

霍夫曼（Hoffmann, E. T. A., 1776 – 1822）

霍夫曼，希尔马（Hofmann, Hilmar, 1925 – ）

霍夫曼施塔尔，胡戈·冯（Hofmannsthal, Hugo von, 1874 – 1929）

霍亨索伦家族（Hohenzollern）

霍克海默尔，马克斯（Horkheimer, Max, 1895 – 1973）

霍内特，阿克塞尔（Honneth, Axel, 1949 – ）

积极的德国形象（positives Deutschlandbild）

基本法（Grundgesetz für die Bundesrepublik Deutschland / GG）

基督教独立教会联盟（Vereinigung Evangelischer Freikirchen）

基督教民主联盟（Christlich Demokratische Union Deutschlands / CDU）

基督教社会联盟（Christlich – Soziale Union in Bayern / CSU）

基尔希纳，恩斯特（Kirchner, Ernst, 1880 – 1938）

吉尔维努斯（Georg Gottfried Gervinus, 1805 – 1871）

记忆文化（Erinnerungskultur）

继续教育法（Weiterbildungsgesetz – WbG）

嘉布遣会（Kapuzinerorden）

价值观对话（Wertedialog, 2003 – 2008）

坚定者威廉四世（Wilhelm IV. der Standhafte, 1493 – 1550）

建筑文化理事会（Rat für Baukulltur）

交融文化（Transkultur）

交融文化理念（Transkulturalitätskonzept）

教会地产世俗化（Säkularisation）

教随国定（Cuius regio, eius religio; Wessen Land, dessen Religion）

教育交流中心（Pädagogischer Austauschdienst / PAD）

阶级民族（Klass – Nation）

杰拉德，奥古斯丁（Girard, Augustin, 1926 – 2009）

结构派（Konstruktivismus）

金克尔，克劳斯（Kinkel, Klaus, 1936 – ）

竞争性联邦主义（Wettbewerblicher Föderalismus；Konkurrenzföder-alismus）

九十五条论纲（95 Thesen）

聚斯金德，帕特里克（Süskind, Patrick, 1949 – ）

聚斯穆特，丽塔（Suessmuth, Rita, 1937 – ）

卡尔·弗里德里希·冯·西门子基金会（Carl Friedrich von Siemens – Stiftung）

卡尔·阿尔布莱希特（Karl Albrecht von Bayern, 1697 – 1745）

卡尔·阿诺德基金会（Karl – Anorld – Stiftung）

卡尔·奥古斯特公爵（Karl August, 1757 – 1828, 1815 年晋升为大公）

亚历山大，卡尔（Alexander, Karl, 1818 – 1901）

卡尔斯鲁厄巴登州立博物馆（Badisches Landesmuseum Karlsruhe）

卡尔斯鲁厄技术区（Technologieregion Karlsruhe）

卡夫卡，弗兰茨（Kafka, Franz, 1883 – 1924）

卡洛林王朝（Dynastie der Karolinger）

卡米纳，瓦尔德迈尔（Kaminer, Waldimir, 1967 – ）

卡诺莎晋见（Gang nach Canossa）

康定斯基，瓦西里（Kankinsky, Wassily, 1866 – 1944）

康拉德（Konrad I., 881 – 918）

康拉德·阿登纳基金会（Konrad – Adenauer – Stiftung）

抗议政治（Protest Politik）

考茨基，卡尔（Kautsky, Karl, 1854 – 1938）

珂勒惠支，凯特（Kollwitz, Käthe, 1867 – 1945）

科贝尔，威廉·冯（Kobell, Wilhelm von, 1766 – 1853）

科布伦茨 – 兰道大学（Universität Koblenz. Landau）

科尔（Kohl, Helmut, 1930 – 2017）

科赫，雅可布·约翰内斯（Koch, Jakob Johannes, 1969 – ）

克尔纳，尤斯蒂乌斯（Kerner, Justius, 1786 – 1862）

克拉夫特，汉内洛蕾（Kraft, Hannelore, 1961 – ）

克拉纳赫，老卢卡斯（Cranach der Ältere, Lucas 1472 – 1553）

孔茨曼，迪特尔（Kunzelmann, Dieter, 1939 - ）

跨文化（Interkultur / Interculture）

跨文化对话（Interkultureller Dialog, 2009 - 2010）

宽容敕令（Toleranzedikt, 1664）

奎德林堡大教堂珍藏（Quedlingburger Domschatz）

莱比锡大学（Universität Leipzig）

莱比锡分裂条约（Leipziger Teilungsvertrag；Präliminärvertrag zu Leipzig）

莱比锡卡尔·马克思大学（Karl - Marx - Universität Leipzig）

莱布尔，威廉（Leibl, Wilhelm, 1844 - 1900）

莱布尼茨（Leibniz, Gottfried Wilhelm, 1646 - 1716）

莱普尼斯，沃尔夫（Lepenies, Wolf, 1941 - ）

莱辛，高特荷尔德·埃弗莱姆（Lessing, Gotthold Ephraim, 1729 - 1781）

莱因哈特，马克斯（Reinhardt, Max, 1873 - 1943）

莱茵邦联文件（Rheinbundakte）

莱茵 - 普法尔茨文化之夏（Kultursommer Rheinland - Pfalz）

赖因霍尔德·迈耶尔基金会（Reinhold - Maier - Stiftung）

兰克（Ranke, Leopold von, 1795 - 1886）

蓝色骑士（Der Blaue Reiter）

浪漫主义（Romantik）

劳动和社会平等选举抉择联合会（Verein Wahlalternative Arbeit und soziale Gerechtigkeit / WASG）

老巴伐利亚部落公国（Älteres Baierisches Stammesherzogtum）

老浪漫派（Ältere Romantik）

李卜克内西，威廉（Liebknecht, Wilhelm, 1826 - 1900）

李斯特，弗兰茨（Liszt, Franz, 1811 - 1886）

里尔克，赖纳·玛丽亚（Rilke, Rainer Maria, 1875 - 1926）

里门施奈德，蒂尔曼（Riemenschneider, Tilman, 1460 - 1531）

里希特，汉斯（Richter, Hans, 1888 - 1976）

里希特，路德维希（Richter, Ludwig, 1803 - 1884）

历史画派（Historienmalerei）

立体派（Kubismus）

利伯曼，马克斯（Liebermann，Max，1847 – 1935）

联邦档案馆（Bundesarchiv）

联邦德国伊斯兰理事会（Islamrat für die Bundesrepublik Deutschlan / IRD）

联邦德国艺术展览馆（Kunst-und Ausstellungshalle der Bundesrepublik Deutschland）

联邦东德意志文化与历史研究所（Bundesinstitut für ostdeutsche Kultur und Europa）

联邦东欧德意志文化与历史研究所（Bundesinstitut für Kultur und Geschichte der Deutschen im östlichen Europa）

联邦对内文化政策（Bundesinnenkulturpolitik）

联邦及州教育和研究促进委员会（Bund – Länder – Kommission für Bildungsplanung und Forschungsföderung / BLK）

联邦全境融入方案（Bundesweites Integrationsprogramm）

联邦社区电影工作联合会（Bundesverband kommunale Filmarbeit）

联邦文化基金会（Kulturstiftung des Bundes / KSB）

联邦文化与媒体专署（Beauftragter der Bundesregierung für Angelegenheiten der Kultur und der Medien）

联邦移民、难民与融入专署（Beauftragte für Migration，flüchtlinge und Integration）

联邦艺术馆（Bundeskunsthalle）

联邦整理基金会（Bundesstiftung Aufarbeitung）

联邦政治教育中心（Die Bundeszentrale für politische Bildung）

联邦职业教育学院（Bundesinstitut für Berufsbildung / BIBB）

联合国教科文组织（United Nations Educational，Scientific and Cultural Organization / UNESCO）

林道条约（Lindauer Abkommen）

流行音乐（Popmusik）

流亡文学（Exilliteratur）

六一社（Die Gruppe 61）

卢易特波尔德（Luitpold von Bayern，　? – 907）

鲁道夫二世（Rudolf II.，1552 – 1612）

鲁尔区（Rhurgebiet）

鲁夫，赛普（Ruf，Sep，1908 – 1982）

路德，马丁（Luther，Martin，1483 – 1546）

路德维希二世（Ludwig II.，1845 – 1886）

路德维希 – 缪尔海姆宗教戏剧奖（Ludwig – Mülheims – Preis für religiöse Dramatik）

路德维希一世（Ludwig I.，1786 – 1868）

路易十四（Louis XIV，1638 – 1715）

伦巴赫，弗兰茨（Lenbach，Franz，1836 – 1904）

罗伯特·博施基金会（Robert – Bosch – Stiftung）

罗尔斯，约翰（Rawls，John，1921 – 2002）

罗马条约（Römische Verträge）

罗莎·卢森堡基金会（Rosa – Luxemburg – Stiftung）

罗斯，维尔纳（Ross，Werner，1912 – 2002）

洛克（Locke，John，1632 – 1704）

吕克里姆，乌尔里希（Rückriem，Ulrich，1938 – ）

吕姆尔科夫，彼得（Rühmkorf，Peter，1929 – 2008）

马蒂亚斯（Matthias，1557 – 1619）

马尔堡大学（Universität Marburg）

马尔库塞，赫伯特（Marcuse，Herbert，1898 – 1979）

马克，弗兰茨（Marc，Franz，1880 – 1916）

马克斯·普朗克协会（Max – Planck – Gesellschaft）

马克斯·韦伯基金会（Max Weber Stiftung – Deutsche Geisteswissenschaftliche Institute im Ausland / MWS）

马克西米利安二世·约瑟夫（Maximilian II. Joseph，1811 – 1864）

马克西米利安三世·约瑟夫（Maximilian III. Joseph，1727 – 1777）

马克西米利安一世·约瑟夫（Maximilian I. Joseph，1756 – 1825）

马勒，古斯塔夫（Mahler, Gustav, 1860 – 1911）

马斯特里赫特条约（Vertrag von Maastricht）

玛丽亚·阿玛莉（Maria Amalie von Österreich, 1701 – 1756）

玛丽亚·帕芙罗芙娜（Maria Pawlowna, 1786 – 1859）

迈耶尔，约瑟夫（Meyer, Joseph, 1796 – 1856）

迈耶尔百科全书（Meyers Konversations – Lexikon）

曼，海因利希（Mann, Heinrich, 1871 – 1950）

曼，托马斯（Mann, Thomas, 1875 – 1955）

曼海姆州立技术和劳动博物馆（Landesmuseum für Technik und Arbeit in Mannheim）

梅林，弗兰茨（Mehring, Franz, 1846 – 1919）

美国生活方式（American Way of Life）

门采尔，阿道夫·冯（Menzel, Adolph von, 1815 – 1905）

门德尔松，雅科布（Mendelssohn, Jakob, 1809 – 1847）

米勒，约翰内斯·彼得（Müller, Johannes Peter, 1801 – 1858）

《明镜》周刊（Der Spiegel）

民主社会主义党（Partei des Demokratischen Sozialismus ╱ PDS）

民族浪漫派（Nationalromantik）

民族社会主义德国工人党纲领（Das Programm der Nationalsozialistischen Deutschen Arbeiter – Partei）

闵采尔，托马斯（Müntzer, Thomas, 1489 – 1525）

缪斯宫廷（Musenhof）

莫里克，爱德华（Mörike, Eduard, 1804 – 1875）

莫利茨（Moritz von Sachsen, 1521 – 1553）

莫内，让（Monnet, Jean, 1888 – 1979）

莫斯科罗蒙诺索夫大学（Lomonossow – Universität Moskau）

莫扎特，沃尔夫冈·阿玛迪乌斯（Mozart, Wolfgang Amadeus, 1756 – 1791）

默尔瑙，弗里德里希·威廉（Murnau, Friedrich Wilhelm, 1888 – 1931）

默克尔（Merkel, Angela, 1954 – ）

慕尼黑绘画艺术学院（Akademie der Bildenden Künste München）

慕尼黑路德维希－马克西米利安大学（LMU München）

慕尼黑啤酒节/慕尼黑十月节（Oktoberfest）

慕尼黑艺术脱离派（Münchner Sezession）

呐喊：年轻一代独立刊物（Der Ruf – Unabhängige Blätter der jungen Generation）

纳税者联盟（Bund der Steuerzahler）

尼达－吕梅林，尤里安（Nida – Rümelin, Julian, 1954 – ）

尼古莱，弗里德里希（Nicolai, Friedrich, 1733 – 1811）

尼凯，沃尔夫冈（Nieke, Wolfgang, 1948 – ）

尼斯条约（Vertrga von Nizza）

诺尔德，艾未尔（Nolde, Emil, 1867 – 1956）

诺瓦利斯（Novalis, 1772 – 1801）

欧根，瓦尔根（Eucken, Walter, 1891 – 1950）

欧盟委员会（Europäische Kommission）

欧洲经济共同体（Europäische Wirtschaftsgemeinschaft / EWG）

欧洲人权公约（Europäische Menschenrechtskonvention, 全称 die Europäische Konvention zum Schutz der Menschenrechte und Grundfreiheiten）

欧洲委员会（Europarat; Council of Europe）

欧洲文化公约（Europäische Kulturkonvention / European Cultural Convention）

欧洲文化政策和趋势纲要（Compendium Cultural policies and Trends in Europe）

欧洲－伊斯兰文化对话（europaisch – islamischer Kulturdialog）

欧洲议会（Europäisches Parlament）

帕德博恩大学（Universität Paderborn）

帕希尔贝尔，约翰（Pachelbel, Johann, 1653 – 1706）

派泽特，汉斯格特（Peisert, Hansgert, 生卒年代不详）

派泽特专家意见（Peisert – Gutachten）

佩特拉·凯利基金会（Petra – Kelly – Stiftung）

朋克摇滚（Punkrock）

批判现实主义（kritischer Realismus）

皮策，弗里德里希（Pützer, Friedrich, 1871 – 1922）

皮斯卡托尔（Piscator, Erwin, 1893 – 1960）

平图斯，库尔特（Pinthus, Kurt, 1886 – 1975）

珀尔曼，罗伯特（Pöhlmann, Robert, 1852 – 1914）

普鲁士王家科学院（Königlich – Preußische Akademie der Wissenschaften）

普鲁士文化财产基金会（Stiftung Preußischer Kulturbesitz）

普鲁士艺术学院（Preußische Akademie der Künste）

普罗伊斯，胡果（Preuss, Hugo, 1860 – 1925）

七年战争（Siebenjähriger Krieg）

齐恩，格奥尔格·奥古斯特（Zinn, Georg – August, 1901 – 1976）

齐格勒，阿道夫（Ziegler, Adolf, 1892 – 1959）

齐默曼，多米尼库斯（Zimmermann, Dominikus, 1685 – 1766）

齐默曼，奥拉夫（Zimmermann, Olaf, 1961 – ）

前民主德国国家安全机构材料联邦专署（Bundesbeauftragter für die Unterlagen des Staatssicherheitsdienstes der ehemaligen Deutschen Demokratischen Republik / BStU）

虔敬者路德维希一世（Ludwig I. der Fromme, 778 – 840）

虔敬者阿尔布莱希特三世（Albrecht III. der Fromme, 1401 – 1460）

虔敬者恩斯特（Ernst I. der Fromme, 1601 – 1675）

强壮者奥古斯特（August der Starke, 1670 – 1733）

桥社（Die Brücke）

青年风格（Jugendstil）

青年浪漫派（Jüngere Romantik）

全德采齐利亚联合会（Allgemeine Cäcilien – Verbands für Deutschland / ACV）

全德工人联合会（Allgemeiner Deutscher Arbeiterverein）

人类学艺术（anthropologischer Kunst）

日耳曼尼亚（Germania）

荣格，恩斯特（Jünger，Ernst，1895－1998）

融入德国基金会（Deutschlandstiftung Integration）

亨利埃特·阿德莱德（Henriette Adelheid von Savoyen，1636－1676）

萨克森－希尔登堡豪森的特蕾西亚公主（Therese von Sachsen－Hildburghausen，1792－1854）

萨克斯，汉斯（Sachs，Hans，1494－1576）

萨利安王朝（Dynastie der Salier）

萨特，让－保罗（Sartre，Jean－Paul，1905－1980）

萨托里乌斯，约阿希姆（Sartorius，Joachim，1946－）

三十年战争（Dreiβigjähriger Krieg，1618－1648）

森佩尔，戈特弗里德（Semper，Gottfried，1803－1879）

沙因哈特，萨利哈（Scheinhart，Saliha，1946－）

奢侈与时尚杂志（Journal des Luxus und Moden，1786－1827）

舍恩贝格，阿诺尔德（Schönberg，Arnold，1874－1951）

设计分会（Sektion Design）

社会国家（Sozialstaat）

社会民主工党（Sozialdemokratische Arbeiterpartei）

社会文化（Soziolkultur）

社会文化理事会（Rat für Sozialkultur）

圣保罗教堂宪法（Paulskirchenverfassung）

圣米夏埃尔联盟（St. Michaelsbund）

狮子海因里希（Heinrich der Löwe，1129－1195）

施莱格尔，奥古斯特·威廉（Schlegel，August Wilhelm，1767－1845）

施莱格尔，弗里德里希（Schlegel，Friedrich，1772－1829）

施伦特尔，保罗（Schlenther，Paul，1854－1916）

施罗德（Schröder，Gerhard，1944－）

施马尔卡尔登同盟（Schmalkaldischer Bund）

施米茨，尤普（Schmitz，Jupp，1901－1991）

施耐德，沃尔弗冈（Schneider, Wolfgang, 1954 – ）

施佩特，鲁道夫（Speth, Rudolf, 1957 – ）

施皮格尔，保罗（Spiegel, Paul, 1937 – 2006）

施泰克，克劳斯（Staeck, Klaus, 1938 – ）

施泰因，蒂内（Stein, Tine, 1965 – ）

施陶芬古典时代（Staufische Klassik）

施特拉勒曼基金会（Strahlemann Stiftung）

施特劳斯，博托（Strauβ, Botho, 1944 – ）

施特劳斯，弗朗茨·约瑟夫（Strauβ, Franz Josef, 1915 – 1988）

施特劳斯，理夏德（Strauss, Richard, 1864 – 1949）

施托斯，法伊特（Stoss, Veit, 1450 – 1533）

施瓦本家乡联盟（Schwäbischer Heimatbund）

施维特，库尔特（Schwitter, Kurt, 1887 – 1948）

十一月革命（Novemberrevolution）

十一月集团（Novembergruppe）

石勒苏益格－荷尔斯泰因音乐节（Schleswig – Holstein Musik – Festival）

时序女神（Horen）

世界文化遗产公约（Weltkulturerbekonvention）

世界文化之家（Haus der Kulturen der Welt / HKW）

叔本华（Schopenhauer, Arthur, 1788 – 1860）

朔伊布勒，沃尔夫冈（Schäuble, Wolfgang, 1942 – ）

斯陶芬王朝（Dynastie Staufer）

斯图加特文化区（Kulturregion Stuttgart）

四七社（Die Gruppe 47）

松巴特，维尔纳（Sombart, Werner, 1863 – 1941）

苏德尔曼（Sudermann, Hermann, 1857 – 1928）

塔西洛三世（Tassilo III. , um 741 – 796）

泰勒，查尔斯（Taylor, Charles, 1931 – ）

特奥多尔，卡尔（Theodor, Karl, 1724 – 1799）

特勒曼，格奥尔格·菲利普（Telemann, Georg Philipp, 1681 –

1767）

天主教电影委员会（Katholische Filmkommission）

天主教反宗教改革运动（Gegenreformation）

天主教媒体奖（Katholische Medienpreis）

天主教青少年儿童图书奖（Katholische Kinder – und Jugendbuch-preis）

天主教通讯社（Katholische Nachrichtenagentur ╱ KDA）

同一哲学（Identitätsphilosophie）

统一条约（Einigungsvertrag）

图片报（Bild – Zeitung）

土耳其伊斯兰宗教机构联盟（Türkisch – Islamische Union der Anstalt für Religion ╱ DITIB）

土耳其移民文献中心和博物馆（Dokumentationszentrum und Museum über die Migration aus der Türkei）

颓废艺术展（Die Ausstellung „Entartete Kunst“）

托莱尔，恩斯特（Toller, Ernst, 1893 – 1939）

拓展的文化概念（erweiterter Kulturbegriff）

瓦尔泽，马丁（Walser, Martin, 1927 –）

瓦格纳，理查德（Wagner, Richard, 1813 – 1883）

瓦肯罗德，威廉·海因里希（Wackenroder, Wilhelm Heinrich, 1773 – 1798）

瓦洛特，保罗（Wallot, Paul, 1841 – 1912）

瓦瑟尔曼，雅可布（Wassermann, Jakob, 1873 – 1934）

瓦特堡集会（Wartburgfest）

外国人法（Gesetz zur Neuregelung des Ausländerrechts；Ausländergesetz）

威尔德，亨利·凡·德（Velde, Henry van de 1863 – 1957）

威廉·恩斯特公爵（Wilhelm Ernst, 1876 – 1923）

威廉二世（Wilhelm II., 1859 – 1941）

威廉一世（Wilhelm I., 1797 – 1888）

威斯特伐利亚和约（Westfälischer Friede）

韦尔夫家族（Welfen）

韦尔纳，安东·冯（Werner, Anton von, 1843 – 1915）

韦尔施，沃尔夫冈（Welsch, Wolfgang, 1946 – ）

韦兰德，克里斯托夫·马丁（Wieland, Christoph Martin, 1733 – 1813）

韦廷王室（Haus Wettin）

维尔纳传媒集团（Werner Media Group）

维特尔斯巴赫家族（Haus Wittelsbach）

维也纳古典主义乐派（Wiener Klassik）

维也纳会议（Wiener Kongress）

未来派（Futurismus）

魏玛共和国（Weimarer Republik）

魏玛共和国宪法（Weimarer Verfassung / Weimarer Reichsverfassung / Verfassung des Deutschen Reichs）

魏玛古典时代（Weimaer Klassik）

魏玛国家包豪斯艺术学校（Staatliches Bauhaus in Weimar）

魏玛萨克森大公艺术学校（Großherzoglich – Sächsische Kunst-schule Weimar）

魏玛 – 耶拿现象（Ereignis Weimar – Jena）

魏玛艺术工艺学校（Kunstgewerbeschule Weimar）

魏玛艺术学校（Kunstschule in Weimar）

魏斯，彼得（Weiss, Peter, 1916 – 1982）

温和者弗里德里希二世（Friedrich II. der Sanftmütige, 1412 – 1464）

温特，弗里茨（Winter, Fritz, 1905 – 1976）

文化布尔什维主义（Kulturbolschewismus）

文化地区（Kulturregionen）

文化地区化（kulturelle Regionalisierung）

文化多元主义（kultureller Pluralismus）

文化革命（Kulturrevolution）

文化国务部长（Kulturstaatsminister）

文化合作委员会（Rat für kulturelle Zusammenarbeit）

文化竞争（kulturelle Konkurrenz）

文化空间地区（Region als Kulturraum / Kulturraum Region）

文化联邦主义（Kulturföderalismus）

文化马克思主义（Kultureller Maxismus）

文化民主（kulturelle Demokratie）

文化民族（Kulturnation）

文化外交（Kulturdiplomatie）

文化外交政策（kulturelle Auβenpolitik）

文化为人人（Kultur für alle）

文化宪法（Kulturverfassung）

文化与媒体委员会（Ausschuss für Kultur und Medien）

文化政策（Kulturpolitik）

文化政策年鉴（Jahrbuch für Kulturpoltik）

文化政策通讯（Kulturpolitische Mitteilungen）

文化政策协会（Kulturpolitische Gesellschaft）

文化之邦萨克森（Kulturland Sachsen）

文化自由大会（Kongress für Kulturelle Freiheit）

文献汇编杂志（Dokumentationen）

乌布利希，瓦尔特（Ulbricht，Walter，1893 – 1973）

乌尔曼，汉斯（Uhlmann，Hans，1900 – 1975）

乌兰德，路德维希（Uhland，Ludwig，1787 – 1862）

武尔夫，克里斯提安（Wulff，Christian，1959 – ）

西班牙王位继承战争（Spanischer Erbfolgekrieg）

西德广播电视公司（Westdeutscher Rundfunk / WDR）

西德图书馆（Westdeutsche Bibliothek）

西吉斯蒙德（Sigismund von Luxemburg，1368 – 1437）

西吉斯蒙德，约翰（Sigismund，Johann，1572 – 1619）

西南德广播电视公司（Südwestrundfunk / SWD）

谢尔，瓦尔特（Scheel，Walter，1919 – 2016）

希尔德施海默，沃尔夫冈（Hildesheimer，Wolfgang，1916 – 1991）

希尔德斯海姆大学（Universität Hildesheim）

席勒（Schiller, Friedrich, 1759 – 1805）

下萨克森州南部地方联合会（Landschaftsverband Südniedersachsen
e. V.）

先锋派（Avantgarde）

先锋艺术（Avantgarden）

现代主义（Moderne）

宪法爱国主义（Verfassungspatriotismus）

宪法国家（Verfassungsstaat）

乡土课程（Heimatkunde）

乡镇议会（Gemeinderat）

象征主义（Symbolismus）

小德意志方案（Kleindeutsche Lösung）

协会的国度（Verbändestaat）

谢林，弗里德里希·威廉（Schelling, Friedrich Wilhelm, 1775 –
1854）

新巴伐利亚部落公国（Jüngeres Baierisches Stammesherzogtum）

新表现主义（Neo – Expressionismus）

新达达主义者（Neo – Dada）

新德意志艺术（Das neue Deutsche Kunst）

新东方政策（Neue Ostpolitik）

新概念主义艺术（Die neue Konzeptionskunst）

新几何（Neo – Geometrie）

新具象艺术（Neo – Figurative Art）

新社会运动（Neue Soziale Bewegungen）

新魏玛文学社团（Neue Weimarer Literarische Gesellschaft）

新写实派/新客观派/新现实派/新写实主义（Neue Sachlichkeit）

新野兽派（Neue Wilde）

新艺术家联合（Neue Kunstlervereinigung）

信息社会规范著作权第二部法律（Zweite Gesetz zur Regelung des
Urheberrechts in der Informationsgesellschaft）

休希，汉娜（Höch, Hanah, 1889 – 1978）

雅典娜神庙（Athenäum）

雅恩，埃格伯特（Jahn，Egbert，1941 - ）

亚历山大·洪堡基金会（Alexander von Humboldt - Stiftung）

严厉者路德维希二世（Ludwig II. der Strenge，1229 - 1294）

严肃音乐（Ernste Musik）

耶拿大学（Universität Jena）

耶拿浪漫派（Jenaer Romantik）

耶拿早期浪漫派（Jenaer Frühromantik）

伊斯兰文化中心联盟（Verband der Islamischen Kulturzentren/VIKZ）

移民法（Zuwanderungsgesetz）

以文化促转变（Wandel durch Kultur）

艺术工委会（Arbeitsrat für Kunst）

艺术和文化基金会（Stiftung für Kunst und Kultur）

艺术家社会保险法（Künstlersozialversicherungsgesetz - KSVG）

艺术家圣灰星期三（Aschermittwoch der Künstler）

艺术理事会（Kunstrat）

艺术音乐（Kunstmusik）

易北河畔的佛罗伦萨（Elbflorenz / Florenz an der Elbe）

易北河畔电影之夜（Filmnächte am Elbufer，1991 - ）

印象主义（Impressionismus）

影视分会（Sektion Film /Audiovision）

勇敢者阿尔布莱希特（Albrecht der Beherzte，1443 - 1500）

犹太汇报（Jüdische Allgemeine）

犹太日报（Jüdische Zeitung）

友谊歌咏联盟（Freundschafts - Sängerbund）

有利于诸侯大法规（Statutum in favorem principum）

语言输出（Sprachexport）

院外抗议组织（Außerparlamentarische Opposition /ApO）

约翰·阿尔布莱希特·魏德曼施泰特（Johann Albrecht Widma-nnstetter，1506 - 1557）

约翰十二世（Johannes XII.，937 oder 939 - 964）

约翰逊，乌韦（Johnson，Uwe，1934 – 1984）

约瑟夫一世（Joseph I.，1678 – 1711）

在德移民文献中心和博物馆（Dokumentationszentrum und Museum über die Migration in Deutschland，简称 DOMiD）

扎特勒，迪特尔（Sattler，Dieter，1906 – 1968）

照相蒙太奇（Fotomontage）

政策和文化杂志（Politik und Kultur）

政治先锋派（politische Avantgarde）

知识分子委员会（Rat der Intellektuelle）

知识学（Wissenschaftslehre）

智者弗里德里希（Friedrich III. der Weise，1463 – 1525）

中黑森文化之夏（Mittelhessischer Kultursommer）

中央党（Zentrumspartei）

中央国家档案馆（Zentrales Staatsarchiv）

重摇滚之节（Rock Hard Festival，1990 – ）

著作权法（Urheberrechtsgesetz – UrhG）

著作权及相关保护权法（Gesetz über Urheberrecht und verwandte Schutzrechte）

资料杂志（Materialien）

自然主义（Naturalismus）

自由民主党（Freie Demokratische Partei / FDP）

自由舞台（Die Freie Bühne）

自主艺术家和新闻工作者社会保险法（Gesetz über die Sozialversicherung der selbständigen Künstler und Publizisten）

宗教改革运动（Reformation）

最新文学（Neueste Literatur）

左翼党（Die Linke / Linkspartei）

二　参考文献资料

1、外文档案资料和文献

Abelein, Manfred, *Die Kulturpolitik des Deutschen Reiches und der*

附　录 ◈

Bundesrepublik Deutschland：Ihre verfassungsgeschichtliche Entwicklung und ihre verfassungsrechtlichen Probleme，Wiesbaden：Springer Fachmedien，1968.

Adorno，Theodor W. ，Horkheimer，Max，*Dialektik der Aufklärung：Philosophische Fragmente*，Frankfurt am Main：Fischer Verlag GmbH，1988.

Adorno，Theodor W. ，*Gesammelte Schriften*，*Band 12：Philosophie der neuen Musik*，Frankfurt am Main：Suhrkamp Verlag，1986.

Allgemeine Deutsche Biographie，*Band 37*，Leipzig：Dunker & Humblot，1894.

Amtsblatt des Bayerischen Staatsministeriums für Unterricht und Kultus，*Jahrgang 1947*，*Nummer 12*，München：1947.

Amtsblatt des Bayerischen Staatsministeriums für Unterricht und Kultus，*Jahrgang 1948*，*Nummer 9*，München：1948.

Anonym，*Zur Bedeutung des Hörspiels" Träume" von Günther Eich – Eine exemplarische*，Nordestedt：GRIN Verlag，2003.

Antrag Bündnis 90/Die Grünen：Auswärtige Kulturpolitik：Standort neu bestimmen den Stellenwert erhöhen，Drucksache 13/4844 vom 11. 06. 96.

Antrag der Fraktion SPD：Gefahren Abwenden von der Auswärtigen Kulturpolitik，Drucksache 13/9450 vom 11. 12. 97.

Antrag der Fraktionen SPD，CDU/CSU，BÜNDNIS 90/DIE GRÜNEN und FDP Einsetzung einer Enquete – Kommission „Kultur in Deutschland" ，Drucksache 15/1308，01. 07. 2003.

Arbeitsgemeinschaft der Kulturregionen in Nordrhein – Westfalen（Hrsg.），*Alle Kulturregionen in NRW im überlich*，Bönen / Westfalen：Druckverlag Kettler GmbH，2014.

Auswärtige Amt（Hrsg.），*Auswärtige Kultur – und Bildungspolitik 2010/ 2011*，*Bericht der Bundesregierung*，Niestetal：Silber Druck.

Auswärtige Amt（Hrsg.），*Auswärtigen Kulturpolitik 2007/08*，Berlin：Bundesregierung，2008.

Auswärtige Amt（Hrsg.），*Bericht der Bundesregierung zur Auswärtigen Kulturpolitik 2001*，Berlin：Bundesregierung，2001.

Auswärtige Amt（Hrsg.），*Bericht der Bundesregierung zur Auswärtigen Kulturpolitik 2003*，Berlin：Bundesregierung，2004.

Auswärtige Amt (Hrsg.) , *Bericht der Bundesregierung zur Auswärtigen Kulturpolitik , 2005/2006* , Berlin : Bundesregierung , 2006.

Auswärtige Amt (Hrsg.) , *Bericht der Bundesregierung zur Auswärtigen Kulturpolitik 2008/2009* , Berlin : Bundesregierung , 2010.

Auswärtige Amt (Hrsg.) , *Bericht der Bundesregierung zur Auswärtigen Kultur-und Bildungspolitik 2009 – 2010* , Niestetal : Silber Druck.

Auswärtige Amt (Hrsg.) , *Bericht der Bundesregierung zur Auswärtigen Kultur-und Bildungspolitik , 2011 – 2012* , Paderborn : Bonifatius GmbH , 2013.

Auswärtige Amt (Hrsg.) , *Bericht der Bundesregierung zur Auswärtigen Kultur-und Bildungspolitik , 2012 – 2013* , Berlin : Bundesregierung , 2014.

Auswärtige Amt (Hrsg.) , *Bericht zur Auswärtigen Kulturpolitik 2004* , Berlin : Bundesregierung , 2005.

Auswärtige Amt (Hrsg.) , *Forum Zukunft der Auswärtige Kulturpolitik , Berlin , 4. Juli 2000* , Mackenheim : Druck Center Mackenheim , 2000.

Auswärtige Amt (Hrsg.) , *Leitsätz für die auswärtige Kulturpolitik* , Bonn , Auswärtige Amt , 1970.

Auswärtige Amt (Hrsg.) , *Zehn Thesen zur kulturelle Begegnung und Zusammenarbeit mit Ländern der Dritten Welt* , Sankt Augustin : wico grafik GmbH , 1982.

Auswärtiges Amt : *Auswärtige Kultur-und Bildungspolitik* , Berlin : Presse – und Informationsamt der Bundesregierung , 2003.

Baringhorst , Sigrid , Hunger , Uwe , Schönwälder , Karen (Hrsg.) , *Politsche Steuerung von Integrationsprozessen : Intentionen und Wirkungen* , Wiesbaden : VS Verlag für Sozialwissenschaften , 2006.

Barner , Wilfried , *Deutsche Literatur von 1945 bis zur Gegenwart* , München : C. H. Beck , 2006.

Behörde für Schule und Berufsbildung (Hrsg.) , *Rahmenplan Geschichte Bidungsplan , Gymnasium Oberstufe* , Hamburg , Behörde für Schule und Berufsbildung , 2009.

Beiser , Frederick C. , *The Romantic Imperative : The Concept of Early German Romanticism* , Cambridge , Massachusetts : Harvard University Press , 2003.

Benz, Wolf, *Süddeutschland in der Weimarer Republik: Ein Beitrag zur deutschen Innenpolitik 1918 – 1923*, Berlin: Duncker & Humblot, 1970.

Berghahn, V. R., *Modern Germany: Society, Economy and Politics in the Twentieth Century*, Cambridge: Cambridge University Press, 1987.

Bergner, Christoph und Weber, Matthias (Hrsg.), *Aussiedler-und Minderheitspolitik in Deutschland: Bilanz und Perspektiven*, Oldenburg: Schriften des Bundesinstituts für Kultur und Geschichte der Deutschen im Östlichen Europa. Band 38, 2009.

Beschluβ Nr. 1855/2006/EG des Europäischen Parlaments und des Rates vom 12. Dezember 2006 über das Programm „Kultur" (2007 – 2013) in: *Amtsblatt der Europäischen Gemeinschaften I*, L 372/1, 27. 12. 2006.

Beschluβ Nr. 508/2000/EG des Europäischen Parlaments und des Rates vom 14. Februar 2000 über das Programm Kultur 2000, in: *Amtsblatt der Europäischen Gemeinschaften*, L 63/1, 10. 3. 2000.

Beutin, Wolfgang, Ehlert, Klaus, Emmerich, Wolfgang, Hoffacker, Helmut, Lutz, Bernd, Meid, Volker, Schnell, Ralf, Stein, Peter and Stephanp, Inge, *A History of German Literature: From the Beginnings to the Present Day*, translated by Clare Krojzl, London and New York: Routledge Press, 1993.

Beyme, Klaus von, *Kultur und Nationale Identität: Studien zur Kulturpolitik zwischen staatlicher Steuerung und gesellschaftlicher Autonomie*, Wiesbaden: VS Verlag für Sozialwissenschaften, 1998.

Beyme, Klaus von, *Kulturpolitik in Deutschland: Von der Staatsförderung zur Kreativwirtschaft*, Wiesbaden: Springer Fachmedien, 2012.

Bezirksordnung für den Freistaat Bayern, *Bayerisches Gesetz-und Verordnungsblatt Nr. 21/1998*, München: Verlag Bayerische Staatszeitung GmbH, 1998.

Bode, Wilhelm, *Der Weimarische Musendof 1756 – 1781*, Berlin: Mittler & Sohn, 1917.

Borchmeyer, Dieter, *Weimarer Klassik: Portrait einer Epoche*, Weinheim: Beltz Athenäum, 1998.

Böttcher, Kurt, *Kurze Geschichte der deutschen Literatur: von einem Autorenkollektiv Leitung und Gesamtbearbeitung*, Berlin: Volk und Wissen Verlag,1983.

Bowie, Andrew, *Schelling and Modern European Philosophy*: *An Intro-duction*, London and New York: Routledge Press, 1993.

Breit, Gotthard, Schiele, Siegfried (Hrsg.), *Werte in der politischen Bil-dung*, *Didaktische Reihe Band 22*, Schwalbach am Taunus: Wochenschau Verlag, 2000.

Bundesamt für Migration und Flüchtlinge (Hrsg.), *Bundesweites Inte-grationsprogramm*, *Angebote der Integrationsförderung in Deutschland*, *Empfe-hlungen zu ihrer Weiterentwicklung*, Berlin, 2010.

Bundeskanzler – Willy – Brandt – Stiftung (Hrsg.), *Auftakt zur Ära Brandt. Gedanken zur Regierungserklärung Willy Brandts vom 28. Oktober 1969*, Berlin: Druckerei Hermann Schlesener KG, 1999.

Bundesministerium der Justiz (Hrsg.), *Gesetz zur Steuerung und Begre-nzung der Zuwanderung und zur Regelung der Aufenthalts und Integration von Unionbürgern und Ausländern*, *Bundesgesetzblatt (BGBl)*, Teil I, 2004, Nr. 41, Bonn, 2004.

Bundesministerium der Justiz (Hrsg.), *Staatsangehörigkeitsgesetz (StAG)*, *Bundesgesetzblatt (BGBl)*, Teil I, 1999, Nr. 38, Bonn, 1999.

Bundesministerium für Justiz (Hrsg.), „Gesetz zur Errichtung einer Stif-tung" Preußischer Kulturbesitz„ und zur Übertragung von Vermögenswerten des ehemaligen Landes Preußen auf die Stiftung", in: *BGBl*, Teil I, Jahrgang 1957, Berlin: Bundesanzeiger Verlag, 1957.

Bundesregierung (Hrsg.), *Antwort der Bundesregierung*: *Das Bild des vere-inten Deutschland als Kulturnation in einer sich wandelnden Welt*, Drucksache 12/6504, Bonn: Bundesanzeiger Verlagsgesellschaft GmbH 1993.

Bundesregierung (Hrsg.), *Unterrichtung durch die Bundesregierung*, *Stellung-nahme der Bundesregierung zu dem Bericht der Enquete – Kommission „Auswärtige Kulturpolitik" des Deutschen Bundestages*, Drucksache 7/4121, 1975.

Bundesverband Deutscher Zeitungsverleger e. V. (Hrsg.), *Die deut-schen Zeitungen in Zahlen und Daten*, *Auszug aus dem Jahrbuch „Zeitungen 2011/12"*, Berlin: Haus der Presse.

Bundesverband kommunale Filmarbeit e. V. , *Stellungnahme des Bundes-verbandes kommunale Filmarbeit e. V. zur Novellierung des Filmfördergesetzes 2017*, Berlin, 2. 3. 2015.

Bundesverbandes kommunale Filmarbeite. V. , *Der Bundesverband Kommunale Filmarbeit nimmt Stellung zur Novellierung des FFG*, Berlin, 17. 1. 2012.

Bundeszentral für politische Bildung(Hrsg.) , „ Islam in Deutschland" , in: *Aus Politik und Zeitgeschichte*, 13 – 14/2011.

Bundeszentrale für politische Bildung(Hrsg.), *Jahresbericht 2008/2009*, Paderborn: M. P. Media – Print Informationstechnologie GmbH, 2010.

Burrows, John(ed.) , *Classical Music*, London: Dorling Kindersley, 2005.

Buse, Dieter K. , *The Regions of Germany: A Reference Guide to History and Culture*, Westport, Connecticut: Greenwood Press, 2005.

Casanova, Jose, „ Einwanderung und der neue religioese Pluralismus: Ein Vergleich zwischen der EU und den USA " , in: *Leviathan*, June 2006, Volume 34, Issue 2.

Claessens, Dieter, *Sozialkunde der Bundesrepublik Deutschland*, Düsseldorf: Dieterichs, 1973.

Dennert, Eberhard, *Die Wahrheit über Ernst Haeckel und Seine „ Welträtsel"* , Halle: C. Ed. Müller's Verlagsbuchhandlung, 1908.

Der Beauftragte der Bundesregierung für Kultur und Medien(Hrsg.) , *Zur Entwicklung der Medien in Deutschland zwischen 1998 und 2007*, Wissenschaftliches Gutachten zum Kommunikations-und Medienbericht der Bundesregierung, Bonn: Statistisches Bundesamt, 2008.

Dernel, Walter und Puschner, Uwe (Hrsg.) , *Deutsche Geschichte in Quellen und Darstellung*, Band 6, *Von der Französischen Revolution bis zum Wiener Kongreß*, *1789 – 1815*, Stuttgart: Philipp reclam jun. , 1995.

Dettling, Daniel, Gerometta, Julia (Hrsg.) , *Vorteil Vielfalt: Herausforderungen und Perspektiven einer offenen Gesellschaft*, Wiesbaden: VS Verlag für Sozialwissenschaften, 2007.

Deutsche Städtetag, „ Kultur in Deutschland aus Sicht der Städte " , in:

Kulturpolitische Mitteilungen, Nr. 127, IV/2009.

Deutsche UNESCO – Kommission (Hrsg.) , *Kulturelle Vielfalt Gestalten. Handlungsempfehlungen aus der Zivilgesellschaft zur Umsetzung des UNESCO – Übereinkommens zur Vielfalt kultureller Ausdrucksformen (2005) in und durch Deutschland. Weissbuch*, Bonn: Deutsche UNESCO – Kommission e. V. ,2009.

Deutscher Bundestag, Drucksache18/579, *Unterrichtung durch die Bundesregierung: 17. Bericht der Bundesregierung zur Auswärtigen Kultur – und Bildungspolitik.* 14. 02. 2014, Berlin: H. Heenemann GmbH & Co. , Buch – und Offsetdruckerei.

Deutscher Bundestag, Referat öffentlichkeitsarbeit (Hrsg.) , *Ausschuss für Kultur und Medien*, Berlin: H. Heenemann GmbH & Co.

Deutscher Bundestag, *Schlussbericht der Enquete – Kommission „Kultur in Deutschland"* , Drucksache 16/7000. 16. Wahlperiode 11. 12. 2007, Berlin: H. Heenemann GmbH & Co. , Buch – und Offsetdruckerei.

Die Beauftragte der Bundesregierung für Migration, Flüchtlinge und Integration(Hrsg.) , *Bericht der Beauftragten der Bundesregierung für Migration, Flüchtlinge und Integration über die Lage der Ausländerinnen und Ausländer in Deutschland*, Paderborn: Bonifatius GmbH, Druck Buch Verlag, 2010.

Die Senatorin für Bildung und Wissenschaft(Hrsg.) , *Geschichte – bilingual Bildungsplan für die Gymnasiale Oberstufe, Qualifikationsphase*, Bremen, 2009.

Die Senatorin für Bildung und Wissenschaft(Hrsg.) , *European Studies Bildungsplan für das Gymnasium Jahrgangsstufe 8 – 9*, Bremen, 2007.

Dollinger, Philippe, *Die Hanse*, Stuttgart: Kröner – Verlag, 1998.

Donath, Matthias, *Architektur in München 1933 – 1945: ein Stadtführer*, Berlin: Lucas Verlag, 2007.

Duelund, Peter(ed.) , *The Nordic Cultural, Model*, Copenhagen: Nordic Cultural Institute, 2003.

Enquete – Kommission Auswärtige Kulturpolitik (Hrsg.) , *Bericht der Enquete – Kommission Auswärtige Kulturpolitik gemäß Beschluß des Deut-*

schen Bundestages vom 23. *Feb.* ,1973 ,Drucksache 7/4121 ,1975.

Engelmann ,Bernt ,*Preußen*:*Land der unbegrenzten Möglichkeiten* ,München: C. Bertelsmann Verlag ,1980.

Enzensberger ,Hans , „ Auswärts im Rückwärtsgang " , in: *Der Spiegel* , 37/1995.

Enzensberger ,Hans , *Palaver*: *Politische Überlegungen* (1967 - 1973) , Frankfurt am Main:Suhrkamp ,1974.

Europäische Union (Hrsg.) , *Konsolidierte Verträge*: *Vertrag Über die Europäische Union Vertrag zur Gründung der Europäischen Gemeinschaft* , Luxemburg:Amt für amtliche Veröffentlichungen der Europäischen Gemeinschaften ,1997.

European Commission , *A Community of Cultures*: *The European Union and the Arts* , European Communities ,2002.

Evens ,Richard J. , *The Third Reich in Power* ,*1933 - 1939* ,New York: Penguin Press ,2005.

Fehr ,Hubert und Heitmeier ,Irmtraut (Hrsg.) , *Die Anfänge Bayerns*: *Von Raetien und Noricum zur Frühmittelalterlichen Baiovaria* , St. Ottilien: EOS Verlag ,2012.

Fischer ,Wolfram (ed.) , *The Economic Development of Germany since 1879* ,Vol II ,Cheltenham:Edward Elgar Publishing Limited ,1997.

Fuchs ,Max ,*Kultur macht Sinn* ,Wiesbaden:VS Verlag für Sozialwissenschaften ,2008.

Fuchs ,Max ,*Kulturpolitik als Mentalitätspolitik? Analysen und Impulse* , Remscheid:RATdigital ,2013.

Fuchs , Max , *Kulturpolitik* , Wiesbaden: VS Verlag für Sozialwissenschaften ,2007.

Fuchs ,Max ,*Leitformeln und Slogans in der Kulturpolitik* ,Wiesbaden: VS Verlag für Sozialwissenschaften ,2011.

Gerhard Schröder , „ Gerechtigkeit im Zeitalter der Globalisierung schaffen:Die Regierungserklärung des Bundeskanzlers Gerhard Schröder zu Beginn der 15. Legislaturperiode " , in: *Frankfurter Allgemeine Zeitung* , 30.

Oktober 2002.

Germany：*A Phaidon Cultural Guide*，Oxford：Phaidon Press，1985.

Gesetz über die Sozialversicherung der selbständigen Künstler und Publizisten（*Künstlersozialversicherungsgesetz – KSVG*）. Vom 27. Juli 1981. Bundesgesetzblatt Teil I，Ausgegeben zu Bonn am 1. August 1981，Nr. 31.

Gesetz über Urheberrecht und verwandte Schutzrechte（*Urheberrechtsgesetz*），Vom 9. September 1965. *Bundesgesetzblatt* Teil I，Ausgegeben zu Bonn am 16. September 1965，Nr. 51.

Gesetz zur Neuregelung des Ausländerrechts，*Bundesgesetzblatt* Teil I，1990，Nr. 34 vom 14. 07. 1990. Bonn，S. 1354 – 1387.

Gesetz zur Steuerung und Begrenzung der Zuwanderung und zur Regelung der Aufeenthalts und Integration von Unionbürgern und Ausländern，BGBl，*Teil I*，2004，Nr. 41，Bonn，2004.

Gigl，Claus J. ，*Deutsche Literaturgeschichte*，Hallbergmoos：Stark Verlag，1999.

Gileher – Holtey，Ingrid，„Was kann Literatur und wozu schreiben? Das Ende der Gruppe 47 ", in：*Berliner Journal für Soziologie*，Volume 14，Issue 2.

Girard，Augustin，*Cultural Development*：*Experiences and Policies*，Paris：UNSCO，1972.

Glaser，Hermann，*Deutsche Kultur*：*1945 – 2000*，Berlin：Ullstein Verlag，1999.

Glaser，Hermann，*Die Kulturgeschichte der Bundesrepublik Deutschland*（3 Bände），Frankfurt am Main：Fischer – Taschenbuch – Verlag，1990.

Glaser，Hermann，*Kleine deutsche Kulturgeschichte von 1945 bis heute*，Frankfurt am Main：Fischer Taschenbuch Verlag，2007.

Gogolin，Ingrid（Hrsg. ），*Förderung von Kindern und Jugendlichen mit Migrationshintergrund*，*Materialien zur Bildungsplanung und zur Forschungsförderung*，Bonn：Bund – Länder – Kommission für Bildungsplanung und Forschungsförderung（BLK），2003.

Grimm，Dieter，*Deutsche Verfassungsgeschichte 1776 – 1866*，Frankfurt am Main：Suhrkamp Verlag，1988.

Grundgestez der Bundesrepublik，Regensburg：Walhalla u. Praetoria Verlag，2010.

Gunlicks，Arthur B.，*The Länder and German Federalism*，Manchester and New York：Manchester University Press，2003.

Günther，Gitta（Hrsg.），*Weimar. Lexikon zur Stadtgeschichte*，Weimar：Böhlau，1993.

Haeckel，Ernst，*Die Welträthsel：Gemeinverständliche Studien über Monistische Philosophie*，Bonn：Verlag von Emil Strauβ，1902.

Häfner，Heinz，*Ein König wird beseitigt：Ludwig II. von Bayern*，München：C. H. Beck，2008.

„Halbjahresschrift für Literatur Broschiert"，in：*Hermannstraβe 14*，I.

Hardtwig，Wolfgang（Hrsg.），*Revolution in Deutschland und Europa 1848 – 1849*，Göttingen：Vandenhoeck & Ruprecht Verlag，1998.

Hardtwig，Wolfgang und Brandt，Harm – Hinrich，*Deutschlands Weg in die Moderne：Politik，Gesellschaft und Kultur im 19. Jahrhundert*，München：C. H. Beck，1993.

Hardtwig，Wolfgang und Hinze，Helmut（Hrsg.），*Deutsche Geschichte in Quellen und Darstellung，Band 7，Vom Deutschen Bund zum Kaiserreich 1815 – 1871*，Stuttgart：Philipp Reclam jun.，1997.

Hartig，Otto，*Die Gründung der Münchener Hofbibliothek durch Albrecht V. und Johann Jacob Fugger*，München：Verlag der Königlich Bayerischen Akademie der Wissenschaften，1917.

Hartmann，Wilfried（Hrsg.），*Deutsche Geschichte in Quellen und Darstellung，Band 1，Frühes und hohes Mittelalter，750 – 1250*，Stuttgart：Philipp Reclam jun.，1995.

Hartmann，Wilfried，*Der Investiturstreit*，München：Oldenbourg Verlag，2007.

Hein，Dieter，*Die Revolution von 1848/49*，München：Verlag C. H. Beck，2007.

Hirmer，Simone，Schellong，Marcel（Hrsg.），*München Lesen：Beobachtungen einer erzählten Stadt*，Würzburg：Verlag Königshausen & Neumann，2008.

Hitler, Adolf, *Mein Kampf*, New York: Reynal & Hitchcock, 1941.

Honneth, Axel, " Recognition and Justice Outline of a Plural Theory of Justice", in *Acta Sociologica*, 2004, Vol. 47(4).

Honneth, Axel, „ Kampf um Anerkennung im frühen 21. Jahrhundert", in: Bpb (Hrsg.), *Postdemokratie? Aus Poltik und Zeigeschichte*, 1 – 2/ 2011, 2001.

Huber, Ernst Rudolf (Hrsg.), *Dokumente zurdeutschen Verfassungsge- schichte, Band 3, 1803 – 1850*, Stuttgart: Kohlhammer, 1978.

Huber, Ernst Rudolf, *Dokumente zur Deutschen Verfassungsgeschichte, Band 2. Deutsche Verfassungsdokumente 1851 – 1900*, Stuttgart: Kohlhammer Verlag, 1964.

Hürten, Heinz (Hrsg.), *Deutsche Geschichte in Quellen und Darstel- lung, Band 9, Weimarer Republik und Drittes Reich 1918 – 1945*, Stuttgart: Philipp Reclam jun., 2000.

Institut der deutschen Wirtschaft Köln, *Zahlen zur wirtschaftlichen En- twicklung der Bundesrepublik Deutschland*, Köln: Deutscher Instituts – Ver- lag, 2000.

Institut für Kulturpolitik der kulturpolitischen Gesellschaft, *Jahrbericht 2002*, Bonn: Institut für Kulturpolitik der kulturpolitischen Gesellschaft, 2002.

John, Hans, *Musikstadt Weimar*, Leipzig: Deutscher Verlag für Musik, 1985.

Keefe, Simon P. (ed.), *The Cambridge Companion to Mozart*, Cam- bridge: Cambridge University Press, 2003.

Keller, Katrin, *Landesgeschichte Sachsen*, Stuttgart: Eugen Ulmer, 2002.

Kitchen, Martin, *Cambridge Illustrsted History of Germany*, Cambridge: Cambridge University Press, 1996.

Klauss, Jochen, *Weimar. Stadt der Dichter, Denker und Mäzene: Von den Anfängen bis zu Goethes Tod*, Düsseldorf: Artemis &Winkler, 1999.

Klein, Armin, *Kulturpolitik: eine Einführung*, Wiesbaden: VS Verlag für Sozialwissenschaften, 2009.

Knarkfuβ, H., *A. von Menzel*, Bielefeld und Leipzig: Verlag von Velhagen & Klasing,1906.

Köhler, Hannelore, *Die Blechtrommel von Günter Grass*: *Bedeutung*, *Erzähltecknik und Zeitgeschichte. Strukturanalyze eines Bestellers der literarische Moderne*, Berlin: Frank & Timme,2009.

Kohnle, Armin, Engehausen, Frank, *Zwischen Wissenschaft und Politik*: *Studien zur deutschen Universitätsgeschichte*, Stuttgart: Franz Steiner Verlag,2001.

Kolb, Ebhard, *The Weimar Republic*, translated by P. S. Falla & R. J. Park, London & New York: Routledge,2005.

Kolland, Dorothea, „ Kulturelle Vielfalt: Diversität und Differenz ", in: Sievers, Norbert; wagner, Bernd, (Hrsg.) , *Jahrbuch für Kulturpolitik 2006*, Essen: Klartext,2006.

Koopmans, Ruud, *Contested Citizenship*, *Immigration and Culture Diversity in Europe*, London: University of Minisota Press,2005.

Kopetz, Hedwig; Marko, Joseph; Poier, Klaus (Hrsg.) , *Soziokultureller Wandel im Verfassungsstaat*: *Phänomene politischer Transformation*, Wien, Köln, Graz: Böhlau Verlag,2004.

Köpf, Ulrich (Hrsg.) , *Deutsche Geschichte in Quellen und Darstellung*, *Band 3*, *Reformationszeit*, *1495 – 1555*, Stuttgart: Philipp Reclam jun. ,2001.

Kotulla, Michael, *Deutsche Verfassungsgeschichte*: *Vom Alten Reich bis Weimar(1495 – 1934)*, Berlin: Springer – Verlag,2008.

Kramer, Alan, *The West German Economy*, *1945 – 1955*, New York and London: Berg,1991.

Kuhn, Hans – Werner, *Politische Bildung in Deutschland*: *Entwicklung*, *Stand*, *Perspektiven*, Opladen: Leske + Budrich,1993.

Kulturpolitische Gesellschaft (Hrsg.) , *Grundsatzprogramm der Kulturpolitischen Gesellschaft von der außerordentlichen Mitgliederversammlung am 21. September in Berlin einstimmig beschlossen*, Berlin,2012.

Kultusministerium des Landes Sachsen – Anhalt (Hrsg.) , *Rahmenrichtlinien Gymnasium Geschichte Schuljahrgänge 5 – 12*, Sachsen – Anhalt,2003.

Lammert, Nobert(Hrsg.) , *Verfassung*, *Patriotismus*, *Leitkultur*: *Was unsere Gesellschaft zusammenhält*, Hamburg: Hoffmann und Campe Verlag,2006.

Lamprecht, Karl, *Über Auswärtige Kulturpolitik*, Stuttgart: Druck W. Kohlhammer, 1913.

Landeskirchenamt der Evangelischen Kirche von Westfalen (Hrsg.), *Räume des Glaubens – Räume der Freiheit: Kulturpolitische Leitlinien der Evangelischen Kirche von Westfalen*, Bielefeld: Evangelischer Presseverband für Westfalen und Lippe e. V., 2004.

Landeszentrale der politischen Bildung Baden – Württemberg (Hrsg.), *Der Bürger im Staat: Islam in Deutschland*, Heft 4/ 2001.

Landsberger, Franz, *Impressionismus und Expressionismus: Eine Einführung in das Wesen der neuen Kunst*, Leipzig: Verlag von Klinkhardt & Biermann, 1922.

Landschaftsverband Rheinland Rheinisches Museumsamt (Hrsg.), *Vom Elfenbeinturm zur Fußgängerzone*, *Schriften des Rheinischen Museumsamtes* Volume 61, Wiesbaden: VS Verlag für Sozialwissenschaften, 1996.

Lappenküper, Ulrich, „Wilhelm Hausenstein – Adenauers Erster Missionschef in Paris", in: *Vierteljahreshefte für Zeitgeschichte*, 43. Jahrg., 4. H. (Okt., 1995).

Laqueur, Walter, *Weimar: Die Kultur der Republik*, Frankfurt am Main: Ullstein, 1977.

Lee, Stephen J., *The Weimar Republic*, London & New York: Routledge, 1998.

Leonhard, Joachim – Felix (Hrsg.), *Medienwissenschaft: ein Handbuch zur Entwicklung der Medien und Kommunikationsformen*, Teibd. 1, Berlin: Walter de Gruyter, 1999.

Leydecker, Karl (ed.), *German Novelists of the Weimar Republic: Intersection of Literature and Politics*, New York: Camden House.

Longerich, Peter, *Deutschland 1918 – 1933. Die Weimarer Republik: Handbuch zur Geschichte*, Hannover: Fackelträger Verlag, 1995.

Lorenz, Max, *Die Literatur am Jahrhundertwende*, Stuttgart: Cotta' sche Buchhandlung, 1900.

Maass, Kurt – Jürgen, *Kultur und Aussenpolitik* Baden – Baden: Nomos

Verlagsgesellschafl,2005.

Maccarthy, John A. (Hrsg.) , *Zensur und Kultur*: *Zwischen Weimarer Klassik und Weimarer Republik*, Tübingen: Max Niemeyer Verlag, 1995.

Magerski, Christine, *Theorien der Avantgarde*: *Gehlen – Bürger – Bourdieu – Luhmann*, Wiesbaden, Springer Fachmedien, 2011.

Mahoney, Dennis F. , *The Literature of German Romanticism*, New York: Camden House, 2004.

Marcuse, Herbert, *The Aesthetic Dimension*, Boston: Beacon Press, 1978.

Mecking, Sabine, Wasserloos, Yvonne (Hrsg.) , *Musik – Macht – Staat. Kulturelle, soziale und politische Wandlungsprozesse in der Moderne*, Göttingen: V & R Press, 2012.

Mencken, Henry L. , *The Philosophy of Friedrich Nietzsche*, London: T. Fisher Unwin, 1908.

Merkle, Ludwig, *Ludwig II. and His Dream Castles*: *The Fantasy World of a Storybook King*, München: Stiebner Verlag, 2011.

Mexico City Declaration on Cultural Policies, World Conference on Cultural Policies Mexico City, 26 July – 6 August 1982.

Miller, Toby, *Cultural policy*, London: SAGE, 2002.

Ministerium für Bildung, Wissenschaft und Kultur(Hrsg.) , *Kerncurriculum für die Qualifikationsphase der gymnasialen Oberstufe, Geschichte und Politische Bildung*, Mecklenburg – Vorpommern, 2006.

Ministerium für Bildung, Wissenschaft und Kultur Mecklenburg – Vorpommern, *Die neue Kulturförderrichtlinie*: *Hinweise für Zuwendungsempfänger*, Schwerin, 27. 1. 2015.

Ministerium für Bildung, Wissenschaft und Weiterbildung(Hrsg.) , *Lehrplan Geschichte(Klassen 7 – 9/10) Hauptschule, Realschule, Gymnasium, Regionale Schule*, Rheinland – Pfalz, 1998/99.

Ministerium für Bildung, Wissenschaft, Forschung und Kultur des Landes Schleswig – Holstein (Hrsg.) , *Lehrplan für die Sekundarstufe II Gymnasium, Gesamtschuel, Geschichte*, Glückstadt: Werkstätten, 2002.

Ministerium für Familie, Kinder, Jugend, Kultur und Sport des Landes

Nordrhein – Westfalen (Hrsg.) , *Kulturbericht des Landes Nordrhein – West-falen Kulturförderung 2011* , Ostbevern : MKL Druck GmbH & Co. KG , 2012.

Moeglin , Jean – Marie , Müller , Rainer A. (Hrsg.) , *Deutsche Geschichte in Quellen und Darstellung* , *Band* 2 , *Spätmittelalter* , *1250 – 1495* , Stuttgart : Phillipp Reclam jun. , 2000.

Mommsen , Wolfgang J. , *Imperial Germany 1867 – 1918* : *Politics* , *Culture and Society in an Authoritarian State* , London : Bloomsbury Academic Press , 1995.

Moos , Deltlev , Piltz , Thomas ; Elsberger , Stefan , *Kulturelles Leben in der Bundesrepublik Deutschland* , Bonn : Inter Nationes , 1992.

Müller , Helmut M. , *Schlaglichter der deutschen Geschichte* , Mannheim : Mezers Lexikonverlag , 1986.

Müller , Jan – Werner , *Another Country* : *German Intellectuals* , *Unification and National Identity* , New Haven : Yale University Press , 2000.

Münch , Richard , *Das Regime des Pluralismus* : *Zivilgesellschaft im Kontext der Globalisierung* , Frankfurt am Main : Campus Verlag , 2010.

Murray , Bruce , *Film and the German Left in the Weimar Republic* : *From Caligari to Kuhle Wampe* , Austin : University of Texas Press.

Nicklas , Hans , „ Kulturkonflikt und interkulturelles Lernen “ , in : Alexander Thomas (Hrsg.) , *Kulturstandards in der interkulturellen Begegnung* , Saarbrücken : Breitenbach , 1991.

Nieke , Wolfgang , *Interkulturelle Erziehung und Bildung* : *Wertorientierungen im Alltag* , Wiesbaden : VS Verlag für Sozialwissenschaften , 2008.

Nipperdey , Thomas , *Deutsche Geschichte 1800 – 1866* : *Bürgerwelt und starker Staat* , München : C. H. Beck , 1984.

Oberhauser , Petra (Red.) , *Goethe – Jahrbuch 2005* , *Band 122* , Göttingen : Wallstein Verlag , 2005.

Ooyen , Robert Chr. Van , *Politik und Verfassung* : *Beiträge zu einer politikwissenschaftlichen Verfassungslehre* , Wiesbaden : VS – Verlag für Sozialwissenschaften , 2006.

Our Creative Diversity , *the Report of the World Commission on Culture and Development*, Paris: UNESCO Publishing, 1996.

Petri, Sussane, *Form-und Farbgebung der Innenraumgestaltung im Jugendstil*, München: Grin Verlag, 2006.

Peukert, Detlev J. K. , *Die Weimarer Republik. Krisenjahre der klassischen Moderne*, Frankfurt a. M. : Suhrkamp Verlag, 1987.

Pfahl – Traughber, Armin, *Rechtsextremismus in Bundesrepublik*, München: C. H. Beck, 1999.

Plum, Jacqueline, *Französische Kulturpolitik in Deutschland 1945 – 1955. Jugendpolitik und internationale Begegnungen als Impulse für Demokratisierung und Verständigung*, Wiesbaden: Deutsche Universitäts – Verlag, 2007.

Pöhlmann, Robert, *Geschichte des antiken Kommunismus und Sozialismus*, Erster Band, München: C. H. Beck, 1893.

Pratt, Waldo Selden, *The Histoy of Music*, New York: G. Schirmer, 1907.

Presse – und Informationsamt der Bundesregierung, *Der Nationale Integrationsplan : Neue Weg – Neue Chancen*, Berlin: MEDIA CONSULTA Deutschland GmbH, 2007.

Presse – und Informationsamt der Bundesregierung (Hrsg.) , *Im Bund mit der Kultur, Kultur – und Medieapolitik der Bundesregierung*, Paderborn: Bonifatius GmbH, 2007.

Presse – und Informationsamt der Bundesregierung, *Tatsachen über Deutschland : 50 Jahre Bundesrepublik Deutschland*, Frankfurt am Main: Societäts – Verlag, 1998.

Purdy, Daniel, *Goethe Yearbook 17*, New York: Camden House, 2010.

Raff, Dieter, *Deutsche Geschichte vom Althen Reich zur Republik*, München: Max Heuber Verlag, 1985.

Raßloff, Steffen, *Geschichte Thüringens*, München: C. H. Beck, 2010.

Regierungserklärung des Bundeskanzlers Gerhard Schröder zu Beginn der 14. Legislaturperiode vom 10. 11. 1998, in: Plenarprotokoll 14/3, S. 47.

Reichs-und Staatsangehörigkeitsgesetz Vom 22 Juli 1913, in: RGBl 1913 (Reichs – Gesetzblatt 1913) , S. 583 – 593.

Revermann, Martin; Wilson, Peter (eds.) , *Performance, Iconography, Reception, Studies in Ohour of Oliver Taplin*, Oxford: Oxford University Press, 2008.

Ribbe, Wolfgang, Schmädeke, Jürgen: *Kleine Berlin – Geschichte*, Berlin: Stapp Verlag, 1994.

Richter, Simon (ed.) , *The Literature of Weimar Classicism*, New York: Camden House, 2005.

Richterová, Pavlía, „ Der lange weg zum Dialog: ein Jahrhundert deutsche Auswärtige Kulturpolitik (1912 – 2001) " , in: *acta universitatis carolinae, studia territorialia*, vi – 2004, UNIVERZITA KARLOVA V PRAZE, NAKLADATELSTVÍ KAROLINUM, 2005.

Gerlach – March Rita, " *Gutes* " *Theater: Theaterfinanzierung und Theaterangebot in Großbritannien und Deutschland im Vergleich*, Wiesbaden: Springer Fachmedien, 2011.

Roeck, Bernd (Hrsg.) , *Deutsche Geschichte in Quellen und Darstellung, Band 4, Gegenreformation und Dreißigjähriger Krieg, 1555 – 1648*, Stuttgart: Philipp Reclam jun. , 1996.

Rolf, Hosfeld, Götz, Veruschka, Kotteder, Franz, *Kulturverführer München: Theater, Oper, Musik, Museen, Galerien, Clubs. Mit Stadtplan*, Hamburg: Helmutz Metz Verlag, 2005.

Rosenberg, Adolf, *A. von Werner*, Bielefeld und Leipzig: Verlag von Velhagen & Klasing, 1900.

Sächsisches Staatskanzlei (Hrsg.) , *Sächsisches Gesetz-und Verordnungsblatt*, Nr. 13/2008, Dresden: Sächsisches Druck-und Verlagshaus AG.

Sächsisches Staatsministerium für Kultus und Sport (Hrsg.) , *Lehrplan Gymnasium Geschichte*, Dresden Saxoprint GmbH, 2004/2007/2009/2011.

Sattler, Julia, *Nationalkultur oder europäische Werte? Britische, deutsche und französische Auswärtige Kulturpolitik zwischen 1989 – 2003*, Wiesbaden: Deutscher Universitäts – Verlag, 2007.

Sauer, Karin Elinor; Held, Josef (Hrsg.) , *Wege der Integration in heterogenen Gesellschaften: Vergleichende Studien*, Wiesbaden: VS Verlag für Sozialwissenschaften, 2009.

Sautter, Udo, *Deutsche Geschichte seit 1815: Daten, Fakten, Dokumente, Bd. 2, Verfassungen*, Tübingen und Basel: A. Francke Verlag, 2004.

Schäfers, Bernhard, *Gesellschaftlicher Wandel in Deutschland: Ein Studienbuch zur Sozialstruktur und Sozialgeschichte der Bundesrepublik*, Stuttgart: Ferdinand Enke Verlag, 1995.

Schildt, Axel, *Moderne Zeiten: Freizeit, Massenmedien und " Zeitgeist" in der Bundesrepublik der 50er Jahre*, Hamburg: Hans Christian Verlag, 1995.

Schlussbericht der Enquete – Kommission „ *Kultur in Deutschland* ", Drucksache 16/7000, 11. 12. 2007.

Schmid, Alois, „ Maximilian III. Joseph " , in: *Neue Deutsche Biographie* (NDB), Band 16, Berlin: Duncker & Humblot, 1990.

Schmidt, Heinrich, *Der Kampf um die „ Welträtsel " : Ernst Haeckel, die „ Welträtsel" und die Kritik*, Bonn: Verlag von Emil Strauss, 1900.

Schneider, Herbert; Wehling, Hans – Georg (Hrsg.) , *Landespolitik in Deutschland: Grundlagen – Strukturen – Arbeitsfelder*, Wiesbaden: VS Verlag für Sozialwissenschaften, 2007.

Schneider, Jan, *Modernes Regieren und Konsens, Kommissionen und Beratungsregime in der deutschen Migrationspolitik*, Wiesbaden: VS Verlag für Sozialwissenschaften, 2010.

Schneider, Jan, *Modernes Regieren und Konsens, Kommissionen und Beratungsregime in der deutschen Migrationspolitik*, Wiesbaden: VS Verlag für Sozialwissenschaften, 2010.

Schneiders, Thorsten Gerald (Hrsg.) , *Islamfeindlichkeit, Wenn die Grenzen der Kritik verschwimmen*, Wiesbaden: VS Verlag für Sozialwissenschaften, 2010.

Schoeps, Hans – Joachim, *Preussen: Geschichte eines Staates*, Berlin: Propyläen Verlag, 1967.

Schroeter, Bernhard (Hrsg.) , *Für Burschenschaft und Vaterland: Festschrift für den Burschenschafter und Studentenhistoriker Prof. (FH) Dr. Peter Kaupp*, Nordsteck: Book on Demond, 2006.

Sedgwick, Sally (ed.), *The Reception of Kant's Pholosophy: Fichte, Schelling, and Hegel*, Cambridge: Cambridge University Press, 2000.

Seemann, Annette, *Weimar: eine Kulturgeschichte*, München: Verlag C. H. Beck, 2012.

Sekretariat der Kulturministerkonferenz (Hrsg.), *Zur Geschichte der Kultusministerkonferenz 1948 – 1998, Einheit in der Vielfalt: 50 Jahre Kulturministerkonferenz 1948 – 1998*, Neuwied u. a. : Luchterhand 1998.

Sekretariat der Ständigen Konferenzder Kultusminister der Länder in der Bundesrepublik Deutschland(Hrsg.), *Zur Auseinandersetzung mit dem Holocaust in der Schule: Ein Beitrag zur Information von Länderseite.* Bonn, 1997.

Sekretariat der Ständigen Konferenz der Kultusminister der Länder in der Bundesrepublik Deutschland(Hrsg.), *Einheit in der Vielfalt: 50 Jahre Kultusministerkonferenz 1948 – 1998*, Neuwied/Kriftel/Berlin: Luchterhand, 1998.

Sekretariat der Ständigen Konferenz der Kultusminister der Länder in der Bundesrepublik Deutschland, *Empfehlung* "*Interkulturelle Biuldung und Erziehung in der Schule*", *Beschluß der KMK*, Berlin: 1996.

Sekretariat der Ständigen Konferenz der Kultusminister der Länder in der Bundesrepublik Deutschland(Hrsg.), *Statistische Veröffentlichungen der Kultusministerkonferenz, Dokumentation Nr. 190, Schüler, Klassen, Lehrer und Absolventen der Schulen 2000 bis 2009*, Berlin, 2009.

Sekretariat der Ständigen Konferenz der Kultusminister der Länder in der Bundesrepublik Deutschland (Hrsg.), *Einheitliche Prüfungsanforderungen in der Abitueprüfung, Geschichte, Beschlüsse der KMK*, Berlin, 2005.

Sombart, Werner, *Sozialismus und Soziale Bewegung*, Jena: Verlag von Gustav Fischer, 1905.

Statistische Ämter des Bundes und der Länder (Hrsg.), *Kulturfinanzbericht 2003*, Wiesbaden: Statistisches Bundesamt, 2004.

Statistische Ämter des Bundes und der Länder (Hrsg.), *Kulturfinanzbericht 2012*, Wiesbaden: Statistisches Bundesamt, 2012.

Statistisches Bundesamt(Hrsg.), *Statistisches Jahrbuch 2011*, Wiesbaden, Statistisches Bundesamt, 2011.

Stein, Tine, „ Gibt es eine multikulturelle Leitkultur als Verfassungspatriotismus? Zur Integrationsdebatte in Deutschland ", in: *Leviathan*, 2008, Volume 36, Number 1.

Steinweis, Alan E. , *Art*, *Ideology*, *and Economics in Nazi Germany*: *The Reich Cambers of Musik*, *Theater*, *and the Visual Arts*, Chapel Hill: The University of North Carolina Press, 1993.

Strauss, Botho, „ Anschwellender Bocksgesang ", in: *Der Spiegel*, 6/1993.

Streisand, Joachim, *Deutsche Geschichte von den Anfängen bis zur Gegenwart*, Köln: Pahl – Rugenstein Verlag, 1983.

The Power of Culture for Development, Paris: UNESCO Publishing, 2010.

Thüringer Kultusministerium(Hrsg.), *Lehrplan für das Gymnasium*, *Geschichte*, Saalfeld: SATZ + DRUCK Centrum, 1999.

Thüringer Ministerium Für Bildung(Hrsg.), *Lehrplan für den Erwerb der Allgemeinen Hochschulreife Wissenschaft und Kultur*, *Geschichte Entwurfsfassung*, Thüringer, 1999.

Tipton, Frank B. ; Aldrich, Robert, *Economic and Social History of Europe from 1939 to the Present*, Baltimore: Johns Hopkins University Press, 1987.

Tomas, Georg(ed.), *The New Islamic Presence in Western Europe*, London: Mansell Publishing Limited, 1998.

Umbach, Maiken(ed.), *German Federalism*: *Past*, *Present*, *Future*, New York: Palgrave, 2002.

UNESCO, *Universal Declaration on Cultural Diversity*, Paris: UNESCO, 2002.

Vierhaus, Rudolf, *Deutschland im Zeitalter des Absolutismus*, Göttingen: Vandenhoeck & Ruprecht, 1984.

Wagner, Richard, *Beethoven*, Translated by Edward Dannreuther, London: WM. Reeves, 1903.

Wehler, Hans – Ulrich, *Deutsche Gesellschaftsgeschichte*, *Fünfter Band*, *Bundesrepublik und DDR*, *1949 – 1990*, München: Verlag C. H. Beck, 2008.

Wehler, Hans – Ulrich, *Deutsche Gesellschaftsgeschichte*, *Erster Band*, *Vom*

Feudalismus des Alten Reiches bis zur Defensiven Modernisierung der Reformära, *1700 - 1815*, München: Verlag C. H. Beck, 1996.

Wehler, Hans - Ulrich, *Deutsche Gesellschaftsgeschichte, Zweiter Band*, *Von der Reformära bis zur industriellen und politischen Deutsche Doppelrevolution 1815 - 1845/49*, München: C. H. Beck, 1987.

Wehling, Hans - Georg (Hrsg.) , *Deutschland Ost - Deutschland West*: *Eine Bilanz*, Opladen: Leske + Budrich, 2002.

Wehling, Hans - Georg (Hrsg.) , *Die Deutschen Länder*: *Geschichte*, *Politik*, *Wirtschaft*, Opladen: Leske + Budrich, 2002.

Welsch, Wolfgang, *Unser postmoderne Modern*, Berlin: Akademische Verlag, 2008.

Wer errichtet die Säule Kulturpolitik? Eine der drei Säulen der Außenpolitik, sagte Willy Brandt, sei die Kulturpolitik. in: *Die Zeit*, 28. 3. 1969 Nr. 13.

Wiegmann, Hermann, *Die deutsche Literatur des 20. Jahrhunderts*, Würzberg: Königshausen & Neumann, 2005.

Winters, Peter, Das Reich war nicht zuständig, half aber, wo es konnte. *Frankfurter Allgemeine Zeitung*, 9. 1. 1996.

Wissenschaftliche Dienste des Deutschen Bundestages, *Auswärtige Kulturpolitik in der Bundesrepublik Deutschland*: *Konzeptionelle Grundlagen und institutionelle Entwicklung seit 1945*, 22. Dezember 2003, WF X - 095/03.

Wissenschaftsrat (Hrsg.) , *Empfehlungen zur Weiterentwicklung von Theologien und religionsbezogenen*, Berlin: Wissenschaften an deutschen Hochschulen, 2010.

Wolfrum, Edgar, Arendes, Cord, *Globale Geschichte des 20. Jahrhunderts*, Stuttgart: Kohlhammer, 2007.

Zimmermann, Olaf und Geißler, Theo (Hrsg.) , *Die Kirchen, die unbekannte kulturpolitische Macht*, Berlin: Deutscher Kulturrat e. V. , 2007.

Zimmermann, Olaf und Geißler, Theo (Hrsg.) , *Islam Kultur Politik*, Berlin: Deutscher Kulturrat e. V. , 2013.

Zimmermann, Olaf und Geißler, Theo (Hrsg.) , *Kulturlandschaft Deutschland*: *Die Provinz lebt*, Berlin: Deutscher Kulturrat e. V. , 2010.

Zimmermann, Olaf und Geiβler, Theo (Hrsg.) , *Kulturpolitik der Parteien: Visionen, Programmatik, Geschichte und Differenzen*, Berlin: Deutscher Kulturrat e. V. ,2008.

Zweite Gesetz zur Regelung des Urheberrechts in der Informationsgesellschaft. Vom 26. Oktober 2007 , *Bundesegesetzblatt Jahrgang 2007* Teil I Nr. 54 , ausgegeben zu Bonn am 31. Oktober 2007.

2、网络资源

1. 325. 000 Besucher feiern sonnigsten Hessentage aller Zeiten. Vom 15. 06. 2014. http://www. hessentag2014. de/presse/pressemitteilungen/details/artikel/1325000 – besucher – feiern – sonnigsten – hessentag – aller – zeiten. html.

Allgemeine Cäcilien – Verbands für Deutschland: Grüβ Gott und herzlich willkommen. http://www. acv – deutschland. de/start/.

Auswätiges Amt – Kulturabteilung, Auswärtige Kulturpolitik – Konzeption 2000. http://cms. ifa. de/fileadmin/content/informationsforum/auswaertiges_amt/Konzeption2000. pdf.

Auswärtiges Amt: Auswärtige Kultur – und Bildungspolitik: Ziel und Aufgaben. http://www. auswaertiges – amt. de/DE/Aussenpolitik/KulturDialog/ZieleUndPartner/ZielePartner_node. html.

Auswärtiges Amt – Kulturabteilung, Auswärtige Kulturpolitik – Konzeption 2000. http://www. ifa. de/fileadmin/pdf/aa/akbp_konzeption2000. pdf.

Berlin: Die Stadt der unbegrenzten Möglichkeiten. http://www. germany. travel/de/reiseinformation/bundeslaender/bundeslaender/berlin/berlin. html.

Böning, Holger, „ Hamburgische Correspondent" , Journal der Epoche: Der „Hamburgische Correspondent" war einst Europas gröβte Zeitung – und macht Hamburg zur deutschen Presshauptstadt, *Zeit online*, 17. June, 2012. http://www. zeit. de/2012/24/Zeitung – Hamburgische – Correspondent/komplettansicht.

Bönisch, Julia, „ Erste Stunde: Islam. In Nordrhein – Westfalen unterrichten Lehrer in diesem Schuljahr mit dem ersten Schulbuch für islamischen Glauben. Der Band ist ein Schritt auf dem Weg zu staatlichem Religionsunterricht für junge Muslime" , *Süddeutsche Zeitung*. 17. Mai 2010. Islamunterricht in Deutschland. http://www. sueddeutsche. de/karriere/islamunterricht – in – deutschland – erste – stunde – islam – 1. 578932.

Boulevard, Europäische Kulturhauptstädte: Das sind die nächsten. http://www. dnn – online. de/web/dnn/kultur/detail/ – /specific/Europaeische – Kulturhauptstaedte – Das – sind – die – naechsten – 1359708860.

Brandt, Willy, " Mehr Demokratie wagen ". https://www. radio – utopie. de/wp – content/uploads/2010/10/mehr_demokratie_wagen. pdf.

Bundesrat: Drucksache, 729/91 , 29. 11. 91 , in – R. Gesetzesbeschluβ des deutschen Bundestages: Gesetz über die Unterlagen des Staatssicherheitsdienstes der ehemaligen Deutschen Demokratischen Republik (Stasi – Unterlagen – Gesetz – StUG). http://dipbt. bundestag. de/doc/brd/1991/ D729 + 91. pdf.

Compendium Cultural policies and Trends in Europe Country Profile: Germany(In Deutsch). http://www. culturalpolicies. org/down/germany_ol_ 072013. pdf.

Council of Europe: European Cultural Convention. Paris,19. XII. 1954. http://conventions. coe. int/Treaty/en/Treaties/Html/018. htm.

Deutsche Bischofskonferenz: Kunst und Kultur. http://www. dbk. de/ katholische – kirche/katholische – kirche – deutschland/aufgaben – kath – kirche/kunst – kultur/.

Deutsche Islam Konferenz, Magazin „ Muslime in Deutschland ": Etwa 4 Millionen Muslime in Deutschland. http://www. deutsche – islam – konferenz. de/DIK/DE/Magazin/Lebenswelten/ZahlMLD/zahl – mld – node. html.

Deutscher Bundestag,5. Wahlperiode – 245. Sitzung zugleich 341 ,Sitzung des Bundesrates,Bonn,den 1. Juli 1969 (Stenografischer Bericht) , S. 13664 – 13667. http://www. ag – friedensforschung. de/regionen/Deutschland1/heinemann. html.

Deutscher Bundestag, Referat öffentlichkeitsarbeit (Hrsg.) , *Deutscher Bundestag: Der Aussschuss für Kultur und Medien* , Berlin: Deutscher Bundestag,2014. https://www. btg – bestellservice. de/pdf/20085000. pdf.

Deutscher Städtetag, *Kultur in Deutschland aus Sicht der Städte. Positions-bestimmung zum Bericht der Enquete – Kommission „Kultur in Deutschland" des Deutschen Bundestages.* Beschluss des Hauptausschusses des Deutschen Städte-tages in der 196. Sitzung am 05. November 2009 in Berlin. http://www. staedt-etag. de/imperia/md/content/dst/kultur_in_deutschland. pdf.

Die Bedeutung kulturellen Austauschs für die auswärtige Kulturpolitik. News Wintersemester 2006/2007 vom 30. 11. 06. http://www. fu – berlin. de/campusleben/campus/2009/091026_winfried – fest – lecture/index. ht-ml.

Die Deutsche Nationalbibliothek im überblick. http://www. dnb. de/ DE/Wir/wir_node. html; jsessionid = 1FF0F62A1E68990259C3652949B 2D4B3. prod – worker3.

Die Kulturstiftung des Bundes fördert Kunst und Kultur im Rahmen der Zuständigkeit des Bundes. http://www. kulturstiftung – des – bundes. de/ cms/de/stiftung/.

Die Stiftung: Erinnerung als Auftrag. http://www. bundesstiftung – au-farbeitung. de/die – stiftung – 1074. html.

Düwell, Kurt, „ *Operation Marriage* ". *Die britische Geburtshilfe bei der Gründung Nordrhein – Westfalens.* 14. September 2006, abgerufen am 28. August 2012 (PDF; Rede anlässlich des 60. Jahrestages der Gründung des Landes Nordrhein – Westfalen vor Mitgliedern der Deutsch – Britischen Ge-sellschaft, Arbeitskreis Düsseldorf am 14. September 2006 im Goethe – Mu-seum, Schloss Jägerhof, Düsseldorf). http://www. debrige. de/userfiles/ file/KurtDuewellOperationMarriage. pdf.

Ein Service des Bundesministeriums der Justiz und für Verbrauchers-chutz in Zusammenarbeit mit der juris GmbH – www. juris. de: Grundgesetz für die Bundesrepublik Deutschland. http://www. gesetze – im – internet. de/bundesrecht/gg/gesamt. pdf.

Europäische Kulturhauptstadt 2010. http://www. bpb. de/politik/ hintergrund – aktuell/69197/europaeische – kulturhauptstadt – 2010 – 04 – 01 – 2010.

Federal Constitutional Court Verdict Banning the Communist Party of Germany(KPD) and the Concluding Justification(August 17, 1956), in: Uta Poiger(ed.): *German History in Documents and Images*, Vol. 8, *Occupation and the Emergence of Two Sates, 1945 - 1961.* http://germanhistorydocs. ghi - dc. org.

Finanzielle Kulturförderung des Landschaftsverbandes 2012(bisherige Zusagen). http://www. landschaftsverband. org/premi/foerderprojekte2012. pdf.

Flügel, Wolfgang: *HT2004: Räume und Grenzen. Traditionen und Konzepte der Landesgeschichte*, in: *H - Soz - u - Kult.* Clio - online - Historisches Fachinformationssystem e. V. ,17. September 2004. (Tagungsbericht zur Kulturraumforschung). http://www. hsozkult. de/conferencereport/id/tagungsberichte - 441.

Geschäftsordnung der Ständigen Konferenz der Kultusminister der Länder in der Bundesrepublik Deutschland gemäβ Beschluss vom 19. November 1955 i. d. F. vom 29. August 2014. http://www. kmk. org/fileadmin/pdf/gogr. pdf.

Geschäftsordnung des Koordinationsrates der Muslime in Deutschland. http://www. religion - recht. de/2010/08/geschaftsordnung - des - koordinationsrates - der - muslime - in - deutschland/.

Geschichte des Fischmarktes. http://www. original - hamburger - fischmarkt. de/geschichte. html.

Gesetz über die Kulturräume in Sachsen(Sächsisches Kulturraumgesetz - SächsKRG). SächsGVBl. Jg. 2008 Bl. - Nr. 13 S. 539 Fsn - Nr. :70 - 4. Fassung gültig ab:01. 01. 2011. http://revosax. sachsen. de/Details. do? sid = 4251214177582&jlink = x999&jabs = 2.

Grundsatzprogramm der Kulturpolitischen Gesellschaft. Am 21. September 2012 in Berlin von auβerordentlicher Mitgliederversammlung einstimmig beschlossen. http://www. kupoge. de/dok/programm_kupoge. pdf.

Hauenschild, Katrin, *Transkulturalität - eine Herausforderung für Schule und Lehrerbildung*, http://deposit. ddb. de/ep/netpub/55/77/20/971207755/_data_dyna/_snap_stand_2005_09_24/su/ebeneI/didaktiker/hauen/transkult. pdf.

Hessentag endet mit Rekord:1. 83 Millionen Gäste kamen nach Kassel. In HNA. de 23. Juni 2013. Abgerufen am 24. Juni 2013. http://www. hna. de/kassel/hessentag – endet – rekord – 2969973. html.

Hintergrund:In Deutschland gibt es bereits 159 Moscheen. *Die Welt*. http://www. welt. de/politik/deutschland/article907312/In – Deutschland – gibt – es – bereits – 159 – Moscheen. html.

Historisches Lexikon Bayerns: Ständige Konferenz der Kultusminister der Länder in der Bundesrepublik Deutschland (KMK). http://www. historisches – lexikon – bayerns. de/artikel/artikel_46292.

http://hsozkult. geschichte. hu – berlin. de/index. asp? id = 441&view = pdf&pn = tagungsberichte&type = tagungsberichte.

http://kw. uni – paderborn. de/studium/; http://www. uni – hildesheim. de/fb2/.

http://news. ifeng. com/mainland/200711/1121_17_305925. shtml.

http://stiftung. geh – deinen – weg. org/.

http://www. art131. bayern. de/content/stiftung/stiftung. html.

http://www. auswaertiges – amt. de/DE/AAmt/Abteilungen/KulturUnd-Kommunikation_node. html.

http://www. auswaertiges – amt. de/DE/Aussenpolitik/KulturDialog/ZieleUndPartner/ZielePartner_node. html.

http://www. avh. de/web/home. html.

http://www. bkge. de/BKGE/Aufgaben – Arbeitsbereiche/Landkarten/.

http://www. bochum. de/C12571A3001D56CE/vwContentByKey/W28DUJLS470BOLDDE/ $ FILE/zukunftsakademie_1. pdf.

http://www. boell. de/.

http://www. bosch – stiftung. de/content/language1/html.

http://www. bpb. de/nachschlagen/lexika/handwoerterbuch – politisches – system/40302/kulturpolitik? p = all.

http://www. bpb. de/nachschlagen/lexika/handwoerterbuch – politisches – system/40302/kulturpolitik? p = all.

http://www. bstu. bund. de/DE/BundesbeauftragterUndBehoerde/AufgabenUndStruktur/_node. html.

http：//www. bundesarchiv. de/bundesarchiv/aufgaben/index. html. de.

http：//www. bundesarchiv. de/index. html. de.

http：//www. bundeskunsthalle. de/.

http：//www. bundesregierung. de/Webs/Breg/DE/Bundesregierung/
BeauftragtefuerKulturundMedien/staatsministerAmt/aufgaben/_node. html.

http：//www. bundesregierung. de/Webs/Breg/DE/Bundesregierung/
BeauftragtefuerKulturundMedien/kultur/kunstKulturfoerderung/foerderbere-
iche/unterstuetzung/_node. html.

http：//www. bundestag. de/bundestag/ausschuesse18/a22/aufgaben/26
0746.

http：//www. culturalpolicies. org/web/index. php.

http：//www. culture. hu－berlin. de/de.

http：//www. dbk. de/katholische－kirche/katholische－kirche－deu-
tschland/aufgaben－kath－kirche/kunst－kultur/.

http：//www. denkmalschutz. de/.

http：//www. dnb. de/DE/Wir/Geschichte/geschichte _ node. html；
jsessionid = 1FF0F62A1E68990259C3652949B2D4B3. prod－worker3.

http：//www. duden. de/rechtschreibung/Verbaendestaat.

http：//www. ekd. de/kultur/index. html.

http：//www. eu－info. de/europa/europarat/.

http：//www. fes. de/.

http：//www. fes. de/sets/s_stif. htm.

http：//www. freiheit. org/Aktuell/11c/index. html.

http：//www. fu－berlin. de/einrichtungen/fachbereiche/fb/gesch－
kultur/index. html.

http：//www. gemeindeverzeichnis. de/dtland/dtland. htm.

http：//www. hkw. de/de/index. php.

http：//www. hss. de.

http：//www. ifa. de/.

http：//www. kas. de.

http://www. kaufbeuren. de/Stadtleben/Kultur – Kunst/Foerdern/Finanzielle – Foerderung. aspx.

http://www. kmk. org/kunst – kultur. html.

http://www. kulturrat. de/pdf/1296. pdf.

http://www. kulturstiftung. de/aufgaben/.

http://www. kulturstiftung. de/publikationen/arsprototo/.

http://www. kulturstiftung. de/publikationen/patrimonia/.

http://www. kulturstiftung. de/stiftung/geschichte/.

http://www. kulturwissenschaften. uni – muenchen. de/index. html.

http://www. kupoge. de/verband. html.

http://www. landesmuseum. de/website/Deutsch/Museum. htm.

http://www. mfkjks. nrw. de/web/media_get. php? mediaid = 31559&fileid = 106501&sprachid = 1.

http://www. preussischer – kulturbesitz. de/ueber – uns/einrichtungen. html.

http://www. rosalux. de/.

http://www. sozphil. uni – leipzig. de/cm/kuwi/.

http://www. kulturwissenschaften. tu –dortmund. de/cms/de/01_Fakultaet/.

http://www. staedtetag. de/.

http://www. staedtetag. de/fachinformationen/kultur/index. html.

http://www. staedtetag. de/imperia/md/content/dst/veroeffentlichungen/sonstige/dst_faltblatt_deutsch_sept_2014. pdf.

http://www. stiftungen. org.

http://www. stiftungkunst. de/.

http://www. stuttgart. de/kultur – festivals.

http://www. technoseum. de/.

http://www. unesco. de/home. html.

http://www. uni – hildesheim. de/fb2/institute/kulturpolitik/.

http://www. uni – koblenz – landau. de/de/koblenz/fb2/ik.

http://www. uni – potsdam. de/studium/studienangebot/bachelor/zwei –fach – bachelor/kulturwissenschaft. html.

http：//www. kultur. uni－bremen. de/.

http：//www. uni－protokolle. de/nachrichten/text/126865/.

https：//www. daad. de/de/.

https：//www. dhm. de/ueber－uns/.

https：//www. goethe. de/de/index. html.

Institut für Kulturpolitik der kulturpolitischen Gesellschaft, *Jahrbericht 2002*, S. 5. http：//www. kupoge. de/jahresberichte/jahresbericht *2002*. pdf.

Institut für Kulturpolitik der kulturpolitischen Gesellschaft, *Jahrbericht 2002*, S. 5. http：//www. kupoge. de/jahresberichte/jahresbericht2002. pdf.

Jahn, Egbert, *"Multikulturalismus" oder „deutsche Leitkultur" als Maximen der "Integration" von Ausländern*, 2011, S. 14. http：//fkks. uni－mannheim. de/montagsvorlesung/leitkultur/mamomi05_net_leitkultur. pdf.

Katrin Hauenschild, *Transkulturalität － eine Herausforderung für Schule und Lehrerbildung*. , S. 3. www. widerstreit－sachunterricht. de/Ausgabe Nr. 5/Oktober 2005 http：//www. widerstreit－sachunterricht. de/ebeneI/didaktiker/hauen/transkult. pdf.

Kultur ist der Spielraum der Freiheit. http：//www. ekd. de/kultur/kulturbuero/.

Kulturausschusses des Deutschen Städtetages (Hrsg.) , *Kulturelle Vielfalt in der Stadtgesellschaft － Chance und Herausforderung für die kommunale Politik und kommunale Kulturpolitik*, 2004. http：//www. staedtetag. de/imperia/md/content/dst/kulturelle_vielfalt. pdf.

Kulturförderung 2013 － Gesamtaufstellung gegliedert nach Förderbereichen；Kulturförderung 2014 － Gesamtaufstellung gegliedert nach Förderbereichen. Ministerium für Bildung, Wissenschaft und Kultur Mecklenburg － Vorpommern：Liste der geförderten Projekte. http：//www. regierung － mv. de/cms2/Regierungsportal _ prod/Regierungsportal/de/bm/Themen/Kultur/Kulturfoerderung/Liste_der_gefoerderten_Projekte/index. jsp.

Kulturforum der Universität Bonn：Das Kulturforum bildet das gemeinsame Dach über kulturelle Aktivitäten der Universität Bonn. http：//www3. uni － bonn. de/einrichtungen/kulturforum.

Kulturland Sachsen. Gestern und Heute：Kurfürst August：Gründer sächsischer Kulturinstitutionen. http：//www. kulturland. sachsen. de/4014. html.

Kulturporal Bayern：Bayern lebt Kultur. Tradition. http：//www. kulturportal – bayern. de/index. php？ id = 2.

Kulturrat：Kulturpolitische Macht der Kirchen wird unterschätzt. http：//www. ekd. de/aktuell_presse/news_2006_08_24_1_kulturrat_kirchen. html.

Kultur Spiegel：WEIMAR 1999 – KULTURSTADT EUROPAS. http：//www. spiegel. de/spiegel/kulturspiegel/d – 15027929. html.

Kulturstiftung des Bundes：Jahresbericht der Kulturstiftung des Bundes für das Wirtschaftsjahr 2007. Stand：07. 12. 2009. http：//www. kulturstiftung – des – bundes. de/sites/KSB/download/jahresberichte/Jahresbericht_2007. pdf.

Kunst und Kultur. Den Dialog zwischen Kulturschaffenden und Bürgern fördern. http：//www. kas. de/wf/de/21. 13/.

Künstlersozialkass：Künstler Sozialkasse – Kurzcharakteristik. http：//kuenstlersozialkasse. de/wDeutsch/Kuenstlersozialkasse – Kurzcharakteristik. pdf.

Lang，Jack，„Bitte etwas lauter. Europa vermisst einen Bundeskulturminister"，in：*Frankfurter Allgemeine Zeitung*，19. 5. 1998. http：//www. genios. de/presse – archiv/artikel/FAZ/19980519/bitte – etwas – lauter – europa – vermisst – /F19980519JACKLA – 100. html.

Lemmen，Thomas，*Islamische Organisationen in Deutschland.* http：//library. fes. de/fulltext/asfo/00803toc. htm.

Lindauer Abkommen（Text）. http：//www. lexexakt. de/index. php/glossar？ title = lindauerabkommentxt. php.

Martin，Olaf，Die neue Förderpolitik des Landschaftsverbandes Südniedersachsen ab 2013. http：//www. landschaftsverband. org/dokumente/foerderpolitik2013_erlaeuterg. pdf.

Merkel，Kanzlerin，"Der Islam gehört zu Deutschland". *Spiegel Online* vom 12. Januar 2015. http：//www. spiegel. de/politik/deutschland/angela – merkel – islam – gehoert – zu – deutschland – a – 1012578. html.

Meyer, Thomas, „Politsche Kultur und kultureller Pluralismus". http://library. fes. de/pdf – files/akademie/online/50365. pdf.

Ministerium für Bildung, Wissenschaft und Kultur Mecklenburg – Vorpommern: Kulturförderung. http://www. regierung – mv. de/cms2/Regierungsportal_prod/Regierungsportal/de/bm/Themen/Kultur/Kulturfoerderung/index. jsp.

Ministerium für Familie, Kinder, Jugend, Kultur und Sport des Landes Nordrhein – Westfalen (Hrsg.), *Kulturbericht des Landes Nordrhein – Westfalen Kulturförderung 2011*, Ostbevern: MKL Druck GmbH & Co. KG, 2012. http://www. miz. org/dokumente/2013 _ Kulturbericht _ NRW _ 2011. pdf.

Monica Fröhlich: Kulturpolitik – made in Bamberg. Wie Stadt und Universität auswärtige Kulturpolitik mitgestalten. http://www. uni – bamberg. de/kommunikation/news/artikel/kulturpoli/.

Müller, Andreas, *Tagungsbericht Das Heimatbuch: Geschichte, Methodik, Wirkung*. 25. 10. 2007 – 27. 10. 2007, Tübingen. In: H – Soz – u – Kult 09. 01. 2008. http://www. hsozkult. de/conferencereport/id/tagungsberichte – 1807.

Muslime nach Glaubensrichtung(in Prozent). http://www. deutsche – islam – konferenz. de/SharedDocs/Bilder/DIK/DE/Bilderpool/mld – abbildung11. jpg? __blob = poster&v = 1.

Oberndörfer, Dieter, „Die Integration von Zuwanderern in Deutschland". http://www. fes. de/integration/pdf/vort_oberndrfer. pdf.

Oberndörfer, Dieter, „Leitkultur und Berliner Republik: Die Hausordnung der multikulturellen Gesellschaft Deutschlands ist das Grundgesetz", in: *Aus Politik und Zeitgeschichte* (B1 – 2/2001). http://www. bpb. de/apuz/26537/leitkultur – und – berliner – republik.

Ohliger, Rainer, Kulturpolitik und Migrationsgeschichte in der Einwanderungsgesellschaft, Politik in der Erweiterung. http://www. network – migration. org/doks/Kulturpolitik. pdf.

Preuβ, R. und Schultz, T. , „Deutsche Universitäten sollen Imame ausbilden. Der Wissenschaftsrat dringt darauf, künftig Imame und islamische Religionslehrer analog zur christlichen Theologie auszubilden" , in : *Süddeutsche Zeitung.* 17. Mai 2010. http : // www. sueddeutsche. de/ karriere/ islam − institute − deutsche − universitaeten − sollen − imame − ausbilden − 1. 66406.

Radio Bremen : Sammeln für Seeleute in Not. *Online − Dossier zur Bremer Schaffermahlzeit.* 5. Februar 2010 , abgerufen am 10. April 2014. http : // www. radiobremen. de/ politik/ dossiers/ schaffermahlzeit/ historisches100. html.

Schäuble , Wolfgang , Deutsche Islam Konferenz − Perspektiven für eine gemeinsame Zukunft. 54. Sitzung des Deutschen Bundestages. 28. 09. 2006. Berlin. http : // www. bmi. bund. de/ SharedDocs/ Reden/ DE/ 2006/ 09/ bm _ bt_regierungserklaerung_zur_islamkonferenz. html.

Schlosser , Robert , Vom Aufstieg und (Ver −) Fall der industriellen Arbeiterklasse. http : // www. rs002. de/ Soziale _ Emanzipation/ _ private/ Aufstieg% 20und% 20Fall. pdf.

Schlussbericht der Enquete − Kommission „ Kultur in Deutschland " , Drucksache 16/7000 , 2007 , S. 54. http : // dip. bundestag. de/ btd/ 16/ 070/ 1607000. pdf.

Schoβig , Bernhard , Volkshochschulen (20. Jahrhundert) , in : *Historisches Lexikon Bayerns.* http : // www. historisches − lexikon − bayerns. de/ artikel/ artikel_46347 ? pdf = true.

Standortfaktor. Positionspapier des deutschen Städtetages. (Beschlossen vom Hauptausschuss in seiner 208. Sitzung am 7. November 2013 in Berlin). http : // www. staedtetag. de/ imperia/ md/ content/ dst/ internet/ presse/ 2013/ popa_standortfaktor_kultur_2013. pdf.

Statistisches Amt der Landeshauptstadt München : Die Bevölkerung in den Stadtbezirken nach dem Migrationshintergrund am 31. 12. 2013 (PDF). http : // www. muenchen. de/ rathaus/ Stadtinfos/ Statistik/ Bev − lkerung/ Bev − lkerungsbestand. html.

Statistisches Bundesamt : Ausgaben der öffentlichen Haushalte für Bildung , Wissenschaft und Kultur. https : // www. destatis. de/ DE/ ZahlenFakten/ GesellschaftStaat/ BildungForschungKultur/ BildungKulturfinanzen/ Tabellen/AusgabenOeffentlicheHaushalte. html.

Statistisches Bundesamt：Museen und Zahl der Besuche nach Arten und Trägerschaft. https：//www. destatis. de/DE/ZahlenFakten/GesellschaftStaat/BildungForschungKultur/Kultur/Tabellen/MuseenBesucheTraegerschaft. html.

Statute of the Council of Europe. London，5. V. 1949. http：//conventions. coe. int/Treaty/en/Treaties/Html/001. htm.

Statistisches Bundesamt：Ausgaben der öffentlichen Haushalte für Kultur. https：//www. destatis. de/DE/ZahlenFakten/GesellschaftStaat/BildungForschungKultur/BildungKulturfinanzen/Tabellen/AusgabenKunstKulturpflege. html.

The Maastricht Treaty. Provisions Amending the Treaty Establishing the European Economic Community with A View to Establishing the European Community. Maastricht 7 February 1992. http：//www. eurotreaties. com/maastrichtec. pdf.

Tibi，Bassam，„Leitkultur als Wertekonsens：Bilanz einer missglückten deutschen Debatte"，in：*Aus Politik und Zeitgeschichte*（B1 - 2/2001）. http：//www. bpb. de/apuz/26535/leitkultur - als - wertekonsens.

Universität Osnabrück：Imame als Studenten in Deutschland. http：//www. tagesschau. de/inland/imamausbildung100. html.

Universität Tübingen：Erstes Zentrum für Islamische Theologie eingeweiht. In Tübingen ist das erste von vier geplanten Islam - Zentren in Deutschland eröffnet worden. Dort werden Imame und islamische Religionslehrer ausgebildet. *Zeit online*，17. Januar 2012. http：//www. zeit. de/studium/hochschule/2012 - 01/zentrum - islamische - theologie - 2.

Verfassung des Freistaates Sachsen vom 27. Mai 1992. https：//www. landtag. sachsen. de/dokumente/Verfassung. pdf.

Verordnung über die Satzung der Stiftung"Preußischer Kulturbesitz". http：//www. gesetze - im - internet. de/bundesrecht/prkultbsav/gesamt. pdf.

Vor 60 Jahren：Der Verbändestaat entsteht，*Die Welt*，04. 10. 09. http：//www. welt. de/welt_print/wirtschaft/article4727256/Vor - 60 - Jahren - Der - Verbaendestaat - entsteht. html.

Was bringt das Kulturfördergesetz? Zehn Gründe für das Kulturfördergesetz.

Was ist der Deutsche Kulturrat e. V.? http：//www. kulturrat. de/pdf/170. pdf.

Welsch，Wolfgang，*Was ist eigentlich Transkulturalität*? http：//www2. uni－jena. de/welsch/tk－1. pdf.

3、中文文献

［德］奥托·冯·俾斯麦：《思考与回忆》，山西大学外语系《思考与回忆》翻译组译，东方出版社 1985 年版。

［德］保尔·福格特：《20 世纪德国艺术》，刘玉民译，上海人民美术出版社 2001 年版。

［德］贝恩特·巴泽尔等编著：《联邦德国文学史》，范大灿等译，北京大学出版社 1989 年版。

［德］彼得·比格尔：《先锋派理论》，高建平译，商务印书馆 2002 年版。

［德］恩斯特·约翰、耶尔格·容克尔：《德意志近百年文化史》，史卓毅译，陕西人民出版社 1986 年版。

［德］格罗塞尔等：《德意志联邦共和国经济政策及实践》，晏小宝译，上海翻译出版公司 1992 年版。

［德］卡尔·哈达赫：《二十世纪德国经济史》，扬绪译，北京：商务印书馆 1984 年版。

［德］卡尔·迪特利希·埃尔德曼：《德意志史》第四卷：《世界大战时期 1914—1950》，高年生等译，商务印书馆 1986 年版。

［德］马丁·瓦尔泽：《批评家之死》，黄燎宇译，人民文学出版社 2004 年版。

［德］尤尔根·哈贝马斯：《包容他者》，曹卫东译，上海人民出版社 2002 年版。

［德］尤尔根·哈贝马斯：《后民族结构》，曹卫东译，上海人民出版社 2002 年版。

［法］里昂耐尔·理查尔：《魏玛共和国时期的德国（1919—1933）》，李末译，山东画报出版社 2005 年版。

［美］彼得·盖伊：《魏玛文化——一则短暂而璀璨的文化传奇》，

刘森尧译，安徽教育出版社 2005 年版。

［英］J. M. 里奇：《纳粹德国文学史》，孟军译，文汇出版社 2006 年版。

［英］詹姆斯·布赖斯：《神圣罗马帝国》，商务印书馆 1998 年版。

陈从阳：《美国因素与魏玛共和国的兴衰》，中国社会科学出版社 2007 年版。

陈正等，《德国"跨文化教育"的发展及其对中国的启示》，《高校教育管理》2011 年第 2 期。

陈志强：《德国移民问题的形成与治理》，《上海商学院学报》2010 年第 2 期。

丁建弘、李霞：《普鲁士的精神和文化》，浙江人民出版社 1993 年版。

高鉴国：《加拿大文化与现代化》，辽海出版社 1999 年版。

高鉴国：《试论美国民族多样性和文化》，《世界历史》1994 年第 4 期。

郭原奇：《德国对外文化政策研究》，山东大学 2012 年博士学位论文。

郭原奇：《德国文化外交政策的历史变迁》，《国外理论动态》2012 年第 10 期。

郭原奇：《现代文化外交的几个问题——以德国文化外交为例》，《当代世界社会主义问题》2012 年第 4 期。

韩家炳：《多元文化、文化多元主义、多元文化主义辨析——以美国为例》，《史林》2006 年第 5 期。

胡惠林：《文化政策学》，书海出版社 2006 年版。

［德］卡尔·艾利希·博恩：《德意志史：从法国革命到第一次世界大战》，张载扬等译，商务印书馆 1991 年版。

李伯杰等：《德国文化史》，对外经济贸易大学出版社 2002 年版。

马敏、邢来顺主编：《西方文化教程》，华中师范大学出版社 2011 年版。

米尚志编译：《动荡中的繁荣——魏玛时期德国文化》，浙江人民出版社 1988 年版。

宋全成：《简论德国移民的历史进程》，《文史哲》2005 年第 3 期。

宋全成：《论德国移民的社会一体化进程》，《德国研究》2006 年第 2 期。

宋全成：《论二战后德国的合法移民及社会融合政策》，《厦门大学学报（哲学社会科学版）》2008 年第 3 期。

王鉴：《澳大利亚的多元文化主义政策》，《世界民族》2004 年第 4 期。

王铁志、吴金光：《澳大利亚的多元文化主义》，《民族研究》1996 年第 1 期。

韦红、邢来顺：《从居高临下施教到平等对话伙伴——冷战后欧盟对东盟政策评析》，《欧洲研究》2004 年第 4 期。

吴涵志（Karl – Heinz Wust）：《德国文学简史》（*Geschichte der deutschen literatur*），外语教学与研究出版社 1998 年版。

吴友法、邢来顺：《德国：从统一到分裂再到统一》，三秦出版社 2005 年版。

邢来顺、韦红：《拿破仑统治时期的莱茵邦联改革运动》，《世界历史》2015 年第 2 期。

邢来顺、韦红：《新世纪德国对东南亚政策解读》，《世界经济与政治论坛》2005 年第 5 期。

邢来顺：《德国贵族文化史》，人民出版社 2006 年版。

邢来顺：《德国文化解读——人类文化苍穹的双子星座》，济南出版社 2005 年版。

邢来顺：《略论德意志帝国政治架构的发展趋势》，《武汉大学学报》（哲学社会科学版），1998 年第 2 期。

邢来顺：《迈向强权国家：1830 年—1914 年德国工业化与政治发展研究》，华中师范大学出版社 2002 年版。

邢来顺、岳伟：《联邦德国对外文化政策的发展和演变》，《华中师范大学学报》2015 年第 5 期。

许璇、邢来顺：《联邦德国产业结构转型与中间阶层的变化》，《华中科技大学学报》（社会科学版）2008 年第 1 期。

杨洪贵：《澳大利亚多元文化主义研究》，西南交通大学出版社

2007 年版。

姚宝等：《当代德国社会与文化》，上海外语教育出版社 2002 年版。

余维武：《冲突与和谐——价值多元背景下的西方德育改革》，江苏教育出版社 2009 年版。

岳伟，邢来顺：《移民社会的文化整合问题与统一后联邦德国文化多元主义的形成》，《史学集刊》2012 年第 3 期。

岳伟、邢来顺：《文化多元主义与联邦德国的移民教育政策》，《华中师范大学学报（人文社会科学版）》2012 年第 5 期。

赵中建：《全球教育发展的历史轨迹：国际教育大会 60 年建议书》，教育科学出版社 1999 年版。

朱正圻、晏小宝：《联邦德国的工资和社会福利制度》，人民出版社 1987 年版。